国学大师

刘永济评传

陈文新 江俊伟 著

长江出版传媒
湖北人民出版社

图书在版编目（CIP）数据

刘永济评传 / 陈文新，江俊伟著. — 武汉：湖北人民出版社，2024.7

ISBN 978-7-216-10777-8

Ⅰ. ①刘… Ⅱ. ①陈… ②江… Ⅲ. ①刘永济（1887-1966）—评传 Ⅳ. ①K825.46

中国国家版本馆CIP数据核字（2023）第255220号

责任编辑：朱小丹
封面设计：董　昀
责任校对：范承勇
责任印制：蔡　琦

出版发行：湖北人民出版社	**地址**：武汉市雄楚大道268号
印刷：湖北新华印务有限公司	**邮编**：430070
开本：787毫米×1092毫米　1/16	**印张**：28.25
字数：407千字	**插页**：3
版次：2024年7月第1版	**印次**：2024年7月第1次印刷
书号：ISBN 978-7-216-10777-8	**定价**：98.00元

本社网址：http://www.hbpp.com.cn
本社旗舰店：http://hbrmcbs.tmall.com
读者服务部电话：027-87679656
投诉举报电话：027-87679757

湖北国学大师评传丛书

编委会

总　　序

郭齐勇

“国学”是颇有争议的复杂概念。在清末以前，古人不必使用这一概念。在国势日颓、民族危亡之时，流亡在日本的志士仁人开始使用这一名词，表述中国古代的学术文化。章太炎说：“夫国学者，国家所以成立之源泉也。吾闻处竞争之世，徒恃国学固不足以立国矣。而吾未闻国学不兴而国能自立者也。吾闻有国亡而国学不亡者矣，而吾未闻国学先亡而国仍立者也。故今日国学之无人兴起，即将影响于国家之存灭，是不亦视前世为尤岌岌乎？”①

邓实说：“国学者何？一国所有之学也……有其国者有其学。学也者，学其一国之学以为国用，而自治其一国者也。国学者，与有国而俱来，因乎地理，根之民性，而不可须臾离也。君子生是国，则诵是学，知爱其国，无不知爱其学也。”② 也就是说，国学不仅仅是学问或学术的概念，而且还是民族性与民族魂的概念。国学的内核主要指国家民族历史文化的根本精神价值。

梁启超积极引进西学，然而对于国人鄙薄自己的民族文化传统却心怀忧虑。他说：“吾不患外国学术思想之不输入，吾惟患本国学术思想之不发明……凡一国之立于天地，必有其所以立之特质。欲自善其国

① 章太炎：《国学讲习会序》，原载《民报》第7号。转引自汤志钧《导读》，《国学概论》（章太炎讲演、曹聚仁整理、汤志钧导读），上海：上海古籍出版社，1997年，第6页。

② 邓实：《国学讲习记》，原载《国粹学报》第19期。转引自汤志钧《导读》，《国学概论》（章太炎讲演、曹聚仁整理、汤志钧导读），上海：上海古籍出版社，1997年，第7页。

者，不可不于此特质焉，淬厉之而增长之……不然，脱崇拜古人之奴隶性，而复生出一种崇拜外人、蔑视本族之奴隶性，吾惧其得不偿失也。”① 也就是说，我们一定要把握自家文化的真精神、主体性与特质，并加以锻造、锤炼，不能从盲目崇拜古人转向盲目崇拜洋人，以为自己的文化传统都是糟粕、中国百事不如人。

文化的差异不仅有时代性的差异，也有民族性的差异。在一定意义上，我们又可以说，“国学”即是中国的古典学，它以古代中国的语言文字、终极信仰、学术思想和民俗文化为中心。按传统图书与学术之分类有经、史、子、集四部，或义理、考据、辞章、经世之学的诸路向。

其实，国学是开放的，包含了历朝历代消化吸收了的外来各种文化。我们不能把国学狭隘化。第一，国学不只是汉民族的学术文化，它还包含了历史上各少数民族的语言、文字、学术文化及其与汉民族的交流史。第二，国学不只是上层精英传统，还包括小传统，如民间民俗文化，各时段各地域各民族的传说、音乐、歌舞、技艺、建筑、服饰、礼仪、风俗、宗族、契约、行会、民间组织等，有如今天的某些物质与非物质文化遗产。第三，国学还包括历史上中外地域文明的交融，如外域文明的传入，西域学、佛学及其中国化，西学东渐与中学西传的内容与历史过程等，都属于国学的范围。

必须明了，国学、经史子集等，并不是汉民族的专利，其中包含、汇聚了中华各民族的智慧与文化，是各民族共同创造、共同拥有的文化精神资源，正所谓“一体多元”“和而不同”。古今很多少数民族文化也以汉语言文字为媒介。

前面我们说过，在国学的多层面中，最高的层面还是国魂，即中华民族的主要精神的方面，那是中国人之所以为中国人、中国文化之所以为中国文化的根本特质处。国学是生命的学问，儒、释、道三教是具有

① 梁启超：《论中国学术思想变迁之大势》，原载1902年3月10日《新民丛报》第3期，又载胡道静主编《国学大师论国学》（上），上海：东方出版中心，1998年，第23页。

精神性的人文主义，肯定世界的神圣性。三教认为人性的最高体现，就是达到人生的最高境界，是天人合一，希望与自然保持和谐。对宇宙的敬畏感来自我们回应最终实在的渴望，而最终实在为我们的生活指示了方向并赋予意义。我们的存在受惠于天地万物，为了报答这一份恩惠，我们必须加强自我修养，以便在存在的奇迹中完全实现人性，达到天、地、人三才同德。学习国学更重要的是把握中华人文精神与价值理念，了解中华民族与中华文化融会的过程，及其可大可久的所以然，堂堂正正地做一个中国人。

其实，提倡国学与拥抱、吸纳包括西学在内的外域文化并不矛盾。陈寅恪说："一方面吸收输入外来之学说，一方面不忘本来民族之地位。"① 任何民族的现代化都不可能是无本无根的现代化。对于自家传统文化的价值理念、生存智慧、治国方略，我们体认得越深，发掘得越深，我们拥有的价值资源越丰厚，就越能吸纳外来文化的精华，越能学得西方等外来文化之真，这才能真正使中西或中外文化的精华在现时代的要求下相融合，构建新的中华文明。

湖北的国学传统源远流长，历史上涌现了一批学养深厚的国学大师。他们为中华文化的发展做出了卓越的贡献，也成为国学发展不同阶段的典型代表。宋至清末，全国的大学者大多到过湖北，湖北学人在全国也享有盛誉。明清以来湖北理学与经学的特点是有独创性、开放性，倡导实学。湖北自古就有儒家重教兴学的深厚传统，清末张之洞督鄂期间尤重视文教，开放教育，对湖北文人与文化有深刻的影响。

湖北地区水陆交通方便，资讯较发达，在清末以来呈现出古今中外思想文化碰撞交流的状态，这就促使当地的或旅鄂的一些有思想的文化人批判、离异传统，而后又从高层次回归传统。现代多数鄂籍或来鄂的学人有一个共同特点，即既开放，又有根柢，多数人最终融会中西文化，强调中国文化的根源性，创造性地弘扬、发展中国文化的优长，经

① 引自冯友兰《中国哲学史》下册附录的陈寅恪《审查报告三》，北京：中华书局，1961年，第4页。

世致用。

湖北省国学研究会是本省从事国学研究的专家学者及爱好者自愿组成的全省性、学术性、非营利性的学术文化类社团组织，旨在研究、传承、推广国学，以冀绍继和发扬中华优秀传统文化。

为了全面而精要地展示湖北国学史丰富多彩的画卷，为了纪念先贤不凡的人生与独特的学术造诣，也为了扩大湖北国学的影响，本会2014年2月甫一成立，就确立了编撰一套较高水准的“湖北国学大师评传丛书”的计划。本计划拟先从近现代开始，行有余力再由近及远地全面涉及湖北籍的，或者在湖北曾长期居留、工作并产生重要学术影响的国学专家。

本丛书拟以每位国学大师为一本专书的传主，采取人生传记与思想阐论相结合的形式，一方面纵向追溯其人生经历与学问成长过程，一方面横向揭示其思想与学术之体要。每一本专著力求做到学术原创与通俗表达的完满统一。

经学会同仁研究，并请教了前辈专家，我们确立了本套丛书第一辑的传主为：王葆心（1867—1944）、熊十力（1885—1968）、黄侃（1886—1935）、钱基博（1887—1957）、刘永济（1887—1966）、刘赜（1891—1978）、汤用彤（1893—1964）、徐复观（1903—1982）。以上八位大家的学问专长与路向各不相同，有的偏重经学，有的偏重小学（文字、音韵、训诂），有的偏重方志学，有的偏重哲学、佛学或思想史，有的偏重古代诗词，但都是中国学问。他们的旧学基础很好，功底很深。由于他们都生活在新旧交替的时代，其中一些学者有很好的西学背景，做到学贯中西，或在一定程度上借鉴了西方学术的理论或方法。这也是晚清、民国以来国学的特点。

湖北地区素来教育与学术资源丰厚，人才济济。有一大批长期从事中华传统文化研究并卓有成绩的专家学者，其中不乏在全国乃至国际学术界享有盛誉之人。这是本丛书计划得以拟定与高水平完成的基本保障。

本丛书的作者也以湖北学人为主，当然也不限于此。为保证质量，我们在全国范围内物色了学有专攻的有实力的专家。作者们十分投入，克服了重重困难，为读者奉献了智慧与心力。我们诚挚地感谢各位作者集文字、思想、学术于一途的努力。

在当前国人文化自觉意识日增与国学复兴的背景之下，推出这套丛书可以将湖北国学系统地展现出来，增进人们对于国学本身，尤其是湖北国学的了解；可以使大师们的思想与学术结合其鲜活具体的人生真切地呈现出来，培育人们对大师人格与学问的景仰以及对国学的热爱；另外，这套丛书亦将代表湖北国学研究会和湖北国学界，为全国范围内正在兴起的国学热做出正能量的贡献。

本会会长韩忠学先生极为关心丛书工作，亲自指导，确定编写主旨，筹措资金，联络出版单位，敦促写作计划的完成。丛书主编之一的王玉德教授为确立传主名单、物色作者、落实写作计划做了大量的工作，并亲自撰著了一书。王巧生博士为制定体例、联络作者做了一定的工作。

我们要特别感谢湖北人民出版社的领导与各位编辑为本丛书所做的贡献。

是为序。

丙申年初夏于武昌珞珈山麓

目　　录

引　言

刘永济（1887—1966），字弘度，号诵帚，晚号知秋翁，斋名易简、微睇，湖南省新宁县金石乡人。他是著名的古典文学研究专家、国家一级教授，也是20世纪著名的词人，其主要的学术影响集中在古典文学领域，屈赋研究、《文心雕龙》研究及词学研究尤为声誉卓著，他的《诵帚盦词》也享誉海内外。北京大学出版社2009年出版的巩本栋《中国现代学术演进》一书，从梳理学术统系的角度评介刘永济，是对刘永济的恰当定位。

围绕刘永济的学术生平、著述及影响所展开的研究与探讨，在20世纪90年代以前基本上是零星的。从总体上改变刘永济研究之学术格局的，是2000年以来由武汉大学主办的两次学术会议：2003年的"刘永济与词学国际学术研讨会"[①]，致力于"围绕刘永济先生的文学史学、楚辞学、龙学、词学、曲论、散文理论展开广泛的研讨"[②]；而2011年的"刘永济著述整理与研究学术研讨会"[③]，则旨在"凝聚学术力量，共商刘先生著述整理与研究大计"[④]。在专题学术会议与海内外学人的推动下，一批"刘永济研究"成果集中涌现。大致说来，现有的成果集中在以下三个方面。

---

① 关于"刘永济与词学国际学术研讨会"的详细情况，参见陈水云《"刘永济与词学国际学术研讨会"召开》，《文学遗产》2003年第6期，第134—136页。

② 陈水云：《"刘永济与词学国际学术研讨会"召开》，《文学遗产》2003年第6期，第135页。

③ 关于"刘永济著述整理与研究学术研讨会"的详细情况，参见江俊伟《"刘永济著述整理与研究学术研讨会"综述》，《文学遗产》2013年第2期，第155页。

④ 江俊伟：《"刘永济著述整理与研究学术研讨会"综述》，《中国韵文学刊》2012年第2期，第107页。

其一，就刘永济在专门研究领域的学术实践展开述评。刘永济在屈赋研究、《文心雕龙》研究、词学研究等领域的成果尤为研究者所瞩目。

刘永济是近世以来著名的屈赋研究专家，其“屈赋学四种”（《屈赋通笺》《屈赋音注详解》《屈赋释词》《笺屈馀义》）是20世纪屈赋研究的重要著述，被誉为“确于并世诸家中，独树一帜”①，广为学林所瞩目。李中华《楚辞学史》一书，特设“刘永济《屈赋通笺》与《屈赋音注详解》”专节，将刘永济的屈赋研究归纳为以下四点：“一、对于《楚辞》文字、音韵、训诂审定的方面；二、对于《楚辞》文学成就剖析的方面；三、对于屈原学术思想与人格精神论述的方面；四、对于二千年《楚辞》学术史评价的方面。”②其他如李中华《〈屈赋通笺〉对于楚辞学的继承与开拓》③、李小兰等《刘永济〈屈赋通笺〉研究方法探讨》④诸文，皆对刘永济的屈赋研究从不同角度给予了高度评价。

刘永济所著的《文心雕龙校释》，与黄侃的《文心雕龙札记》、范文澜的《文心雕龙注》、杨明照的《文心雕龙校注》齐名，被尊为当代“龙学”研究的“四大基石”⑤。罗立乾《钩深致远 历久弥光——论析刘永济对“龙学”发展的贡献》⑥一文，探讨了刘永济对《文心雕龙》理论纲领、创作原理的阐释与把握路径，也对《文心雕龙校释》一书所创设的独特校释方法进行了评析。而李建中、李锋合撰的《刘永济与珞

---

① 程千帆：《刘永济传略》，晋阳学刊编辑部编：《中国现代社会科学家传略》第3辑，太原：山西人民出版社，1983年，第105页。

② 李中华、朱炳祥：《楚辞学史》，武汉：武汉出版社，1996年，第287页。

③ 李中华：《〈屈赋通笺〉对于楚辞学的继承与开拓》，《中国韵文学刊》2004年第1期，第18—22页。

④ 李小兰、黄建荣：《刘永济〈屈赋通笺〉研究方法探讨》，《广西社会科学》2010年第6期，第112—115页。

⑤ 熊礼汇：《名师风采：刘永济》，《长江学术》2008年第3期。

⑥ 罗立乾：《钩深致远 历久弥光——论析刘永济对“龙学”发展的贡献》，《长江学术》第6辑，武汉：长江文艺出版社，2004年，第58—67页。

珈龙学》[1] 一文，则从学术史的视角，梳理了刘永济的“龙学”教学、研究实践与“珞珈龙学学统”之间的关系。陈允锋《刘永济〈文心雕龙校释〉的学术贡献》[2] 等文，也对刘永济“龙学”研究的学理意义有所阐发。

围绕着刘永济《词论》《微睇室说词》《唐五代两宋词简析》及《诵帚盦词》所展开的讨论，既涉及刘永济词作的风格特征与艺术价值的考索，也包括对刘永济词学研究的现代意义的探讨。其中，程千帆、巩本栋合撰的《刘永济先生的词学研究》[3] 一文，对刘永济的词作与词学研究特色作了评述。曾大兴《20 世纪词学名家研究》一书第十九章《刘永济的词学研究》[4]，围绕“刘永济的词学渊源”“刘永济论词的寄托”“刘永济说‘梦窗词’”等展开阐释。李剑亮《民国词的多元解读》一书，评析与解读了“刘永济自注《诵帚词集》”[5] 与“刘永济《诵帚词集》中的交游词”[6]。巩本栋《刘永济及其词学研究》[7]、施议对《方笔与圆笔——刘永济与中国当代词学》[8]、曾庆元《词人论词——读刘永济的〈词论〉》[9]、陈水云《刘永济与传统词学的现代化》[10] 《刘永济

---

[1] 李建中、李锋：《刘永济与珞珈龙学》，《中国文化研究》2011 年冬之卷，第 1—7 页。

[2] 陈允锋：《刘永济〈文心雕龙校释〉的学术贡献》，《晋阳学刊》2001 年第 3 期，第 78—80 页。

[3] 程千帆、巩本栋：《刘永济先生的词学研究》，南京大学古典文献研究所编：《古典文献研究》第 5 辑，南京：江苏古籍出版社，2002 年，第 1—26 页。

[4] 曾大兴：《20 世纪词学名家研究》，北京：中华书局，2011 年，第 327—344 页。

[5] 李剑亮：《民国词的多元解读》，杭州：浙江大学出版社，2012 年，第 1 页。

[6] 同上书，第 30 页。

[7] 巩本栋：《刘永济及其词学研究》，《古典文学知识》2012 年第 1 期，第 13—22 页。

[8] 施议对：《方笔与圆笔——刘永济与中国当代词学》，《中国韵文学刊》2004 年第 1 期，第 11—17 页。

[9] 曾庆元：《词人论词——读刘永济的〈词论〉》，《写作》2000 年第 3 期，第 6—7 页。

[10] 陈水云：《刘永济与传统词学的现代化》，《刘永济著述整理与研究学术研讨会论文集》，武汉：武汉大学中国传统文化研究中心，2011 年，第 87—99 页。

〈词论〉与〈文心雕龙〉之相关性考辨》[①]、张思齐《在比较的视域中看刘永济对中国词学之开拓》[②]、李旭《刘永济词学的理论贡献》[③]、许菊芳《刘永济〈唐五代两宋词简析〉——以选为史、史选结合的词选范本》[④]、王焕林等《刘永济书法研究——兼论强村“方笔之喻”》[⑤] 等文，从不同角度揭示了刘永济词和词学研究的特色。也有学人注意到刘永济的曲学研究实绩，如赵山林的《刘永济曲论平议》[⑥] 等。

刘永济所撰《十四朝文学要略》的统系观念、体例特征及其对当代文学史著述的启迪，也受到了学林关注。其中，吴光正《刘永济〈十四朝文学史要略〉点评》[⑦] 一文，对刘永济《十四朝文学要略》一书的学术立场、理论框架及书写体例等予以评析；鲁小俊《刘永济与〈十四朝文学要略·叙论〉》一文，侧重发掘刘永济之文学史理论对当世学林的“重要参考价值和启迪意义”[⑧]；王炜等《刘永济〈十四朝文学要略〉的学科理念述论》一文，选取“文学学科理念”这一评价衡尺，探寻了刘永济文学史书写的当代意义[⑨]。

其二，对刘永济的遗著、手稿、藏书批注等进行整理与研究。刘永

---

① 陈水云：《刘永济〈词论〉与〈文心雕龙〉之相关性考辨》，《中国韵文学刊》2004 年第 1 期。

② 张思齐：《在比较的视域中看刘永济对中国词学之开拓》，《中国韵文学刊》2012 年第 2 期，第 64—71 页。

③ 李旭：《刘永济词学的理论贡献》，《刘永济著述整理与研究学术研讨会论文集》，武汉：武汉大学中国传统文化研究中心，2011 年，第 114—121 页。

④ 许菊芳：《刘永济〈唐五代两宋词简析〉——以选为史、史选结合的词选范本》，《湖南科技大学学报（社会科学版）》2011 年第 6 期，第 142—145 页。

⑤ 王焕林、邱亮：《刘永济书法研究——兼论强村“方笔之喻”》，《长江学术》2013 年第 1 期，第 39—44 页。

⑥ 赵山林：《刘永济曲论平议》，《中国韵文学刊》2004 年第 1 期，第 1—5 页。

⑦ 吴光正：《刘永济〈十四朝文学史要略〉点评》，吴光正、罗媛主编：《中国文学史学术档案》，武汉：武汉大学出版社，2014 年，第 104—106 页。

⑧ 鲁小俊：《刘永济与〈十四朝文学要略·叙论〉》，陈文新主编：《中国文学史经典精读》，北京：高等教育出版社，2014 年，第 128—131 页。

⑨ 王炜、吴慧：《刘永济〈十四朝文学要略〉的学科理念述论》，《武汉大学学报（人文科学版）》2015 年第 1 期，第 32—38 页。

济身后留下了460余种、1540余册遗著与藏书，以及近千页的散件，分藏于武汉大学图书馆、湖南大学图书馆、吉首大学图书馆及湖南图书馆湘籍名人中心。其中，武汉大学馆藏之122种、394册遗著及藏书，已于2006年退还刘永济次女刘茂新。遗稿、遗著及藏书批注的散落，给刘永济学术成果的系统整理与研究造成了不小的困难，中华书局2007年推出的十卷本《刘永济集》（精装本于2010年出版），就没有收入这些散落的部分。为了编出一部真正的《刘永济全集》，各处学人根据自己所搜集到的材料分别进行了整理与归纳，大体理清了刘永济主要遗稿、藏书的馆藏分布情况，如李晨、余来明所撰《湖南大学图书馆藏刘永济著述目录》[①]、吕华明等所撰《吉首大学馆藏刘永济藏书、藏书批注、手稿情况介绍》[②]，以及武汉大学学人所整理的《武汉大学藏刘永济著作及藏书目录（已退还刘茂新先生保管）》[③]《武汉大学藏刘永济遗著（有眉识、批注者）目录》[④]《湖南图书馆藏刘永济著作及藏书目录》[⑤]，等等。近年来，各地学人在对刘永济的遗著、藏书等初步摸底的基础上陆陆续续做了一些研究，如程安庸《刘永济读书批注初探》[⑥]、

① 李晨、余来明：《湖南大学图书馆藏刘永济著述目录》，《刘永济著述整理与研究学术研讨会论文集》，武汉：武汉大学中国传统文化研究中心，2011年，第190—191页。

② 吕华明、姚慧：《吉首大学馆藏刘永济藏书、藏书批注、手稿情况介绍》，《刘永济著述整理与研究学术研讨会论文集》，武汉：武汉大学中国传统文化研究中心，2011年，第184—189页。

③ 《武汉大学藏刘永济著作及藏书目录（已退还刘茂新先生保管）》，《刘永济著述整理与研究学术研讨会论文集》，武汉：武汉大学中国传统文化研究中心，2011年，第192—194页。

④ 《武汉大学藏刘永济遗著（有眉识、批注者）目录》，《刘永济著述整理与研究学术研讨会论文集》，武汉：武汉大学中国传统文化研究中心，2011年，第199—200页。

⑤ 《湖南图书馆藏刘永济著作及藏书目录》，《刘永济著述整理与研究学术研讨会论文集》，武汉：武汉大学中国传统文化研究中心，2011年，第195—198页。

⑥ 程安庸：《刘永济读书批注初探》，《刘永济著述整理与研究学术研讨会论文集》，武汉：武汉大学中国传统文化研究中心，2011年，第172—183页。

吕华明《刘永济手稿〈南史提钩〉研究》[1]、刘敦纲《〈戏曲志〉〈古戏曲存〉整理后记》[2]、王焕林《刘永济未刊诗（6首）笺释》[3]，等等。刘永济的遗著《戏曲志》，已列入2014年度国家社科基金后期资助项目，由刘敦纲负责整理，即将由湖北人民出版社出版。湖南人民出版社2014年出版的《南史提钩校注》第一册，用力甚勤，颇便读者，但缺憾亦多，例如，该书署“刘永济著，吕华明校注”，并不妥当。盖《南史提钩》是刘永济阅读南朝历史文献时所作的提要，因属提要，故以“提钩”名之。“提钩”者，提要钩玄之谓也，即摘取其中的要领，以探索深微的道理。《南史提钩》不是一部著述，而只是刘永济的读书笔记或教案，不宜署“刘永济著”。而就对《南史提钩》的研究而言，虽然确有必要，但以“校注”的方式展开，也未必合适。

其三，对刘永济的生平及其学术轨迹进行梳理与研究。就学人传略、年谱、年表类而言，代表性的著作有程千帆《刘永济传略》[4]，李工真《刘永济先生传略》[5]，徐正榜、李中华、罗立乾《刘永济先生年谱》[6]，祖保泉《现当代〈文心雕龙〉五学人年表·刘永济年表》[7]，等等。就回忆类文章而言，影响较大的著述有程千帆述、张伯伟编《忆刘

---

① 吕华明：《刘永济手稿〈南史提钩〉研究》，冯天瑜主编：《人文论丛》2012年卷，北京：中国社会科学出版社，2012年，第415—428页。

② 刘敦纲：《〈戏曲志〉〈古戏曲存〉整理后记》，《刘永济著述整理与研究学术研讨会论文集》，武汉：武汉大学中国传统文化研究中心，2011年，第150—162页。

③ 王焕林：《刘永济未刊诗（6首）笺释》，冯天瑜主编：《人文论丛》2012年卷，北京：中国社会科学出版社，2012年，第438—445页。

④ 程千帆：《刘永济传略》，晋阳学刊编辑部编：《中国现代社会科学家传略》第3辑，太原：山西人民出版社，1983年，第101—117页。

⑤ 李工真：《刘永济先生传略》，刘永济：《诵帚词集　云巢诗存：附年谱　传略》，北京：中华书局，2010年，第629—650页。

⑥ 徐正榜、李中华、罗立乾编著：《刘永济先生年谱》，刘永济：《诵帚词集　云巢诗存：附年谱　传略》，北京：中华书局，2010年，第249—626页。

⑦ 祖保泉：《现当代〈文心雕龙〉五学人年表·刘永济年表》，《文学前沿》2008年第1期，第237—241页。

永济先生》[1]，刘茂舒《唤回心底十年人——追念我的父亲刘永济教授》[2]，顾学颉《记词学家刘永济——吊珞珈山上的幽灵之四》[3]，金绍先《记先师刘永济教授》[4]、《九死未悔爱国心——记先师刘永济》[5]，等等。就述评类文章而言，有吴志达《两代大师的风范——刘永济、程千帆两先生的学术与人格》[6]、李步嘉《陈寅恪、吴宓与刘永济交往诗钩沉》[7]、胡良桂《通识与创新兼善的国学宗师》[8]、李龙生《人生归有道　所外更何求——记著名学者、诗人刘永济》[9]、李永鳌《著名古典文学研究家刘永济》[10]，等等。

以上是对"刘永济研究"现有成果的简要梳理。这些成果所择取的角度虽然各有不同，所涉及的范围也有大小之分，但皆对刘永济其人其学作出了初步探索。这些学术成果也有令人感到遗憾之处。第一，关于刘永济学术成就的述评，目前尚集中在屈赋研究、《文心雕龙》研究、

① 程千帆述，张伯伟编：《程千帆全集》第15卷《桑榆忆往》，石家庄：河北教育出版社，2000年，第61—76页。

② 刘茂舒：《唤回心底十年人——追念我的父亲刘永济教授》，台北市"国立武汉大学校友会"编印：《珞珈》第103期，1990年，第25—31页。

③ 顾学颉：《海峡两岸著名学者：师友录》，北京：人民文学出版社，1997年，第83—90页。

④ 金绍先：《记先师刘永济教授》，《乐山的回响——武汉大学西迁乐山七十周年纪念文集》，武汉：武汉大学出版社，2008年，第144—146页。

⑤ 金绍先：《九死未悔爱国心——记先师刘永济》，《文史杂志》1991年第6期，第6—8页。

⑥ 吴志达：《两代大师的风范——刘永济、程千帆两先生的学术与人格》，《武汉大学学报（人文科学版）》2003年第6期，第737—743页。

⑦ 李步嘉：《陈寅恪、吴宓与刘永济交往诗钩沉》，《武汉大学学报（人文社会科学版）》2000年第3期，第377—381页。

⑧ 胡良桂：《新湖南文学史稿》第十章《推陈出新的国学通才》第一节《通识与创新兼善的国学宗师》，长沙：湖南人民出版社，2008年，第266—280页。

⑨ 李龙生：《人生归有道 所外更何求——记著名学者、诗人刘永济》，《湖南党史》1999年第2期，第41—43页。

⑩ 李永鳌：《著名古典文学研究家刘永济》，刘维瑶主编：《古今中外宝庆人》，长沙：岳麓书社，2005年，第388—390页。

词学研究等领域，而对刘永济的文学理论、唐诗研究、曲学及小说研究等门类，鲜少涉及。第二，关于刘永济学术实践及其轨迹的考察，还停留在对其生平的考略、对其事迹的回忆两个层面，未能从中国现代学术史的角度加以观照和定位。第三，对刘永济的考察缺少整体视野，空白之处甚多，如刘永济的学缘结构，尤其是他与《学衡》杂志、“学衡派”之间的复杂关系，刘永济的主要学术活动场域、学术交游情况及其学术志业之余韵；凡此种种，均亟待作出完整的描述。第四，始终没有一部对刘永济的人生经历、学术实践及成就做专门研讨的著述面世。这些遗憾，正是《刘永济评传》可能有所作为的领域，或者说是我们不得不面对并着力解决的问题。

要解决这些问题，不仅需要对刘永济的学术实践及其学术成果进行系统研究，也需要结合 20 世纪中国现代学术的发展进程来对刘永济的学术活动进行观照。近年来，学术史研究是一个较为热门的议题。在致力于将学人个案研究与学术史宏观叙事相结合的研究成果中，有几部著述较具范式意义。如王瑶主编的《中国文学研究现代化进程》，旨在“认真研究这百年来的学术实践，为今人提供一些值得借鉴的学术规范和一些行之有效的治学方法”①。编撰者选择梁启超、王国维、鲁迅、胡适等著名学者为个案，探讨其在借鉴西方学术思潮、研究方法以及继承发展中国传统治学精神方面的经验教训。而将学人个案研究视作对学术史进行学理思考的一种基本方式的著述，则以陈平原《中国现代学术之建立——以章太炎、胡适之为中心》一书为代表。该书选择清末民初三十年间的社会与文化为叙述语境，经由对以章太炎、胡适为代表的“晚清”与“五四”两代学人的文化理想、学术思路、治学方法及文化心态等层面的描述，展现了中国现代学术转型的多元性与复杂性。

本书以《刘永济评传》为题，旨在以中国现代学术为背景，尽量还原一个真实、丰满的刘永济：以对学术背景的考察、学缘关系的辨析、

---

① 陈平原：《小引》，王瑶主编：《中国文学研究现代化进程》，北京：北京大学出版社，1996 年，小引第 5 页。

学术场域的考索、学术实践的剖析以及学术生态的考察为基础，努力展现出刘永济那些具有学术史和文化史意义的经历、创作和学术研究。这个目标也许不能圆满实现，但“虽不能至，心向往之”。

由于历史的原因，与刘永济相关的文献资料，不知多少已凋零在过往的时光里，或残存在历史的一角。刘永济的日记残稿，我们无缘了解其内容①；刘永济的部分书信，也无缘寓目。这些史料一旦面世，或许能够展示出一个比《刘永济评传》更加丰满的刘永济。

我们期待着。

① 刘永济的部分日记手稿，现藏湖南图书馆。2011 年，陈文新带着武汉大学公函、由朋友介绍去找主管“湖南图书馆湘籍名人中心”的邹副馆长，有幸目睹刘永济日记手稿，但不允许拍照，说是只能手抄。数日后，陈文新委托江俊伟去手抄，又被禁止，理由是：“一个图书馆总得有看家的宝贝，不能都给了人。”后来，湖南图书馆提示陈文新可以花钱购买图书馆提供的胶片，无奈要价太高，陈文新只好放弃。据陈文新目测，日记只是残稿，可能有两百页左右。

第一章　刘永济的求学生涯

1887 年 12 月 25 日，农历的十一月十一日，刘永济诞生于资江源头夫夷江畔的金石镇（今湖南省新宁县城关金石镇）。

1887 年，照中国的传统纪年，是光绪十三年。那个时候，正是中国帝制社会的末期，再过二十四年，清王朝就成为一段历史，再过六十二年，地平线上诞生了一个中华人民共和国。这是一段历史剧变频频发生的岁月，无论发生什么事件和变化，都不必以“出人意料”来加以形容。一切“突然”，都似乎是“必然”。

刘永济的人生轨迹，在晚清、中华民国和中华人民共和国三个历史阶段一路延伸，有这样复杂而丰富经历的人，其实并不太多。其人生因而也充满了不确定性。

第一节　书香门第

对于那些具有深厚文化底蕴的家族，人们通常称之为“书香门第”。新宁刘氏就是这样一个家族。而为这个家族奠定了发展根基的，首推刘永济的祖父刘长佑。

一、刘长佑使新宁刘氏一跃而为湖湘名门

清末重臣刘长佑，原本只是一介书生。在他荣身显达之前，新宁刘氏虽然也是当地颇有名望的大族，但在科场上并不风光，历代的最好成绩，不过“拔贡”而已。据载，刘长佑的曾祖父刘祗若，是府学增生；祖父刘世贵，是国子学生；父亲刘时华则“以经营木业和土产致富”，虽然“乐善好施，有刘善人、‘宝泉先生’之称”，但终究是“读书不多

无功名”①。至刘长佑显达以后，其曾祖、祖、父三代皆被清廷追赠一品光禄大夫头衔，曾祖妣以下也得到了诰封一品夫人的追赠。看得出来，新宁刘氏一族，直到刘永济的祖父刘长佑这一辈，才真正成为湖湘名门。

刘长佑（1818—1887），字子默，号印渠，亦号荫渠，“九岁就傅，通《论语》、五经，十六，府试第一，入县学，弱冠，游学省庠”②。在岳麓书院就学十一载，“闭户读书，究心义理经济之学，尝数年不归，院长丁伊辅善庆，亟称其人”③。道光二十九年（1849）拔贡。其后投笔从戎，成为左宗棠麾下“楚军”的创始人之一，有“湘军（楚军）著名儒将”“同治中兴四台柱”之称，是湘军系统第一位出任直隶总督、坐镇天子脚下的大员。刘长佑先后出任两广总督、直隶总督、广东巡抚、广西巡抚、云贵总督等职，著有《刘武慎公遗书》。《清史稿》有传。在他辞世近半个世纪之后，被国民政府选定为湖南古今“三十位贤人之一”④。在刘长佑的五个儿子中，有四人出仕为官。长子刘思询，曾任甘肃候补知府、凉州知府等职；次子刘思诣，为县学增生、二品荫生，曾任通判⑤；三子刘思谦（刘永济生父），二品荫生，特用通判，广东佛冈同知，后辗转多地任职知县；四子刘思训（刘永济嗣父），光绪二年（1876）举人，江南候补道，历任兵部郎中、云骑尉。在刘长佑的孙辈中，刘永淇（又名刘绳武）、刘永滇（刘永济四哥）皆曾出仕为官。这都令人想见刘长佑的余荫。就连远离官场、终身执教的刘永济，

① 徐正榜、李中华、罗立乾编著：《刘永济先生年谱》，刘永济：《诵帚词集　云巢诗存：附年谱　传略》，北京：中华书局，2010年，第249页。

② 王闿运：《武慎刘公墓志铭并序》，《湘绮楼文集》卷7，台北：文海出版社，1970年，第36页。

③ 李肖聃：“刘武慎公遗集”条，《湖南文献汇编》第5辑，长沙：湖南省文献委员会，1949年，第198页。

④ 《前言》，刘长佑撰，陈书良等校点：《刘长佑集》第1册卷首，长沙：岳麓书社，2011年，第6页。

⑤ 《上谕三道》，刘长佑撰，陈书良等校点：《刘长佑集》第1册卷首，长沙：岳麓书社，2011年，第1页。

虽从未亲聆祖父的教诲，但也沾濡了乃祖的声名遗泽，其“世家之门第”，常为出身寒素的友朋欣羡，以为这是可与“留学之头衔”“名师之依归”相提并论的倚恃，有助于他在大学讲台上立足①。就连他的外貌和性情，也与祖父多有相似，例如，刘永济是“长身玉立”②，而刘长佑“躯干修伟”“瞻视异常人”③；友朋辈用于形容刘永济的“耿介宽厚”④“性情诚厚”⑤一类词汇，也曾被用在他的祖父身上：“长佑宽厚，为中外所知。”⑥其同僚曾国藩在日记中这样写道：

> 刘印渠自新城来见，六年不见一面，即深相爱重，喜其与三十年在京相见无异，仍是朴讷书生气象，未染军营气习，亦无官场气习也。⑦

刘长佑“在军中数十年，职领兼圻，官至尚书，而被服儒素，不改常度，曾国藩最所心敬。闻之长老，谓湖南先达，官至督抚，则旁无姬侍

---

① 按，吴芳吉《致树坤》云：“他人之为大学教授者，如雨僧，则有留学之头衔；如弘度，则有世家之门第；如柏荣，则有名师之依归。吾则一无所恃。”（参见吴芳吉著，贺远明、吴汉骧、李坤栋选编《吴芳吉集》，成都：巴蜀书社，1994年，第828页。）

② 吴宓著，吴学昭整理：《吴宓自编年谱 1894—1925》，生活·读书·新知三联书店，1995年，第236—237页。

③ 王定安：《皇清诰授光禄大夫兵部尚书兼都察院右都御史云贵总督予谥武慎刘公行状》，刘长佑撰，陈书良等校点：《刘长佑集》第1册卷首，长沙：岳麓书社，2011年，第22页。

④ 缪钺：《刘弘度（永济）〈云巢诗存〉序》，刘永济：《诵帚词集　云巢诗存：附年谱　传略》，北京：中华书局，2010年，第146页。

⑤ 吴芳吉：《与吴雨僧》，吴芳吉著，贺远明、吴汉骧、李坤栋选编：《吴芳吉集》，成都：巴蜀书社，1994年，第817页。

⑥ 沃丘仲子：《近代名人小传》中册，武汉：崇文书局，1918年，第24页。

⑦ 曾国藩：《曾国藩全集·日记（一）》“咸丰八年九月初十日”，长沙：岳麓书社，1987年，第295页。

者，惟长佑一人”[①]。刘长佑的“朴讷书生气象”，已经成为一种涵养和习惯。刘永济在原配夫人陈氏难产去世之后，鳏居十数载才重新婚娶，其“朴讷书生”气质倒是挺像他的祖父。

二、“诗书继世”的刘氏家风

新宁刘氏以“诗书继世”，形成了勤奋向学、酷爱读书的家风。刘永济的曾祖父刘时华虽以经商为生，本人读书不多，也没有考取功名，但却将自己的宅第命名为“馀庆堂”，留下了“积善之家必有馀庆，有福之人方能读书”[②] 的家训，被子孙们称为“积善馀庆，祐启后人”[③]。祖父刘长佑更是青襟终生，人谓“自公与江忠烈公、陈毅吾先生先后驰誉长沙，人始知新宁尚有读书人”[④]。

刘长佑雅好读书，与族叔刘坤一领衔编修了《新宁县志》[⑤]，也爱好书法。刘永济曾点评说：“武慎非书人，染翰乃余事”[⑥]，但也赞其笔力“中年绝雄健，颜柳通胜奇”[⑦]。刘长佑之名列入《中国美术家人名辞典 补遗二编》[⑧]，其手札收入《清代翰札集评》，部分墨迹由北京师范大学图书馆收藏[⑨]。今人评价说：“长佑书法，楷书宗颜真卿，略参

---

① 李肖聃：“刘武慎公遗集”条，《湖南文献汇编》第2辑，长沙：湖南省文献委员会，1949年，第200页。

② 徐正榜、李中华、罗立乾编著：《刘永济先生年谱》，刘永济：《诵帚词集 云巢诗存：附年谱 传略》，北京：中华书局，2010年，第249页。

③ 刘长佑：《祭光禄公文》，刘长佑撰，陈书良等校点：《刘长佑集》第2册卷29上，长沙：岳麓书社，2011年，第1135页。

④ 岘庄（刘坤一）：《荫渠先生事略》，刘长佑撰，陈书良等校点：《刘长佑集》第2册卷29下，长沙：岳麓书社，2011年，第1159页。

⑤ 是书凡二十六卷，于光绪十九年（1893）由金城书院刻印成书。

⑥⑦ 刘永济：《谢何君申甫》，《诵帚词集 云巢诗存：附年谱 传略》，北京：中华书局，2010年，第230页。

⑧ 乔晓军编著：《中国美术家人名辞典 补遗二编》，西安：三秦出版社，2007年，第88页。

⑨ 吴占良：《浅谈十位擅书的直隶总督》，徐传武、桑哲主编：《中华学人论稿》，北京：中国文联出版社，1999年，第139页。

赵孟頫，行草书则师米芾、刘墉，古厚沉郁、自然天在。”①刘长佑的这一兴趣爱好，在子孙中不乏传人。其子刘思训，“光绪间以名孝廉游宦西蜀江南，工画山水，尺幅流传，人争宝之”②；其子刘思谦（即刘永济生父）亦爱好书画。祖辈的遗泽、叔伯辈的雅好、父亲的言传身教，刘永济之成为颇有名气的学院派书家，也就不足为奇了。后人检看他的藏书与手稿，每每惊叹于天头地脚间那些密密麻麻的蝇头小楷，字迹隽秀而又笔力苍劲。这样的成就，既有赖每日清晨“临窗练书法”③ 的精修，也得益于刘氏家族绵延几代的传承。

“朴讷书生”的家风所给予刘永济的影响，甚至包括了职业的选择。刘永济一生从教，“以学者而兼良师”④。有趣的是，他那位以“军功”起家的祖父刘长佑，也曾以“教官”为职业志愿。青年时代的刘长佑，与同窗席宝田探讨人生志向时曾说：“长佑碌碌，幸窃教官畜妻子足矣。”⑤后来，刘长佑以“拔贡”“家居授徒”⑥，又曾应知县戚天保之聘，在维新书院讲学。身居显位以后，他仍对教书育人充满了兴趣。出任云贵总督时，“关心文教风化，以滇中累遭兵火，书籍难于购求，乃筹经费，设书局，广刊《御纂七经》《通鉴辑览》《唐宋文醇》《古文渊鉴》及子、史等各种书，‘加惠士林’。凡五华、育才两书院课士试卷，必亲复校，各加手批，谆谆训迪不倦”⑦。他还曾于同治十一年（1872）

---

① 吴占良：《浅谈十位擅书的直隶总督》，徐传武、桑哲主编：《中华学人论稿》，北京：中国文联出版社，1999 年，第 139 页。

② 曾卓著，丁保赤标点：《湘雅摭残》，长沙：岳麓书社，1988 年，第 122 页。

③ 李工真：《刘永济先生传略》，刘永济：《诵帚词集　云巢诗存：附年谱　传略》，北京：中华书局，2010 年，第 639 页。

④ 缪钺：《刘弘度（永济）〈云巢诗存〉序》，刘永济：《诵帚词集　云巢诗存：附年谱　传略》，北京：中华书局，2010 年，第 146 页。

⑤ 徐凌霄、徐一士：《凌霄一士随笔·刘长佑与席宝田》，太原：山西古籍出版社，1997 年，第 687 页。

⑥ 李肖聃：“刘武慎公遗集”条，《湖南文献汇编》第 2 辑，长沙：湖南省文献委员会，1949 年，第 198 页。

⑦ 季啸风主编：《中国书院辞典》，杭州：浙江教育出版社，1996 年，第 402 页。

在广西桂林城北的叠彩山麓集资创办桂山书院①，亲自撰写“桂林无杂木，山水有清音”② 的鹤顶格嵌字联。被后人称许为“古文功底很好”③ 的他，亲自批阅诸生“月课”试卷。教化之热忱，大异于寻常官员。

三、父辈的熏陶直接影响了刘永济的人生态度与学术兴趣

如果说祖父刘长佑的“书生”本色影响了整个家族的文化气质，那么来自于父母双亲等的熏陶，则直接影响了刘永济的人生态度与学术兴趣。如今，我们能见到的关于刘永济父母的文献不多。但从这些只言片语，仍能领略到这个家族的氛围。刘永济的生父刘思谦，半生为官，曾辗转多地任职知县，但他留给幼年刘永济印象最深的一句话，是“一代做官，九代变牛”④。对于“五岁即发蒙读书”⑤ 的刘永济来说，母亲崔氏的影响也不容忽视。刘永济的父亲身故以后，其母崔氏，“鬻钗以奉师，使咀丸而勤学”⑥，不仅重视刘永济兄弟的学业，且平生“最喜唐诗”，常常将诗句抄录在纸片上，教年幼的儿子们背诵。在刘氏后人的记忆中，新宁刘氏“是一个有着浓郁的文学氛围的大家族，昆仲妯娌相聚，常以斗诗衡文为趣，或一句未安，一字不妥，竟至扼腕感叹累

① 《广西巡抚请建祠折》，刘长佑撰，陈书良等校点：《刘长佑集》第1册卷首，长沙：岳麓书社，2011年，第13页。

② 梁申威主编：《佳联2000》，太原：山西经济出版社，2000年，第273页。

③ 刘长佑撰，陈书良等校点：《刘长佑集》第1册卷首，长沙：岳麓书社，2011年，第6页。

④ 李工真：《刘永济先生传略》，刘永济：《诵帚词集　云巢诗存：附年谱　传略》，北京：中华书局，2010年，第629页。

⑤ 刘庆云：《音调危苦　气格沉雄——读刘永济先生〈诵帚盦词〉》，《长江学术》第6辑，武汉：长江文艺出版社，2004年，第68页。

⑥ 刘朴：《刘弘度母崔夫人寿颂并序》，刘永济：《诵帚词集　云巢诗存：附年谱　传略》，北京：中华书局，2010年，第279页。

日”[1]。这就是刘永济的好友陈寅恪所说的“优美之门风实基于学业之因袭”[2]，这便是刘永济次女刘茂新所说的“受到家风的薰陶，父亲自幼喜爱文学”[3]。刘永济兄弟“早被龙文，并列学宫为弟子员”[4]，不是偶然的。

刘永济习词，最早的专业启蒙来自于“姑丈松琴龙”[5]。这位“松琴龙先生”，即龙继栋（1845—1900），有着状元之子、翰林之后的显赫家世[6]。在岳父刘长佑身故之后，龙继栋曾为之编录《刘武慎公遗书》二十九卷（分为《刘武慎公遗文》《刘武慎公诗存》《刘武慎公杂记》）。这种整理遗文的情谊，也被刘永济继承了下来。龙继栋逝世之后，刘永济受托整理龙氏遗著[7]。他收藏有大量的龙氏遗稿[8]，在战乱流离中为

---

① 刘敦纲：《〈戏曲志〉〈古戏曲存〉整理后记》，《刘永济先生著述整理与研究学术研讨会论文集》，武汉：武汉大学中国传统文化研究中心，2011 年，第 150 页。

② 陈寅恪：《隋唐制度渊源略论稿　唐代政治史述论稿》，北京：生活·读书·新知三联书店，2001 年，第 259 页。

③ 刘茂新：《〈刘永济集〉后记》，刘永济：《诵帚词集　云巢诗存：附年谱　传略》，北京：中华书局，2010 年，第 651 页。

④ 刘朴：《刘弘度母崔夫人寿颂并序》，刘永济：《诵帚词集　云巢诗存：附年谱　传略》，北京：中华书局，2010 年，第 279 页。

⑤ 刘永济：《〈诵帚盦词两卷〉自序》，《诵帚词集　云巢诗存：附年谱　传略》，北京：中华书局，2010 年，第 129 页。

⑥ 按，龙继栋之父龙启瑞，道光二十一年（1841）辛丑科状元。（参见鲁小俊、江俊伟校注《贡举志五种·国朝贡举考略》，武汉：武汉大学出版社，2009 年，第 1335 页。）

⑦ 参见刘永济《龙继栋先生遗著〈十三经廿四史地名韵编〉今释稿本述略》，《国风》1935 年第 6 卷第 9、10 期（合刊本）。

⑧ 按，龙榆生《王龙唱和词册跋》云：“《王龙唱和词》六叶，临桂王幼遐（鹏运）、龙松琴（继栋）手稿。计有半塘词九首，槐庐词二首。惟《大江东去》一首，确定作于光绪六年庚辰。二氏同在北京，此当一时遣兴之笔。病中以刊本半塘诸集略勘一过，似皆未存稿，岂悔少作耶？武汉大学刘弘度教授（永济）曩年举以见寄，不及载入《词学季刊》，迭遭乱离，幸未散佚。兹征得弘度同意，并以寄献南宁图书馆，以永其传焉。中华人民共和国建国十五年甲辰端午，万载龙元亮榆生谨识。”（参见《词学》第 5 辑《词籍题跋》，上海：华东师范大学出版社，1986 年，第 125 页。）

保存这些遗稿费尽了心力①。

龙继栋对刘永济的词学启蒙，是他走向著名词人和词学家的第一步。刘永济的弟子刘庆云曾说：刘永济“十多岁时，即从诗词兼擅、著有《槐庐诗词集》的姑丈龙松琴先生（其父龙启瑞乃清道光年间状元，善诗词，为晚清粤西词坛名家）读古今诗词集，并时习之”②。而另一位刘氏弟子邓国栋也说：“先生少时，受词学于姑丈松琴龙先生。”③刘永济后来受业于晚清词坛祭酒朱祖谋、况周颐，龙继栋的启蒙是一个必要的铺垫。

刘永济出生的时候，祖父去世，“家道中落，叔伯辈中也有三人去世，留下众多寡妇孤儿”④。刘永济十一岁时，生父刘思谦过世，家道愈益中落。但家中大量的藏书和良好的家风仍给了刘永济丰富的滋养。那时的刘永济，虽然“除读经史外，他对当时的一切新学问都毫无所

---

① 按，龙榆生《跋槐庐词学》云：“《槐庐词学》一卷，临桂龙继栋（松琴）撰，刘弘度教授（永济）四益堂精钞本。存词三十八首，补遗二首，未刊。槐庐为翰臣先生（启瑞）子，举人，官户部主事，因事革职遣戍，赖李鸿章力得放还。两江总督刘坤一属撰《图书集成考证》，将用以敬呈，为开复之计，书成，曾用石版印百部，浙江图书馆藏有一部。中华书局缩印《图书集成》，即据以附载，亦不详作者名氏也。弘度姑母归槐庐，因得钞本二部。抗战军兴，弘度由武汉大学转徙湘、桂间，崎岖入蜀。曾以一部寄存于汉口大陆银行保险库。及美军轰炸日寇，银行中弹被毁，书亦化为灰烬。其一赠与广西教育厅，并《经德堂集》版片，藏桂林古洞中，乱后不知存否？其他遗稿，亦由槐庐子付弘度，有《十三经地名今释》，分经史两部分，经部业经写定，史部则仅成《史记》《前后汉书》《三国志》，至唐代遂辍。弘度来书，为予言之如是。此册为廿数年前，弘度寄予，备载《词学季刊》。会日寇犯淞沪，开明书店印刷所毁于炮火，不果刊出。”（参见《词学》第5辑《词籍题跋》，上海：华东师范大学出版社，1986年，第124页。）

② 刘庆云：《音调危苦　气格沉雄——读刘永济先生〈诵帚盦词〉》，《长江学术》第6辑，武汉：长江文艺出版社，2004年，第68页。

③ 邓国栋：《刘永济词的艺术特色》，《湖南师大社会科学学报》1986年第4期，第61页。

④ 李工真：《刘永济先生传略》，刘永济：《诵帚词集　云巢诗存：附年谱　传略》，北京：中华书局，2010年，第629页。

知，却打下了坚实的文史基础，并于15岁时考取秀才”①。正是在“一直保持着读书人的家风”② 的氛围中，刘永济逐渐养成了“喜读古书和爱好文学的习惯”③，也为他后来的治学和诗词写作打下了基础。

第二节　前清秀才的自学经历与儒家信仰

早年的刘永济以自学为主。他后来回忆说：“我家有一书楼，四部的书，收藏很富。我幼年就欢喜乱翻乱看，没有目的，也没有计划。”④ 这座藏书楼，从刘永济《默识录》的记载看，名叫池北草堂。“予幼时在池北草堂藏书中见一书名《阳关三叠》，记其叠法两种，而忘其书为何时何人所著。抗日战起，予回里，见堂中藏书尽失。查丛书汇编，知是书曾收入《三续百川学海》，而《三续百川学海》一书不易得，故迄今未再寓目。”⑤ 一个尚未成年的孩子，已大量浏览过《三续百川学海》一类较为冷僻的书，并且对其中的一些内容留下了深刻印象，他后来研究中国古典诗文的深厚功力，相当一部分就得益于池北草堂。

一、刘永济何以别号“诵帚”

这里可以说说“诵帚”这个别号的含义。刘永济是民国年间的著名词家，而南宋的大词人姜夔号石帚，所以，有人推测，刘永济自号诵帚，是为了表达对姜夔的敬慕和效仿之意。晚年的刘永济曾就这一误解特意写了《诵帚非诵姜石帚》一则短文，就其别号的含义加以说明：

---

①③　李工真：《刘永济先生传略》，刘永济：《诵帚词集　云巢诗存：附年谱　传略》，北京：中华书局，2010年，第630页。

②　程千帆：《刘永济传略》，《程千帆全集》第7卷《闲堂文薮》，石家庄：河北教育出版社，2000年，第239页。

④　刘永济1952年《自我检讨报告》，见徐正榜、李中华、罗立乾编著《刘永济先生年谱》，刘永济：《诵帚词集　云巢诗存：附年谱　传略》，北京：中华书局，2010年，第251页。

⑤　刘永济：《文学论　默识录》，北京：中华书局，2010年，第265页。

予号诵帚，人多误以为诵石帚，不知此出唐沙门释道世《法苑珠林·见解篇》第十七分别功德论第十三，云：“所以般陀比丘暗钝，然能变形第一者，良由佛教使诵埽帚，得埽忘帚，六年之中，专心诵此，意遂自悟，而自惟曰：‘帚者彗，埽者除，彗者即喻八正道，粪者喻三毒垢也。以八正道，彗埽三毒垢，所谓埽帚义者，正谓此耶？’深思此理，心即开解，得阿罗汉道。”王介甫《偶书》诗亦用此事。诗曰：“惠施说万物，槃特忘一句。寄语读书人，呶呶非胜处。”李壁注引《楞严经》，其言尤详。经曰：“周利槃特伽，此云蛇奴。善见律又翻为路旁生。曾为大法师，有五百弟子，秘吝佛法，不肯教人，得暗钝报。以宿善故，遇佛出家，五百比丘，同授一谒，经九十日，不记只字。”又说：“其兄槃伽先已得度，而槃特赋性愚钝，为兄所逐，出门涕泣。如来知其根熟，付与埽帚曰，使埽地。教诵埽帚二字，得前忘后，得后忘前，思惟日久，因有发明，曰：‘埽除喻八正道，尘粪喻三毒垢，埽帚义者，正谓是矣。’”予之名此，亦以暗钝故，且愿一埽尘垢耳。亦兼有介甫诗意，所谓“呶呶非胜处”也。①

原来诵帚这一别号，主要包含了两层意思。第一，刘永济自以为天资不高，必须以勤补拙，所以用了佛经中的诵帚这一典故自我鞭策，提醒自己只有刻苦用功，才能达到一朝警悟的境界。第二，刘永济所追求的著书立说的境界是：以精要见长，尽量减少那些不必要的废话，即所谓“呶呶非胜处”；在他看来，话说得多不一定好，说得精到才是可贵的。如程千帆所说：“刘先生的著述篇幅都不大，要言不烦，取其足以达意为止，显然属于‘简约得其英华’的南派，而不是‘深芜穷其枝叶’的北派。黄庭坚评陈师道‘读书如禹之治水，知天下之络脉，有开有塞，而至于九川涤源、四海会同者也’。刘先生的治学也正是如此，

---

① 刘永济：《文学论　默识录》，北京：中华书局，2010 年，第 266—267 页。

或着眼理论，或侧重作品，由博返约，同时又都是注意‘辨章学术，考镜源流’的。”①

刘永济早年读书用功的情形，文献无征，已难以找到痕迹，但他成名以后刻苦读书的记录，却不难找寻。“先生治学的勤奋也使我深受感动。1941 年秋，和先生在乐山嘉乐门外的学地头结邻，居住在一个小山丘上。钱歌川教授与我住在山顶，先生住在山腰，相距不过一百米，有一条石级相通，小路两旁，栽满竹子。晨光熹微，竹露滴在石级上，淙淙作响，而先生的读书声则从雾气露声中断续飘来。每天如是。这声音像警钟一样激发着我和祖棻少年好学的心，使我们一点也不敢懈怠。”② 程千帆所记叙的，是武汉大学西迁乐山期间的一个片段。那时，刘永济已五十多岁，名满天下，却依然苦读不辍。这样一个学者，别号“诵帚”真是恰如其分。

刘永济《默识录》卷二《说诗句句比附之失》曾提及他在日常生活中“借诗言志”的一个掌故：

> 记予在东北大学时，适有迎拒新院长之事，汹汹久之。诸生有问予之态度者，予应之曰：“回风一萧瑟，林影久参差。”此柳子厚《滁州西涧》诗句也，今日之事似之。又“微波喜摇人，小立待其定”。此陈简斋《题葆真宫池亭》诗句也。予之态度如此，诸生有会意者，笑而退。然此二诗必非因有与予所遇之情事而作，而予引用之以答诸生之问，则甚与情事相合，故不烦言而喻。古人所谓引诗断章取义盖如此。③

① 程千帆、巩本栋：《刘永济先生的词学研究》，南京大学古典文献研究所编：《古典文献研究》第 5 辑，南京：江苏古籍出版社，2002 年，第 7 页。

② 程千帆：《刘永济传略》，晋阳学刊编辑部编：《中国现代社会科学家传略》第 3 辑，太原：山西人民出版社，1983 年，第 108 页。

③ 刘永济：《文学论　默识录》，北京：中华书局，2010 年，第 274 页。标点有所改动。

1927年1月至1932年6月间，刘永济执教于东北大学。他所提到的“迎拒新院长之事”，在他的人生历程中算不上大的关节。这里之所以特意提及，是由此发现了一个有趣的事实：刘永济对古代辞章，已熟悉到可以信手拈来以传达所思所虑的程度。据说春秋时期的那些外交官员，辞令敏妙，而长于断章取义地运用《诗经》是其必备的素养。在朋辈的印象中，刘永济特别会说话，隽言妙语，累累如珠。从上面这个掌故看，他的辞令之美，固然得益于天分，同时也得益于日积月累的深厚功力。他有着超乎寻常的童子功。

二、早年的阅读经历与儒家信仰

刘永济幼年读书，“没有目的，也没有计划”，那时他随心所欲地博览群书，没有功利之心，也没有考试压力，真是一段不可多得的美好时光。不过，他的自由自在的读书生涯，其实在不知不觉中仍贯穿着一条主脉。一个晚清的读书人，由秀才而举人而进士，这是一个通行的人生规划，早年的刘永济当然不能例外。1902年，15岁的刘永济，应湖南新宁县试，以第一名取中；1903年，16岁的刘永济，应湖南道试，以第一名入学，从此以后，他就是一名生员了。生员，也就是官学的学员，明清时期俗称秀才。四书五经是所有秀才的必读书，是必须读深读透的书。

比刘永济小四岁的胡适，曾在《四十自述》中列举了他小时候读过的书，除了《孝经》、朱子的《小学》、《论语》、《孟子》、《大学》、《中庸》、《诗经》、《书经》、《易经》、《礼记》外，还包括《声律启蒙》以及他父亲自编的两部书：一部讲五伦，名为《学为人诗》；一部讲哲理，名为《原学》。① 比刘永济小七岁的孙俍工，生于1894年，到1905年

① 参见胡适《四十自述》，合肥：安徽教育出版社，2006年，第19—21页。标点有所改动。

科举废止时，才 11 岁。他在《我的转变》一文中这样讲述他少年时代的读书生活：

我到十六岁止，都是在家乡过的读经生活，我底性质素钝，悟性读性都甚平凡，故这期间对于经，只读过《论语》《孟子》《大学》《中庸》《诗经》《尚书》，及《左传》的一部分而已。要我背诵，我觉着比什么还要苦，所以有时被先生打得往桌子下面逃。

从十三岁起，加读《史鉴节要》，及《舆地三字经》等书。并由先生指导看《资治通鉴》，或《纲鉴》一类的书。时值前清末年，有志于陆军小学，故又旁及于《历代名将事略》，及《草庐经略》等书底抄写，对于“减灶添灶”“背水阵”“单骑见虏”等故事，颇觉津津有味，故到十六岁打止，已学做《汉高祖论》《子房论》《秦皇汉武论》《李愬雪夜入蔡州》等这一类的空虚的议论文。①

就胡适、孙俍工所说的情形看来，1905 年之前，尽管晚清社会正在酝酿着剧烈的变动，但惯性的力量依然巨大，四书五经作为青少年教育的必读书目，其地位仍未动摇。

刘永济早年的阅读经历，加上长辈的影响和家庭的熏陶，奠定了他的儒家信仰，这个信仰几乎伴随了他的一生。1942 年 10 月，他在《国立武汉大学周刊》第 338 期发表《孔子之所以为圣》一文，热情洋溢地将孔子与释迦牟尼、苏格拉底相提并论：

今世所共晓之古圣，能负此大责者，亦不过几人。我国之孔子外，如印度之释迦牟尼、希腊之苏格拉底，皆其选也。时诸人者，又必前有所承受，而其及身复能择其精粗本末，辨其是非同异，纂其大成而神明变化之，以垂教于后世，然后可为后世所信仰。考孔

① 孙俍工：《我的转变》，郑振铎、傅东华编：《我与文学》，上海：上海书店，1981 年，第 121—122 页。标点有所改动。

> 子之生，在周灵王二十一年（当西历纪元前五百五十有一年）。自此年上溯唐尧元载，历一千八百零七年之久，自此下推至民国三十一年，为二千四百九十三年。以全史年代计之，孔子之生，适居其中（其前止少六百九十二年，以全史年代比之，其差数不可谓大）。故孔子既为集前古道术大成之圣，又为开后世教化本源之圣。易词言之，孔子者，继往开来之圣也。以孔子生年，较西方希腊古圣苏格拉底，尚早八十二年（苏生年相传为西元前四六九年），较东方印度古圣释迦牟尼，则仅迟六年（释迦牟尼之生相传为灵王十五年，但印度史实本不详确，释迦之生又参以神话，未可骤信为真）。然此二古圣教化虽存，而其所托足之国，则久已易主，未可与我国孔子竞美。于此知孔子之道，必有优于彼二圣者，而吾民族受孔子教泽所涵濡之精神，亦必有异于彼二民族者，此则我国人所当自豪，所当珍视而善守勿替者也。①

1942年，中华民族的抗日战争正处于最为艰难的阶段，而时为武汉大学文学院院长的刘永济，仍对民族的未来充满信心。刘永济确信，一个民族的优劣取决于其文化的优劣，而文化的优劣可以据其所奉“圣人”的优劣作出判断。在刘永济看来，孔子不仅足以与释迦牟尼、苏格拉底比肩，而且有高出于这两位域外圣人之处。以中国传统儒家与印度佛教、西方文化相比，儒家具有不可取代的崇高地位。一个奉孔子为圣人的民族，无论处于何等艰难的境地，其未来一定风光无限。刘永济的儒家信仰，是自然形成的，所以坚定而明确。

1922年6月，刘永济在《湘君》季刊第一号发表了《学文初步之书目提要》，用以指导年轻人读书。他参考晚清重臣曾国藩和英国学者培根关于读书方法的议论，将阅读分为“看书”和“读书”两种。所谓“看书”，近于我们通常所说的泛读，范围要广，速度要快；所谓“读书”，近于我们通常所说的“精读”，选择的书目要少，每一本都要反复

① 刘永济：《文学论　默识录》，北京：中华书局，2010年，第504—505页。

地读，读熟，读透。曾国藩提到的精读书目，依次是四书五经、《昭明文选》、李杜韩苏之诗、韩欧曾王之文。刘永济所开列的书目，与之小异而大同，可以见出两者在知识体系上的延续性。

第三节 新式教育拓展了刘永济的视野和学缘

刘永济这一代人，注定了要在持续不断的巨大变故中走出一条异常曲折的人生之路。"新"和"变"两个字眼，自19世纪90年代以降，日渐流行，成为一种时髦，甚至成为一种信念。

一、新式教育在晚清的兴起

就在刘永济考上秀才的这一年，科举制度的废止已经迫在眉睫，由秀才而举人而进士，隋唐以来读书人久已视为常规的人生路径，即将成为明日黄花。科举废止以后，读书人的出路何在？1905年清廷颁布的废科举诏令提出了这样一个预案：

> 经此次谕旨后，着学务大臣迅速颁发各种教科书，以定指归而宏造就，并着责成各该督抚实力通筹，严饬府厅州县，赶紧于城乡各处，遍设蒙小学堂，慎择师资，广开民智。其各认真举办，随时考察，不得敷衍瞻徇，致滋流弊，务期进德修业，体用兼赅，共副朝廷劝学作人之至意。①

这份预案，主要规划了三个内容：一、遍设学堂；二、迅速颁发教科书；三、慎择师资。所要解决的迫在眉睫的难题是，在科举废止之后，青少年如何教育和培养。这是一个教育问题，更是一个社会问题。

① 王炜编校：《〈清实录〉科举史料汇编》，武汉：武汉大学出版社，2009年，第1109页。

新式学堂自1902年起，就已陆续兴起于各地。废科举诏令既下，清廷又特设学部，命荣庆、熙瑛、严修为学部侍郎，以总其事，以专其责。1906年，又裁撤各省学政，改设提学使司，任命提学使一员，统辖全省学务。1906、1907两年，兴建新式学堂已蔚然成风。

1905年底，颁布官编教科书一事提上议事日程①。1906年，清廷谕令："请饬下管学大臣，速将教科书编定。"② 1911年，全国统一的教科书问世，其中《最新国文教科书》是晚清兴办新式教育以来比较成熟的教科书。"最新"这一措辞，别有意味地显示了其时教科书日新月异的状态。这个大变动的时代，即使是教科书，也未能免于随潮流不断更新，所有的尝试都来不及成熟，就迅速被新的尝试所取代。20世纪的中国，在这种不断趋新的氛围中，匆匆忙忙而又跌跌撞撞地向前赶路，几乎没有时间冷静下来。"守旧"是大多数人都不敢戴或不愿戴的帽子。

新式的学堂，新式的教科书，需要新式的教员。1905年以前，教职多从举人、进士中遴选；废科举后，逐渐过渡到从师范生中遴选，授课方式也伴随着新式教育的逐渐定型而形成了一套新的惯例。

美国学者罗兹曼曾就上述变化谈过一个感想：科举制在中国传统社会结构中居于中心的地位，是维系儒家意识形态和儒家价值体系正统地位的根本手段。科举制在1905年被废止，从而使这一年成为新旧中国的分水岭：它标志着一个时代的结束和另一个时代的开始，其划时代的重要性甚至超过辛亥革命③；就其现实和象征性的意义而言，科举

---

① 王炜编校《〈清实录〉科举史料汇编》："光绪三十一年（1905）十二月丙寅，办理商约大臣、兵部尚书吕海寰奏，学堂注重，端在教科课本，拟请官编教科及早颁发，私纂课本亟行厘正。下部知之。"（参见王炜编校《〈清实录〉科举史料汇编》，武汉：武汉大学出版社，2009年，第1111页。）

② 王炜编校：《〈清实录〉科举史料汇编》，武汉：武汉大学出版社，2009年，第1086页。

③ ［美］吉尔伯特·罗兹曼主编《中国的现代化》（中译本），上海：上海人民出版社，1989年，第338页。

革废代表着中国已与过去一刀两断，这种转折大致相当于1861年沙俄废奴和1868年的日本明治维新后不久的废藩①。刘永济就是在科举革废的背景下开始接受新式教育的。他随着时代的大流往前行走，并不知道远方将会呈现出什么样的情形。

二、新式教育时代刘永济的学生生活

1906年，年近19岁的刘永济考入长沙私立明德中学（1949年后该校一度改名为长沙市第三中学）。明德中学创办于1903年，校长胡元倓是现代有影响的教育家之一。明德中学早期的教员中，黄兴、张继、陈天华、周震鳞、苏曼殊等都是著名的反清人士。

1907年秋，刘永济又考入位于上海吴淞的复旦公学，在那里度过了两年多的时光。刘永济之所以改考复旦公学，据他自己回忆，首先是出于对严复（字又陵，1853—1921）的仰慕。“我之投考复旦，是慕严又陵先生之名，那时他作第一任的监督。复旦是震旦的学生反对天主教教育风潮出来后创办的。那时这个学校极其特别，他的财权是在老学生手中。校中除一位李登辉先生主持教务外，别无职员，可算是没有一点组织的。学生非常自由散漫，除毕业考试当严格外，平时升降班级可以自由。我那时才20岁，惯喜说话，长于交游，所以每学年都被举为班长。班长是上为教务长重视，中为教员所怕，下为同学所拥护，地位很好，我因此不免自高自大。我在复旦，还有一事影响我较大的是革命排满的思想。同盟会的宣传书报和《国粹学报》是当时爱看的，但是我始终没有勇气加入同盟会。我离开复旦，是因为马相伯当监督时要把复旦改为法律专科，改读法文。他是天主教徒，根本与复旦传统的精神不符，于是全体同学掀起大大的风潮，结果他后虽改正，我们全班同学却都自动离校。同班中同我最好的朋友是梅光迪先生，我入清华是他鼓励

---

① ［美］吉尔伯特·罗兹曼主编：《中国的现代化》（中译本），上海：上海人民出版社，1989年，第543—544页。

我的。”“我初入复旦，是想学严又陵先生做一个介绍中西学术的学者，但是我学英文很随便，所以英文始终没学好，后来更放弃了。”[①]

一个人因仰慕严复而改变人生选择，这一事实比较典型地折射出了清末民初的文化氛围。严复是清民之际的文化偶像之一。“在接受了传统教育之后，又曾进入福州船政学堂，在那里学习了英文并接受了技术与科学培养。当严复在英国皇家海军大学学习时，他发现了达尔文（Darwin）和斯宾塞（Spencer）的著作。他非常注重英国的法律和制度，在19世纪末年返归中国后便成了英国进化论哲学著作的最早翻译家之一。他于1898年翻译的赫胥黎（Huxley）的《天演论》（本意为《进化与伦理》）使其名噪一时，接着便是1900—1910年间的一系列其他译著：斯宾塞的《群学肄[②]言》（本意为《社会学研究》）、亚当·斯密（Adam Smith）的《原富》（本意为《国富论》）、穆勒（Stuart Mill）的《群己权界论》（本意为《论自由》）、孟德斯鸠（Montesquieu）的《法意》（本意为《论法的精神》）。”[③] 伴随着进化、富强、自由、民主、个人、社会等理念的流行，严复受到众多青年读者的崇拜。胡适曾在《四十自述》中这样讲述那一代年轻人阅读严复《天演论》的热烈情形：

> 《天演论》出版之后，不上几年，便风行到全国，竟做了中学生的读物了。读这书的人，很少能了解赫胥黎在科学史和思想史上的贡献。他们能了解的只是那“优胜劣败”的公式在国际政治上的意义。在中国屡次战败之后，在庚子、辛丑大耻辱之后，这个“优胜劣败，适者生存”的公式确是一种当头棒喝，给了无数人一种绝

---

① 刘永济1952年《自我检讨报告》，见徐正榜、李中华、罗立乾编著《刘永济先生年谱》，刘永济《诵帚词集 云巢诗存：附年谱 传略》，北京：中华书局，2010年，第253页。

② “肄”，原文作“肆”。

③ ［法］谢和耐：《中国社会史》，耿昇译，南京：江苏人民出版社，1995年，第539页。

> 大的刺激。几年之中，这种思想像野火一样，延烧着许多少年轻人的心和血。“天演”“物竞”“淘汰”“天择”等术语都渐渐成了报纸文章的熟语，渐渐成了一般爱国志士的“口头禅”。还有许多人爱用这种名词作自己和儿女的名字。陈炯明不是号竞存吗？我有两个同学，一个叫作孙竞存，一个叫作杨天择。我自己的名字也是这种风气底下的纪念品。我在学堂里的名字是胡洪骍。有一天的早晨，我请二哥代我想一个表字，二哥一面洗脸，一面说：“就用‘物竞天择适者生存’的‘适’字，好不好？”我很高兴，就用“适之”两字。（二哥字绍之，三哥字振之）后来我发表文字，偶然用胡适作笔名，直到考试留美官费时（1910）我才正式用“胡适”的名字。①

清末民初，严复的译著重塑了一代年轻文化人面对世界的态度。这一代文化人，无论他们后来选择的人生道路有多么巨大的差异，但他们的目标有一个显著的重合点，即振兴中华。振兴的方略可以势同水火，但那种炽热的中华情怀却又并无不同。他们凭自己的判断做出抉择，这样一个过程使得他们极为自信和自负。他们必将分化为若干不能弥合的群体，并以激烈的相互冲突的方式演绎人生。

1909 年秋，复旦公学发生了学潮。学潮的起因是，严复下台，天主教徒马相伯做了公学监督，计划将复旦改为法律专科，并改读法文。此一举措与学生的意愿不符，引发了全体学生的抗议，刘永济遂和全班同学一起，自动离校。1910 年，刘永济考入天津高等工业学校，修习应用化学，目的是为报考清华做准备。因为复旦公学不重理科，报考清华，怕难以录取，所以先去天津高等工业学校补习理科各门课程。1911 年夏，刘永济如愿以偿，考入清华留美预备学校。同时考入清华的，除了他的老同学梅光迪外，还有吴宓、吴芳吉等人。

---

① 胡适：《四十自述》，合肥：安徽教育出版社，2006 年，第 52—53 页。标点有所改动。

刘永济在新式教育时代的学生生活，结束于1911年10月。这个月的10号，即1911年10月10日，湖北武昌爆发了辛亥革命，“几周之内其他20余省发布反满独立声明，这些中心城市通常是由同盟会、新军和省级咨政会支持的。到了11月初，所有华南和华中甚至西北的省份都宣布了独立”①。清王朝转眼之间就崩溃了。清华学校虽未立即解散，但惶恐气氛弥漫于整个校园，不少师生仓皇离校。刘永济也于此时奔赴广东海南岛，其时他的四兄刘永滇正任琼崖道道台，就驻扎在这个随处可见椰林的地方。刘永济到达海南岛不久，刘永滇宣布独立，拥护共和。从此以后，刘永济告别了清华留美预备学校，也告别了他的学生时代。1913年秋，刘永济虽曾一度赴长沙投考留学，但未被录取，从此他便放弃了出国留学的计划。

关于刘永济离开清华的原因，程千帆曾做过这样的说明：“刘先生19岁时离开家乡，先在长沙明德中学，后到上海复旦公学学习，开始接受现代科学知识的教育并受到民主思潮的影响。1910年，他考入天津高等工业学校，次年又考入清华留美预备学校，希望能够到国外学习工科，以实现其最初从事实业救国的愿望。然而，入学不到一年，因有学生不满学校当局的一些措施而对其加以批评，结果被开除了学籍。这事引起了全校学生的公愤，于是推选刘永济、吴芳吉等十名代表，要求学校收回成命，不料校方竟采取高压手段，要将十名代表一起开除，后经调停，仍要让代表们写具‘悔过书’，才能恢复学籍。但刘先生和吴芳吉则认为自己无过可悔，断然拒绝了这种无理的要求，也因此放弃了官费留学的机会。”② 程千帆与刘永济交情甚深，且终身师事刘永济，他所叙述的事实当得自刘永济本人。但是否误记，就不得而知了。从刘永济的性格和能力看，他被推选为学生代表，倒极有可能。假如程千帆

① ［美］费正清：《中国：传统与变迁》，张沛译，北京：世界知识出版社，2002年，第487页。

② 程千帆、巩本栋：《刘永济先生的词学研究》，南京大学古典文献研究所编：《古典文献研究》第5辑，南京：江苏古籍出版社，2002年，第1—2页。

所说的事情完全可靠，而刘永济在1952年写的《自我检讨报告》中却又绝口不提，也许是为了避免引起政治上的麻烦。

三、新式教育影响了刘永济的处世风格

六年的新式教育生活，拓展了刘永济的视野，也拓展了他的学缘。他与梅光迪、陈寅恪、吴宓、吴芳吉等人之间的友情，他后来立身处世的风格和态度，与这六年的新式教育生活密切相关。刘永济自己曾说："在这短短的六年中，我学无所成，但影响我的却有几点：一、养成我自命不凡和自由散漫的习惯；二、灌输我革命的思想；三、广泛地粗略地具备些世界知识和科学知识，加强我读书的兴趣。"①

刘永济所说的"自命不凡"，大概是指那种领袖群伦的风采。在复旦公学期间，他一直担任班长，"上为教务长重视，中为教员所怕，下为同学所拥护"，是为数不多的核心人物之一。一个二十岁的年轻人，不仅在同辈人中高视阔步，而且受到校方的倚重，令各位任课教师心存畏惧，这样一种经历，足以召唤出对个人能力的豪迈自信和对个人事业的不凡期许。推想起来，这时的刘永济，大概是初次体验到了领袖群伦的美妙感觉。在未来的生涯中，他还有领袖群伦的机会，例如20世纪40年代长期担任武汉大学文学院院长，并多次代校长处理校务。但那种感觉应当是不一样的，一个二十岁的人，和一个年逾五十的人，同样是处于举足轻重的位置，但欣喜的程度一定大为不同。"我因此不免自高自大"，这乃是饱含得意的自嘲，那种少年得志的神采，虽时过境迁，仍不难想见。

对复旦公学的管理体制，刘永济给出了"没有一点组织"的考语。除了一位主持教务的李登辉先生，学校别无其他职员；除了毕业考试外，升降班级完全取决于学生自己。真的可以用"自由散漫"来加以形

---

① 刘永济1952年《自我检讨报告》，见徐正榜、李中华、罗立乾编著《刘永济先生年谱》，刘永济《诵帚词集 云巢诗存：附年谱 传略》，北京：中华书局，2010年，第256页。

容。这种“自由散漫”的管理方式，它的短处是不便于系统地传授知识，而长处则是有助于学生自学能力的培养和自学习惯的养成。刘永济所受的学校教育，未能改变他以自学为主的习惯，他的知识结构，依然建立在自由阅读的基础上，没有所谓“家法”和“师承”的限制。

在复旦公学的同窗中，后来与刘永济长期保持联络的有梅光迪、陈寅恪等人。从刘永济的这个朋友圈，可以看出他的自我定位。晚年的刘永济，讲述过他与陈寅恪同窗期间的一件趣事：“陈寅恪素以博闻强记、过目不忘而著称，有一次我和他打赌，拿一页古书，只准许看一遍，看谁能一字不差地默写出来。结果他赢了，果然是一字不错，我却错了两个字，从此真是服了他。”① 正当年少轻狂的时节，两位未来的学界巨擘，留下这样一幅剪影，倒也有一种“不着一字，尽得风流”的韵味。

在刘永济的清华同窗中，后来成为其终身挚友的，有吴宓、吴芳吉等。吴宓这位《学衡》主将，早已为学界所熟悉。吴芳吉（1896—1932）因其英年早逝，才 37 岁便赴修文，当代读者对他也许较为陌生。其实他在 20 世纪 20 年代，曾是诗坛的风云人物，其才情和气度，深受刘永济敬佩。

刘永济所说的“自命不凡”，大概还包括了那种以学术救国的气概。晚清最后几年的新式教育，一方面引入了各种各样的新知，另一方面激发了一代读书人对“少年中国”的想象。在一个国门敞开的时代，有混乱的杂音，也有激越的旋律。这种氛围，对于那些向往新的生活景观的人来说，别有一种召唤和鼓舞的力量。文学和学术改造社会的力量，常常被这一代人高估。鲁迅和郭沫若弃医从文，早已成为许多人熟悉的佳话。与胡适、鲁迅相比，刘永济当然不属于新文化人，但那种以文学和学术救国的信念，那种“少年不识愁滋味”的高视阔步的情调，却又何其相似。1937 年，刘永济在《文哲季刊》第 6 卷第 20 号发表《文学通变论》，有云：“常人每目治文学为无用，世之为此学者，亦常有以无用

---

① 李工真：《刘永济先生传略》，刘永济：《诵帚词集　云巢诗存：附年谱　传略》，北京：中华书局，2010 年，第 631 页。

为真谛者。不知无用之用，实乃大用。盖文学之力，无影无形，及其深入人心，有非可以势取强夺者……如最近之国民革命，尤为有力之证。革命之成，不成于武昌起义之日。清运之移，已移于《苏报》《民报》《国粹学报》发行之日。盖排满之思，亡国之痛，皆凭借文字为之唤起，而后革命之力乃伟大而普遍也。试检吾国史乘，由平民而易代革命者，汉之刘邦，明之朱元璋外，唯今之孙中山先生，足与鼎峙。论世之士，当有以知其故矣。”① 刘永济之所以确认学术可以救国，是因为他经历了清末民初的易代之变，亲身感受到了社会舆论在清朝覆灭过程中所起的那种无形的作用。曾经不可一世的清王朝居然如此不堪一击，经历过这一巨变的刘永济这一辈人，他们对于学术和文学的力量，确有一种“史无前例”的信任，他们有志于以学术和文学的力量创造一个新的中华。

对于学术和文学重塑社会的力量，刘永济后来有一个补充的说法。在《元人散曲选·序论》中，他一方面强调元人散曲促进了元朝的崩溃，“虽谓湖广、燕南篝火之众，士诚、友谅揭竿之兵，实关、王、马、郑诸贤歌曲有以驱使之，亦不为过矣”，另一方面又指出，“虽然，文学之士，发为诗歌，欲以起衰敝，发忠愤于亡国破家之后，其效否殊不可必。万一彼钳制之枢终不可摇，压抑之势终不可移，或且求为元曲诸家之所为而终不可得，则又何从激发忠烈而摧陷倾覆之邪！此又读元曲者所当深省，处危世者所当惊心者矣！”② 这个说法，与刘永济1925年12月发表于《学衡》第48期的一则诗话，意味似乎相近，但其实大有不同。那则诗话说：

> （孔颖达《诗正义》）又论诗人救世之情曰：典刑未亡，觊可追改，则箴规之意切。《鹤鸣》《沔水》，殷勤而责王也。淫风大行，莫之能救，则匡谏之志微，《溱洧》《桑中》，所以咨嗟叹息而闵世。

① 刘永济：《文学论　默识录》，北京：中华书局，2010年，第419—420页。

② 刘永济：《宋代歌舞剧曲录要　元人散曲选》，北京：中华书局，2010年，第146页。

陈、郑之俗，亡形已成，诗人度已箴规，必不变改，且复赋己之志，哀叹而已，不敢望其存，是谓匡谏之志微……尝怪江左诗人，世极迍邅，而辞意夷泰，岂当时诗人，独于一代兴亡及民生疾苦，漠然无动于衷耶！及读老杜天宝乱后诸作，忧时愍乱，词迫意深。而晚唐以逮五代，作者每多放情风月，极意花草，岂老杜多愁而悲愍独至耶！大抵天宝之乱，唐室犹有可为。齐梁五代，国事已无可救，此正诗人苦志所存，未可浅测也。然则孔氏此言，可以为齐梁五代诗人，一洗千古奇冤矣。①

《元人散曲选·序论》和上一则诗话都说到了诗人对时事有可能“漠然无动于衷”，但《元人散曲选·序论》说的是诗人之口遭到了权力的钳制，在政治高压下不容说出实话；上一则诗话说的是社会已无可救药，诗人说了也没有意义，所以没有了说的愿望。前者是不敢开口，后者是不愿开口。刘永济注意区分这两种情形，倒也提示我们，清末民初的刘永济、胡适们，虽然面对着一个积贫积弱的国家，但依然对未来抱有信心，放言高论也无所顾忌。他们不仅愿意开口，而且敢于开口。他们相信文学和学术的力量将塑造出一个全新的社会，也把文学和学术的力量发挥到了极致。那种“少年不识愁滋味”的爽朗和单纯，回头看去，虽然嘴角不免泛起几丝调侃的微笑，但心底却又油然生出几分羡鼻和向往。

刘永济“革命思想”的形成，得益于“新式教育”的“灌输”。不过，刘永济虽然在理念上认同“革命”，但他始终未加入任何“革命组织”。这里显示的，正是书生本色。

① 刘永济：《文学论　默识录》，北京：中华书局，2010年，第468页。

第二章　从明德学校教员到东北大学教授

1917 年 7 月，应长沙私立明德学校校长胡元倓之邀，刘永济成为私立明德学校国文教员，前后将近十年。1927 年初，因清华同窗吴宓的引荐，刘永济赴沈阳任东北大学文学院教授，直到 1932 年 7 月被聘为武汉大学教授为止，历时五年有余。这十五年的岁月，奠定了刘永济作为学者和词人的基本格局，也奠定了其家庭生活的基本格局。他的文化保守主义形象和炽热的民族情怀，因其与《学衡》主将梅光迪、吴宓的密切交往，和身处东北的特殊境遇，表现得尤为充分。

第一节　任教于明德：词家、学者与文化人

任教于明德的十年间，刘永济是词家，是学者，也是文化人，以国文教员而身兼《学衡》作者、湘君社长，开始了一段精彩纷呈的人生。他与黄惠君的姗姗来迟的婚姻，也给年近四十的刘永济的生活涂抹上了一道淡淡的春色。

一、《学衡》作者刘永济

任教明德期间，刘永济成了《学衡》的重要作者，一再向他约稿的是他的清华同窗吴宓。1922 年 1 月，《学衡》第一期在上海中华书局出版。这个由南京东南大学几位教授创办的刊物，主编是英语系教授吴宓，重要同人有英文系主任梅光迪和生物系主任胡先骕等，“学衡杂志社”那块白底黑字的招牌，就挂在吴宓寓所的门前。其明确的文化保守主义立场，与其时风头正劲的新文化运动形成对垒的态势。

1922 年 5 月出版的《学衡》第 5 期首次发表了刘永济的词作，一

组题为《鹧鸪天》（江行杂兴）的小令，共八首。在此之前，1917 年 5 月，刘永济在《丙辰杂志》第三期发表了词作《瑞龙吟》（重过拙政园，用清真韵），同年 10 月，在《太平洋》月刊发表了《蕙兰芳引》（徐园看兰，归后有作）、《西江月》“晒粉风儿栏槛”、《花犯》“倚巷烟”、《浣溪沙》“缥缈仙山路未通”“涨绿流红恰几时”“才过清明便不同”“几树红英映晚霞”等词。但刘永济大量发表词作，还是在 1922 年亮相于《学衡》以后。

此时的刘永济，对词的兴趣日渐浓厚。他“少年时期曾在其姑父松琴龙家中得读古今词集，这对他词学基础的奠定和兴趣的培养，无疑具有十分积极的作用”[①]。1912 年至 1917 年客居上海期间，刘永济的四兄刘永滇在上海做官，晚清词坛的两位著名词人，朱祖谋和况周颐，碰巧也寓居上海。刘永济以一首《浣溪沙》（几日东风上柳枝）向况周颐请益，况周颐大为赏识，说：“能道‘沉思’一语，可以作词矣！”朱祖谋也赞许刘永济“能用方笔”。[②] 所谓“能用方笔”，是说刘永济有作词的天分。[③]一个二十五六岁的年轻人，被两位词坛老宿誉为作词得法，且有作词的天赋，这对刘永济来说，真有一种登龙门的感觉。他终身以况、朱传人自勉，致力于弘扬常州词学，即因他曾得到况、朱的印可。而身为《学衡》作者的刘永济，在弘扬常州词学的同时，也持续地显示了他作为一个词人的风采。他后来的武汉大学同事苏雪林教授，常语含讥讽地称他为“旧式文人”，倒也恰切地说出了新文化人对刘永济的定

---

① 程千帆、巩本栋：《刘永济先生的词学研究》，南京大学古典文献研究所编：《古典文献研究》第 5 辑，南京：江苏古籍出版社，2002 年，第 7 页。按，“松琴龙”即粤西词家龙继栋（1845—1900），字松岑，一字松琴，号槐庐，广西临桂人，清道光年间状元龙启瑞之子，著有《槐庐词学》。

② 刘永济：《诵帚词集　云巢诗存：附年谱　传略》，北京：中华书局，2010 年，第 130 页。

③ 刘永济《词论》卷下《结构第五》引《蕙风词话》卷一曰：“词不嫌方。能圆，见学力；能方，见天分。但须一落笔圆，通首皆圆；一落笔方，通首皆方。圆中不见方，易；方中不见圆，难。”见刘永济《词论　宋词声律探源大纲》，北京：中华书局，2010 年，第 90 页。

位。宁可被视为“旧式文人”，也依然以“词是吾家事”自许，这里显示的正是刘永济的辞章家风范。

民国初年刘永济在上海遇到的一件事，他直到晚年还记忆犹新。《默识录》是刘永济1950年后的读书札记，定稿于1965年。其卷三有《记日人收购我古籍》一则：

> 民初予客居上海，一日薄暮，行经四马路来青阁，偶入阅插架书，见《纳兰词》一册，纸墨精好，盖徐健庵所刻初印本也。爱不忍释，叩其直，六元耳。适未有，拟次晨备价往取。乃次日予方步入，即见一日人由内出，微睨其手中所携，心为之动。及叩之店主，正予昨所见今欲购取之《纳兰词》也。懊恨不置。然窃怪此人何以能识此书，询之，始知乃日本五大学委托驻沪收购我古书者。此人颇精于鉴别版本，且遇珍本，亦不惜重价。我国有名藏书家，亦尝贪得高价，不惜出售所藏宋元珍本，以此古书流入日本者日多，深可痛恨。闻傅沅叔游日本，观内藤虎藏书，虎指其所度我国文史，笑谓傅曰：“贵国文史教师，将取材于敝国矣。”傅闻言殊愤。予昔以诗赠史学系卒业生，中有一绝曰：“柯家元史久名高（凤荪），近代梁（启超）陈（寅恪）亦俊髦。何事狂言内藤虎，百城坐拥向人骄！”即记此事也。①

刘永济在民国初年留意日人大量收购我国古籍珍本一事，当然有其偶然性。如果他不是一个对填词迷恋至深的青年词人，如果他不是碰巧路过上海四马路来青阁，也许压根就不会知晓《纳兰词》初印本被日人购走。但刘永济的民族感情因此而受到巨大刺激，却体现了这个时代的特征，不可以偶然视之。盖民国初年，正是中国人的现代民族国家意识形成和高涨的时期。1900年，梁启超写过一篇文章《少年中国说》。梁启超强调，现代民族国家的出现，其历史还不长。西方走在前面，可以视

---

① 刘永济：《文学论 默识录》，北京：中华书局，2010年，第311页。标点有所改动。

之为壮年国家，中国走在后面，可以视之为少年中国。少年是一个美好而又一去不可再得的时期，是将来一切幸福和光明的开端。创造一切非凡事物的那种神圣的爽朗精神，总是同少年时代和创造力连在一起的，所以梁启超豪迈宣告：少年中国是一个充满希望的中国。这样一种感情，在20世纪前半叶曾经是数不清的热血青年舍生取义的巨大动力，甚至学术研究也被赋予了救国保种的神圣使命。刘永济出版于1922年的《文学论》，其中就有这样一段："日人常言我国不振，亚东文化，今惟赖彼代表，近更取得亚洲一等国之尊称，尤必名实相副，故其国人渐知注重东亚文化。其论我国学术思想之书，亦日见其多。此国人当注意者也。虽学问之道，天下为公，然他人言之，终多隔膜，不如我自言之亲切正确。一有遗误，亦学问界之不幸也。况我国陵夷，举世久以半开化之民相待，若不起而自为，何以忝颜当世。此晋国诗人所以沉痛陈词而作《山有枢》之诗也。"① 民国学者的诗词写作和对于中国传统学术的研究，常常伴随着一种超越学术的民族情怀。不明了这一点，对他们的言行举止就难免隔膜。而就词人刘永济而言，要理解他这一时期的心理状态，都需要贴近他的这一文化关切。

刘永济也在《学衡》发表了若干论文，如《论文学中相反相成之义》(《学衡》第15期，1923年3月)、《迂阔之言》(《学衡》第28期，1924年4月)、《文鉴篇》(《学衡》第31期，1924年7月)、《六害篇》(《学衡》第45期，1925年9月)、《旧诗话》上(《学衡》第46期，1925年10月)、《旧诗话》中(《学衡》第48期，1925年12月)、《文诣篇》(《学衡》第49期，1926年1月)、《旧诗话》下(《学衡》第56期，1926年8月)等，开始以学者兼文化人的形象为世所知。

二、第一部学术著作《文学论》出版

1922年4月，刘永济以明德国文教员的身份出版了他的第一部学术著作《文学论》。《文学论》一书，是以"文学概论"讲义为基础补订

① 刘永济：《文学论 默识录》，北京：中华书局，2010年，第98页。

而成。“在明德中学时，他给学生讲授文学概论，贯通中西，要言不烦，所成讲义，取名《文学论》，曾由商务印书馆出版，重印多次”①。《文学论》是刘永济最早出版的一部学术著作，也是20世纪初叶较早问世而又较有影响的现代意义的文学理论著述。

刘永济认为，文学之所以能够成立，在于它有科学、哲学所不能取代的功能。“总而言之，哲学科学皆学识之事。文学家不可无学识，已甚明白。特哲学家所得之学识，以之为解释自然之用；科学家所得之学识，以之为实验自然之用；文学家所得之学识，以之为阐演自然之用”②。“文学家有学识然后有了悟与判断之能力。有了悟判断之能力，则对于人情物态，始能见到精微之处。能见到精微之处，又能综合而表曝之，则能使人于其所表曝之中，收感乐与慰苦之效。能收感乐与慰苦之效，则能感化人之情性，使之高尚优美。文学至于此境，已极艺术之能事矣”③。刘永济将文学作品分为学识之文和感化之文两类，而以感化之文为主。所谓感化之文，即诗歌、戏曲、小说、散文等。刘永济对文学的界定，与新文化人的理念大体一致。

刘永济对中国文学的一个基本判断是：中国哲学以善为本，中国文学亦以善为本。主善的文学，其长处在切近人生，温柔敦厚，其短处在不随世变，情趣缺乏。“故真与善者，文学家之学识也。具此学识不欲正言质言以强聒于人，而以巧妙之法，用文字感化人。不欲空言抽象之理于人，而以具体的表现，使人自领悟。故文学家不可无道德与智慧，而纯正文学非质言道德与智慧之事也”④。“我国文学，因历代尊经之故，多以善为根本，不免偏重事理而少情趣。扬雄壮年，悔其少作为雕虫小技，而摹《易》以作《太玄》，摹《论语》以作《法言》，摹《尔雅》以作《方言》，后世昌黎韩愈遂比之于荀孟。他如真西山选《文章

① 程千帆、巩本栋：《刘永济先生的词学研究》，南京大学古典文献研究所编：《古典文献研究》第5辑，南京：江苏古籍出版社，2002年，第5页。

② 刘永济：《文学论　默识录》，北京：中华书局，2010年，第12页。

③ 同上书，第13页。

④ 同上书，第80页。

正宗》，尤重道德，谓‘立言必关世教’。程子论文，直以为文为玩物。盖其时理学盛倡，文学亦受其影响，又于学识文学与感化文学二者辨之未明，故诗歌亦以之为议事说理之用，虽意在侧重人生，而有伤艺术矣”①。一个从事诗词写作和辞章研究的人，其总体文化立场虽与新儒家一致，却又有其微妙的差异。新儒家往往轻视辞章，轻视感化文学，刘永济则对感化文学情有独钟。

刘永济终生以集部研究为主，小说戏曲非其关注中心，但《文学论》对小说戏曲并不忽视。他认为，文学的功能既然偏于“感化情性”，其功能发挥得越充分，自然也就越有价值。“至于表现之时，或以诗歌，或以散文，或以戏曲，或以小说，皆其采用之方法有异。至其感化情性，则一也。但诗歌、戏曲、小说、散文之中，其功能亦各有大小。大抵戏曲、小说感化之功能，较诗歌、散文更为普遍”②。刘永济的结论是：就文体的理想形态而言，作为感化文学的戏曲、小说，胜于诗歌、散文；但就实际的创作情形而言，中国古代小说的成就不如戏曲，不如诗词。有人以为刘永济轻视小说、戏曲，那是一个不小的误解。

三、湘君社社长刘永济

1922 年 6 月，刘永济、吴芳吉、刘朴、谢祖尧等在明德学校成立了湘君社，刘永济被公推为社长。湘君社的社刊名为《湘君》，由吴芳吉主持。

湘君社是为了纪念屈原而成立的。吴芳吉曾作《湘居》诗，其注有云：“明德学校在长沙之西园，园中湖亭曰楚辞，刘弘度君倡建，以纪念屈子也。”③《芳吉自订年表》亦载：楚辞亭于民国十二年（1923）二月倡建，“临澧辛树帜采楚辞中所有草木，环植四岸，以纪念屈子，并

① 刘永济：《文学论　默识录》，北京：中华书局，2010 年，第 81 页。

② 同上书，第 14 页。

③ 吴芳吉著，贺远明、吴汉骧、李坤栋选编：《吴芳吉集》，成都：巴蜀书社，1994 年，第 263 页。

为明德廿周年祝也”①。“刘弘度永济、刘朴君柏荣，与吾创湘君社，出杂志以矫正伪新派文学之失，所刊屈子画像，徐桢立君绘，争为京沪人士影印”②。1923年3月29日，时逢明德建校20周年大庆，由刘永济发起倡建，明德教员捐资，在校内屈子湖中央兴建楚辞亭。亭刻王闿运联：“十步之内芳草，六经以外文章。”③ 刘永济亲书屈原《离骚》全文，悬于亭中。刘永济还填了《木兰花慢·楚辞亭》词一首，以咏叹此事：

> 对幽兰泪眼，似曾见，独吟情。自赋笔沉玄，香筒约采，寥落湘灵。蜺旌定，怀故宇，驾玉鸾欲下雨冥冥。鼓枻高歌去远，凭阑春水方生。
>
> 孤亭，载酒同登。声艳楚，俗传荆。怅苍茫今古，芳菲总付，横术荒城。遗馨，尽堪揽结，且不须醒醉问浮名。花外纷纷落照，乱山何处归程。

该词于1924年5月发表于《湘君》季刊第3号。刘永济在《湘君》季刊第3号发表论文《迂阔之言》上下篇时，署名为“楚辞亭客”。从这一署名，也可知“楚辞亭”或者说屈原对于刘永济等湘君社同仁的特殊意义。就连湘君社端午“雅集”、筹款活动，议程中也包括“主席刘弘度所书离骚经一卷”④ 各赠曾广钧、胡子靖、徐绍周、李剑农等文友宾朋一项，在在显示了刘永济以屈原传人自许的祈向。

《湘君》每期出版，例有聚会，其性质与古代的文人社集相同。曹

---

① 吴芳吉著，贺远明、吴汉骧、李坤栋选编：《吴芳吉集》，成都：巴蜀书社，1994年，第546页。

② 同上书，第264页。

③ 《胡子靖先生年谱》，长沙明德中学百年校庆办编：《百年明德　磨血育人》，长沙：明德中学，2003年，第431页。

④ 徐正榜、李中华、罗立乾编著：《刘永济先生年谱》，刘永济：《诵帚词集　云巢诗存：附年谱　传略》，北京：中华书局，2010年，第284页。

丕《与吴质书》尝云："昔日游处，行则连舆，止则接席，何曾须臾相失，每至觞酌流行，丝竹并奏，酒酣耳热，仰而赋诗，当此之时，忽然不自知乐也。"① 曹丕所描写的当即诗酒雅聚的生活。后代文士，在诗酒雅聚的基础上组织诗社文社，一方面表示趣味相投，友情深厚，另一方面是为了切磋琢磨，促进创作。唐代的洛阳九老会（白居易所创），宋代的彭城诗社（贺铸所创）、豫章诗社（徐俯所创），元代的山阴诗社、武林诗社，都属于文学社团。湘君社也属于这种文学社团，其雅集旨在增强社团的活力并推进创作。

湘君社命脉所系在于《湘君》，但《湘君》延续的时间并不长。1922年6月创刊，出第1期，1923年3月出第2期，1924年5月出第三期，此后即无疾而终。《湘君》停刊的原因，主要是销路不好，缺乏后续经费的支撑。而销路不好的原因，一是明德学校地处长沙这一偏远地带，辐射范围有限；二是《湘君》以"文艺趣味"为主，缺少社会舆论所关注的热门话题。这两者都极大地限制了《湘君》的社会影响力。

四、年近四十与黄惠君结偕老之约

与黄惠君结偕老之约是明德十年间刘永济个人生活中的一件大事。

1924年9月13日，农历的中秋节，年近四十的刘永济与黄惠君女士大婚，从此开始了一个新的人生阶段。刘永济18岁时，曾与广东某候补知县之女陈氏结婚，不久陈氏因难产去世，这在刘永济心中刻下了

① 〔三国魏〕曹丕著，魏宏灿校注：《曹丕集校注》，合肥：安徽大学出版社，2009年，第258页。

一道难以愈合的创伤，从此鳏居十八年之久。① 他与黄惠君的这段婚姻，姗姗来迟，或许正是"好事多磨"的印证。"在长沙任教期间，刘先生认识了比他年长七岁，时任湖南省省务院院长兼教育司司长的著名学者、历史学家李剑农先生，两人很快成为好友。1924 年，经李先生介绍，刘先生又结识了黄惠君女士。黄女士是北京女子师范高等师范学院的高才生，毕业后任湖南省省立第一女子师范学校校长，同时兼任生物学、博物学教师，堪称女中豪杰。黄女士虽是学自然科学的出身，却具有极高的文化素养和高雅的情趣，她熟悉各种掌故，会唱京戏，善鉴赏诗词。早在两人见面之前，她就曾在杂志上看过刘先生发表的词作，并留下很深的印象，故而一见钟情。这对'词为媒'的新人于 1924 年中秋节在长沙楠木园结婚。那时刘先生仅是明德中学的一名普通教员，而这位女校长当然已是赫赫有名的人物了，所以当时长沙小报以《黄惠君女士下嫁刘永济先生》的大标题报道这桩婚事，因而在长沙城轰动一时。婚后，夫妻感情一直非常融洽。由于此时刘先生已开始在雅礼大学、晨光私立大学兼任国文教员，共有月收入 120 元，黄女士便放弃了社会工作，转而操劳家事，全力支持刘先生的教学和研究工作。从此两人同甘共苦、相濡以沫数十载。刘先生能在其后的时局艰危、生活困苦中精勤治学、始终不懈，她给予了极大的鼓励与支持"②。在刘

---

① 按，《刘永济先生年谱》载：1905 年，刘永济"与广东一候补知县之女陈氏结婚……陈氏后因难产弃世。因悲伤，而后鳏居 18 年"。（参见刘永济《诵帚词集　云巢诗存：附年谱　传略》，中华书局，2010 年，第 252 页。）在刘永济《诵帚词集》中也不难发现悼亡词的踪迹，如 1923 年 3 月发表于《学衡》第 15 期的《临江仙·十二月十五日夜纪梦》词二首，其一云："梦去余情渺渺，醒来清泪潺潺。分明相见十年前，深怀闻好语，红烛照欢颜。岁月浑如尘土，天涯久惯幽单。今宵衾枕十分寒。佩环应未还，城柝又更阑。"又如同年 5 月发表于《学衡》第 17 期的《南楼令》词云："袖墨十年痕。钗鸾一旦分。暗销凝、丝雨重门。叠损春衫情味恶，憎舞扇，厌歌尊。凉夜自温存。深愁供浅颦。小轩窗、香灺灯昏。惆怅罗帷非海水，仙梦隔，几微尘。"（参见《诵帚词集　云巢诗存：附年谱　传略》，中华书局，2010 年，第 12—13 页。）

② 李工真：《刘永济先生传略》，刘永济：《诵帚词集　云巢诗存：附年谱　传略》，北京：中华书局，2010 年，第 635—636 页。

永济与夫人黄惠君几十年相濡以沫的生活中，刘永济习惯于以诗词来表达他的情愫。大婚当日，他为黄惠君作了第一首词，《人月圆》（甲子中秋，余与惠君初结偕老之约，赋此定情）：

瑶台修就团圞月，今夜敞银屏。星斗光中，山河影外，越样分明。

世间佳会，南楼雅咏，牛渚高情。争如仙侣，彩鸾驾了，双照盈盈。

刘永济与黄惠君的大婚典礼，选在1924年的中秋佳节举办，是为了营造吉祥的氛围，也是为了表达欢乐的心情。据说唐代读书人最看重的是两件事：婚与宦，也就是婚姻和仕途，今天的中国人，则用“爱情事业两不误”来凸显这两件事的重要性。还有一个更为熟套的说法，是将结婚视为“终身大事”。不过，民国年间的“知识青年”，他们所期待的婚姻，比传统婚姻有更多的浪漫意味。“自由恋爱”是流行的说法，也是流行的做法。至于刘永济，在新文化人看来只是一个“旧式文人”，他的婚姻观念也确实“旧式”，他写给黄惠君的定情词，以“南楼雅咏，牛渚高情”的名士风流反衬“彩鸾驾了，双照盈盈”的新婚之喜，虽也意象明丽，但与徐志摩等人的情诗相比，情调的差异就太大了。在刘永济的婚姻生活中，浪漫的爱情与深挚的亲情并存，而亲情一直是主旋律。这种亲情，绵绵不断，延续了一生。现存的刘永济写给黄惠君的诗词，就是这种亲情的印证和纪念。

刘永济与黄惠君大婚，远在东北大学的同窗吴宓不能前来出席典礼，遂赋贺诗四首，遥致祝贺，稍后发表在1925年6月《学衡》第42期上：

识鉴精微文学论，清言隽妙晋人风。
鹧鸪江上新词在，情韵兼资一世雄。

名士英雄一例行，金刚手腕佛心肠。
勖君伉俪双携手，末造乾坤共主张。

十年幽恨春泥锁，隔雨红楼梦未稀。
领略画眉无限福，杜郎只合住芳菲。

鼙鼓声中对艳妆，人间底事为情忙。
由来绮思生文藻，玉佩琼琚盼寄将。

组诗第一首中的“文学论”，是指刘永济的新著《文学论》；“清言隽妙晋人风”是说刘永济咳唾珠玉，谈吐隽永，有晋人风度；刘永济在1922年5月《学衡》第五期发表的一组《鹧鸪天》词，题为“江行杂兴”，此即第三句所指。第二首的内容，据吴宓自注，“弘度去年与予书，谓我辈今日欲有所为，必须兼具菩萨心肠与金刚手腕云云”。可以见出这群民国书生的胸怀与气量。第三首系反用刘永济《喜迁莺》词意而成。《喜迁莺》刊于1924年5月《学衡》第29期，词云：

云深春隔。听檐瀑暗倾，疑天真坼。冻柳妨莺，润泥迟燕，独自帐昏灯寂。早恨梦因春乱，那更情牵花泣。钿车阻，总芳游轻误，金刀无力。

南陌。谁念取，竟日迷濛，和草和烟织。风雨高楼，杜郎多感，愁近醉花瑶席。况是楚山寒峭，满目鹃枝凄碧。肠断久，又帘旌飐晚，横斜吹急。

“早恨梦因春乱”句下，刘永济自注云：“杜牧之《惜春》诗曰：‘春半年已除，其余强为有。即此醉残花，便同尝腊酒。’可谓钟情独至，故玉溪生曰‘刻意伤春复伤别，人间惟有杜司勋’也。”吴宓以为，刘永济词中“杜郎多感，愁近醉花瑶席”云云，表达了一种因伤春而刻意远离芳菲的情怀：所谓“杜郎多感”，是说第一个妻子难产而死在刘永济心上留下了难以愈合的创伤；所谓“愁近醉花瑶席”，是说刘永济常常刻意回避男女之情。吴宓反刘永济词意而作，着力渲染了“杜郎只合住芳菲”的新婚大喜的气象，言下之意是说：像刘永济这样一个出色的词人，本来就应拥有浪漫的感情生活。第四首是说期盼读到刘永济的新作，以“由来绮思生文藻”加以关合，谓新婚大喜，足以激扬才情，正是新婚贺诗的情调。从吴宓的贺诗可见，刘永济一再延宕他的婚姻生活，乃是由于曾经发生过的悲剧，使他产生了难以抑制的恐惧和伤感。他终于从恐惧和伤感的阴影中走出，终于与黄惠君携手走进婚姻的殿堂，以至于让他的一群朋友深感欣慰，足见这是一件多么不同寻常的事情。他们的婚姻仪式在中秋佳节举行，这是庆贺，也是对于过去那种生活状态的告别。从此以后，刘永济的人生就与黄惠君连在了一起。

五、撰明德校歌

明德十年，还有一件事可以郑重一提：刘永济是明德学校校歌歌词的作者，还曾为明德学校校旗撰写说明并亲自书写。他所撰写的校歌，歌词如下：

衡岳峨峨，湘流浩浩，神秀启文明。
莲溪通书，船山思问，湘学夙扬名。
法前贤兮，迪后进，厥任在诸生。
贯中西兮，穷术业，遗粕而咀精。
愿勿忘坚苦真诚，期相与修齐治平。
瀹灵明兮，新教化，崇令德兮，蜚英声。
继自今腾实恢宏，振绪滋荣。

这首校歌，由黎锦辉谱曲，在明德传唱至今。1928 年考入明德的朱振鹏，1987 年撰写了一篇回忆文章，《我的母校——明德中学》，其中写道："那时有位先辈作了校歌，由另一位谱曲，歌词大意是，湖南这块地方，自古就钟灵毓秀，有周敦颐、王夫之这些先辈作为楷模。我们应学贯中西，取其精华，弃其糟粕。因而不要忘了坚、苦、真、诚，为修身齐家治国平天下而努力。歌词溯古励今，曲子也深厚坚定，雍雍大雅，唱起来发人深省。"① 朱振鹏说的"先辈"，就是刘永济。

提倡"学贯中西"是刘永济所撰校歌的主旨，也是其校旗说明的主旨。"校旗四分一为赤色，四分三为蓝色，加校徽于赤色之中央为唐卷与西书交叠之形。唐卷则黄缃朱带，西书则绿表金侧以为之饰。旗色取赤、蓝者，一以表文明赫艳之象，一以旌坚苦真诚之德也。于古代取唐卷，近世取西书者，唐代为东方文化成就之时，近世又西方文化光华之日也，而交互相叠之形，则有融会贯通之义焉"②。以融会贯通中西文化为宗旨，刘永济的这一理念表明，民国年间的文化保守主义者，其实并不反对西方文化，他们只是反对文化的全盘西方化，反对将自家宝藏一概视为垃圾。

程千帆曾在回忆文章中提及刘永济在明德时期的一个掌故："1917年，刘先生应他的老师长沙明德中学校长胡元倓之邀，回母校任教。次年，军阀张敬尧因胡校长参与了孙中山领导的革命，密谋将其逮捕，胡校长仓促离开，学校濒于解散。刘先生就把多年积蓄起来预备出国留学的3000银元，全数取出，作为学校的开支，而自己也仍然留在学校教授语文，和全体教职员一样，每月拿八元的生活费。后来因学校经费困难，始终没有将这笔钱还给先生，先生也从未索取。然先生本拟出国学习的愿望，从此更难以实现了。"③ 刘永济资助明德一事，《明德中学百年大事记》《胡子靖先生年谱》等也有记述，仅细节略有不同。而刘永

① 朱振鹏：《我的母校——明德中学》，《明德中学建校85周年纪念册》，长沙：明德中学，1988年，第50页。

② 刘永济：《（校旗）说明》，长沙市明德中学百年校庆办编：《百年明德　磨血育人》，长沙：明德中学，2003年，扉页。

③ 程千帆、巩本栋：《刘永济先生的词学研究》，南京大学古典文献研究所编：《古典文献研究》第5辑，南京：江苏古籍出版社，2002年，第2页。

济本人存世的文字，则没有任何相关记录或说明。这里也许存在一种可能：在那段风声鹤唳的岁月里，刘永济有意将这一事情的所有痕迹从自己的文字中抹掉，以免给自己和家人带来纷扰。

第二节　东北大学教授：文化立场与民族情怀

1927年初，因清华同窗吴宓的引荐，刘永济赴沈阳任东北大学文学院教授，直到1932年7月被聘为武汉大学教授为止，历时五年有余。这一时期的刘永济，其学术上的主要收获是撰写了《十四朝文学要略》，以日渐清晰的个人学术风格展现了其文化保守主义立场；同时由于东北大学地处东北，时时面对着日本不断加剧的军事压力和政治胁迫，刘永济的国难体验痛切之至，其诗词在内容和风格上因而容纳了诸多新的元素，民族情怀是其中尤为引人注目的成分。文化保守主义立场与深切的民族情怀，塑造了刘永济这位东北大学教授的形象。

一、《十四朝文学要略》的语言形式和著述体例

刘永济在东北大学讲授的主要课程是中国文学史。1928年9月，刘永济在《学衡》第65期发表的《中国文学史纲要·卷首叙论》，就是为拟想中的完整的中国文学史讲义而写的。这部讲义编到隋代时，中国文学史课程改由刘豢龙教授主讲，故隋代以后付诸阙如，1945年中国文化服务社以《十四朝文学要略》为名出版了刘永济的这部讲义。

中国文学史是现代学术体制的产物。20世纪初，我国第一部“中国文学史”诞生，它是清末林传甲任京师大学堂国文教习时撰写的讲义。随后，“中国文学史”陆续撰写出版。虽然都名为“中国文学史”，但早期的文学史与现在已经基本定型的文学史很是不同。1931年，胡云翼在为他的《新著中国文学史》所作的《自序》中说：“在最初期的几个文学史家，他们不幸都缺乏明确的文学观念，都误认文学的范畴可以概括一切学术，故他们竟把经学、文字学、诸子哲学、史学、理学

等，都罗致在文学史里面，如谢无量、曾毅、顾实、葛遵礼、王梦曾、张之纯、汪剑如、蒋鉴璋、欧阳溥存诸人所编著的都是学术史，而不是纯文学史。”① 胡云翼道出了一个事实：虽然中国文学现代转型的序幕早已拉开，传统学术和古代的“文学”观念却还保持着极大的惯性，影响着最初的“中国文学史”撰写。20世纪20年代后期以降，带有近代西方文化色彩的纯文学观逐渐被广泛认可，“中国文学史”中纯文学的比重逐渐加大，最终成为“文学史”的主体。1935年出版的刘经庵的《中国纯文学史》即明确以“纯文学”为关注对象。

刘永济的《十四朝文学要略》，在1945年出版之前，曾于1928年9月至1929年9月间陆续在《学衡》刊发，其语言形式和著述体例，意味深长地体现了刘永济的文化理念。

作为学衡派的一员，刘永济一直留意胡适的动向。面对胜利成果仍在不断扩大的白话文运动，面对胡适《白话文学史》(1928年新月书店出版)对文言文学的全盘否定，他及时作出了回应。虽然刘永济也能用白话写作，他此前的《文学论》就是用清通流利的白话写成的。但是，他没有继续采用白话撰写学术著作，而是用了文言，并且是带有骈体意味的文言——一种被胡适判了死刑的语言形式。这当然与《学衡》杂志的要求有关，《学衡》是不刊载白话作品的，但同时也是刘永济的自觉追求，否则他不会选择骈体的文言。

《十四朝文学要略》的体例设计，同样与其文化保守主义立场相关至切。刘永济并非驾驭不了现代学术著作的体例，其《文学论》的章节布局与论述方式，与新文化人的著作体例并无二致。而《十四朝文学要略》则更多采用了传统的史学著作的体例。其凡例云：

> 凡本文，若史之有本纪，所以系每体文学之本末，明蕃变之由来，辨性体之同异，著作家之高下者也。

① 胡云翼著，刘永翔、李露蕾编：《胡云翼重写文学史》，上海：华东师范大学出版社，2004年，第4页。

凡证例，若史之有列传，所以详著先诰证成本文之义，兼明论据之源者也。

凡按，若史之有论赞，所以总持大意，博明疑似者也。其用有三：关本文者，列本文之后；关诸证者，列诸证之次；关每句者，列每句之下，随宜而设，无定所焉。

凡注，若史之有注，所以考文字之同异，明征引之出处者也。

凡表，若史之有表，或详一体之繁变，或列全体之类别，前者经而后者纬也。

凡录，若史之有志，或详作者之名氏，或主作品之称目，如《楚辞作家录》，属之前者；《教坊记调名录》，属之后者。①

其凡例表明，刘永济更多借鉴了《史记》的体例。《十四朝文学要略》卷二第六节《史体之大成及马、班之同异》有云："昔刘子元著《史通》，牢笼史籍，区以六家，而宗诸二体。六家者，一曰《尚书》家，记言之史也；二曰《春秋》家，记事之史也；三曰《左传》家，编年之史也；四曰《国语》家，国别之史也；五曰《史记》家，通古纪传之史也；六曰《汉书》家，断代纪传之史也。二体者，一曰编年体，以《左传》为宗；二曰纪传体，以马、班为宗。其论甚伟。"②"窃尝推究其旨，六家区分，盖亦以大体论耳。若核其实，则《尚书》岂无记事之文，《春秋》亦用编年之法，《国语》则逸文别说，左氏之外传也，而《史记》之体，实兼综五家：其修本纪，《春秋》之旨也；载诏令，《尚书》之法也；纪表书传，本左氏之遗规；列国世家，具《国语》之微体；而通古可包断代，马史又班书所自出也。至其精意所存，则将上协六经异传，旁通百家杂语，作汉代之一经，俟百世而不惑者也。若子长

① 刘永济：《十四朝文学要略》，北京：中华书局，2010年，凡例第2页。
② 同上书，第131页。标点有所改动。

者，岂非集古代史体之大成，识先圣制作之微意者哉?”[①] 刘永济对《史记》“集古代史体之大成”的体例，体悟深湛，所以在化用时达到了较为完善的境界。

除了讲授中国文学史，刘永济还开设了楚辞、唐乐府史等课程。1932 年 12 月，刘永济在《学衡》第 77 期发表论文《天问通笺》。1933 年，时已任教于武汉大学的刘永济，又对《天问通笺》作了修订，修订稿于 1934 年刊于武汉大学《文哲季刊》第 3 卷第 2—4 号。正文前有一段题记：“屈赋二十五篇，以《天问》为最奇古。自王逸以下，说者纷如。往岁客沈阳，为东北大学诸生讲屈子之文，稍加勾稽，通诸异说，成《通笺》一卷。友人吴君雨僧见之，即取以实《学衡》杂志，中间讹谬未及正，疑难未及决，以及屈子所以为此文之深意，未及阐明者尚多。今来武汉，始取前稿，稍加厘正，虽文句犹多未明，而屈子函旨，略可窥见一二。念或可以盖前此之失，乃复取以授本刊。夫世乱至此，实古今之大变，原其所由，岂可委之天命哉！攘闾穿社之祸，近如眉睫矣，愿阅者勿徒赏斯文之奇古，而忘屈子之隐痛也。”[②] 这段说明，既显示了刘永济在学术上精益求精的追求，又传达了他以屈原研究寄托国难之痛的旨趣。

《唐乐府史纲要》现存东北大学讲义稿。此书“以绝句为唐代的乐府，是较早的研究唐代乐府史的专著。与此书堪称姊妹篇的是刘先生晚年选释的《唐人绝句精华》，共选录唐人绝句 788 首，于每首诗的诗意、手法、风格等，均作精到的分析评论，书前引言对唐人绝句的源流正变、艺术价值等，亦有扼要论述”[③]。从 20 世纪二三十年代之交的唐乐府研究，到后来的宋乐府（宋词和宋代歌舞剧曲）、元乐府（元散曲和

---

① 刘永济：《十四朝文学要略》，北京：中华书局，2010 年，第 132—134 页。标点有所改动。

② 徐正榜、李中华、罗立乾编著：《刘永济先生年谱》，刘永济：《诵帚词集 云巢诗存：附年谱 传略》，北京：中华书局，2010 年，第 321—322 页。

③ 程千帆、巩本栋：《刘永济先生的词学研究》，南京大学古典文献研究所编：《古典文献研究》第 5 辑，南京：江苏古籍出版社，2002 年，第 5 页。

杂剧）研究，刘永济的韵文研究始终关注诗、乐的结合与关联，始终关注其“音乐文学”特性，形成了其一以贯之的独特视角与眼光。

二、刘永济的国难之痛

身为东北大学教授的刘永济，一方面置身于新文化人与文化保守主义者激烈冲突的时代境遇之中，并以其个人特有的方式做出了回应，另一方面又置身于日本对中国东北三省虎视眈眈的特定环境，身在沈阳，感触尤深，其国难之痛在诗词中表现得尤为淋漓尽致。

中国的东北三省，面积占全国七分之一左右，但人口只占全国的十分之一。1900 年，东三省的人口只有 1100 万，至 1930 年增加到 3400 万，其中包括了大量华北移民。中华民国成立后，国民政府强调东三省是中国合法领土的一部分，而驻扎在东三省的日本军事当局却按捺不住其领土欲望，爆发战争的可能性随时存在。

1931 年 9 月 18 日，日本关东军蓄意制造了九一八事变，企图占领整个东三省。

也许是偶合，这年的 8 月 30 日，距九一八事变仅半个多月，刘永济作了一首《八声甘州》（叔絧归自满洲里，出示中俄战役俄空军用以轰我之弹壳，曰：此亦沉沙折戟也。且为诉战场㱇黩之状。感赋此调）：

> 带腥风折戟未沉沙，何年铁方销。想深沟鏖战，天惊霹雳，山烈狂熛。怨血经年尚碧，败甲聚饥鸮。隔水毡乡近，胡马秋骄。
>
> 同是天涯羁旅，忍凄凉赋笔，重问票姚。痛神州沉陆，东海更翻涛。有谁曾，新亭高会，指山河风景泪如潮。空枨触，似归来，鹤凄语层霄。

词中提到的“新亭高会”是东晋初年的一个掌故。西晋末年，中原经过八王之乱和永嘉之祸后，北方大片土地落入胡人之手，世家大族纷纷南迁，约占总数的十之六七，史称“衣冠渡江”。南渡后的北方士人，每逢闲暇，便相约到城外长江边的新亭饮宴。有人在酒宴上感叹道：“风景不殊，正自有山河之异。”在座诸位听了，不由悲从中来，唏嘘一片。在座的王导高声说道：“当共戮力王室，克服神州，何至作楚囚相对泣邪!”诸位听了王导此言，遂大为振作，重新振作起收复故土的信心。刘永济用“新亭高会”的典故，既表达了对王导这类足以支撑危局的领袖人物的期待，也隐隐约约流露出对东北局势的忧虑。“有谁曾”，即感叹没有人像王导那样足以振奋群情。“胡马秋骄”，是说俄军，又何尝不令人想到日军。

9 月 26 日，九一八事变八天之后，东北大学被迫迁往北平，刘永济亦挈家南奔，数日后与好友刘豢龙在北平重聚。刘永济为此写了《水调歌头》一词：

> 银液写溟澥，绀宇正旻天。独弦聊永今夕，哀响彻千年。坐惜团圞明镜，迸裂千堆雪浪，零乱玉光寒。搅起馋蛟怒，争攫海云间。
>
> 动吟魂，惊幻景，破愁眠。浮尘转毂，几人曾见缺时圆。乞取冰壶清泚，净洗凡情迷眼，何处觅亏全。试看山河影，终古自娟娟。

这首词的小序说：“辽变事起，朋好惊散。予挈家遵陆西行，豢龙并海而南，重遇于故京，出示中秋渤海舟中和东坡韵词，危苦之音而出以沉雄之词，以此卜之，国其有瘳乎！因和其韵，更以广之，虽曰强颜，庶几破涕。”刘豢龙仿效苏轼的词风写了一首中秋词，抒发流离于渤海舟中的感受，虽处危苦之境，仍不失“沉雄之气”。正是从刘豢龙“危苦之音而出以沉雄之词”的词风中，刘永济体会到了他对民族未来的信心。于是刘永济也用同样的词风来和刘豢龙的词。“试看山河影，终古自娟娟”，写出了一种被信心所照亮的爽朗气象。刘豢龙（1883—1943）名异，号隽礼，湖南衡阳县金兰寺戒奢堂人。就学船山书院期间，深得山长王闿运赏识。后入武昌湖北存古学堂，专攻经史词章，尤以词章著称，曾受到章士钊的盛赞。1928 年任东北大学教授，与刘永济诗词唱和，成为畏友。1933 年受聘为武汉大学教授，又与刘永济同事。1940 年后任湖南大学等校教授，有《六艺通论》等行世。刘永济与刘豢龙的诗词唱和，在朋友之情的抒写外，时事感慨尤多，这令人想见这一代学人的家国情怀和个性风采。

1931 年 11 月 18 日，即九一八事变满两个月那天，刘永济写了《满江红》（东北学生军军歌。辽吉沦陷，东北诸生痛心国难，自组成军，来征军歌以作敌忾之气。为谱此调与之）：

禹域尧封，是谁使、金瓯破缺？君不见，铭盂书鼎，几多豪杰。交阯铜标勋迹壮，燕然勒石威名烈。忍都将、神胄化舆台，肝肠裂。

天柱倒，坤维折。填海志，终难灭。挽黄河净洗，神州腥血。两眼莫悬阊阖上，只身直扫蛟龙穴。把乾坤、大事共担承，今番决。

1931 年 9 月 27 日，“东北民众抗日救国会”在北平成立。车向忱、苗可秀等人组织的东北学生军，由苗可秀任大队长，受东北民众抗日救国会直接领导。这首词就是为东北学生军写的军歌，当年 12 月 3 日发表于天津《大公报》。据刘永济长女刘茂舒回忆：“1927 年，父亲结束了十年中学教员的生活，受聘东北大学，移家沈阳。四年以后，九一八事变爆发了。我们亲耳听到日寇的炮声，亲眼看到北大营的火光，激起满腔仇恨。事变后不几日，一个瘦长个子的青年人来到我们家里，和父亲简短交谈后就匆匆走了。这以后，父亲总是早出晚归。每天晚上，母亲都搂着我坐在门洞里直到深夜，焦急地等待着父亲平安回来。有天，他没有出门，抽着烟，在书房里来回踱步，十分激愤。时而又伏案疾书。后来，父亲才告诉我们，中文系学生苗可秀和同学们组织了东北大学抗日义勇军，要他为这支爱国军队写一首军歌。他填了一首《满江红》。在从沈阳搭乘难民车进关途中，父亲一句一句教给我唱这首军歌：'禹域尧封，是谁使金瓯破缺……'他那充满悲愤铿锵有力的歌声，至今犹在耳边回响。"①

1935年，东北学生军大队长苗可秀不幸被俘，英勇就义。四年之后，也就是1939年，刘永济在湖南大学临时任教期间，学生表演的《凤凰城》话剧，就是根据苗可秀的事迹写成的。刘永济不忍看到苗可秀最后被害的场面，提前退席。回到家里，他"凄然成咏"，写下了四首绝句，以悼念这位为国捐躯的昔日门生：

无端皂帽落穷边，曾见苗君正妙年。
今夕氍毹表忠烈，如尘如梦最凄然。

苌弘碧血成秋磷，精卫冤魂塞海东。
为问当年六千士，几人还唱《满江红》？

已惊碧月凄魂夜，忍见黄沙授命时？
独向青灯忆俦侣，故关风雪到书帷。

如子始堪称国士，惭予端合老风尘。
穷荒留命归何处？歌罢黄蒿独怆神。
(《夜观辰溪湖南大学诸生演〈凤凰城〉苗君可秀死难事》)

活在活着的人心里，就是没有死去。从这个意义上来说，刘永济的诗，是为苗可秀树立了一座永恒的纪念碑。它不能在具体的时空中诉诸人的视觉，却能超越时空，诉诸后人的心灵。

---

① 刘茂舒：《唤回心底十年人——追念我的父亲刘永济教授》，台北市"国立武汉大学校友会"编印：《珞珈》第103期，1990年，第26页。

十九路军在上海的抗战是九一八事变后一个可歌可泣的事件。1931年10月初，国民政府为了增防南京至上海的治安，调十九路军北上。1932年1月28日夜，日军悍然向上海闸北驻军发动进攻。十九路军第78师就地抵抗，淞沪战幕由此拉开。上海日本纱厂工人六七万人罢工，声援十九路军抗战；全市纷纷组织义勇军、敢死队配合十九路军。蒋光鼐、蔡廷锴等将领亲率十九路军奋力抵抗。2月下旬，日军增至七万之众，30余架飞机向上海附近所有市镇村庄大肆轰炸，十九路军在短距离内与日军肉搏多次，浴血奋战一个多月，谱写了一曲气贯长虹的抗战史诗。

1932年初，刘永济正流寓北平。十九路军奋勇抗敌的消息传来，刘永济大为振奋，一气作成《沪战感赋九首》，不久又作《壬辰三月续成沪战杂感七首》。《沪战感赋九首》第九首的附注说："昔闻彼国某大学教授讥我国民性如沙，虽坚而难合；彼国民性如泥，虽淤而能固。予谓此语，亦得半失半，彼民如泥，彼有自知之明，我民如沙，则实水也。水之为德也，和平广大，弱而能强，柔而能刚，淮南数语，形容尽矣。所不幸者，今吾之水，方壅滞淤塞，或横溢泛滥耳。沪战既起，我以窳劣之械与强敌争，苦战逾月，而彼技殆穷，终难取胜。而上海一隅，自贯妇以至乞儿，皆一致抗敌，虽曰民族思想勃兴，军士捍患忠烈使然，实亦国民本性经先哲培养有素，郁积于内，奋发于外也。当国者苟能因势利导之，则汪洋浩瀚之气，无坚不摧，傅合淤泥，将如我何哉！是乃有望于我国人者，故以缀之卒章焉。"对中华文化的热爱和对中华民族的热爱，在刘永济那里，常常是同一件事情。

1941年，刘永济作《奠定胜利基础论》一文，还意味深长地重提沙泥之喻和《沪战感赋九首》的第九首，并联系抗战时局发表了他的感想。"二十余年前，友人谢君祖尧归自日本，一日语愚一事，是为此说之缘起。谢君谓愚，彼在日本高等师范肄业时，曾与其教授某君论及中日国民性之特质，因述某君之言曰：'中国国民性譬之沙，沙虽坚而不可团结。日本国民性譬之泥，泥虽污而埏埴之可为器，杵筑之可成堤。’……予应之曰：‘我民如散沙，此亦世人常语，非某君之特识。……’”“我之民性，譬之则水。凡谓我为沙者，皆皮相之谈也，皆据一事故一现象之论也。”① “往岁敌上海驻军之犯我也，我与之相距四旬之久，而敌莫我何。愚时方自辽沈入故都，闻而感奋，曾赋绝句十余章以记其事，其一曰：‘我似盘沙志不齐，曾闻此语妄相讥。而今试看长江水，为尔澄清万斛泥。’即本此说而为言也。今抗战已越四载，日人初谓数周即可亡我者，今乃亦自知其妄。即举世各国初亦疑我非其敌，重我者谓我危而谋救援之策，轻我者则放肆其讥讽嘲讪，其甚者则且反助敌以谋我，今见我持久不败，又未尝不相与诧异。即我国之人意志稍薄者，亦尝以我非其敌为惧，其甚者则且为一身计，虽乞怜于寇仇而不知耻，于是而有南京之伪组织。虽然，吾全国大多数之民众，初固未尝计及敌我之强弱，而相与结合于无形无朕之中，与之周旋，前仆后继，历四年有余，而不屈不挠如故。此岂绝无至真至要至有力之理默运于中，为之主宰，而可以幸致者？此愚所以著为本论，思与国人共证之。”② 刘永济的理念是：“我民族性所以像水之故，约有二端：其一自然地理之影响，其一先哲教泽所保育也。”③ 一个关于国民性的比喻，盘旋于胸中二十余年而不释，是因为它关涉民族自尊心和文化自尊心。一个值得敬重的民族，它的文化一定是值得敬重的。反过来说也行，一个值得敬重的文化，它所养育的民族，一定是值得敬重的。

刘永济的组诗《壬申三月续成沪战杂感七首》发表于 1932 年 5 月 9 日天津《大公报》，第六首云：

> 拜伦雅咏哀希腊，屈子悲歌吊国殇。
> 欲仗雄文起衰敝，可怜辞赋久俳倡。

---

① 刘永济：《文学论　默识录》，北京：中华书局，2010 年，第 516—517 页。

② 同上书，第 519—520 页。

③ 同上书，第 518 页。

刘永济自注云："国难以来，政府文告，都无沉痛壮烈之辞。文士咏歌，亦少奋厉激昂之气。识者谓此有二因，国力衰微，人心颓放，一也；白话流行，文体荒伧，二也。颂拜伦哀希腊之章、屈子吊国殇之作，不禁惕然忧复仇之无日。"第七首云：

仲尼无父禹为虫，大圣玄言久凿空。
今日上邦文物尽，有谁流涕叹为戎。

刘永济自注曰："晚近学风，务反旧说，自命新奇，颓波所被，举凡先圣典谟可以行己立国者，皆视为陈腐迂阔，尽扫而空之，于是礼防大毁，人欲横流，谲诈者得权势，贪纵者为英豪。虽无外侮，已无以立国，一旦祸发，安得不仓皇失措哉？此今日之深忧大患也。失地辱国特必食之果耳，有心者要当于此三致意焉。"所谓"仲尼无父禹为虫"，指的是以顾颉刚为代表的古史辨派的观点。刘永济以为，古史辨派的危害，不只是在学术上造成了不必要的混乱，而且造成了人心的沉沦。由于传统的"行己立国"的经典已被摧毁，以致礼防大坏，社会失序，失地辱国乃是不可避免的悲剧。欲救中国，必先救中国文化。抗战的特殊时代背景，强化了刘永济对中华文化的热爱。他经常骂胡适、顾颉刚卖国，就是因为不满于胡、顾对中华文化的否定。其偏颇之处一目了然，而其可爱之处也正在于不避偏激。

第三章　刘永济与学衡派

在20世纪下半叶的中国大陆，《学衡》曾经被人遗忘，或者说，曾经被有选择地加以叙述。这种遗忘或选择性叙述，既是现实政治、文化环境的“话不投机”使然，也与昔日《学衡》主将们刻意或被迫保持缄默不无关联。在《学衡》停刊33年后的1966年，吴宓拒绝了将《学衡》创办经过付诸文字的邀请。他的理由是：“《学衡》社的是非功过，澄清之日不在现今，而在四五十年后。现在写，时间太早。”①吴宓的抉择，在当时的舆论气候下无疑是明智的。一本曾被鲁迅讥讽为“不值一衡”的刊物与它所承载的文化保守主义理想，确实不宜在20世纪60年代的中国大陆公开宣扬。而吴宓对未来的极其准确的预见，虽然可以理解为真理在握的自信与自负，但更有可能只是聊以自慰，甚至只是对“三十年河东，三十年河西”这样一句老套格言的习惯性演绎。

有趣的是，历史竟然没有辜负吴宓的期待。“因其思想近于保守、论点过于理想化而一直处于被贬低、嘲讽的境地中”②的《学衡》，随着国学热的升温，又回到了当代学人的视野。这个时候，亲历过那些纷争的当事人、支持者乃至反对者大多早已故去。对于《学衡》的讨论，也渐渐褪去了意气之争与意识形态的色彩，与之相关的学术成果层出不穷。正是有了这些成果的支持，我们得以初步还原刘永济所依存过的这个文化平台。

为了讲述刘永济与学衡派的关系，我们的视线还将转至一本不甚

---

① 华麓农：《吴雨僧先生遗事》，黄世坦编：《回忆吴宓先生》，西安：陕西人民出版社，1990年，第58页。

② 《学衡派评介》，杨毅丰、康蕙茹编：《民国思想文丛·学衡派》，长春：长春出版社，2013年，第1页。

为人所知的刊物——《湘君》季刊。这本如今只存留下三期的刊物，却是一个不可或缺的历史坐标。与在《学衡》中的普通作者身份不同，作为湘君社社长的刘永济，只要他愿意，他就有能力影响甚至左右《湘君》的旨趣与风格。《湘君》与《学衡》一重创作、一重学术的差异，刘永济等的清高自持与吴宓等的斗士风范的差异，有助于在刘永济与学衡派之间做出更为准确的定位，有助于我们亲切把握刘永济作为辞章家的气质。

第一节　《学衡》与刘永济的文化保守主义立场

将《学衡》与学衡派置于同一语域，来考察刘永济的早期学术活动及其学缘结构，也就有了对刘永济的“派别”归属加以界定的必要。《刘永济先生年谱》曾断言刘永济“非《学衡》社员”①，也许是担心刘永济受到《学衡》的连累；而我们则想提及这样一个信息，以明确《学衡》之于刘永济的意义。那是在1940年，也就是《学衡》停刊的七年以后，刘永济将一首《鹧鸪天》词赠给了吴宓与梅光迪，其词序云：“偶检论文旧稿，有感于伪江南近事，赋寄学衡社友迪生、雨僧两兄。”②一般说来，“社友”是同社中人的彼此互称。刘永济以“社友”来称呼梅光迪与吴宓，他对自己的身份定位其实已无丝毫含混之处。而与刘永济过从甚密的程千帆也说过：“刘永济先生就是学衡派。”③

---

① 按，《刘永济先生年谱》1922年载：“5月，经梅光迪、吴宓介绍，为《学衡》杂志社撰文，无稿费，但非《学衡》社员。”（参见徐正榜、李中华、罗立乾编著《刘永济先生年谱》，刘永济《诵帚词集　云巢诗存：附年谱　传略》，北京：中华书局，2010年，第270页。）

② 刘永济：《诵帚词集　云巢诗存：附年谱　传略》，北京：中华书局，2010年，第56页。

③ 张伯伟整理：《劳生志略》，程千帆述，张伯伟编：《程千帆全集》第15卷《桑榆忆往》，石家庄：河北教育出版社，2000年，第20页。

一、刘永济何以与《学衡》结缘

在刘永济的学术生涯中，《学衡》是一个有着特殊意义的平台：他正式迈入学术圈子，正是始于为《学衡》杂志撰稿。一方面，与吴芳吉等人一样，刘永济是作为吴宓、梅光迪“志同道合的同学、朋友”①加盟《学衡》的；另一方面，与好友陈寅恪相似，刘永济也符合“情趣相投的撰稿人”这一标准，是因“学术思想、文化观念与《学衡》的文化保守主义倾向趋同，赞成《学衡》的宗旨和主张”② 而结缘的那一批作者。

梅光迪（1890—1945）是民国年间著名的文化保守主义者，以不屈不挠地与胡适等人论争而知名。他字迪生、觐庄，安徽宣城人。1911 年赴美留学，先在西北大学，后到哈佛大学攻读文学。1920 年回国任南开大学英文系主任。1921 年任东南大学洋文系主任。1924 年去美国讲学。1927 年回国后任中央大学代理文学院院长。后又去美国哈佛大学担任教职。1936 年任浙江大学文理学院副院长兼外国文学系主任。1939 年文理学院分开，任文学院院长。1945 年在贵阳去世。作为胡适的老朋友和老对手，胡适在《四十自述》一书的附录部分用较大篇幅回顾了两人学术立场和文化立场的歧异及激烈论争。据胡适回忆，1915 年夏，“这时候我已承认白话是活文字，古文是半死的文字。那个夏天，任叔永（鸿隽）、梅觐庄（光迪）、杨杏佛（铨）、唐擘黄（钺）都在绮色佳（Ithaca），我们常常讨论中国文学的问题。从中国文字问题转到中国文学问题，这是一个大转变。这一班人中，最守旧的是梅觐庄，他绝对不承认中国古文是半死或全死的文字。因为他的反驳，我不能不细细想过我自己的立场。他越驳越守旧，我倒渐渐变得更激烈了。我那时常提到中国文学必须经过一场革命：‘文学革命’的口号，就是那个夏

① 沈卫威：《回眸“学衡派”——文化保守主义的现代命运》，北京：人民文学出版社，1999 年，第 24 页。

② 同上书，第 44 页。

天我们乱谈出来的"①。"1916 年，我们的争辩最激烈，也最有效果"②。胡适和梅光迪，其文化立场的分歧，在激烈的论辩中越来越大，1919 年前后两个针锋相对的文化壁垒由此形成：一个成了新文化运动的领袖，一个成为文化保守主义的领军人物。

梅光迪对胡适的"声势煊赫，不可一世"满怀忧虑和不平，决意"招兵买马"，"到处搜求人才，联合同志，拟回国对胡适作一全盘之大战"③。梅光迪与吴宓因而走到了一起。1918 年 8 月初，梅光迪与吴宓"屡次作竟日谈"，"梅君慷慨流涕，极言我中国文化之可宝贵，历代圣贤、儒者思想之高深，中国旧礼俗、旧制度之优点，今彼胡适等所言所行之可痛恨。昔伍员自诩'我能覆楚'，申包胥曰：'我必复之'。我辈今者但当勉为中国文化之申包胥而已。云云。宓十分感动，即表示：宓当勉力追随，愿效驰驱，如诸葛武侯之对刘先主'鞠躬尽瘁，死而后已'"④。在吴宓的日记中，他视梅光迪为刘备，而自比为诸葛亮，誓言以保卫中国的文化传统为毕生事业。梅光迪则立志效法历史上的申包胥。申包胥一向以无所畏惧地捍卫价值理想而著称：伍员与申包胥，之所以成了不共戴天的对头，个人恩怨并不重要，重要的是价值理想的对立。梅光迪与胡适之间的裂痕正可作如是观。事实上，这种逆新文化运动之主潮，"勉为中国文化之申包胥"的悲壮情结，也是我们理解《学衡》主要作者的一个切入点。

相较于梅光迪，刘永济与吴宓的私交更为密切。

吴宓（1894—1978）字雨僧、玉衡，笔名余生，陕西省泾阳县人。他是"学衡派"的台柱子，学贯中西，融通古今，也是著名的诗人。"吴宓先师充满矛盾的性格（浪漫诗人对爱追求而又处处受制于律己极严的伦理标准），中西古今人文素养的深厚，中西文化比较研究的长期

①② 胡适：《逼上梁山——文学革命的开始》，《四十自述》，合肥：安徽教育出版社，2006 年，第 100 页。

③④ 吴宓著，吴学昭整理：《吴宓自编年谱 1894—1925》，北京：生活·读书·新知三联书店，1995 年，第 177 页。

倡导，对陈寅恪师终生不渝友谊及敬慕的亲切记录，以及坦诚率真、奖掖后进的嘉言懿行，都是我国20世纪人文学人所稔知，无待多言”①。

就与刘永济往来之密切而言，吴宓堪称第一人。两人相知极深，不只是互相帮助推荐教职，涉及感情、婚姻的事，也常有深入交流。比如，1929年，三十五岁的吴宓，因在毛彦文和当时的妻子陈心一之间难做抉择而苦恼不已，曾向刘永济征询解决之道。1929年9月12日，吴宓与陈心一签订离婚协约。回首既往的曲折经历和父母师友的教训箴规，吴宓深感父母师友的见识学问，皆远在他之上。② 吴宓所说的师友，就包括刘永济在内。1946年，刘永济有《浣溪沙》（听雨僧说《石头记》人物）一词：“君亦红楼槛外人，凄凉又说梦中身。忏情何计等冤亲。　顽石倘能通妙谛，粲花无碍定奇文。独持宏愿理群昏。”倘若读者对吴宓的《红楼梦》研究略有所知③，又了解吴宓对毛彦文的那份没有结果而又绵延终生的痴情，再来体会刘永济的词，当会粲然而复凄然，与这两位已经作古的前辈，在心理上离得更近吧。

刘永济与《学衡》结缘，除了“情趣相投”“志同道合”外，更为直接的原因在于吴宓常以挚友的身份“逼”他撰稿。1923年4月6日，吴宓在写给吴芳吉的信中说：“即宓意我辈志业高远，而大病在不能结团体，夫《学衡》既有中华书局之印售，又有宓之经营琐务，专待同志之作文寄稿而已。虽其初发起之时，由于此间诸人，然其后诸人不尽力作文，大权尽在宓手，故《学衡》者，亦即弟与宏度、柏荣兄之《学衡》也。”④当吴宓将《学衡》视为他与吴芳吉、刘永济、刘朴等人所共

---

① 何炳棣：《读史阅世六十年》，桂林：广西师范大学出版社，2005年，第100页。

② 吴宓著，吴学昭整理注释：《吴宓日记1928—1929》1929年“九月十二日”，北京：生活·读书·新知三联书店，1998年，第287页。

③ 关于吴宓的《红楼梦》研究，可参阅陈文新《〈红楼梦〉的现代误读》，济南：齐鲁书社，2008年，第23—29页。

④ 吴宓：《致吴芳吉（七）》，吴学昭编：《吴宓书信集》，北京：生活·读书·新知三联书店，2011年，第90—91页。

有的文化平台时，在征稿、索稿时也就从不客套，而是极其个人化和情绪化。[1] 1924 年 11 月 25 日，他写信向刘永济、吴芳吉催稿，那种近乎逼债的口气，令人忍俊不禁：“《学衡》乏稿，正值交涉续办，故尤须内容丰富，著译精粹，方足见重于人，故望二公速尽力撰著，并力促柏荣、绍周、友古、复庵诸兄速一同撰著，赶紧寄下，如围城望救兵也。望二公速代函以上诸兄，催促之。”[2]有时，吴宓催稿之促，情急之笃，几乎到了“以死相逼”的地步。1925 年，他在寄给刘永济、吴芳吉、刘朴三人“同阅”的一张催稿明信片上竟这样写道：“《学衡》续办，稿件缺乏……望宏度兄速撰长篇寄下……总之，勿认《学衡》为宓一人之事，《学衡》停版，宓即投身窗外水池中耳。望速寄文章来，馀另详。托钞曾重伯、王先谦等件，何亦竟无成功，望三公日日在意，当思《学衡》每月需 67000 之稿。至于宓之生死苦乐，可以不问，宓生不能感动朋友，维持一小小杂志，何颜苟活哉！”[3]这种“以死相逼”的催稿法，即使是个性率真的吴宓，想来除了对极亲近的挚友之外，也是不会经常采用的。这也从一个侧面表明，这种笃厚的私谊，乃是刘永济与《学衡》结缘的最为切近的因素。《学衡》对于他来说，不只是一个阐说“迂阔之言”的同仁媒体，一个发表诗词的风雅刊物，更是与吴宓、梅光迪等人私谊的沟通渠道，是分担友人吴宓“生死苦乐”的一个空间。

二、学衡派的宗旨是捍卫中华传统文化

《学衡》与学衡派，是一对异质同构的学术史存在：一个是被视为与《新青年》大唱对台戏的文化保守主义刊物，一个是被视为“堂吉诃

---

① 按，吴宓多次向刘永济、吴芳吉等人催稿。如 1923 年 4 月 6 日写给吴芳吉的书信中谓“宏度兄之词，已尽登，乞速续寄”。（参见吴宓《致吴芳吉（七）》，吴学昭编《吴宓书信集》，北京：生活·读书·新知三联书店，2011 年，第 92 页。）

② 吴宓：《致吴芳吉（十二）》，吴学昭编：《吴宓书信集》，北京：生活·读书·新知三联书店，2011 年，第 98 页。

③ 吴宓：《致吴芳吉（十五）》，吴学昭编：《吴宓书信集》，北京：生活·读书·新知三联书店，2011 年，第 102 页。

德式”的学术群体。与普通学术刊物有所不同的是，《学衡》既是学术交流的园地，更是文化交锋的阵地。毕竟，《学衡》之诞生，乃缘于梅光迪、吴宓等人犹如“楚囚对泣，惨然无欢”① 的忧虑，兴于欲“与若辈鏖战一番”② 的雄心。在这种氛围之下横空出世的《学衡》杂志，其文化锋芒之尖锐，未免使其学术园地的性质相对黯淡。置身于《学衡》场域中的刘永济，他以什么方式参与这场文化论争？他在《学衡》杂志上所发表的那些文字，又会带给我们怎样的感触？

“敢于逆已成大势的新文化运动的主潮而行，公开与以陈独秀、胡适为核心的新文化运动的主力军交战”③，这是对于《学衡》处境和风格的一种有代表性的表述。从后人的眼光来看，这场论争甚至不无喜剧意味，因为双方的实力太过悬殊。这种悬殊不是指学术的深度，而是指社会舆论的认可度：一边是轰轰烈烈、追随者蜂拥而至的新文化运动，一边则是坚守中国文化道统的几位象牙塔中的教授和他们寥若晨星的支持者。1922 年 1 月，当《学衡》诞生的时候，它所反对的新文化运动已经取得了全面的胜利，标志其胜利的事件之一，就是白话文被北洋政府教育部确定为中小学教材的书面用语，而白话文运动的主将如胡适等人，也已着手为后人书写这一段历史确定基调、准备素材。

从一开始，胡适就对自己的优势一清二楚。为了表示对梅光迪的轻忽，胡适创作了一首颇有几分“打油”意味的白话长诗，开头的几句是这样的：

“人闲天又凉”，
老梅上战场。

① 吴宓著，吴学昭整理注释：《吴宓日记 1917—1924》1920 年“四月十九日”，北京：生活·读书·新知三联书店，1998 年，第 154 页。

② 吴宓著，吴学昭整理注释：《吴宓日记 1917—1924》1920 年“三月二十八日”，北京：生活·读书·新知三联书店，1998 年，第 144 页。

③ 沈卫威：《回眸“学衡派”——文化保守主义的现代命运》，北京：人民文学出版社，1999 年，第 18 页。

拍桌骂胡适，
说话太荒唐！
说什么中国要有活文学！
说什么须用白话作文章！
若非瞎了眼睛，
定是丧心病狂！①

反对胡适的梅光迪没有想到，这首被他斥为“《莲花落》”“革尽古今中外诗人之命”② 的打油诗，竟然会成为中国现代白话新诗的开端。这样语调轻松的揶揄，看似以彼此间的私谊为前提，实则意在显示对《学衡》的不屑一顾。在胡适看来，《学衡》“登出几个留学生的反对论，也只能谩骂一场，说不出什么理由来”③。鲁迅也曾以不屑一顾的语调谈及《学衡》第一期：“夫所谓《学衡》者，据我看来，实不过聚在‘聚宝之门’左近的几个假古董所放的假毫光；虽然自称为‘衡’，而本身的称星尚且未曾钉好，更何论于他所衡的轻重的是非。”④ 新文化运动已经赢得了广泛的社会舆论，哪里会在乎几个学者言辞尖刻的批驳。毋宁说，有几个学人在那里叫骂，反倒衬出了新文化运动的不可阻挡的气势。胡适、鲁迅等人的冷嘲热讽，宛如嘴角一撇，有一种胜券在握的从容不迫和悠闲自在。

正如我们所早已熟悉的，“为了达到建设新文化的目的，胡适是不惜打破坛坛罐罐的”⑤；无论是“选学妖孽，桐城谬种”这类近乎人身

① 胡适著，胡明编注：《胡适诗存》，北京：人民文学出版社，1989 年，第 112 页。

② 胡适著，沈卫威编：《胡适日记》，太原：山西教育出版社，1998 年，第 54 页。

③ 胡适：《胡适作品集》第 8 册《五十年来中国之文学》，台北：远流出版事业公司，1986 年，第 147 页。

④ 鲁迅：《估〈学衡〉》，《鲁迅全集》第 1 卷，北京：人民文学出版社，1981 年，第 377 页。

⑤ 陈文新：《当代作家有必要补上国学这门课——从胡适讥评归有光说起》，《长江文艺》2013 年第 5 期。

攻击似的辱骂，还是“文言的死文学”这类判决似的语调，矛头所向，都是以文言为载体的文学和中国占主导地位的文化传统。《学衡》诸公对于这种矫枉过正的做法大不以为然，在刘永济这些人看来，新文化人的做法足以造成中国文化的断裂，他们不愿也不忍见到中国文化遭遇灭顶之灾。他们之所以挺身而出作殊死搏斗，正是因为怀有申包胥那种为价值理想而奋不顾身的情怀。

汪曾祺曾明确反对五四运动造成了“中国文化的断裂”的说法：“前几年，有几位中国小青年评论家认为五四是中国文化的断裂。从表面现象看，是这样。五四运动，出于革命的要求，提倡新文化，反对旧文化。那时的主将提出，‘打倒孔家店’，‘欢迎赛先生、德先生’。他们用很大的热情诅咒‘选学妖孽，桐城谬种’。鲁迅就劝过青年少看中国书。但往深里看一看，五四并不是什么断裂。这些文化革命的主将大都是旧学根底很深的。这只要问问琉璃厂旧书店的掌柜的和伙计就可以知道，主将们是买他们的旧书的主要主顾！中国的新文学一开始确实受了西方的影响，小说和新诗的形式都是从外国移植进来的。但是在引进外来形式的同时，中国新文学一开始就没有脱离传统文化的影响。”①汪曾祺不是着眼于理论主张，而是着眼于实际情形，他的判断大体是可信的。就此而言，学衡派对新文化人造成的中华传统文化的灾难，看起来是夸大了一些。只是，在对新文化人表示“同情之理解”时，也应该注意到，五四虽不是文化的断裂，但后来文化的断裂确与五四的影响脱不开干系，刘永济和他的朋友们当年对“举国之人，相率以诋諆古人为名高”② 的担忧并非杞人忧天。

---

① 汪曾祺：《传统文化对中国当代文学创作的影响》，汪曾祺：《晚翠文谈新编》，北京：生活·读书·新知三联书店，2002年，第14页。

② 刘永济：《文学通变论》，《文学论 默识录》，北京：中华书局，2010年，第430页。

三、刘永济以辞章家的风格参与了文化论争

在事关中国文化、中国学术走向的论争中，新文化人为着“猛力加上一鞭”而故意说着一些过头的话；学衡派则奋不顾身做着殊死的抵抗，试图挽救“江河日下之学风”①。刘永济也参与了这场文化论争，他在《学衡》上发表了多篇非议新文化运动的文章，如：

> 古之人抱悲天悯人之情，怀匡民济世之志，既不得通达于当时，乃著之空言，传之后世，其亦良可哀矣。而后之人诵其诗，读其书，能因以见其志，感其情者，亘百世而不易一遇。其有不变乱黑白，狡狯假借以售其私者，必支离破碎，武断曲解以失其实。是其情志所蕴积，将终无表曝之日，又遑论本其情，述其志，而为之发扬光大之乎！至于妄肆讥评，以抨击古人为名高，俨然若法官坐堂皇，跪古人于阶下而裁判之，若者徒，若者杖，若者罚锾，更无论矣。呜呼！古之人即至不幸，亦何至若此。是岂讲学者所当为耶？②

刘永济当然是一个文化保守主义者，这一点不需多说。有意味的是他的论争方式。刘永济并没有采取声色俱厉的叫战口吻，而是揆情度理，向读者显示了古代圣贤在漫漫的历史长途中所遭遇的几乎看不到终点的困境。古代圣贤满怀悲天悯人之情、匡民济世之志，却无缘在现实生活中施展其抱负，只能托之空言，期待在后世遇到知音。这样的境况已经足以令人唏嘘不已了，可是后世的情形也同样甚至更加令人不胜唏嘘：那些掌握了国家权力包括文化权力的人，不是误解圣贤著作的真实内涵，就是假借圣贤的名义夹带一己私货，真能将圣贤理念发扬光大的人，竟百世而不可一遇。眼下的状况更是空前的不幸，居然有人把

---

① 胡先骕：《朴学之精神》，《国风》第8卷第1期，1936年10月。

② 刘永济：《文鉴篇》，《文学论　默识录》，北京：中华书局，2010年，第434页。

圣贤视为罪犯，一一加以审判，让他们为权势者承担祸国殃民的罪责。“呜呼！古之人即至不幸，亦何至若此。是岂讲学者所当为耶?”在刘永济的感慨中，不难读出这样的意思：国家之所以混乱至此，正是由于圣贤思想未能付诸实施的结果，罪责在历朝历代的权势者，现在反倒要圣贤为权势者承担罪过，这在情理上说得过去吗？刘永济这种行文方式，显示了他作为辞章家的气质，虽然也晓之以理，但更多动之以情。

第二节 《湘君》与刘永济的辞章家气质

创刊于1922年的《湘君》季刊，最初由白屋诗人吴芳吉起意创办，他的同事兼朋友刘永济、刘朴等人陆续加入，公推三十五岁的刘永济为湘君社社长。[①]《湘君》被人们视为“《学衡》的文学影子”[②]，是观察刘永济辞章家气质的一扇不可取代的窗户。

一、刘永济与吴芳吉的生死不渝之谊

吴芳吉（1896—1932）是刘永济的清华同窗，字碧柳，自号白屋吴生，世称白屋诗人，重庆市江津区人。1910年考入清华留美预科学校。曾任湖南长沙明德中学教师，东北大学教师，四川大学教授。有《吴白屋先生遗书》。因吴芳吉英年早逝，故刘永济的词中，与吴芳吉有关的作品不多，现存只有四首，包括《水龙吟》（送别碧柳、柏荣），1925年作；《鹧鸪天》（哀碧柳秦中）、《鹧鸪天》（再寄碧柳西安围城）、《鹧鸪天》（前题），1926年作。诗也不多，现存1932年所作《哭碧柳》，

---

① 据吴芳吉《自订年表》“民国十一年壬戌二十六岁”云：“春二月……长兄在南京创《学衡》杂志，某因创《湘君》应之……后弘度柏荣相继加入，遂扩大组织为湘君社，公推弘度社长。”（参见吴芳吉《自订年表》，吴芳吉著，贺远明、吴汉骧、李坤栋选编《吴芳吉集》，成都：巴蜀书社，1994年，第545页。）

② 沈卫威：《“学衡派”谱系——历史与叙事》，南昌：江西教育出版社，2007年，第7页。

1939年所作《夜泊江津，遥吊吴君碧柳》，1940年所作《黑石之山歌》（仿吴碧柳体，吊碧柳兼寄邓禼仙、周光午两君江津聚奎学校），但就情意之深切而言，却罕有其比。1934年2月，刘永济曾应吴芳吉弟子周光午之请，作《吴白屋先生遗书序》，论及吴芳吉其人其诗，真可谓感慨系之：

吾友江津吴君碧柳，生与屈子同邦，长游屈子放逐之乡，追其芳躅，于烟波苍茫之中凭吊其荒坟，其志气亘千百年而相接若朝暮。尝西览周秦故都，东登泰岱，谒孔陵，寻秦皇、汉武封禅之遗迹，南升衡岳，访大禹之碑，呼吸白云，观夫山川之壮丽，油然生其怀往哲、思邃古之幽情。又复沉浸诗礼，深信孟氏性善之旨，谓世乱虽亟，而民之秉彝终古未之或泯，于是专力以诗歌启迪感发之。盖其信道至笃，怀抱至大，所自任者至巨；其自约之严，自策之勇，亦旷世无匹。故其所遇虽至艰至险，而尝夷然坦然，不为所动摇。所与接之人，虽有至犷至暴者，而待之一以诚挚。总其一生之所为，虽有浅深广狭之殊而此志未尝少懈。虽其所欲为者，已赍志长没，其遗留人间者，声气光采已足以不磨。呜呼，亦豪杰之士矣！今国土日蹙，内祸日深，虽未至宗社丘墟若楚哀负刍时，世人诵君之诗篇者，未知较楚之遗黎志士诵屈子之文章者为何如也？以余观之，殆亦将有奋发震荡不能自已于山泽窈窅之地者乎？未可知也。万一有之，则君虽危苦困悴以终，谓之犹存焉可也。况闻君之风，亲炙君之左右，感受君之教诲者，固未尝无人耶？人事因缘，隐复难测。然则，安见君之遗文不于杳冥无朕之中，具有兴复邦家之力哉？①

屈原是伟大的诗人，是高尚的志士，更是刘永济终身向慕的乡贤。以吴

① 刘永济：《吴白屋先生遗书序》，《文学论　默识录》，北京：中华书局，2010年，第486—487页。

芳吉之诗比屈子之文章，感慨淋漓，足以见出其期许之殷。

1932 年 6 月 20 日，刘永济在天津《大公报》发表《哭碧柳》一诗，痛悼这位才情不凡而又矢志高远的同好：

长江从天来，蜀山争断遏。
奔腾郁奇怒，后土为回斡。
胎灵得吴生，神采殊英拔。
堕地卅七年，动与世乖剌。
恩怨既拘牵，忧患且逼拶。
赤手相斗争，屡陷幸免脱。
干戈仗精诚，魑魅敛机筈。
有如龙泉剑，淬厉耻削刓。
又如中流柱，推排逾巀嶭。
相知十载前，秋风吹短褐。
历落可笑人，谈诗口流沫。
锐眼觑天真，安用行蹩躠。
相期佩兰芷，凌风排紫闼。
有时出妙语，令我肝胆豁。
平生怀万端，一一遭抑阏。
欲吟三万字，大声作棒喝。
凭恃文章力，更教国命活。
汉唐盛铺张，明清亦综括。
圣情钦周孔，悲智仰菩萨。
上说与下教，众厌犹强聒。
为言民德堙，寒灰待深拨。
好学忘贱贫，清论穷本末。
昧爽率诸生，读竟烛未跋。
谓言留书种，先泽惧斩割。

旧根勤栽培，新意发萌蘖。
所幸百年后，与国为松栝。
呜呼此何言，真堪疗饥渴。
胡为中羿彀，闻讣气先夺。
壮志空烟高，浮生诚电抹。
嗟予久郁陶，念子情忉怛。
深悲龚生夭，难作蒙叟达。
何处招子魂？枫青江正阔。

刘永济以一种为苍生惜导师的情怀来追悼吴芳吉，在令我们想见吴芳吉的风采时，也对刘永济在湘君社时期的抱负获得了一种亲切的体认。

甚至在吴芳吉去世八年之后，刘永济还情不能已地模拟吴芳吉的诗风写了《黑石之山歌》以凭吊这位故友、这位早逝的诗人：

黑石之山山石黑，中有素心人不识。
少年抗志在黄唐，跅弛难受世衔勒。
我初见君怪笑君，不惜干将驱蝇蚊。
途穷忍饥羞堕泪，但解哆口谈周文。
大布之衣荷芰香，安肯仰面求龙光。
平生怀抱浑未尽，人方行怪君道常。
六年长沙共讲习，议论往往惊老苍。
脚健爱寻山水窟，高兴所寄无遐荒。
汨罗之滨吊屈子，南岳之巅呼舜皇。
卷舒云物入诗句，意气直欲扪天阊。
自言胸中尚有三万六千字，欲写大禹平水土，
孔丘立教化，孙文复旧疆。
都成一巨帙，并驾西方但丁之乐章，
为我神胄扬灵方。

天胡不假君以年，遽夺君去使我伤。
我爱邓夫子，造士意弥长。
思君久无极，招魂下巫阳。
象设君室罗酒浆，魂兮归来返故乡，
四方上下多不祥。
我欲封章诉天帝，还君诗手与诗肠。
待草雄文驱丑虏，提挈日月分玄黄，
不令魑魅魍魉长披猖！
我爱周光午，悽悽守圆方，
辛勤校遗集，红烛泪淋浪。
君死复何憾，君之精灵常在聚奎之学堂。
化为千万身，一一与世作表坊，
黑石之山名俱扬。

《黑石之山歌》刻意模拟吴芳吉的诗风，意在以特殊的方式延续这位挚友的生命。吴芳吉是一位诗人，他的诗是其生命的另外一种存在。自从魏文帝曹丕表达了以传世之作抗拒死亡的意愿之后，把不朽之思寄于笔下文章久已成为历代读书人的共同祈向。刘永济深深地敬重吴芳吉，他要用吴芳吉的诗风来写一首足以传世的诗。1925 年 12 月，刘永济在《学衡》第 48 期发表过一组诗话，其中一则说："古人朋好之笃，有至于死生不忘者。杜工部《怀李白》之诗则云：'生别已吞声，死别常恻恻。'《送郑十八虔贬台州》诗则云：'便与先生应永诀，九重泉路尽交期。'元微之《闻白乐天降江州》诗则云：'残灯无焰影幢幢，此夕闻君谪九江。垂死病中惊坐起，暗风吹雨入寒窗。'温柔敦厚，可以励薄俗矣。若此等诗，可谓文不苟作，岂徒工对仗，和声律，称道伦比，标榜声气者，可同日语哉！"[①] 刘永济所称道的生死不渝之谊，正是他与吴芳吉那段交情的写照。而当吴芳吉和刘永济这样两位朋友有缘走到一

① 刘永济：《旧诗话》，《文学论 默识录》，北京：中华书局，2010 年，第 471 页。

起，就必然要做一番共同的事业。《湘君》和湘君社，正是他们的联袂演出。

二、《湘君》与《学衡》确曾相互呼应

在大多数与《学衡》相关的研究成果中，《湘君》季刊的存在，要么是微不足道的小话题，要么便索性忽略不计。偶有提及，也多半是将之视为一个依附于《学衡》杂志或学衡派的存在。其中，对学衡派研究用力甚勤的沈卫威，给出了具有代表性的结论。他说：

> 五四新文化运动后期的1922年1月，《学衡》创刊，在中国现代思想文化界开始了一个“学衡时代”，即有一股文化保守主义的力量从学理上反对新文化运动。《学衡》杂志所面临的是文化问题。《学衡》同人的主要目的是借融化新知、昌明国粹来反抗新文化的话语霸权，并试图从学理上来瓦解这种霸权。“学衡时代”的《大公报·文学副刊》所做的工作主要是介绍西洋文学理论，并侧重古典主义和新人文主义。《史地学报》的作用是为东南大学的师生提供一个回望历史的舞台，在历史的时空中寻找中国文化的历史精神。《湘君》的存活和影响是有限的，它只是《学衡》的文学影子。①

> 1922年8月，“学衡派”成员在湖南长沙的明德中学还办了一个《学衡》的外围刊物《湘君》（最初定为季刊，随后成了不定期刊）。这个刊物与《学衡》的关系十分密切，其反对新文学的几篇文章，《学衡》都予以转载。②

① 沈卫威：《“学衡派”谱系——历史与叙事》，南昌：江西教育出版社，2007年，第7页。

② 同上书，第31页。

> 《学衡》初期，与之相伴的有三个外围性的兄弟刊物《史地学报》《文哲学报》《湘君》，前两种的活动地点在南京高师—东南大学，后者的活动地点是在湖南长沙的明德中学。《湘君》的影响是有限的，或者说只是在长沙的部分学生和“学衡派”的部分成员之间。①

沈卫威的结论，要点有二：《湘君》是《学衡》的“文学影子”；《湘君》的“存活和影响是有限的”。正是基于这样的判断，沈卫威将《湘君》《史地学报》《国学丛刊》《国风》等一律视为《学衡》的同人刊物，纳入“新旧文化之争”的格局加以论述。其判断不无依据，《湘君》与《学衡》之间确乎存在呼应关系，如《湘君》的首倡者吴芳吉所说：“长兄在南京创《学衡》杂志，某因创《湘君》应之。”②这里的“长兄”，指的就是吴宓。

《湘君》的主要创办人、撰稿人甚至主要阅读群落、影响范围，皆与《学衡》存在千丝万缕的亲缘关系。《湘君》的主要创办人，是以长沙明德学校的教员为基本班底构成的。其中刘永济、刘朴、吴芳吉等，皆是《学衡》的作者。刘朴曾说：“（吴宓）创《学衡》杂志。芳吉则创《湘君》，辟伪新文学，自为诗；推刘永济社长，为词；朴为散文。又皆执笔《学衡》。”③这种作者群的重合，使《湘君》与《学衡》几乎如同唇齿相依。

《湘君》季刊第 3 号曾专门登载了《学衡》简介：

---

① 沈卫威：《“学衡派”谱系——历史与叙事》，南昌：江西教育出版社，2007 年，第 33—34 页。标点有所调整。

② 吴芳吉：《自订年表》，吴芳吉著，贺远明、吴汉骧、李坤栋选编：《吴芳吉集》，成都：巴蜀书社，1994 年，第 545 页。

③ 刘朴：《吴芳吉传》，吴芳吉著，贺远明、吴汉骧、李坤栋选编：《吴芳吉集》，成都：巴蜀书社，1994 年，第 1365 页。

创始于民国十一年冬，每月一期，已出三十余期。

其宗旨在论究学术，阐求真理，昌明国粹，融化新知。

其态度在以中正之眼光，行批评之职事，无偏无党，不激不随。

其与时下杂志不同之处，在不尚标榜，不事鼓吹，不攻讦谩骂，不徒好新奇，不迎合社会心理，不作惊人可喜之论。

凡有志文哲艺术之士，欲不为时髦之言所愚，不为一偏之见所蔽，不为一主义一党派所拘束，不为一家之见解一国之文字言语所颠倒错乱者，请读《学衡》杂志，则黑暗之境，自有光明；烦闷之情，自能解慰；纷乱之象，自有条理；枯燥之思，自滋生趣。

盖其于安身立命之道，齐家治国之方，文化之真谛所存，汉族之精神所在，谆谆三致意云。

编辑处：南京鼓楼东保泰街十号《学衡》杂志社。定价每册二角五分，全年二元五角，邮费全年三角。各省中华书局发售。①

这一具有广告性质的简介，是对《学衡》的直接支持；相应的，《湘君》的发行也得到了《学衡》同人投桃报李的支持与帮助。从《湘君》的出版发行，到它的推广运作、影响扩散，乃至一些细微小事，吴宓均予以密切关注。吴宓曾在自编《年谱》中详细记载了《湘君》第3期的印刷情况。他说：吴芳吉的学生汪剑余将第三期《湘君》携至上海刊印，"乃投入私立南方大学校长江亢虎门下，竟将《湘君》第三期之封面（书册为横长形）印成一淡蓝色底、红字之横扁，'湘君'两大字，其下'第三期'，字极小，几不可见。左署'江亢虎题'，不知江君与《湘君》有何关系？又曾为《湘君》出何力也？"②连《湘君》的封面设计等细节

① 《学衡简介》，《湘君》季刊第3号，1924年5月。

② 吴宓著，吴学昭整理：《吴宓自编年谱：1894—1925》，北京：生活·读书·新知三联书店，1995年，第248页。

都在他留意的范围之内，可见其关注之切。

吴宓对《湘君》的支持，尤其表现在亲力亲为地推介与推销。1923年2月，吴宓收到刘永济、吴芳吉等人寄去的《湘君》第2期，当即“召集熟识之学生，在东南大学口字房一教室内，开一小会，讲述《湘君》之特别优点，并为推销”①。除了向学生推销以外，吴宓还曾为《湘君》的代售事宜四处奔波。1922年10月20日，他在写给吴芳吉的信中说，乐天书局“又愿代售《湘君》，宓前已分散净尽，仅余一册，自存，今已付该局作样本。见片后，乞即寄上五本或十本《湘君》来此，由宓经营代售，但愿以若干为该局报酬，乞自定示知。又该局云，如愿减价售出，例如九折，只售三角六分，则易售出云云，如何统乞决示”②。而且，吴宓推广《湘君》，并不限于熟识的学生圈子，也不只是向书局推荐代售。在1922年写给吴芳吉的另一封信中，吴宓曾提及他为《湘君》说项：“宓则正设法为《湘君》表扬，今均不述，如有所成，当以其成绩相告，以求省事。”③ 正是在吴宓等人的扶持下，《湘君》在南京的销路，较之其他地区明显胜出一筹：“总计暑假两月，《湘君》所卖出者，不及十分之二，乃又托人再向各埠兜售；在上海陈列百日，卖十三本；在四川重庆，半年卖去七本；惟在南京，得友人之游扬，竟于一月之间卖五十本，故《湘君》之销路，以南京为第一矣。”④ 吴宓是把《湘君》的发行当作分内之事来做的。

现存的吴宓写给刘永济、吴芳吉二人的信函中，有这样一封：

---

① 吴宓著，吴学昭整理：《吴宓自编年谱：1894—1925》，北京：生活·读书·新知三联书店，1995年，第241—242页。

② 吴宓：《致吴芳吉（二）》，吴学昭编：《吴宓书信集》，北京：生活·读书·新知三联书店，2011年，第85页。

③ 吴宓：《致吴芳吉（一）》，吴学昭编：《吴宓书信集》，北京：生活·读书·新知三联书店，2011年，第83页。

④ 徐正榜、李中华、罗立乾编著：《刘永济先生年谱》，刘永济：《诵帚词集　云巢诗存：附年谱　传略》，北京：中华书局，2010年，第272页。

正月十三日庄士敦先生来函，节录如下：I have shown the 湘君季刊 which you kindly sent me, to the Peking members of the Burns Society (or rather the St. Andrew's Society) which annually celebrates the birthday of the Scottish poet, and they are delighted to know that some of his poetry has been considered worthy of translation into Chinese. 今索《湘君》之裨君，当为求阅 Burns 之诗之故。尊处如能觅得《湘君》第一期一册寄与之，则幸甚。宓之复函，已以《湘君》之详情告之矣。[①]

收到过吴宓寄赠《湘君》的文化名流，想来不只庄士敦一人。1925 年，吴宓又曾“以《湘君》二期，赠大连诸中日诗人文人凡数册”[②]。

吴宓对于《湘君》的切己的关切，即使是在《湘君》停刊若许年之后的 1962 年，仍在影响着吴宓的生活。吴宓在这一年所写的日记中，还保留着“归读《湘君》季刊”[③] 的记载。残缺的史料与时光的阻隔，已使我们难以体察四十年后吴宓重读《湘君》的起因与用意，但却不难推想：当吴宓的目光抚过那些熟悉的名字、熟悉的文字时，脑海里一定会浮现出故友亲切而鲜活的形象，心底也一定会闪过一瞬悸动。历史，总是活在具体的细节中。

《湘君》与《学衡》所刊载的文章、诗词，存在相当程度的“互见”现象。在稿源奇缺的特殊境况下，《学衡》有时甚至会“预录”《湘君》即将刊发的作品。这类“互见”的篇目，除了刘永济等人的诗词类文学作品以外，最受瞩目的就是那些口径相同、步调一致的反对新文化运动

---

① 吴宓：《致吴芳吉（五）》，吴学昭编：《吴宓书信集》，北京：生活·读书·新知三联书店，2011 年，第 89 页。

② 吴宓：《致吴芳吉（十二）》，吴学昭编：《吴宓书信集》，北京：生活·读书·新知三联书店，2011 年，第 98 页。

③ 吴宓著，吴学昭整理注释：《吴宓日记续编 1961—1962》1962 年“五月二十一日”，北京：生活·读书·新知三联书店，2006 年，第 354 页。

的论文。比如，吴芳吉的《论吾人眼中之新旧文学观》（前三论分别刊于《湘君》季刊第1、2、3号），均为《学衡》所转载，其《四论》因《湘君》停刊而首发于1925年6月《学衡》第42期。至于刘永济在《湘君》上所发表的文章，其互见于《学衡》者，除了《迂阔之言》这样被贴上了反对新文学标签的篇目外，诸如《论文学中相反相成之义》等文，也卷入了《学衡》诸公关于“新旧”之争的讨论。《湘君》第三期所刊出的《上期报告》坦然写道：“《湘君》之稿有互见于《学衡》者，《学衡》《湘君》同声气也。”①

对于作品互见所体现的“同声气”意旨，吴宓是颇为满意的，并极其热心地为之推介。他在《新文化运动之反应》一文中说，“近年有所谓新文化运动者，本其偏激之主张，佐以宣传之良法……加之喜新盲从者之多”②，而《湘君》这样的“于新文化运动怀疑而批评之书报”③，则是“新文化运动之反应”④。这样的介绍引起了鲁迅的警觉，他引了吴宓关于“《湘君》求文艺之美”，“故兼用通妥白话及新式标点”⑤的说法，讥笑道：“总而言之，主张偏激，连标点也就偏激，那白话自然更不‘通妥’了。即如我的白话，离通妥就很远；而我的标点则是‘英文标点’。”⑥与《学衡》同声气的《湘君》，也与《学衡》一样承受着新文化运动主将们的讥讽与不满。

三、《湘君》与《学衡》的文化姿态确有差异

《湘君》与《学衡》之间的“同声气”，甚至使吴宓一度生出了这样的期望：“倘能合《湘君》《学衡》之人才为一，去每种之魔障，存二者

---

① 《上期报告》，《湘君》季刊第3号附录，1924年5月，第171页。

②—⑤ 吴宓：《新文化运动之反应》，《中华新报》增刊1922年10月10日。

⑥ 鲁迅：《一是之学说》，《鲁迅全集》第1卷，北京：人民文学出版社，1981年，第393页。

之精华，由我等同心人主持之，则必有奇光异彩，而远胜于今日之情形。”①令他失望的是，这一愿望“实事上竟不能为也”②。毕竟，不论彼此之间有着多么亲近而密切的关系，《湘君》与《学衡》终究是两份各自独立的刊物。二者之间所存在的差异，从表象上看至少体现在创办群体与活动空间等层面，究其实质而言，则是在文化姿态上的差异。了解这一事实，有助于我们更为准确地把握《湘君》的题旨、内容及风格，也有助于我们更为准确地把握刘永济的辞章家风范。

对于《湘君》与《学衡》在文化姿态上的差异，吴宓曾说：“以《湘君》与《学衡》比较，各有所长。约而言之，《湘君》主创造，《学衡》主批评；（兹所谓主者，乃材料偏重较多之意。）《湘君》重文艺，《学衡》重学术；《湘君》以情胜，《学衡》以理胜。”③而吴芳吉在其《自订年表》中则将这种差异表述为：“两者精神虽同，旨趣各异。《湘君》注重创作，《学衡》多事批评；《湘君》但载词章，《学衡》更及义理；《湘君》之气象活泼，《学衡》之态度谨严；《湘君》之性近于浪漫，《学衡》中人恪守典则。《湘君》意在自愉，《学衡》存心救世。”④也就是说，两本刊物在风格、内容与目的上均有不同。《湘君》季刊第3号所载之《湘君简章》云：

> 本刊以陶写性情、注重文艺趣味，借以相互观摩砥砺为宗旨。本刊以设在湖南，定名曰《湘君》。本刊出版暂不定期。本刊内容，不预分类别。惟绝对拒收谩骂、标榜及一切偏激之著作。本刊系由同人自由组织，言论概归各人负责，与所在之团体或学校无关。本刊材料，除由同人撰集之外，有与本刊宗旨相合之投稿，无论文言

---

①②③　吴宓：《致吴芳吉（一）》，吴学昭编：《吴宓书信集》，北京：生活·读书·新知三联书店，2011年，第82页。

④　吴芳吉：《自订年表》，吴芳吉著，贺远明、吴汉骧、李坤栋选编：《吴芳吉集》，成都：巴蜀书社，1994年，第545页。

白话、新旧体裁，俱所欢迎。但立言措辞以雅正明洁为主。①

与《学衡》简章相比，其差异几乎是一目了然：《湘君》以“陶写性情、注重文艺趣味，借以相互观摩砥砺为宗旨”②，《学衡》则以“论究学术，阐求真理，昌明国粹，融化新知”③ 为旨要。题旨既然有异，风格与内容也就各有偏重了。较之存心“救世”的《学衡》而言，《湘君》更多清高“自愉”的意味。一个自期为斗志昂扬的“救世者”，一个则自视为狷介傲世的“自愉者”；一个偏重文化学术，一个则偏重“文艺趣味”。

较之专收“文言”作品的《学衡》而言，《湘君》兼收“文言”与“白话”作品，也是一个特点。《湘君》第1期所载吴芳吉之《吾人眼中之新旧文学观》，可以代表刘永济等《湘君》主事者对文学之新旧的看法。“吾人之于新旧，向来无所偏袒”④，“真正之文学乃存立于新旧之外，以新旧之见论文学者非妄即讹也”⑤。他确信：“文学之中，则无文言与白话之别。既为文学，则选用文字，一必要明净，二必要畅达，三必要正确，四必要适当，五必要经济，六必要普通。欲定文学形式之死活，必要合此标准。”⑥ 刘永济也在《论文学中相反相成之义》一文中说：“所谓新旧文家之弊亦有二：一，旧者之弊，在蹈袭古人之思想情感，而以矫揉字句篇章为锻炼。二，新者之弊，在蹈袭西人之字句篇章，而以矫揉思想情感为新奇。”⑦ 因而倡导“诗无新旧，惟其是”⑧。

---

①② 《湘君简章》，《湘君》季刊第3号封二，1924年5月。

③ 《学衡杂志简章》，《学衡》第1期，1922年1月。

④ 吴芳吉著，贺远明、吴汉骧、李坤栋选编：《吴芳吉集》，成都：巴蜀书社，1994年，第430页。

⑤ 同上书，第433页。

⑥ 同上书，第434页。

⑦ 刘永济：《论文学中相反相成之义》，《文学论　默识录》，北京：中华书局，2010年，第462页。

⑧ 刘永济：《旧诗话》，《文学论　默识录》，北京：中华书局，2010年，第463页。

《湘君》第 2 期之《上期报告》也重申了《湘君》诸公对于新旧的看法："吾国文学之败乱，其祸首不在旧派之泥古难通，乃在新派之矫枉过正，既失中道，反昧大体故也。新派所攻击者旧派，吾人则于旧派新派之行，皆不直之。且吾人不特欲为文艺致观摩，且欲为道德负责任，此《湘君》之本面目也。"① 《湘君》努力以中道自持，不激不随，反对的是"伪新文学"，而不是所有的新文学。

与"志在救世"的梅光迪、吴宓不同，湘君社诸人有着强烈的"自愉"情结。对于这种"自愉"情结，《湘君》主事者不吝反复申说：

> 本刊内部，毫无组织，所行一轨，皆属同志，不用介绍加入，取群而不党之意也。本刊创设初意，只在同志之联络，不在与人为竞争。是以《湘君》中人，年龄程度，至为不齐。所为诗文，亦随人而异其得失美丑。然并得失美丑之作，竟以刊之者，年龄程度虽至不齐，而热心文艺，尊崇道德之思，一也。以言学问，彼此固是空无，纵有半解一知，要属身外之事，何与于我。意气相感，不能无已于言耳。安用较长论短，与世奔赴为欤?②

> 本刊只在刊印同志之诗文著述，借为道义精神之观摩，并非具体成立之社会。故无老幼男女、省界国界、学校职业种种之限定，亦无介绍入社或征示会员之事。③

> 慨自狂潮泛滥中土，所当者陋，所过者溺，《湘君》微弱，何足以言救济。《湘君》之必始终失败，理也势也！惟然，明知其必失败，自甘行行失败之中，无尤无怨，无畏无疑，坦然以进，孑然

①② 徐正榜、李中华、罗立乾编著：《刘永济先生年谱》，刘永济：《诵帚词集　云巢诗存：附年谱　传略》，北京：中华书局，2010 年，第 273 页。

③ 吴芳吉：《启事一束》，吴芳吉著，贺远明、吴汉骧、李坤栋选编：《吴芳吉集》，成都：巴蜀书社，1994 年，第 445 页。

以止，此即《湘君》所望我同人者也。①

无论是不愿“与人为竞争”“较长论短，与世奔赴”的态度，还是“自甘行行失败之中，无尤无怨，无畏无疑，坦然以进，孑然以止”的作派，都是湘君社“自愉”心态的产物。既然“意在自愉”，湘君社也就不需要明确的组织架构与入社程序了。

如果我们对湘君社的“自愉”心态有所了解，也就容易理解刘永济等人对与《学衡》合刊之事的态度了。《湘君》创社以后，吴宓曾不止一次提出过合为一体的动议。他在写给吴芳吉的信中说：“苟弟及二兄能以文稿诗篇等多多寄示，或自撰或代收，则《学衡》亦即《湘君》，固二而一者也。今乃另起炉灶，别树一帜，徒费双方之心血时力。”②“苟能就此间已成之局，以《湘君》并入《学衡》，同心戮力，结为一体，凡《学衡》有须改良之处，弟及二兄，尽可详明揭示，宓当竭力推行，而《湘君》之白话歌谣等，不甚合《学衡》旧例者，固新派诸报所欢迎，岂患无发表之地哉！故以《湘君》合于《学衡》一层，实宓所认为最善之办法、最大之计划，而敢斗胆请于弟及二刘兄者也。……即黄叔巍、汤锡予诸兄，均谓早应如此。所以渴望弟及二刘兄离湘外出者，即望合为一团体，而不独树《湘君》之一帜也。”③对于“吴宓等函劝《湘君》与《学衡》合并”之议，湘君社诸人并不热心。《湘君》对于刘永济、吴芳吉等人的意义，固然是“集远近同心之士”④ 的平台，但更是“游于艺”的所在，一个令之“精神甚安”⑤ 的艺苑。正是出于对

① 徐正榜、李中华、罗立乾编著：《刘永济先生年谱》，刘永济：《诵帚词集　云巢诗存：附年谱　传略》，北京：中华书局，2010 年，第 272—273 页。

② 吴宓：《致吴芳吉（七）》，吴学昭编：《吴宓书信集》，北京：生活·读书·新知三联书店，2011 年，第 91 页。

③ 同上。按，吴宓信中“二兄”“二刘兄”，指刘永济、刘朴。

④ 刘朴：《吴芳吉传》，吴芳吉著，贺远明、吴汉骧、李坤栋选编：《吴芳吉集》，成都：巴蜀书社，1994 年，第 1365 页。

⑤ 吴芳吉：《自订年表》，吴芳吉著，贺远明、吴汉骧、李坤栋选编：《吴芳吉集》，成都：巴蜀书社，1994 年，第 547 页。

《湘君》的依恋与重视，刘永济对《湘君》的活动才如此热心，不辞辛劳，以致《湘君》第3期编辑校对、出纳应酬等事宜，“皆劳弘度一人操之”①。

在这样一种“自愉”心态下，湘君社诸人虽然也重视“从容不迫，可以长久”② 地办刊，但对于发行状况却也不太在意。即使销量不佳、影响不远，只要“内部颇得多人之同情”，便感觉“足以感慰吾人之意，乐有余矣”③。他们所更为热衷的，是围绕着湘君社所展开的一些文学活动。“湘中文学之盛，在近代中国实推第一。”④ 湘君社的许多风雅而富文学情趣的活动，如民国十一年（1922）十月一日，“同人举行游山之会”，“渡湘江”而“登岳麓”⑤，即是这种文学风尚的延续。他们也看重因这些活动而促发的诗词写作。

四、如何解读《湘君》诸人的“自愉”心态

时过境迁，当我们以后见之明回望这一片历史的风景，不能不提出一个问题：该如何看待湘君社的这种“自愉”心态？这里尝试给出我们的答案。

湘君社的“自愉”心态与《学衡》主事者的斗士心态，其实都是源于对新文化人的不满，只是采取了不同的抗争路径。《学衡》主事者是作针锋相对的反击，而湘君社却宁可独往独来，在“知其不可为”的状态下尽个人所能延续中国文化的慧命。也许，在刘永济等人看来，针锋相对的声讨反不如狷介自好来得更有风度，更能赢得世人的尊敬和向

---

① 吴芳吉：《与吴雨僧》，吴芳吉著，贺远明、吴汉骧、李坤栋选编：《吴芳吉集》，成都：巴蜀书社，1994年，第697页。

② 徐正榜、李中华、罗立乾编著：《刘永济先生年谱》，刘永济：《诵帚词集 云巢诗存：附年谱 传略》，北京：中华书局，2010年，第273页。

③ 同上书，第280页。

④ 吴芳吉：《与吴雨僧》，吴芳吉著，贺远明、吴汉骧、李坤栋选编：《吴芳吉集》，成都：巴蜀书社，1994年，第668页。

⑤ 同上书，第678页。

慕。《学衡》“狂”而《湘君》“狷”。

民国十一年（1922）吴芳吉访友于南京，在他写给刘朴的信中，提及原本欲在宁、沪二地销售《湘君》，因“见此间从事文学诸人之无主张、无条理，又不欲以《湘君》传播于此，而不幸为彼误会也”①。此种“不欲流落人间争短长”② 的作风，诚然可贵，但在当时的舆论氛围中却不一定有市场。曾有“女士数人来明德买《湘君》者，问曰：此报讲新文学抑旧文学？曰：此报所讲，乃不新不旧。于是此数女士者，掉头不顾，而大步去”③。一个新旧文化水火不容的时代，一个文言白话非此即彼的时代，欲持中道，就不免为受众所冷落。湘君社的当事人也坦然承认：“《湘君》在长沙颇不行销，盖由不肯迎合时流以取媚于世”④，“至吾人宗旨既定，纵不能销售一本，亦必向前做去。刘海峰云：文章只求千百世后一二人晓得，不求当世之人人晓得。故《湘君》之销与不销，皆不足馁吾气也”⑤。诸如此类的话，令我们想起刘永济常说的“前有千年，后有千年”一语。不屑于与新文化人争一日之短长，而宁可二三友朋相互切磋，自得其乐地从事“文艺”创造，以寄望于将来，这便是湘君社的风格。

由于《湘君》存在的时间有限，影响力无法与志在“救世”的《学衡》相提并论，关于它的研究、评论甚少，可资利用的直接史料极为有限。但目前所见的这些言论、史料，已足以支撑这样的结论：《湘君》与《学衡》之间确实存在着“同声应气”的关系。正是这样一层亲密关系，使我们对尚未进入大学场域、远离核心学术圈子的刘永济在新文化运动中的基本立场，有了明确的认知。但《湘君》与《学衡》亦存在鲜

---

① 吴芳吉：《致刘柏荣》，吴芳吉著，贺远明、吴汉骧、李坤栋选编：《吴芳吉集》，成都：巴蜀书社，1994年，第672页。

② 徐正榜、李中华、罗立乾编著：《刘永济先生年谱》，刘永济：《诵帚词集 云巢诗存：附年谱 传略》，北京：中华书局，2010年，第280页。

③ 同上书，第272页。

④⑤ 吴芳吉：《与吕光锡》，吴芳吉著，贺远明、吴汉骧、李坤栋选编：《吴芳吉集》，成都：巴蜀书社，1994年，第679页。

明的差异。《湘君》的“文艺趣味”、兼容文白，尤其是其主事诸公的自愉心态和名士情调，与《学衡》的偏重学术、独重文言，尤其是其主事诸公的斗士心态和狂者风范，差异之显著，一目了然。正是这种差异，赋予了对《湘君》作独立考察的价值。

刘永济在《湘君》与《学衡》中扮演的角色大为不同。如果说，学衡派中的刘永济，更多扮演支持者、追随者的角色，湘君社里的刘永济，则以主事者的身份，更多地发挥了导向功能，并常以辞章家的风范领袖群伦。刘永济以集部研究和诗词写作为安身立命之地，其人生路径在《湘君》时期就已彰显于世。

第四章　刘永济与 20 世纪 40 年代的武汉大学文学学科

20 世纪 40 年代的国立武汉大学文学院，刘永济既是见证人之一，也是缔造者之一。他担任院长之职长达八年，既掌握着学术话语权，又以其个人的学术成就书写了学术史上不可或缺的一页。这一学术场域与刘永济构成了相互映衬的关系：一方面，国立武汉大学文学院在 20 世纪 40 年代名师云集，鼎盛一时，成为后人了解刘永济学术地位的有效参证；另一方面，刘永济本人曾被国立武汉大学推荐参加部聘教授的评选[①]，1947 年、1948 年又两度被推荐为"国立中央研究院院士候选人"[②]，这也表明了武汉大学对其学术地位及贡献的高度认可。

作为国立武汉大学文学院"保守"品格与"鼎盛"时代的缔造者与见证人之一，刘永济为我们了解 20 世纪 40 年代的学术生态提供了一例样本。直到今天，学界提及 20 世纪 40 年代的国立武汉大学文学院，仍旧以"新派"与"旧派"之争作为中心话题。所谓"新派"这一边，不乏我们所熟知的闻一多、陈源（字通伯，笔名西滢）、凌叔华、叶圣陶、苏雪林等文化名流；而"旧派"这一边，则因刘博平、刘永济、刘异、徐天闵、席鲁思等名教授的存在，在学术上愈显阵容强大。身为武汉大学文学院院长的刘永济，既是 20 世纪上半叶风头劲健、声名远播的"旧派"学人，也是那个年代精英阶层中的一位风雅名士，还与众多新派名流如叶圣陶等保持了长久的交情。他的存在，折射出了一个时代的

---

① 涂上飙：《乐山时期的武汉大学（1938—1946）》，武汉：长江文艺出版社，2009 年，第 302 页。

② 徐正榜、李中华、罗立乾编著：《刘永济先生年谱》，刘永济：《诵帚词集　云巢诗存：附年谱　传略》，北京：中华书局，2010 年，第 470、492 页。

学术境况。

第一节　国立武汉大学一度以“保守”著称

就主流的学术风气而言，国立武汉大学文学院一度被视为文化保守主义的堡垒之一。“保守”确立了国立武汉大学文学院的学术统系与品格，尤其是中国古代文学学科的学术气质。

一、文学院的学术风气由“旧派”所主导

关于“新派”与“旧派”的划分，刘永济的前任——1939年11月至1942年1月出任该校文学院院长的高翰，多年以后曾在海峡对岸给出了如下的说明：“当时校中文学风气，分新旧两派。中文系内，旧派有系主任刘赜先生（字博平，黄季刚弟子），讲授文字、声韵、训诂等小学方面课程。辞藻之学，以二刘并称——刘异先生（字豢龙）讲授《文心雕龙》；刘永济先生（字弘度）讲授词、曲选。子学有谭戒甫先生，诗学推徐天闵先生……新文学方面，当时有叶绍钧先生、朱光潜先生、朱世臻先生、苏雪林先生、冯沅君先生等。通伯先生也是偏重于新文学的。”[①]属于“新派”一系的陈源（通伯）虽然也曾担任过文学院院长一职，但那时武汉大学文学院的学术风气，还是由“旧派”所主导。

“新派”受到“旧派”的压制，给当事人留下了深刻的印象。曾在武汉大学文学院任教的朱东润，在其自传中为这些纷争与纠葛耗费了许多笔墨。在他看来，“新派”与“旧派”之争，是从建院一开始就埋下的阴影。“闻一多的主张是把中文系办成一个现代化的中文系”[②]，

---

① 殷正慈：《高公翰先生谈文学院》，陈明章：《学府纪闻：国立武汉大学》，台北：南京出版有限公司，1981年，第38页。

② 朱东润：《朱东润自传》，《朱东润传记作品全集》第4卷，上海：东方出版中心，1999年，第172页。

"但是当时的中文系只是一个封建社会的中文系。说来也很稀奇，尽管一个大学里各系都向前看，惟有中文系是向后看，并且认为各系不妨向前，惟有中文系必须向后，这是中国的国粹，轻易碰不得的"，"无奈中文系好像是注定要落后的"①。"旧派"势力之盛，在"新派"眼中如同雾霾一般笼罩心头。"其实三十年代左右的武汉大学中文系真是陈旧得可怕。游国恩、周子幹还在那里步韵和韵，这是私人活动、无关大局，刘先生在中文系教师会议上昌言'白话算什么文学!'不能不算是奇谈怪论"②。在朱东润的记忆中，不只武汉大学文学院充满了"新派"与"旧派"的纷争，甚至整个校园里都存在着被戏称为"湘军"与"淮军"的两派势力的明争暗斗。这里的"刘先生"，指的就是刘永济。

朱东润这样描述"新派"与"旧派"的分野："文学院的垮台，已经是肯定了。陈通伯最多只能保住一个历史系，其余的中文、外文、教育三系，由于系主任和校长王星拱直接联系，院长的职权便完全搁起来。我是中文系教师，刘主任、刘先生、徐先生是系主任的一帮，叶圣陶、高晋生是通伯的一帮，苏雪林这位女教师，从她的师友关系看，应当说是通伯的一帮，但是她是安徽人，所以刘主任看在淮军的份上，没有给她难堪。"③ "刘主任已经把我安排在通伯一边，中文系的形势，除了苏雪林以外成为三对三的情况。然而力量是不均衡的，有王星拱撑腰，刘主任又拉进来两位教授，一位姓黄，一位姓徐，都算是刘主任的支柱。还有一位从中大来的助教李某某，作为讲师请来。人手全了，开始进行排斥。"④ 此处的"刘主任"，指的是时任文学院中文系主任的刘

① 朱东润：《朱东润自传》，《朱东润传记作品全集》第 4 卷，上海：东方出版中心，1999 年，第 172 页。

② 同上书，第 188 页。

③ 同上书，第 248 页。

④ 同上书，第 249 页。

赜（博平）；所谓“刘先生”，指的是刘永济[①]。在朱东润看来，刘博平是刻意在“排斥”他。朱东润的同事叶圣陶，其日记中屡见朱东润向他抱怨刘博平“对于彼多方表示排挤”[②] 的记录。

在朱东润的感觉中，“新派”的处境是相当艰难的，不只他本人如此，叶圣陶亦然。“叶圣陶可苦了，不是什么大学毕业，和刘主任的祖师爷章太炎、黄季刚都没有关系，而且曾经写过几本白话小说，这就成为他的罪状。刘先生不是有句名言吗？白话不算是文学，因此圣陶的作品便成为他的包袱。”[③] 朱东润还具体记叙了一件发生在叶圣陶身上的“排挤”事件：“刘主任的得意门生朱某某留系当助教，这时正派上用场。圣陶上课的时候，朱随班听课，在大学里，这本是常事，圣陶也没有注意。事实上，这样的事，什么人也不会注意的，可是助教是奉了系主任之命来的，他总得做出一些成绩。在中国大学里，老师们对于自己的语言，一向是注意不够的，圣陶的苏州腔，也不免有些期期艾艾，这一切都被助教逐字逐句录下来，每周向系主任汇报。每周每月，积少成多，刘主任手中的材料已经够了，他把材料上串下连，终于造成了圣陶不通的罪名。刘先生还好，那位王校长的贵同乡、中文系教授徐先生更是如获至宝，到处为圣陶的不通，进行义务宣传。”[④] 也许是由于刘博平认为叶圣陶“不通”，也许有别的原因，有一件事是真真切切地发生了，叶圣陶被“排了三班大学一年级国文”[⑤]。对此，叶圣陶深为不满，质

---

① 朱东润在介绍其所著《中国文学批评史大纲》时，也曾特别指出：“在这本书的写法方面，也考虑到那时武大中文系师生的特别要求。刘弘度教授有一句名言：‘白话算什么文学！’好在‘之乎者也’那套本领我也领教过一些，因此这部大纲充满不少的文言调子。”（参见朱东润《自传》，北京图书馆《文献》丛刊编辑部、吉林省图书馆学会会刊编辑部《中国当代社会科学家 第1辑》，北京：书目文献出版社，1983年，第50页。）

② 叶圣陶：《避地嘉州》，商金林编：《叶圣陶抗战时期文集》第2卷，北京：人民教育出版社，2005年，第107页。

③④ 朱东润：《朱东润自传》，《朱东润传记作品全集》第4卷，上海：东方出版中心，1999年，第234页。

⑤ 同上书，第249页。

问系主任刘博平道："新来的黄先生、徐先生为什么不排三班国文呢？"[①] 刘博平的回答是："这哪能比呀？人家是专家。"[②]显然地，"新派"学者的著述，虽然在社会上不乏读者，但在章黄学派眼中算不得学问，象牙塔要的是"专家"。

叶圣陶的日记也记叙了"旧派"与"新派"之间的这场纠葛。1939年8月26日，"（高）晋生来访，言刘博平以国文系主任名义，将派定彼与朱东润、苏雪林及余专教基本国文，此似太叫人劳苦，亦复看不起人，约明日往彼寓所共商应付之方"[③]。是日，叶圣陶与陈通伯长谈，"承告校中权力之转移，现院长一职同于虚设。刘（博平）君以新旧门户之见，颇欲排挤异己。相与叹惋。余本不欲为大学教师，去年贪于避难之得暂安，遂勉强来此。今乃为人所嫉视，意颇不快。任余之性，当作一书正告校中，国文系持抱残守阙之见，决非武大之福，亦非学生之福。而刘之所为如此，尤羞与为伍，但事实上又不能遽尔他往，只得忍之。然此忍之也者，最难堪之事也"[④]。次日，叶圣陶与高晋生、朱东润、苏雪林等"冒雨访刘博平，告以不愿专教基本国文之意。刘饰说再三，劝大家勿误会，并言必将我们之意达学校，可谓无结果而散"[⑤]。

晚于叶圣陶等人任教国立武汉大学文学院的程千帆，对于"新派"与"旧派"之间的争执，作过这样的说明："文学院是闻一多当院长，后来他走了，就是陈源（字通伯，笔名西滢）当院长。但中文系主任是刘博平先生，一来他是湖北人，二来他是黄季刚先生的大弟子，有学术地位。所以陈源尽管当院长，也不能动他。陈源是胡适他们一派的，中文系像刘永济先生、谭戒甫先生、徐天闵先生、刘异先生（他是王闿运的弟子，讲经学的），都是旧学一派。还有朱东润先生，和陈源是同学……

①② 朱东润：《朱东润自传》，《朱东润传记作品全集》第4卷，上海：东方出版中心，1999年，第239页。

③ 叶圣陶：《避地嘉州》，商金林编：《叶圣陶抗战时期文集》第2卷，北京：人民教育出版社，2005年，第35页。

④ 同上书，第35—36页。

⑤ 同上书，第36页。

他和刘博平先生、刘永济先生搞不好，并不是两位刘先生对朱东润先生有意见，主要是他们对陈源有意见。”①作为局外人的程千帆，他的观察可能是比较准确的，正所谓旁观者清。他也意识到了事件的症结，并非是针对特定的人，而是关联着学术的流派之争。

晚年的程千帆，还曾这样描述朱东润与“旧派”学者的关系：“他在中央大学的时候和胡小石先生关系也不好。大概这些老先生，像胡小石先生、刘永济先生，他们对于传统的学术理解得很深，对于有些近乎半路出家的朱东润先生都不大表示佩服。”② 20 世纪三四十年代，新文学虽在文化领域已大获全胜，但在以大学为主导的学术界，并未取得压倒性优势，在部分大学中，甚至处于弱势地位。闻一多担任武汉大学文学院院长期间，讲的并不是新诗，而是古典诗，就与武汉大学的学术氛围多少有些关系。

二、“新派”与“旧派”之争的白热化

“新派”与“旧派”之间的争执，终于因一次考试命题与阅卷而公开化、白热化。在一次“国文竞试”中，系主任刘博平以柳宗元《佩韦赋》命题，让诸生将这段文字译为“恒言”。据朱东润回忆：“中文系教师都去监场的，可是在学生问我们什么是‘恒言’，是文言，还是白话？我们都回答不上来。坦白讲，这一次出了我们的洋相。”③于是，叶圣陶、高晋生、朱东润三人拒绝阅卷，并致信校方，云：“‘恒言’二字，不解所指，未便参加阅卷。”④此事遂陷入了意气之争，愈演愈烈。1940 年 5 月 29 日，叶圣陶在日记中写道：“入夜，东润来，言校中要我们看国文竞试试卷，而此次文题之一，系刘博平所出，曰‘试将下文改为恒言’。‘恒言’二字有其习用之意义，今用于此殊觉不妥，若随同阅卷，

①② 张伯伟整理：《劳生志略》，程千帆述，张伯伟编：《程千帆全集》第 15 卷《桑榆忆往》，石家庄：河北教育出版社，2000 年，第 26 页。

③④ 朱东润：《朱东润自传》，《朱东润传记作品全集》第 4 卷，上海：东方出版中心，1999 年，第 250 页。

将来且为之分谤。共商之结果，决不往评阅，作一信复竞试委员会，署东润、晋生与余之名焉。”[①]根据叶氏本年5月21日的日记，这一“竞试”是“各大学学业竞赛”[②] 在武汉大学的分赛，其影响范围甚广。对于朱东润等人抵制阅卷的行为，命题人刘博平视为故意“捣乱”。1940年6月2日，叶圣陶日记记载：“刘师尚来，言闻同学言，刘博平以我们指其疵谬，向校长辞职云。此人气度至狭，我们并非攻讦其人，不过不满彼之行事，而彼以为与之捣乱，实亦过矣。即访东润，告以所闻。”[③]次日，他又写道：“晋生、东润偕来，共商致一书与校长，言我们所以不看竞试文卷之故。并言刘反对国文选读用标点，实属顽固。由东润起草，余缮写之，三人皆自署其名焉。”[④] 于是，争执的范围从“恒言”之命题扩大到平素教学中的“新”“旧”之争，直至公开树起“倒刘”[⑤]的旗帜，形成了朱东润所说“致书校长，向刘作积极之进攻”[⑥]的局面。

为了加强“倒刘”力量，朱东润、叶圣陶等曾邀请同属“新派”的苏雪林在他们写给校长的信上署名。苏雪林不愿卷入其中，以为“取此手法近于进攻，攻必期其克，而今日学校情势，刘博平似未易打倒，徒然树敌，不如其已”[⑦]，婉言谢绝了。事态的发展，渐渐超出了叶圣陶的预料，令他生出“初不意为了不去阅卷一点小事，引出如许多纠缠”[⑧]之叹。据叶圣陶日记，“东润闻人言，谓校中有人以为我们将掀起波澜，又谓刘博平既辞职，将由学校及教授会出面挽留之，而于我们三人，则采有效之处置云云”[⑨]。其后，朱东润又得消息，“谓间接听到刘博平系得王校长劝留信而回来。王之信大意言‘恒言’之不错，以后如

---

① 叶圣陶：《避地嘉州》，商金林编：《叶圣陶抗战时期文集》第2卷，北京：人民教育出版社，2005年，第77页。

② 同上书，第76页。

③ 同上书，第77—78页。

④—⑧ 同上书，第78页。

⑨ 同上书，第79页。

再有人指摘，学校必力为解决云云”[1]。于是，这场因考试命题而掀起偌大波澜的纷争，最终以校方支持“旧派”刘博平而告终。

看得出来，在这场纷争中，发难的是“新派”，而在校中占主导地位的“旧派”相对保持了克制。在这起风波之后，“新派”与“旧派”一起出席中文系内部会议时，叶圣陶、高晋生、朱东润对刘博平“视之如不相识”[2]；而相对保持克制的“旧派”，则似乎更倾向于避免类似的争执再次发生，在商讨校内国文考试命题时，“徐君主不须如前一般会同阅卷，其理由为警报时作，走避多不便。共以为然。遂谓既不会同阅卷，即不须共同出题，各自出题试其所教之班可矣。此殆刘与徐预先商定者，以免如上次出共同之题而发生纠纷也”[3]。“旧派”是主事的，所以宁可忍让以息事宁人；“新派”则因有一种被压抑之感，所以更愿意把事情弄大，以发泄不平。而在这次阅卷事件之后，“新派”的处境事实上变得更为尴尬。

第二节　苏雪林何以对刘永济耿耿于怀

苏雪林曾将“新派”的彻底失势，归因于1942年刘永济接任文学院院长，“‘保卫’中国文化之心强烈”[4]。苏雪林的这一判断，乃是基于她强烈的个人感受：刘永济接任文学院院长之后，她的教学生涯和学术生涯经历了一连串的挫折。其中令她耿耿于怀的，主要是三件事情。

一、刘永济缘何压制苏雪林

苏雪林感到受压制的第一件事是这样的：苏雪林“忽无意间得到解决屈赋的线索”[5]，撰写了《国殇乃无头战神说》《月兔源流考》《山鬼

---

①　叶圣陶：《避地嘉州》，商金林编：《叶圣陶抗战时期文集》第2卷，北京：人民教育出版社，2005年，第79—80页。

②③　同上书，第83页。

④⑤　苏雪林：《苏雪林自传》，南京：江苏文艺出版社，1996年，第85页。

与希腊酒神》等文，想在武汉大学的《文哲季刊》上发表，而兼任《文哲季刊》主编的刘永济"横加压抑不让其面世"①。

苏雪林的屈赋研究，其特点是以域外文化影响为立论前提。她认为，战国时代是域外文化来华的第二个高潮期，战国学术之成为黄金时代是外来文化刺激而成。这一时期输入的外来文化，主要是西亚，于是她用西亚神话来解释屈赋中的所有神话，并以此为标准对别的学者加以否定。她在《屈原与〈九歌〉》一书的序中说："域外的宗教神话多见于《九歌》，而域外的文化分子则全部见于《天问》。这事策源于西亚，流传于全世界。世界几支古文化，如两河流域、波斯、埃及、希腊、希伯来、印度……和我们中国，面貌精神，有许多相同之点。可证其同出一源，就是同出于西亚。"② 其《天问正简·自序》也说："我固曾屡次声明，《天问》这篇大文是'域外文化知识的总汇'，不但天文、地理、神话来自域外，即历史和乱辞也掺有不少域外文化分子。我又说秦以前我国已接受过两度域外文化，一度在夏商前，一度在战国中叶，即屈原时代，假如屈原不生当那个时代，伟大的楚辞不会产生。"③ 苏雪林的立论与阐释，多想象之词，少坚实证据，故在学界有野狐禅之讥。苏雪林对此亦有自知之明。她说："当然，这篇文章是拿不出去的。武汉大学文学院院长是个旧式楚辞专家，所有中文系资深教授都是古典文学的保守者，哪里看得上我这个仅能用引车卖浆文体写文章的；我的楚辞研究，他们一向视为野狐外道，哪里肯把我那篇酒神考放在眼里。他们是连看都不看的，我也只好藏拙。"④ "记得胡适先生尚在世时，笔者曾以此语相告，胡先生大骇，以为我研究屈赋，走火入魔，神经已有些不正常了，深为我的前途忧虑。"⑤ 不过，尽管苏雪林颇有自

① 苏雪林：《苏雪林自传》，南京：江苏文艺出版社，1996年，第85页。
② 苏雪林：《屈原与〈九歌〉》，武汉：武汉大学出版社，2007年，自序第1—2页。
③ 苏雪林：《天问正简》，武汉：武汉大学出版社，2007年，第3页。
④ 苏雪林：《苏雪林自传》，南京：江苏文艺出版社，1996年，第117页。
⑤ 苏雪林：《屈原与〈九歌〉》，武汉：武汉大学出版社，2007年，第111页。

知之明，但稿件被刘永济拒发依然令她忿忿不平。

苏雪林感到受压制的第二件事，即“文学史”课程的排课。苏雪林说：“最令我不平的是他聘请程千帆来当中文系主任，强把我所教中国文学史前半部夺去给程教，后半部始给我。文学史前半部问题多，较为精彩，学生也喜欢听受，我虽不愿，也不敢违抗他的意思。”① 苏雪林甚至因此指责刘永济忘恩负义，“不思他之来武大是由于我的推荐”②。当然，苏雪林关于刘永济忘恩负义的说法可能与事实不符。据考，苏雪林之就职武大，是在1931年的下半年；而刘永济接受武大的聘书，则是1932年的夏天。以苏雪林初至国立武汉大学的“特约讲师”身份，虽与院长夫人凌叔华交情甚笃，又能在多大程度上决定一位教授人选的聘用呢?③ 据《刘永济先生年谱》，刘永济被聘为武汉大学教授，实因在武汉大学颇有影响力的湘籍人物李剑农、皮宗石等的推荐④。比较而言，后一说法更合情理。至于课程安排，刘永济恐怕主要是考虑到程千帆的所长，而不是刻意排挤苏雪林，但因此而使苏雪林感到委屈，却也是事实。据程千帆回忆：“那时的文学史是苏雪林先生在教，但她总讲不完，总是讲到唐代就结束了。刘先生认为这样不行。那时按照刘永济先生的看法，文学史在唐以前是重要的，于是干脆分成两年。要我教前半段，苏先生教后半段。苏先生每一次教文学史都只教到唐代，现

①② 苏雪林：《苏雪林自传》，南京：江苏文艺出版社，1996年，第85页。

③ 苏雪林自己的说法是她曾对文学院院长陈通伯说：“在《武大季刊》上我读到刘永济几篇关于屈赋的文章，他虽是一个旧式楚辞学家，学问却甚渊博，何不请他来教呢?”苏雪林回忆：“刘先生本是东北大学的教授，日本发动九一八之变，东北大学解散，他潜逃入关，时在北京，陈院长托人游说，将他请来教楚辞。他编有《屈赋通笺广义》一种，我彼时并不懂屈赋之为何物，读之甚佩。后来才知他之解释屈赋，并未超过那些旧楚辞学家，比之闻一多等更瞠乎其后。可见屈赋并非故纸堆所能解决。”（参见苏雪林《苏雪林自传》，南京：江苏文艺出版社，1996年，第84—85页。）按，刘永济在武汉大学《文哲季刊》上发表《天问通笺》（1934年）、《九歌通笺》（1934年）、《笺屈六论》（1935年）、《九辩通笺》（1935年）、《九章通笺》（1935年）等文的时间，均在刘永济受聘武大之后。苏雪林的说法，恐为记忆之误。

④ 徐正榜、李中华、罗立乾编著：《刘永济先生年谱》，刘永济：《诵帚词集　云巢诗存：附年谱　传略》，北京：中华书局，2010年，第316页。

在要她从宋代教起，她就要重新备课，所以她心里很不愿意，有意见。”①

令苏雪林不满的第三件事，是刘永济对胡适等人的批评。她说，刘永济“保卫中国文化之心强烈，终日对我骂胡适之、顾颉刚是出卖中国文化的‘汉奸’‘卖国贼’，说日本人没有历史，却要伪造历史，中国明明有唐虞三代的历史，胡、顾等偏要将它斩断、毁灭，非出卖中国文化的‘汉奸’‘卖国贼’而何?”②刘永济骂胡、顾的那些话，对于崇拜胡适的苏雪林来说，对于“新派”文人苏雪林来说，不只是感到刺耳，而且感到恼怒。程千帆曾指出一个事实：“武汉大学当时的学术思想比较守旧，刘永济先生就是学衡派，他和吴宓先生很好。所以对新文学不太看重，对于胡适一派的学问也看不上。陆侃如、冯沅君、高亨都在武大工作过一段时间，后来都离开了。”③在刘永济执掌文学院期间，苏雪林心中想必积聚了太多的不平和愤懑。

苏雪林所说刘永济对他的压制，其实都不能视为刘永济与苏雪林之间的纯粹个人纠葛，而是含有文化立场、学术流派对立的意味，了解这一点，可以增进对那一段学术史和文化史的认识。

二、苏雪林的竞争态势及其学术史意义

苏雪林的这一段自感“委屈”的经历，强化了她以新派文人自居的立场。她后来总是称刘永济为“旧式文人”，这是调侃，也是一种竞争态势的显示。而在未来的岁月中，凡可以反驳刘永济的场合，尤其是涉及屈赋，她通常不会一笔带过，而是大做文章，必欲淋漓尽致而后快。令我们欣赏不已的是，苏雪林丝毫不掩饰其个人意气，足以见出性格的

① 张伯伟整理：《劳生志略》，程千帆述，张伯伟编：《程千帆全集》第15卷《桑榆忆往》，石家庄：河北教育出版社，2000年，第26页。

② 苏雪林：《苏雪林自传》，南京：江苏文艺出版社，1996年，第85页。

③ 张伯伟整理：《劳生志略》，程千帆述，张伯伟编：《程千帆全集》第15卷《桑榆忆往》，石家庄：河北教育出版社，2000年，第20页。

坦诚。兹就其《屈原与〈九歌〉》一书，略举数例：

刘氏是位旧式文人，萃其毕生精力研究楚辞，所著《屈赋通笺》颇见重于学术界，虽闻匡斋、游国恩亦常取资。书之叙论“屈子时事第四”也主张屈原诞生于周显王二十六年戊寅。楚宣王二十七年，当然是公元前三四三，他的死在周赧王二十七年癸酉，顷襄王十一年，寿止五十六岁。刘氏因《哀郢》一文与顷襄二十一年秦将白起烧陵破都的史实符合，是以诸家都说屈原之死当在顷襄廿一年后。刘既主屈原死在顷襄十一年之间，时间提早十载之久，则屈原的寿命当然也要缩短十年。那么，他对《哀郢》一文如何交代呢？钱穆曾为此剥夺了屈原对《哀郢》的著作权，说《哀郢》是顷襄时楚国另一辞赋家庄辛所作。刘永济氏反对此说，说《哀郢》写作权仍当属之屈原。但解释则不同。文学作品里地理名词与作家行动关系密切，往往成为最坚强的佐证。《哀郢》有“当陵阳之焉至兮”，陵阳属地名，是不成问题的。刘则将此二字作为动词，谓“陵”本作“凌”，则“阳”亦当作“扬”，凌扬有飞举、腾驰之意，屈子于此大有奋飞无所之概，合下“淼然南渡”“不知所届”之意读之，苍茫四顾之态，俨然如见。诸家误从洪本陵阳立义，致窒塞难通，殊失文旨云云。《哀郢》又有“曾不知夏之为丘兮，孰两东门之可芜？”夏即江夏之夏，今汉阳、武昌、黄州、安陆、德安东南境皆是。两东门为郢都之两东门，刘氏解为屈原预忧之辞，谓屈子东行，见东鄙残破，沦为丘墟，而朝中之人，乃不知惧，则郢都之芜，将不可免，不忍质言京都，故以京都两门为之辞也。然京都先王宗庙所在，全国人心所系，孰可使之芜秽，故曰“孰两东门之可芜”也。如京都可破，则不应曰孰可芜也。语意固甚明白，情辞则极沉痛，读者不加体会，致生歧见，甚无谓也云云。刘氏这类生硬牵强的考据——如解“陵阳”为“凌扬”之类——实为可笑。“夏之为丘”“两东门之芜”，写兵燹情况，非常逼真，他却指为预忧之辞，然则《哀郢》尚有“皇天之不纯命兮，何百姓之震愆，民离散而相失兮，方仲春而东迁，去故乡而就远兮，遵江夏以流亡”，这类敌锋逼近人民逃散的情况，也是“预忧”了。这话说得过去吗？①

《九歌·国殇》旧注：“国殇谓死于国事者，《小尔雅》曰：‘无主之鬼谓之殇。’”此注相传已久，无人提出异议。后世为国战死者称为“国殇”，实由楚辞此歌而来。《国殇》所悼战死之鬼究竟属于哪一国的人，历来注家均无确指，惟明末屈复始云：“秦败屈匄，败唐昧，又杀景缺，楚人多死于秦，此三闾所以深痛之也。”（《楚辞新注》卷二）近代马其昶则谓屈原作此歌，系指丹阳、蓝田之败，乃为怀王祈神助却秦军而作者。刘永济赞成其说，但谓丹阳之败，在怀王十七年，似乎为时太早，其后秦楚大战，尚有怀王二十八年、二十九年、三十年及顷襄王元年诸役，此篇所赋，当系指历次战役而言云云。又谓：“《国殇》诸家皆用旧说，按此歌之辞，乃吊为国战死之士甚明，屈子盖有隐痛焉。《文选》无此与《礼魂》，后人或谓昭明偶不取耳。姚宽谓歌名九而篇十一者，亦犹《七启》《七发》，非以章名之类，然观叔师《礼魂》注，明云：‘祠祀九神’，则《九歌》之作，初为九神，国殇人鬼，不应类及。陆时雍《楚辞疏》谓《国殇》《礼魂》不属《九歌》，想当时所作不止此，后遂以附歌末，亦非。考此篇无歌舞致神之辞，但叙其死事之烈，其屈子招为国战死之魂之辞，即太史公当日所见之《招魂》欤？昭明不取，或所见楚辞，本无此篇耳。”（《屈赋通笺》卷三）

按刘先生以《国殇》当太史公所见之《招魂》，虽属独创之说，但王逸《楚辞章句》更在《昭明文选》之前，《章句·九歌》为十一篇，则《昭明文选》删去《国殇》《礼魂》，我们只能说他是“偶

① 苏雪林：《屈原与〈九歌〉》，武汉：武汉大学出版社，2007年，第31—32页。标点有所改动。

有不取”，不能断定他“所见《楚辞》本无此篇”，况《文选》于《九歌》仅取六篇，缺《大司命》《河伯》《东君》，难道萧统所见《楚辞》都没有吗？①

“九阬”，王注为九州之山。戴震：九阬盖犹九野。又有误为九冈山者。王夫之曰：“九阬，地也。人之死者，魂升于天，魄降于地，皆司命导之。”说九阬为地是对的，但可惜说得不透彻，还是吃了一知半解的亏。刘永济于其《屈赋通笺》中有一段很精辟的话：按《尔雅·释诂》：“阬，虚也。”郭注曰：“阬者，《说文》云‘阆也’，盖阬阆，犹閌阆，空虚貌，字通作亢。《史记·孙膑传》：‘批亢捣虚’，盖亢，亦虚也。”

但刘氏下文又说道：“据此，九阬即九虚，犹言九天也。诸家以字从土作坑，或从阜作阬，故以九山九野为说，而忘其上文乘清气，御阴阳之文，不相应矣。”明明说的是地，刘氏却说是天，这一错却不知错到哪里去了。

我们要知道，古人认天为九重，地亦九重，重重叠叠，为立体式……地府有九层，故屈原谓为“九阬”。②

就这几个例子而言，我们关心的不是苏、刘两位前辈的立论之高下，而希望由此引出一个结论：学术上的流派之争，即使偏激一些，也未必全是坏处；至少它有一个可能的好处，即激发当事人的创造力。如果没有刘永济的“压制”，苏雪林大概不会成为著述如此丰富的屈赋专家。

① 苏雪林：《屈原与〈九歌〉》，武汉：武汉大学出版社，2007年，第205—206页。标点有所改动。

② 同上书，第355页。

第三节 刘永济的雅量

作为一位名教授，作为国立武汉大学的文学院院长，20 世纪 40 年代的刘永济给不少人留下了颇有雅量的印象。“他在任武汉大学文学院院长期间，文学院有众多著名教授，尽管在学术思想上有较开明的胡适派学者、有较保守的学衡派或较持重的章黄学派传人，刘先生与不同学派的教授都能平等相处、和衷共济”①。

一、刘永济与“新派”学者的交情

刘永济的雅量，首先表现为与不少“新派”学者交情颇深。例如曾与刘永济比邻而居的叶圣陶，在教学上颇受学生欢迎，也因此得到了刘永济的尊重。“叶（圣陶）先生尽管在本系教的课在当时看来是最一般的课，但是学生非常欢迎他。因为他的教学方法很新，改作文很认真。所以像刘永济先生对叶先生还是蛮好的”②。叶圣陶还在日记中记录了他与刘永济的私交。1938 年 8 月 20 日，为躲避空袭，刘永济与叶圣陶两家皆在历史学家贺昌群宅避难寄居。“刘夫人以一被借予我们”③。其后，刘永济与叶圣陶在雪地头为邻，两家时有走动。1939 年中秋节，因叶圣陶儿媳住院，刘家前往叶家致慰并赠送了月饼。1940 年 1 月 7 日，刘永济与叶圣陶同赴钱歌川所设家宴；同年 1 月 19 日，刘永济又与程乃颐出面，合请叶圣陶、钱歌川、李儒勉三家同事，以及房东蓝春

---

① 吴志达：《两代大师的风范——刘永济、程千帆两先生的学术与人格》，《武汉大学学报（人文科学版）》2003 年第 6 期，第 741 页。

② 张伯伟整理：《劳生志略》，程千帆述，张伯伟编：《程千帆全集》第 15 卷《桑榆忆往》，石家庄：河北教育出版社，2000 年，第 20 页。

③ 叶圣陶：《避地嘉州》，商金林编：《叶圣陶抗战时期文集》第 2 卷，北京：人民教育出版社，2005 年，第 33 页。

芳，“肴馔颇精”，饭后叙谈“一时许才散”。[①] 叶圣陶离开武大时，刘永济下山与之“叙别”[②]，而叶圣陶“又至刘家，晤弘度君”[③]辞行。叶圣陶的日记，为我们还原了刘永济与一位“新派”教授相处的具体细节。其他被划入“新派”阵营的学者如朱光潜，与刘永济也十分交好。国立武汉大学西迁乐山时期，二人过从甚密。朱光潜“常拄着‘文明杖’从城里他的住处，来到城郊的刘先生家，相互谈论学问、国事”[④]。就连“新派”魁首陈通伯，也有向刘永济索书、索诗的记录。[⑤]

程千帆是刘永济的晚辈，终生对刘永济执弟子礼，刘永济则视之如友。就学术取向而言，程千帆更为接近“新派”，但刘永济并不因此而生芥蒂，倒是为他创造了自由宽松的学术环境。程千帆回忆说：“最初我到武汉大学工作，中文系主任刘博平先生根据文学院长刘永济先生的提议，想把中文系的学生与一般性的大一国文课区别开来，一周五小时。我就问刘永济先生用什么样的讲义。他想了一下说：‘你可以自己编讲义。’当时大一国文用的讲义，是黄耀先（焯）先生选的，比较偏重散文。后来我想讲一点带有文学理论的内容。当时就我所了解的情况，写了一个讲义，分上中下三篇，一篇是总论，一篇是骈文，一篇是散文。骈文和散文主要是选本的序跋，比如《古文辞类纂》的序，《骈体文钞》的序，等等。总论就选了十篇文章。拿给刘先生看，刘先生就让我试着边教边改进。……一年讲下来，根本没时间讲总论以外的东西，我就向文学院长、系主任汇报了，他们认为比一般的大一国文在程

① 叶圣陶：《避地嘉州》，商金林编：《叶圣陶抗战时期文集》第2卷，北京：人民教育出版社，2005年，第59页。

②③ 同上书，第142页。

④ 马昌松：《朱光潜教授的两件往事》，原载《长江日报》1986年3月27日，参见胡乔木等《朱光潜纪念集》，合肥：安徽教育出版社，1987年，第102页。

⑤ 参见刘永济《通伯出示双佳楼主所作山水，因以尺纸索小帧，诗以先之》，《诵帚词集　云巢诗存：附年谱　传略》，北京：中华书局，2010年，第201页。

度上是提高了。”[1]这份讲义，就是后来的《文论十笺》。如今，在日趋完备的大学教育评估体系下，教师在本科教学阶段这样的授课，已很难见到了。

二、刘永济对同辈“旧派”的敬重

刘永济的雅量，尤其表现在他对同辈“旧派”的敬重。有两件掌故可以在这里郑重提及，一是诚邀陈寅恪来武汉大学讲学，一是虚怀若谷地对待老友席鲁思的商榷。

陈寅恪（1890—1969），江西省义宁州（今修水县）人，生于湖南长沙，是现代著名的史学家，曾任中央研究院院士。刘永济与陈寅恪不是那么亲密，但相互敬重，诗词唱和不断。1939 年春，陈寅恪有《己卯春日，刘宏度自宜山寄诗，言拟迁眉州。予亦将离昆明往英伦，因赋一律答之》诗：

得读新诗已泪零，不须藉卉对新亭。
路人苦信乌头白，野老惊回柳眼青。
万里乾坤孤注尽，百年身世短炊醒。
入山浮海俱非计，悔恨平生识一丁。

诗中所说的“入山”，是就刘永济而言。1937 年卢沟桥事变爆发的次年，即 1938 年，武汉大学师生陆续西迁四川乐山，刘永济亦拟入川。蜀地山多，故云“入山”。诗中所说的“浮海”，是就陈寅恪而言。1937 年 7 月，日军直逼平津，陈寅恪的父亲陈三立义愤绝食，溘然长逝。治丧完毕，寅恪随清华南迁，1938 年秋到达昆明。1939 年春，英国牛津大学聘他为汉学教授，并授予英国皇家学会研究员职称。陈寅恪拟赴牛

① 张伯伟整理：《劳生志略》，程千帆述，张伯伟编：《程千帆全集》第 15 卷《桑榆忆往》，石家庄：河北教育出版社，2000 年，第 51 页。

津大学任教，而海路迢迢，故云“浮海”。

但陈寅恪此行并不顺利。陈寅恪离开昆明到达香港，原拟搭英轮转赴英国，因第二次世界大战爆发，被迫暂居香港，任香港大学客座教授兼中文系主任。1941 年 12 月 8 日，日本人占领香港，陈寅恪辞职闲居，日本当局委任他兴办东方文学院，遭到拒绝。1942 年春，陈寅恪离开香港，取道广州湾，7 月 5 日抵达桂林。时已接任武汉大学文学院院长一职的刘永济，当即致函陈寅恪，请他来乐山武汉大学讲学。7 月 16 日、8 月 1 日、8 月 19 日，陈寅恪连致三函，表达对刘永济的谢意，并说明暂时难赴武汉大学讲学的原因。8 月 19 日函云：

> 弘度老兄先生：连奉大作及抚五先生署名函电，感佩之至。又接舍弟一函，更得知其详。弟此次归国，颇承亲友慰问，然情意之恳切，未有如老兄及武大诸公者，令人感激涕下，此生所不能或忘者也。①

函中提到的“抚五先生”，即时任武汉大学校长的王星拱。刘永济请校长具名邀请陈寅恪，足以见出他对陈寅恪的敬重。虽然陈寅恪终因病体不耐长途汽车之颠簸，未能成行，但两人之间的这份学术情谊，的确不失为一段有魅力的掌故。

1943 年 6 月 17 日，陈寅恪自广西桂林致函刘永济，告知拟于暑假后赴成都燕京大学任教，请代向乐山诸友致意。刘永济得函，作七律二首，《闻寅恪移家成都，将道嘉定，诗以迎之》：

> 藏名避世事难成，天意茫茫未厌兵。
> 归国便怀沟壑志，违山不断蟪蛄声。
> 杜公天宝愁仍在，涪叟戎州句可赓。

---

① 陈寅恪著，陈美延编：《陈寅恪集・书信集》，北京：生活・读书・新知三联书店，2001 年，第 243 页。“函电”，原作“陷电”，当系手民之误。

漫道成都堪送老，凌云山色正牵情。
握手应伤老色更，尚余垒块未全平。
六年战伐虫沙尽，一代文章瓦釜鸣。
市酒敢辞风味薄，蓬庐暂喜笑谈清。
明朝又趁征车去，梁月光凝梦后情。

刘永济1942年那首《喜迁莺》词亦为陈寅恪而作，小序云："香港陷落数月，始闻寅恪脱自贼中，将取道桂黔入蜀，已约登恪致书，劝其来乐山讲学，词以坚之。"词云：

鲛尘掀户。又惊起乍宿，南云双羽。委地蛮花，飐风腥浪，轻换翠歌珠舞。漫省荡愁山海，曾是谁家丸土。断肠事，剩闲鸥三两，苍波无语。

知否？人正在，野水荒湾，灯底相思苦。万驿千程，乱烽残戍，归梦去来何处？未了十洲零劫，休问寒灰千古。雁绳远、怕玉珰俊约，欲成还阻。

除了上面列举的这些作品外，刘永济现存的诗词中，与陈寅恪有关的还有：《岁暮感事，用寅恪六兄偕游北海诗韵》，1931年作；《蝶恋花》（将随浙江大学迁于滇边之建水，感赋两阕，简寅恪、雨僧昆明），1939年作；《鹧鸪天》（读寅恪《丁亥除夕》诗感赋），1948年作；等等。民国学人之间的诗词唱和，构成了学术史的一个侧面，也是他们日常生活的真切记录，而文人相重，更体现了一种难得的风范。

武汉大学文学院有"五老"之说，指的是20世纪四五十年代的五位老先生，分别是刘永济、刘博平、黄焯、席鲁思、徐天闵。因徐天闵先生去世较早，后来补上了陈登恪教授。在"五老"中，刘永济与席鲁思既是感情深厚的挚友，又是学术上的诤友。他们之间的一段争议，尤能见出刘永济的雅量。事情虽然发生在20世纪40年代之后，但表现了刘永济一贯的为人，故一并加以叙述。

两人的争议起因于对屈赋字句的校读。

屈赋字句的校读是刘永济极为用力之处。刘永济确信：1. 今传王逸《章句》非《楚辞》原本；2. 古书抄刻，易滋讹误。“既然解决了今传王逸《章句》非原本的问题，（其实即令王本是千真万确的原本，是否即屈原的原稿，尚有问题。）既然知道古书易讹之故，如前辈孙诒让所说，那么校读屈赋必然有当改动的文句。”① 校改贵有依据，刘永济深明此理，曾将其校改依据分为十一类：依据前人意见而改的；依据相同文句而改的；依王逸《章句》而改的；依据别本异文或引文而改的；将后人因避讳而改的字改复屈赋原文的；将借字改用本字的；根据屈赋用韵规律而改的；因误衍而改的；据形似音近之讹而改的；因字误而改的；从文义看知其讹误而改的。在“依据前人意见而改的”的一类中，“依据戴震的屈赋注而改的文句最多，其次则洪兴祖《考异》及朱熹校本”②。从刘永济的校改看，其“校”极为严谨，因为无论哪一种情形，都符合“校”的原则，即都有切实可靠的依据，并有校记；但刘永济的“改”，却可能引发一部分学者的质疑，盖刘永济所列的十一种改动依据，大都并非铁证，而只是根据某种情理作出的推断。这些情理，虽然刘永济确信不疑，但他人未必赞同。刘永济以个人的推断为据，大面积改动传世文本，所产生的是一个历史上从未有过的版本，这并不符合学界对古籍整理的一般期待。针对刘永济的“改”，席鲁思写了专文与他商榷，说他“无事自扰”，“动辄生事”，“窜乱古书”，“自作聪明，乱名改作”，“纷纷徒乱人意”，“好以片面立论，以名乱名”，“名实互贸，寻声逐影，移甲作乙”，“全凭主观，自我作故”③，措辞之尖锐激烈，超出许多人的想象。而刘永济读了，不仅不生气，还就席鲁思的商榷，一

①② 刘永济：《屈赋篇章疑信诸问题答席启駉先生》，《屈赋通笺：附笺屈馀义》，北京：中华书局，2010年，第317页。

③ 同上书，第310页。

一展开分疏。那种雅量，那种气度，真能给人光风霁月之感。这篇商榷之作，就是《屈赋篇章疑信诸问题答席启駉先生》。

第四节 刘永济的几个主要学术领域

刘永济执教武汉大学期间，其主要学术领域有屈赋研究、《文心雕龙》研究、词学研究和曲学研究，在每一个领域都有其卓越建树。

武汉大学文学院的“楚辞学”课程，始于1929年9月，由游国恩讲授，是为中文系一、二年级开设的选修课；游国恩辞聘后，该课停上，1930学年课程指导书中虽有“楚辞学”课程，但无教师开课。1932年7月，刘永济被聘为武汉大学教授，该课程才又重新开出。刘永济为《国立武汉大学一览》撰写的“学程内容”说：“楚辞学”（每周三学时，一年授完），“以屈赋为主，先为引论，述其名义，考其篇目，辨析屈子行谊学术，探讨屈赋文章技艺，而终以诵习之法；次撰通笺，以释二十五篇之文，每篇分解题、正字、审音、通训、评文五事，以求会通古今注家之说；并随时提出专题，供诸生分别研治，以养成自动研究文学之习尚”①。刘永济在武汉大学执教三十余年，屈赋研究是其常设课之一。

武汉大学文学院的“汉魏六朝文”课程，始见于1932年度武汉大学课程指导书，因无教师，未能开课。刘永济是武汉大学开设此课的第一人。其《文心雕龙》研究就是围绕这门课程而展开的。

武汉大学文学院的“词”这门课程，最早见于1930学年课程指导书，因无教师，未能开课。1931年9月，钱南扬教授就聘武汉大学，开始讲授。钱南扬离开武大后，改由刘永济主讲。刘永济为《国立武汉大学一览》撰写的文学院“学程内容”，以词史和词的声律为重点：

---

① 国立武汉大学编印：《国立武汉大学一览》，武汉：国立武汉大学，1933年，第16页。

“（一）从史的方面讲体制的变迁，及各代重要作家和作品；（二）从声律方面讲词的宫调、宫谱，等等。同时提出种种问题，使学生自动去研究；指定几种专集，为课外读物。”①

武汉大学文学院的“戏曲”课程，始见于1930年学年课程指导书，因无教师，未能开课。1931年9月，钱南扬教授领衔讲授“戏曲”。钱南扬离开武汉大学后，由刘永济讲授。刘永济为《国立武汉大学一览》撰写的“学程内容”介绍，以戏曲史和戏曲格律为重心：“（一）从史的方面讲体制的变迁，及各代重要作家和作品等；（二）从声律方面讲戏曲的格律。（研究问题和课外读物与词同）”②

综上所述，已足以见出刘永济作为武汉大学文学院院长和著名学者的举足轻重地位。如果要对刘永济的学术气象做一个大体描述，我眼前呈现出的是这样一幅图景：大江东注，沧海潮起，足以吞吐日月星辰。20世纪40年代的武汉大学文学院，由这样一位院长执掌帅印，确乎相得益彰。

① 国立武汉大学编印：《国立武汉大学一览》，武汉：国立武汉大学，1933年，第16页。

② 同上书，第16—17页。

第五章　从“思想改造”到“识得真源”

1950 年，中华人民共和国成立的第二个年头，63 岁的刘永济感慨万端地写了《鹧鸪天》一词。

这首词中，格外醒目的或许是这两句：“六十年中百变俱”；“补读人间未见书”。所谓“六十年中百变俱”，是说刘永济生活在一个世变日亟的年代。1887 年，也就是光绪十三年，刘永济出生于湖南新宁。1911 年，刘永济 24 岁那年，中国历史上的最后一个帝制王朝，在辛亥革命的枪声中轰然倒塌。此后的刘永济，不再是清朝的臣民，而成了中华民国的国民。1931 年，刘永济 44 岁那年，也就是民国二十年，日本关东军制造了九一八事变，东北沦陷，身为东北大学教授的刘永济被迫随校南迁。1937 年，刘永济 50 岁那年，也就是民国二十六年，抗战全面爆发，武汉情势危急，身为武汉大学教授的刘永济，被迫送眷属回湖南长沙，不久他本人随校西迁乐山，直到 1946 年 7 月，才重返珞珈。1949 年 10 月，中华人民共和国成立，“国民政府”从此成为历史。一个新的时代开始了。这一年，刘永济 62 岁。六十二年间，清王朝覆灭、中华民国崩溃，政权更迭如此频繁，这样的情形在中国历史上并不多见。盖中国历史上的王朝，如唐、宋、明、清，通常都在两三百年左右。一个人只要不是出生于易代之际，我们通常可以用一个王朝的名称来确定他的时代，如唐人、宋人或者明人。而刘永济却经历了三个时代，变革过程中，内忧外患不断，用“百变”来形容甚为贴切。比起历史的感喟，刘永济对未来可能发生的一切更为关切，却又心中无底。他所能设想的应对方法是，尽快了解这个革命政权，而了解的方法之一是，“补读人间未见书”。一个 63 岁的人，生活在瞬息万变的境遇之中，那种惶惑和不安，当然是异常强烈的。

刘永济的人生，就在这种惶惑不安之中翻开了新的一页。

第一节 “补读人间未见书”

“补读人间未见书”是刘永济面向这个新的时代的表态。他虽然已年过六十，但仍努力追随时代的步伐。

刘永济是有失落感的。自 1942 年起，刘永济长期担任武汉大学文学院院长，并几度代行校长职权，不仅是学术上的权威，也有人事上的权力。1949 年 6 月 10 日，军代表潘梓年、朱凡等六人正式接管武汉大学；8 月 25 日，武汉大学成立校务委员会，取消校长负责制，文学院院长职务改由缪朗山接任。因缪未到任，10 月 28 日，经第九次校务委员会议决，改由秘书长徐懋庸兼任。从此刘永济成为一名普通的教授。前后地位的悬殊，无疑会影响到人的感受。经济收入也有所减少。1950 年 3 月，武汉大学为克服教育经费困难，尝试精简编制而又不致使一部分人失业，特发起自愿减薪运动。刘永济的表现受到了校方的表扬，秘书长徐懋庸在《武汉大学自愿减薪运动总结》中说：“例如刘永济先生原请减薪八十分，经小组评讲，认为他生活困难，劝他只减六十分。刘先生非常感动，不但坚持不改，反多减去了二十分。”① 一个前清秀才，一个民国教授，从 19 世纪末叶到 20 世纪中叶，虽然经历了种种事变，也见识过各种中西思潮，但是对于马克思主义，刘永济却一向陌生。不过，刘永济虽然心存忐忑，但还是尽力适应这种新的氛围。所谓“补读人间未见书”，就是努力学习“马列学说”，也就是努力在马列主义指导下改造思想。

① 徐懋庸：《武汉大学自愿减薪运动总结》，武汉大学档案馆藏，档号 4-1950-XZ11-003。

一、与新的时代初步接轨

从武汉大学档案馆保存下来的记录来看，刘永济潜下心来“补读人间未见书”，其成效几乎可以用一目了然来形容。对那些新的术语、新的表达方式，刘永济认真体会、接受和运用，笔下文字也逐渐有了一些“新时代”的色彩。1950 年 12 月 1 日，刘永济填报《国立武汉大学教职员调查表》，其“现在状况”一栏是这样写的：

> 工作情形：我现在工作情形尚顺利。我虽教授旧文学，但我素来反对墨守旧说迷信古人的，同时我也不一律抹杀旧说，菲薄古人。我尽我所知所能辅助学生进行我的工作。
>
> 工作心得：我历年所授的课程是纯文学，尤其是乱世的文学。我从此中得见乱世文人心理，一种是受道家消极颓废的影响的，一种是有鼓动性的积极性的讥刺文学。前者不应提倡，但须说明；后者如屈子、元曲家，则应研究及发展。
>
> 个人意见：我以为旧文学中亦有可以接受为今世之用的，我当尽力了解其优点而放弃其缺点。进一步再补充，使之完美无缺。我以为学中国文学的学生，应当兼习一（些）外国文学，尤其是俄国文学，才能达到补充缺点的意义，但此层功夫，我只能寄希望于青年学生了。
>
> 今后计划：辅助学生了解旧文学，以便正确批判以至接受。力求适合并达到毛主席指示“批判地接受旧文化”的任务。①

“批判地接受旧文化”“毛主席指示”这一类逐渐流行起来的表述，刘永济也能够较为自如地使用了。所谓“自如”，包含了心理学意义上的认同，或心理上的姑且认同。一套用语就是一种思维方式，刘永济的思维

---

① 徐正榜、李中华、罗立乾编著：《刘永济先生年谱》，刘永济：《诵帚词集 云巢诗存：附年谱 传略》，北京：中华书局，2010 年，第 512 页。

方式，已经与这个新的时代初步接轨。

1952年，“三反”运动、“思想改造”运动和“交代关系”运动相继进行，其重心之一是改造旧知识分子。这年8月下旬，刘永济填写《交代社会关系报告提纲》，汇报了他接受改造的过程与收获：

我对于交代社会关系的体会，及如何才能引起对旧社会的憎恨和对新社会的喜爱，分三点来谈：

（1）我体会党和政府这一号召，不但是要信任旧知识分子，而且是体贴和爱惜旧知识分子无微不至。所以我应当感激，自觉地交代出旧社会中曾经创伤我的种种关系。

（2）如果我们大家把在旧社会中种种不正当的关系都交代出来，等于把旧社会的黑暗彻底透视一番，再拿来和新社会的光明前途对照来看，自然就能引起对旧的无比的憎恨和对新的无上的喜爱。

（3）尤其是我这在旧社会中生长最久的人，从来未呼吸过新鲜空气，一旦认识了旧的丑恶，感受了新的欢欣，好比穷人得宝，又好比亡子得母一样，何等快乐。①

在《交代社会关系报告提纲》的最后一个部分，刘永济总结了五点认识：

（1）木必先腐而后虫生。我不能将全部责任委之于旧社会的陷害，主要还是我思想上首先有问题。可见思想不澄清是容易沾染污秽的。

（2）入污泥而不染是要有大智大勇的。否则，不别是非，不明利害，结果必定同流合污。

（3）防微杜渐是要随时随地留心的，不谨慎便可造成很大的危害，虽能后悔，已来不及。

（4）斩草除根是我们旧知识分子切要的事。否则，就会同徐懋庸

---

①　徐正榜、李中华、罗立乾编著：《刘永济先生年谱》，刘永济：《诵帚词集　云巢诗存：附年谱　传略》，北京：中华书局，2010年，第519页。

先生说的“野火烧不尽，春风吹又生”，也就是死灰有复燃的危险。

（5）清净地方不能容一点污秽存在。我们新社会不能容旧社会的病菌存在，因之我们要想作一个好人民，于新社会有一点用处，就得清洁心身，否则，一定不能存在。①

自认“旧知识分子”，也就是自认必须进行“思想改造”；“思想改造”是没有止境的，因此要不断地、自觉地清洗自身的污秽，争取“于新社会有一点用处”。“知识分子”本是一个崇高的称呼，但加上一个“旧”字，则有了被划归另类的意味。刘永济的《交代社会关系报告提纲》，重点说明的一个意思是，他虽然还算不得革命知识分子，但也不再是那个与革命格格不入的“旧知识分子”。他肯定自己的进步，表示还要进步得更快一些。

1952年9月9日，刘永济又填写了《高等学校教师登记表》，在“经过各种学习运动（如“三反”“五反”等）以后对自己的认识”一栏中，他这样写道：

经过各种学习和运动，尤其是“三反”“五反”、改造思想，以及交代关系运动，使我认识了我们恰是当整个旧社会与新社会划清界限的时候。这个时候是黑暗与光明、幸福与灾难、丑恶与美妙、生存与灭亡的分水岭。我们如果保留一丝一滴旧思想、旧作风、旧习惯，便不能建立工人阶级的思想，不能得着明日的欢欣，不能与祖国成为子孙万代血肉相连的关系。所以我在思想改造运动中，尽情揭露我的封建学术的保守性和个人自由主义，以求改造自己。在交代关系运动中，又极力交出旧社会创伤我的事实，以求洗净自己，好在新时代、新社会中作个崭新的人。②

---

① 徐正榜、李中华、罗立乾编著：《刘永济先生年谱》，刘永济：《诵帚词集　云巢诗存：附年谱　传略》，北京：中华书局，2010年，第519—520页。

② 同上书，第520页。

在语调铿锵的豪言壮语背后，是刘永济对以往经历的否定，尤其是对长达八年担任“国立武汉大学文学院院长”这一经历的否定。与此相辅相成的，则是对于新的时代氛围、新的生活方式、新的思想观念的热情赞美和颂扬。这两个方面，刘永济都尽力去做，而且看起来效果不错。在1952年武汉大学文学院填报的《高等学校教师情况调查表》中，“政治思想情况及表现”一栏，对刘永济的评价是：“对党的政策法令拥护，开始时很觉不得已，曾定下‘忍’‘舍’二字为新社会处世方针，现在已能坦然接受。他儿子参干时，他没有阻止，还在文学院大会上动员学生参干。”①

也许刘永济自己也没有料到，仅仅过了两年时间，他“已能坦然接受”一种新的生活方式。“参干”是一个专业术语，标志着一个青年学生已经站在了“无产阶级革命事业”的“前沿阵地”，那是进步的标志，是融入时代洪流的标志。刘永济的表现“确实不错”。鼓励儿子投身于“无产阶级革命事业”，刘永济以此表明他和党是同心同德的。而且，这里绝对没有敷衍的意味，而是相当虔诚。“殊不知他们之中的确就有这种无限虔诚的心理状态存在，在高级知识分子中尤其不少”②。

二、“春光重豁吟眸”

1952年7月19日，刘永济抄了一首近作寄给老友吴宓，题为《临江仙》（自我检讨后书感）。他在信中告诉吴宓：“久不填词。近闻人言：此事当废。我不谓然。因自我检讨后有所感触，写成此调，似当无碍。录乞雨兄正之。弟济上。”③ 从刘永济的这首小词和这封短简，我们既体会到刘永济如释重负的喜悦，也感觉到他那种微妙的心有余悸，尤其

① 徐正榜、李中华、罗立乾编著：《刘永济先生年谱》，刘永济：《诵帚词集　云巢诗存：附年谱　传略》，北京：中华书局，2010年，第522页。

② 舒芜：《〈沈祖棻创作选集〉序》，沈祖棻著，程千帆笺：《涉江诗词集》，石家庄：河北教育出版社，2000年，第236页。

③ 刘永济：《诵帚词集　云巢诗存：附年谱　传略》，北京：中华书局，2010年，第118—119页。

能强烈地感受到他对填词的迷恋。填词，可以唤起他生命深处的欢悦与活力，那是他的兴趣，甚至可以说是他的癖好。

刘永济的弟子周勃，在五十余年之后，还记得《临江仙》（自我检讨后书感）这首词的发表经过："《长江文艺》1957 年 1 月号以'诗专号'面世，在全国文坛引起了颇大反响。当时我调入编辑部不久，躬逢盛事。编辑部同仁都各自忙着，交给我的任务是到武汉大学中文系组稿，'诗专号'要发表几首旧体诗，因此特别叮嘱要有刘永济、沈祖棻的作品。我先去刘永济先生家，在校时素闻弘老学风严谨，文格矜持，他的国学著作多达数十种，但获他同意出版的甚少。他保持着中国学界那种'多闻阙疑，慎言其余'的古老传统。弘老正伏案工作，见我去了，非常热情，一边让坐，一边搓着手说：'听说你调回武汉了，这很好，这很好，以后可以多见面了。'他是省文联副主席，作协理事，便问了许多文艺界的事，我趁势宣传起'诗专号'，并提出惠赐词稿的要求。他一听便欣然应允，说时坐在书案前，一边轻声吟哦，一边展纸挥笔，很快写好了。我接过来一看，是用蝇头行楷抄的：

临江仙·抒怀

检点心魂清净了，春光重豁吟眸。百年过半底须愁。河山皆锦绣，人物足风流。　明日欢欣何处是，百花齐放梢头。好开怀抱乐时休。人生归有道，此外更何求。

我读着，弘老一边解说着：'这是我 65 岁时写的，检讨了我一生的认识……'接着他便谈起了他的经历，由参加辛亥革命到支持东北大学学生抗日热潮，由抗战胜利谈到国民党的腐败，由'双百'方针谈到党的英明、伟大。弘老为人严肃，平素寡言少语，我常问业时，他总是切题讲解，从没有像今天这样罄腹而谈。'人生归有道，此外更何求'，当时我想这是'双百'方针的贯彻，激发起老一代知识分子将自己完全融入到今天的社会，融入到祖国的事业中去了。我告辞出来，弘老一直送我到门外，招手告别。他那高大的身躯，瘦削的面庞，向后梳拢的大背头，在冬日阳光下，显得精神矍铄，气度清标。”① 周勃记忆中刘永济的那幅剪影，提示我们，刘永济这个时候的精神状态确乎不错。

1954 年 5 月 22 日，《新武大》第 117 期刊载了任颖的《刘永济先生访问记》。在接受访问时，刘永济愉快地谈到了他学习总路线的体会："我以前爱看老庄的哲学书籍，那时不知不觉就沾染上了空想社会主义思想，只知道旧的要摧毁，但新的如何建设就不知道。就在这次总路线学习以前，我也常认为革命只是摧毁旧的，而不是建设新的，都是拆房子的事，而不是盖房子的事。通过总路线的学习，我就认识到科学的社会主义是可以建立的，而革命也是为了能更好地建设。”② 此时的刘永济，因为跟上了时代的步伐，已有几分欣喜之情，甚至有那么一点豪迈之气。

1956 年 2 月 4 日，在武汉大学教师大会上，刘永济应约发言，题为《我的感想和保证》，2 月 9 日《新武大》第 178 期全文予以刊载。其中有这样两段：

> 我读了周（恩来）总理和郭（沫若）院长关于知识分子问题的两个报告，一方面深感党和政府对于知识分子关怀之切和期望之深，一方面认识到知识分子关于建设社会主义社会责任之大，因而发生如下的三种感想：一是惭愧，惭愧的是我对于这个知识分子的名称，感觉名不副实，尤其是号称高等，更觉惭愧。但是我自问也非无知识的人，必须要好好地学习改造以求不愧这个美名！二是兴奋，兴奋的是年老一些的人容易抱着消极的心理，但是从这两个报告看来，不特青年中年人前途光明，就是老年的人也同样有光明的

① 周勃：《永忆师节师风》，李正光主编：《沈祖棻诗词研究会会刊》第 24 期，香港：天马图书有限公司，2015 年，第 61—62 页。

② 徐正榜、李中华、罗立乾编著：《刘永济先生年谱》，刘永济：《诵帚词集　云巢诗存：附年谱　传略》，北京：中华书局，2010 年，第 526 页。

前途，所以我非常兴奋！三是惶恐，惶恐的是像这样伟大的建设当前，我们身居高等教育岗位的人，责任之大，不言而喻，然而我是否能完成这一任务，此刻想来，真有点惶恐！但是，我还是有决心，有信心，而且抱着宏大的愿望的。我在这里提出保证，来表明我的态度。我的保证可以借用古人两句成语来说明，一句是李义山的诗，“春蚕到死丝方尽”。这是说我当尽我所能，比方春蚕吐丝，一直到命终了为止。一句是荀子说的“学至于殁而后已”。这是说，我愿尽我有生之年，不断学习改造我自己，我拿这种保证来拥护周总理和郭院长的指示和号召。

…………

我们每一个人必须改造自己成为“社会主义社会的人”，这就是要有合乎社会主义社会标准的人格，要有无产阶级的道德品质，马克思列宁主义的思想方法，钻研业务，搞好教育工作，提高教学质量，成为一个德才兼备的国家教育工作者，才配立足于社会主义社会。

同年6月，刘永济填写《干部履历表》，在“参加革命工作后的思想转变。现在对党和国家的认识态度以及对今后的工作意见”一栏中，他这样写道：

自1949年武昌解放后，经过土改、三反、思想改造、政治学习、教学改革、肃反等运动，本人思想得到逐步提高，对以前的旧观念、旧习惯已逐渐得到改正。现在我对党和国家的认识已经较为明确，对党和国家几年来的措施极端感动，知道党是人民的党，是一切为人民的，国家也是人民的国家，党和国家抱着极其重大和光辉的志愿，要为人民造福，要建设崭新的、空前的事业，改变历史的面貌，遵循着马克思、列宁的指示和学习苏联的先进经验而前进。因此我对今后工作有了无限的希望，愿尽我所有的能力作有益于人民的事业。虽然我已六十九岁，在党和政府鼓励之下，觉得我还未衰老，还有气力可以工作。尤其是最近政府对高等知识分子的重视和照顾如此周到，使我感到从来没有的兴奋，更不能不尽我之力，努力作好教学和研究，以图报答，以图对社会主义社会尽一份力量，不愧高等知识分子这一名称。①

刘永济这些在公开场合讲出的话和写下的文字，不排除有几许故意说得冠冕堂皇的意味，甚至令人想到“官腔”二字，但大体说来，与他的心理状态还是吻合的。毋宁说，满怀热情地采用报刊语言，就是欣悦的表现。他的心情日渐爽朗。他的诗词的情调也悄然发生了变化。也是在这一年，他写了《金缕曲》（丙申（1956 年）六十九岁　寿孚尹六十）一词：

今乐古难有。好消摇、花晨月夕，放歌携酒。旧学新知纷绚烂，且共从容商剖。更语妙、常开笑口。愧我雕虫矜小技，托知音、密尔相娱久。恰便是，云龙友。

溯从志学窥玄緜。早南雷、萧条异代，精魂遥授。修道资粮君自足，开合乾坤在手。甚观化、时犹笼袖。南楚而今尊老宿，振灵芬、继起兰陵后。持此意，祝眉寿。

《金缕曲》（丙申（1956 年）六十九岁　寿孚尹六十）一词的欢欣语调，读者是不难感觉到的。而且，这种欢欣的语调，也是他未来几年词作的主旋律。1956 年的刘永济，确信“党和国家”不只是对一部分文化遗产有较高评价，而且尝试将这些文化遗产转化为建设社会主义文化的养料。他曾经想“忍”的实不必“忍”，他曾经想“舍”的实不必

① 徐正榜、李中华、罗立乾编著：《刘永济先生年谱》，刘永济：《诵帚词集　云巢诗存：附年谱　传略》，北京：中华书局，2010 年，第 533 页。

“舍”。可以做研究，也可以写诗词，这样一种生活，不正是他偏爱而适应的么？如果说要调整的话，也只是怎么研究、怎么写的问题。

三、用马克思主义指导学术研究和诗词创作

在“补读人间未见书”的过程中，刘永济以近乎虔诚的心态，学习马克思主义，学习毛泽东的著作。不能说他达到了多高的水准，不过他确曾认真体会，并尝试着用于学术研究和诗词创作。

《默识录》是他晚年的一部著作，1965 年 3 月整理完毕，时年七十八岁的刘永济在该书《小引》中有一段说明：“《默识录》共三卷，皆我老年读书之札记也。年老读书，偶有所得，非记辄忘，因取《论语》‘默而识之’语名之。其第一卷皆解放后读马列主义毛泽东著作时所记。第二卷皆有关古典文学者。第三卷则除上二者外之杂记也。”① 《默识录》第一卷，集中展现了他“补读人间未见书”的进境和收获。一共二十六篇，依次是《列宁论反映》《列宁的四大名著》《列宁论实践与认识》《从实践的理论看不同社会的文学家》《必然性与偶然性》《具体真理与抽象真理》《鲁迅论陶潜》《古赋的作法有与后世小说相同之处》《体验生活是文艺创作的唯一源泉》《高尔基论作者的想象力》《伊萨柯夫斯基论描写现实》《伊萨柯夫斯基论诗人表达思想的方法》《伊萨柯夫斯基论作品中的内在的意义》《古希腊哲学家齐诺谓飞矢不动与我国惠施说同》《文学作品有无中间性的问题》《别林斯基论文学作品须是谐和的整体》《别林斯基论诗人用字》《毛主席论文艺工作者学习工农兵的语言的重要性》《艺术创造的生活与实际的生活》《文艺作者对自创的人物往往发生真实感情》《党对待古代文化遗产及古为今用的问题》《历史局限与阶级分析》《尤金论社会主义的现实主义》《恩格斯论原则与客观实际》《别林斯基论典型性》《屈原〈离骚〉有积极的浪漫主义与批判的现实主义相结合的倾向》。仅从这些标题，就不难想见刘永济阅读的广泛

① 刘永济：《文学论　默识录》，北京：中华书局，2010 年，第 223 页。

和思考的勤勉。一个年逾六十的老人，如此字斟句酌地学习和运用马列主义、毛泽东思想，21世纪的读者已难以想象，但在当年，这确是一个随处可见的情形。其中所提到的一些人名，如高尔基、别林斯基，其中所提到的一些术语，如实践与认识、必然性与偶然性、具体真理与抽象真理、历史局限与阶级分析、积极浪漫主义与批判现实主义、体验生活与中间性、文化遗产与古为今用、反映与典型，都是20世纪五六十年代文艺理论中的流行术语，一个不懂这些术语的人，几乎就无从讲课和写论文。在这种背景下，刘永济的“预流”，可以说是顺其自然。

1962年，刘永济75岁，写了五首赞颂《在延安文艺座谈会上的讲话》的组诗，题为《五赞毛主席〈讲话〉廿周年》（今年五月为毛主席在延安文艺座谈会上讲话廿周年，济不揣浅陋，恭撰五赞，以揄扬盛美）：

工农兵方向赞第一

工以利用，农以厚生。巩固疆宇，其要在兵。

惟此三途，孕育群英。载歌载颂，弘我汉声。

体验生活是文学泉源赞第二

河经万里，吐纳百川。始达龙门，郁成壮观。

文学富美，亦有深源。源深伊何，生活为先。

普及与提高赞第三

不有普及，孰智斯民。不有提高，孰崇斯文。

鹏培厚风，翼展若云。参天之松，千尺蟠根。

批判接受文学遗产赞第四

猗欤神皋，群芳之圃。夕秀朝华，千畦万亩。

我游其中，其乐栩栩。载撷琼英，使我悦妩。

政治标准第一艺术标准第二赞第五

政治挂帅，艺术乃兵。兵帅合德，所向功成。

哲人懿诰，至振金声。凡我同好，拳拳服膺。

这五首诗，对延安座谈会上讲话的核心理念，一一予以赞美。在这些颂诗背后，我们看到了刘永济对党和国家的敬慕和信赖。曾听与刘永济有较多过从的吴志达教授说：刘先生处事谨慎，从来不说干犯时忌的话。不过，这五首诗已经不是谨慎所能解释，那种热情洋溢的语调，也不能用随大流加以说明。

第二节 “要向青灯共策勋”

1961 年，74 岁的刘永济写了《再寄湘弟》一诗：

诗笺传递漫纷纷，痴绝谁如我与君。
几辈从他笑刘白，一廛何日聚机云。
莫缘皓首愁稽古，要向青灯共策勋。
万里烟霄最空阔，羡他接翅雁成群。

“莫缘皓首愁稽古，要向青灯共策勋。”这两句诗表达了刘永济有志于在古典文学研究领域再展宏图的意愿，这里有喜悦，也有豪迈。那种气象，有些接近于刘禹锡的《秋词》：“自古逢秋悲寂寥，我言秋日胜春朝。晴空一鹤排云上，便引诗情到碧霄。”所以刘永济这首诗的第三句自注，就引了刘禹锡自比：“白居易呈刘禹锡诗：闻道洛阳人尽笑，呼为刘白二狂翁。”老当益壮，志气不衰，缘于党对文化遗产的政策令他信服，缘于他对学术前景的信心。

刘永济对“党和国家”之所以由心存疑虑到心怀敬慕，其缘由在于，他原以为必须舍弃的中国古典文学研究，居然另有一番欣欣向荣的气象，其学术影响力不仅没有减弱，甚至超越了 20 世纪 40 年代。那种鲲鹏可以展翅的美妙感觉，照亮了他的人生。

一、党对文化遗产的政策令刘永济信服

刘永济热爱中国古典文学，历经晚清、民国，他的这一情愫始终未曾改变。大体可以这样说，刘永济的文化生命，已与中国古典文学研究和诗词写作融为一体。他对古典文学研究和诗词写作的珍视，已是一种习惯，甚至是一种性格。凡与其习惯和性格不吻合的，都会引起他的抗争或愤懑；凡与其习惯和性格吻合的，都令他欣慰和激赏。

中华人民共和国成立，刘永济曾有一种油然而生的惆怅和不祥的预感：他的古典文学研究和诗词写作也许要从此打上句号了。他准备了“忍”“舍”两个字作为应对方略。“解放以前，我对共产党可算是一无所知，反动派的宣传我却知道是恶意的污蔑，但也听到些口头传闻，其中最使我担心的是说共产党对旧知识分子和旧学问是仇视的，因为这是恰恰与我个人有关的。当时还有谣言说‘共产党来了，我们这般人是要杀头的’，我那时只觉得好笑。”“说要‘忍’，便有不能忍受的事，说要‘舍’，便有不肯舍去的事。”① 刘永济的这种心态，在那个时候不是个别情形，而是相当普遍。据汪曾祺说，他在西南联大的老师沈从文，1948 年至 1950 年间曾写了这样几段自警的话：“大局玄黄未定……一切终得变。从大处看发展，中国行将进入一个崭新时代，则无可怀疑。”② “传统写作方式以及对社会的态度，值得严肃认真加以检讨，得决心放弃，从新起始来学习。”③ “二十年三十年统统由一个‘思’字出发，此时却必须用‘信’字起步，或不容易扭转。过不多久，即未被迫搁笔，亦终得把笔搁下。这是我们一代若干人必然结果。”④ 这些话是在沈从文精神濒临崩溃时说的，因为所感受到的压力过于巨大，所以说

① 李工真：《刘永济先生传略》，刘永济：《诵帚词集　云巢诗存：附年谱　传略》，北京：中华书局，2010 年，第 643—644 页。

② 汪曾祺：《沈从文转业之谜》，《晚翠文谈新编》，北京：生活·读书·新知三联书店，2002 年，第 233 页。

③ 同上书，第 234 页。

④ 同上书，第 235 页。

得如此急切。参照沈从文的情形来看刘永济，可以说，刘永济的反应还算是较为平和、节制的，当然，内心的忧惧一定比说出来的剧烈。

中国共产党对待文化遗产的态度，刘永济不久就有了一个初步的了解：批判地接受。刘永济是经历过晚清和民国两个历史阶段的人，就他的理解而言，五四新文化运动最让他不能认同的是对于中国传统文化的唾弃，他因此一再痛骂胡适是卖国，在他看来，一个放弃本民族文化的人，等于在文化上放弃了自己的祖国。1949 年以前，他没有与共产党发生过正面接触，也不知道马克思主义为何物，只是凭直觉断言，在共产党领导下，他所热爱的中国古典文学和诗词写作，只能从此舍弃了。令他始料所未及的是，毛泽东关于古代文化遗产的论述，居然与他的立场相距并不太远。毛泽东写于 1940 年的《新民主主义论》，在讨论对待文化遗产的问题时，与胡适有一个显著区别：胡适等人致力于打倒旧的文化，故强调批判；毛泽东致力于建设新的文化，故注意到继承，当然是“批判地继承”。照刘永济的理解，继承，就是承认传统，尊重传统。至于“批判”，他也许以为这不过是附带提及而已。刘永济《默识录》卷一《党对待古代文化遗产及古为今用的问题》引了《新民主主义论》和《在延安文艺座谈会上的讲话》等文献，表明在“补读人间未见书”的过程中，他不仅读了许多马恩列斯毛的著作，而且有了自己的理解，并在这种理解的基础上对中国共产党的文化政策表示信服和支持。刘永济的理解和判断大体如下：

毛主席在 1940 年 1 月，延安《中国文化》杂志创刊号上，作了《新民主主义论》一文，其中涉及中国新文化的问题有曰：“中国的长期封建社会中，创造了灿烂的古代文化。清理古代文化的发展过程，剔除其封建性的糟粕，吸收其民主性的精华，是发展民族新文化提高民族自信心的必要条件。但是决不能无批判地兼收并蓄，必须将古代封建统治阶级的一切腐朽的东西和古代优秀的人民文化即多少带有民主性和革命性的东西区别开来。”1942 年 5

月，主席在延安文艺座谈会上又说：“对于中国和外国过去时代所遗留下来的丰富的文学艺术遗产和优良的文学艺术传统，我们是要继承的，但是目的仍然是为了人民大众。对于过去时代的文艺形式，我们也并不拒绝利用，但这些旧形式到了我们手里，给了改造，加进了新内容，也就变成革命的为人民服务的东西了。”……从以上所说的看来，党对于古代文化遗产的态度是严肃的，是具有深远意义的，既不抹杀古代文化的优秀作品，也不不分皂白，盲目接受。①

基于这样一个理解和判断，刘永济对他的古典文学研究事业有了新的期待，热情洋溢地投入到了“批判地继承”中国古典文学的事业之中。他没有意识到，“批判地继承”是有可能变为“全面批判”的，而有一些人往往更热心于“批判”。

二、刘永济的学术研究再展宏图

1951年6月9日，农历的五月初五，传统的端午节，刘永济应中南人民广播电台邀请，在“我们伟大的祖国”节目中，作了题为《伟大的爱国诗人——屈原》的演讲。刘永济是著名的屈赋研究专家，但民国年间，他的学术影响力一直限于学术圈内。这一次，他的学术成果不仅借助电波为广大听众所知，同时还在武汉《大刚报》刊载，其读者群之大，绝非纯粹的学术刊物所能比拟。刘永济因此而兴奋不已，在写给老友吴宓的信中，他欣然提及此事：“弟最近应中南广播电台之请（伟大的祖国讲座），播讲爱国诗人屈原，颇得好评，将来如印成小册，当奉寄一本。复候教安。（屈子被侮已久，此举可为屈子吐气。近见朱东润在《光明日报》登出论楚辞之文，极为荒谬，郭沫若曾著论斥之，兄见

① 刘永济：《文学论　默识录》，北京：中华书局，2010年，第247—248页。

之否?)”① 所谓“屈子被侮已久”，是说学界一直有人否认屈原对于“屈赋”的著作权，甚至否认屈原的历史真实性。朱东润在《光明日报》所发“论楚辞之文”，即其“楚辞探故”系列文章，包括《楚歌与楚辞》《离骚底作者》《淮南王安及其作品》《离骚以外的“屈赋”》，先后发表于《光明日报》1951年3月17日(《学术》第32期)、3月31日(《学术》第33期)、4月28日(《学术》第35期)、5月12日(《学术》第36期)，主旨在于否认屈原是“屈赋”的作者。所谓“郭沫若曾著论斥之”，指郭沫若曾撰《评“离骚的作者”》《评“离骚以外的屈赋”》二文，发表于《光明日报》1951年5月26日(《学术》第37期)。在受到郭沫若的反驳之后，朱东润不再发声。刘永济所谓“此举可为屈子吐气”，是说他的讲座恰好在端午节播出，也是对“屈原否定论”的一种批驳。1953年6月17日，《湖北日报》又刊发了刘永济的文章《纪念屈原逝世二千三百三十周年》，这也是一件令他兴奋的事。1953年下学期，刘永济将自己研究屈赋的心得写成《屈赋笺馀》，共十多篇，补充并丰富了他的原著《屈赋通笺》。精深的屈赋研究与普及性的屈原介绍齐头并进，拓展了刘永济的学术生涯。

1954年3月24日，《新武大》第110期报道了刘永济撰写《屈赋笺馀》的情形。1954年4月3日，《新武大》第111期刊发了刘永济《屈赋研究法之商榷——在现代文学组学术座谈会上所作报告》。武汉大学的校报，连续两期刊发刘永济屈原研究的信息和成果，足以见出校方的重视，也折射出学术文化领域的活跃气氛。刘永济有一种春色明媚的感觉，在向记者谈到他近期的学术研究计划时，更不乏“老骥伏枥，志在千里”的气象：“我最近打算把我认为真是屈原所作的十篇文章详细地注解一下，作本校专业文学史的读本。”② 《新武大》提到的《屈赋笺馀》，即《笺屈馀义》，自1956年1月起，陆续在《武汉大学学报》刊

① 徐正榜、李中华、罗立乾编著：《刘永济先生年谱》，刘永济：《诵帚词集 云巢诗存：附年谱 传略》，北京：中华书局，2010年，第514页。

② 同上书，第526页。

发，1961年由人民文学出版社出版（与《屈赋通笺》合刊）；所谓“我认为真是屈原所作的十篇文章”的注解，即《屈赋音注详解》，1983年由上海古籍出版社出版（与《屈赋释词》合刊）。刘永济的屈赋研究，在20世纪50年代呈现出更为宏大的格局。

《文心雕龙》研究是刘永济的另一重要学术领域。继屈赋研究受到关注之后，《文心雕龙》研究的深化和拓展也提上了议事日程。1955年8月，文学古籍刊行社致函刘永济，就《文心雕龙校释》提出修改出版意见。本年12月6日，刘永济函复文学古籍刊行社，提到了他渐次展开的《文心雕龙》研究系列著述：“八月间，我接到您社给我的信，对我的旧著《文心雕龙校释》提了些宝贵意见。当时我校正在进行着肃反工作，我无暇整理此书。后来我又忙于教学和整理屈赋，更不能兼顾此书。下年我计划研究屈赋的词汇和语法，又须完成您社交给我《梦窗词》断句的工作，此书只好延期到这些工作完了之后再来著释。与此书校释同时，我还编了一种《文心雕龙征引文录》和一种《参考文录》，将来可一并和校释修改后寄上。”① 从这封信，不难想见刘永济学术研究之忙碌，而这种忙碌，正是刘永济所热爱的一种生活，也是一个学者学术影响力的写照。

1956年5月30日，在武汉大学中文系中国文学史教研组会议上，刘永济介绍了自己的五年规划：从1956年到1961年，将完成其中七部研究我国古代文学的专著的写作和修改。1961年以后，如果精力仍有可能，还打算把马列主义文艺理论和我国传统的文艺理论做一全面的系统的比较研究。② 不知老之已至，这种“要向青灯共策勋”的心态，正是我们所说的幸福感。1956年11月2日，夏承焘《天风阁学词日记》记载：“晴。今日自由活动。晨八时与心叔、挺三乘专轮过渡至武昌，乘小汽车至武汉大学，遇中文系主任周大璞；同访千帆夫妇。千帆

① 徐正榜、李中华、罗立乾编著：《刘永济先生年谱》，刘永济：《诵帚词集　云巢诗存：附年谱　传略》，北京：中华书局，2010年，第530页。

② 同上书，第532页。

邀刘宏度来，年七十，尚无白发。谈《论语》‘自牖执其手’、《老子》‘踞灶觚听’及律诗何故止于八句，等等。”① 年已七十，却尚无白发，也从一个侧面显示了刘永济的心态与状态。

三、“试问诗情定何似？恰如树桂老弥馨”

1961年后，刘永济作为古典文学研究的权威，更加受到党和政府的尊重。1961年8月3日至30日，为了贯彻中共中央关于在高等学校中调整关系、总结经验教训的精神，中共湖北省委宣传部根据省委指示，在汉口江汉饭店分两批召开了教育工作座谈会，俗称“神仙会”。在8月8日的座谈会上，周大璞就“发挥教师积极性的问题”提出建议：“我系‘五老’都各有专长，刘博平搞声韵文字学，刘永济搞《文心雕龙》、填词，几年来未发挥他们的作用，不能用其所长。他们的东西无人去继承。我想应该有专人跟他们学习，不然，若干年后，许多东西就绝种了。刘永济想写一部《文心雕龙词典》，工程很大，就没有一个助手帮他的忙。这些老先生，都是七十多岁的人了，下山困难，我想应该有些助手到他们家里去学习，帮助他们。”② 1961年12月，中共中央中南局起草了《关于中南地区高级知识分子座谈会议情况的报告》，建议“在当前困难时期”“保护少数高级知识分子”，“对于极少数的学者专家，如武汉大学的刘永济，中山大学的陈寅恪等，其全部生活问题的解决，由各省委直接负责”。③ 1961年11月10日，武汉市政协召开常委扩大会议，传达中南局高级知识分子座谈会会议精神，刘永济应邀参加。会后他写了《临江仙》（参加市政协会议后感赋）：

---

① 夏承焘：《天风阁学词日记》，《夏承焘集》第7册，杭州：浙江古籍出版社，1997年，第566—567页。

② 《湖北省委宣传部1961教育工作座谈会》，武汉大学档案馆藏，档号4-1961-XZ11-47。刘博平，原档作“刘国平”，当为误记。

③ 《关于中南地区高级知识分子座谈会议情况的报告》，武汉大学档案馆藏，档号2MLI-XZ11-589-1。

长恨此身无着处，而今识得真源。一条大道直如弦。云开天广阔，风定海平安。

谁道人生难再少，此言我爱苏仙。清时万景共鲜妍。生香花不断，乐意鸟相关。

词的最后两句，刘永济自注云：“石曼卿题张氏园亭诗有‘乐意相关禽对语，生香不断树交花’句，喜其能道出清时景物，一片新妍和愉气象，故歇拍用之。”这首小令，所呈现的也正是“新妍和愉”的气象。

1961 年 12 月 4 日，《光明日报》在第一版刊发了记者朱军采写的长篇报道：《武大中文系确定由副教授学习老教授专长并辅导青年教师》。“在武汉大学中文系，七十五岁高龄的刘永济（弘度）教授、七十一岁高龄的刘赜（博平）教授、六十五岁的席启駉（鲁思）教授、六十四岁的陈登恪教授、六十岁的黄焯（耀先）教授，有‘五老’之称。他们在古代文学或语言学方面有所专长，有所造诣。武汉大学党委曾指示中文系，组织教师力量学习老教授专长，中文系也曾配备青年教师跟随他们学习，但由于学习的目的和任务不够明确，组织领导工作没有跟上，加以有的青年教师现有学术基础跟老教授专长相距较远，学习上存有困难，效果并不显著。今年以来，中文系重新反复研究了这个问题，明确地提出：学习老教授的专长不一定要‘学了就用’，而是要把他们治学的成就接受下来，提高教师的学术水平。于是，确定由副教授周大璞、李健章、李格非、胡国瑞等来向五位老教授学习，青年教师同样要向老教授学习，但必须由副教授担任辅导工作。”“副教授向老教授学习的方式，是根据各人的具体情况来确定的。有的跟老教师当助手，在协助老年教师整理、编辑资料中学习；有的请老年教师开小课，作专题讲授；有的在教学或学术上遇到疑难问题，向老教授请教。”

1961 年 12 月 21 日，《湖北日报》第三版用整版篇幅刊登了杨小岩、喻逸君采写的长篇通讯《诲人不倦的人们——访武大中文系五位老教授》。第一部分“把课堂搬到了家里”，其中两段讲的就是刘永济给青年教师“开小课”的一幕：

> 挂钟敲响三点，中文系李健章副教授率领一群青年教师上课来了。今天，刘弘老心情非常激动，一开始就兴致勃勃地和大家谈起座谈会的感想。几年以来，由于疾病的缠绕，刘弘老一直呆在珞珈山上，深居简出，但这次他破例的高兴，和刘博老下山参加了座谈会①。会上省委负责同志推心置腹的讲话，党的无微不至的关怀，给了他极大的鼓舞和温暖。使他雄心勃发，决心继《屈赋学五种》专著的写成后，还要编写一部《文心雕龙辞典》。人生七十古来稀，但年逾古稀的刘弘老并不服老，他蛮有风趣地说：“其实并不算老啊！从前是这样说的，现在有人提出新的说法：‘八十多的是，七十不稀奇，六十小弟弟，五十不必提，一百是中寿，上寿一百二’，我有信心多活几年，多做些事。”
>
> 刘弘老是一位著名的词学家，精于词律，对晚唐、五代、两宋的词学都有很深的研究，对楚辞、《文心雕龙》、元曲也都有着系统的研究。但是近来由于身体不好，使他不能到教室上课，不能把自己几十年来积累的研究心得和学术成果传授给青年们，老人家的心里是不安的。学校了解到刘弘老的心情，经过和他商量后，把课堂搬到了他家里。李健章副教授亲自率领一群青年教师、研究生来刘弘老家上小课。刘弘老异常兴奋地欢迎他们，详细地拟定了教学计划，认真地编写讲稿，决定为他们讲解南宋婉约派词人周美成、吴梦窗诸家的词。

正是在这样的情境中，刘永济写了“莫缘皓首愁稽古，要向青灯共策勋”的诗句，表达了他壮心不已的情怀。这一年，平日作诗不多的刘永济，竟破例诗兴大发，而他的那些诗，也呈现出一以贯之的“新妍和愉”的气象。如《报社孙李二记者触热造门访问》（秋阳正炽，报社孙

---

① 指湖北省高级知识分子座谈会，1961 年 12 月 9 日召开。

李二记者触热造门访问吾家彦和文心义，座间忽得凉雨，烦襟顿浣，率占四句视二君）：

哲诰千秋原皎日，弥天何忽障痴云。
烦襟喜得凉飙浣，聊复为君诵所闻。

又如《赠吴雨僧教授》（雨僧老兄由渝来汉，远相存问，感赋小诗，即希哂正）：

十年不见头俱白，千里相存眼尚青。
试问诗情定何似？恰如树桂老弥馨。

吴雨僧即吴宓教授，是刘永济的清华同学，他一生中最好的朋友之一，时为地处重庆的西南师范学院教授。1961 年 8 月下旬，吴宓由重庆外出访友，先赴武汉探望刘永济，特在刘永济家小住四日，随后赴广州探望陈寅恪。25 日晚，刘永济和吴宓两位老友“互述改造、工作、生活之大概，并及若干熟人之遭遇及变迁”，次日上午，两位老友继续谈心，刘永济当面将这首七绝赠与吴宓。这一天，吴宓在日记中写道：“今日上午 8—10（时）续与弘度兄谈，知弘度兄等生活之供应、心情之舒畅、改造之积极、对党之赞颂与佩膺，皆远在宓以上者也。”① 8 月 29 日上午，刘永济当面赠与吴宓《减字木兰花》（赠别吴雨僧教授。雨僧由渝来汉，小住四日即赴穗，再入都然后西去。只身万里，遍访南北亲友，而兴致勃勃，无风尘倦色，可感亦可喜也），也洋溢着不能自已的欣悦之情：

庞眉书客，自以文章为曼泽。执手屏营，乱定重逢倍有情。

① 吴宓著，吴学昭整理注释：《吴宓日记续编 1961—1962》1961 年“八月二十六日”，北京：生活·读书·新知三联书店，2006 年，第 150—151 页。

此行壮阔，意气喜君何爽豁。不用伤离，同住长江水一涯。（定稿文字改为：庞眉书客，自以文章为润泽。执手言欢，狂态依稀十载前。 山川寥廓，万里秋旻飞老鹤。何用伤离，同在长江水一涯。）

1961年前后数年的刘永济，他的心情是舒畅的，其主要原因，除了优厚的生活待遇外，更因为学术上的成就感。他的女儿刘茂舒回忆说："1956年，共产党给了他一级教授的职称，以后又安排他担任湖北省文联副主席、武汉市政协常委、武汉作协理事、《文学评论》编委。他高兴地对我们说：'共产党重视我，是由于重视中国的古典文学。过去我还准备舍弃，真是太无知了。'此后，他不再将宝贵的时间用在吟咏上，而是将全部身心倾注在工作中。虽然后来在'拔白旗'等运动中受到过一些不恰当的批判，但是他坚信共产党的知识分子政策和'百花齐放、百家争鸣'的方针，并不气馁。有一次，他正在受批判，我怕他受不了，特意去安慰他，他对我说：'我的见解与某人不合，就说我标新立异；我研究宋词声律，批判我搞形式主义；我讲吴文英的"梦窗词"，批判我宣扬什么不健康的情调。我不相信这是毛主席的主张。毛主席精通古典文学，有渊博的学识，曾经指示对文学遗产要批判继承。我不会消极的。我要努力学习马列主义，提高批判继承的本领。'又说：'常人对于过去、现在和未来这三时，往往是追念过去，忽略现在，幻想未来。我现在改成抛弃过去，重视现在，准备未来。上有千古，下有千古，一时的毁誉也没有什么。有价值的东西，总是会存在的。'"①刘茂舒的回忆文字写于1981年，可能对刘永济的话做了一些润色，但基本内容应是可信的。

① 刘茂舒：《唤回心底十年人——追念我的父亲刘永济教授》，台北市"国立武汉大学校友会"编印：《珞珈》第103期，1990年，第29页。

第六章 《文学论》的三重视野

《文学论》是刘永济最早出版的一部学术著作，也是20世纪初叶较早问世而又较有影响的现代意义的文学理论著述。该书最初于1922年由长沙湘鄂印刷公司出版，1924年由上海太平洋印刷公司再次印行。1934年收入王云五主编的“百科小丛书”，由上海商务印书馆重印。另有台湾商务印书馆1967年版、1968年版。在中华书局2010年版的《编后记》中，编校者刘绍瑾教授注意到，在20世纪的“文学概论”一类著述中，刘永济的《文学论》“具有开拓性的意义”①。20世纪初叶出版的同类著作，在刘永济《文学论》之前而又较有影响的，只有1913年宋桂煌翻译的英人Hudson的《文学研究法》（*An Introduction to the Study of Literature*）和1921年上海世界书局出版的伦叙的《文学概论》。章炳麟的《国故论衡·文学总略》、姚永朴的《文学研究法》虽然出版时间也早，但章著谨守朴学传统，姚著固守桐城“义法”，不能算是现代意义的文学理论著述。20世纪20年代其他较有影响的现代意义的文学理论著述，莫不问世于刘著之后，如马宗霍的《文学概论》（1925年）、潘梓年的《文学概论》（1925年）。从这样一些数据来看，刘绍瑾断言刘永济的《文学论》“具有开拓性的意义”是一点也不为过的。

本章的宗旨是就刘永济《文学论》的文化视野、文学史视野和文学批评史视野展开讨论，以期对刘永济融汇中西的著述方略、兼通中西的知识背景和致力于振兴中国文化的学术关怀，有更加亲切的把握。刘永济在中国古代学术资源的现代转化方面所做的探索至今仍有其启示意

---

① 刘绍瑾：《编后记》，刘永济：《文学论 默识录》，北京：中华书局，2010年，第215页。

义，而刘永济在中国文学批评史领域的开创者地位尤其值得大书一笔。

第一节 《文学论》的文化视野

《文学论》一共六章，依次是《何为文学》《文学之分类》《文学的工具》《文学与艺术》《文学与人生》《研究我国文学应注意者何在》，另有附录四种：《古今论文名著选》、《参考表》、《引用人名汇考》（附《外国人名汇考》）、《引用篇籍备检》。其主体是文学，但其视野并不限于文学，而是放眼中外文化，尤其是对中国文化充满了热爱和关切之情。刘永济的基本理念是，理解文学必须以理解文化为前提，理解中国文学必须以理解中国文化为前提。“文学者，民族精神之所表现，文化之总相也，故尝因文化之特性而异。今欲研究我国文学，不可不知我国文化之特性，故文化之研究至为重要。”①《文学论》第一章第一节为《文化发展之概观》，第六章第一节为《研究我国文化之重要及困难》，具见其用心所在。而第三章《文学的工具》、第六章《研究我国文学应注意者何在》则将中国文化的若干重要层面如文字、哲学、伦理纳入考察文学的坐标体系，从不同侧面对中国文学的特质加以揭示。在刘永济浑涵而开阔的视野内，文字、哲学、伦理等影响文学的文化因素构成《文学论》一书丰富多彩的内容。

一、刘永济倡导中西文化的融合

20世纪初叶，在选择国家复兴和民族复兴的道路时，如何对待中西文化的论争几乎牵动了所有的文化人，激进主义与保守主义形成了紧张的对垒局面。胡适是五四新文化运动期间“首举义旗”的人，他本人在概括这一运动的历史意义时，总是视之为“中国文艺复兴运动”。1919年11月1日，胡适写了一篇长文《新思潮的意义》。在引用了当

---

① 刘永济：《文学论 默识录》，北京：中华书局，2010年，第97页。

时的若干定义之后，胡适的看法是，所有定义都太笼统、太普通了。他认为，新思潮的根本意义只是一种新的态度，这种新态度或许可以叫作“评判的态度”。“总而言之，正如尼采所说的，‘重新估定一切价值’(Transvaluation of all values)，这句话大概就可包括了我们这个运动的真义。在实行方面，这种批判的态度在这一广义的文化运动中的三个具体方面可以清楚地看出来。”① 这三个具体方面，第一是研究当时具体和实际的问题，第二是“输入学理”，即从海外输入新理论、新观念和新学说，第三是“整理国故”，即对我国固有文明作有系统的严肃批判和改造。《新思潮的意义》指出，既有上述三个方面，势必要产生第四个方面，即“再造文明”。以上所说，就是胡适为“中国文艺复兴运动”所下的定义。五四新文化运动以“再造文明”为归宿，这是可以理解的。盖中国自鸦片战争以后，救亡图存、复兴中华是凝聚共识的最重要的国家目标。为了达到这一目标而发起的种种运动，大大小小不下数十个，可分为保守和激进两派。保守主义者强调，在引进西学时，不要丢了自家的精华，有时会将糟粕视为精华；激进主义者强调，在引进西学时，不要舍不得丢掉自家的糟粕，往往会将精华也视为糟粕。胡适是一个激进的全盘西化论者，在他眼中，中国的固有文明糟粕太多，必须用西方的标尺来加以裁断，以去其糟粕，取其精华。他提倡对我国固有文明作严肃批判和改造，缘由在此。这种“革命”的态度，这种热切主张“评判”的态度，在20世纪初叶的思想文化界居于主导地位。

在两种文化思潮激烈相持的时代，刘永济无疑是一个文化保守主义者，但并不认为中国文化十全十美，更不赞成文化锁国。在他看来，文化的互补和融合是文化进步的必由之路。“一国之文化得与他国之文化相接触，必生变化，而每一度变化，又必为一度之进步，有史以来，皆如是也。”② 他举例说，正是印度文化的输入，促进了唐宋时代中华文化的进步：“我国立国东亚，东南环海，西北则高山广漠，与他民族

① 唐德刚译：《胡适口述自传》，北京：华文出版社，1992年，第194—195页。
② 刘永济：《文学论 默识录》，北京：中华书局，2010年，第53页。

相接触者，其文化多下于我。惟印度文化于东汉明帝时始入我国，至六朝而大盛。其时老庄之学早倡，儒术已退黜，于是与老庄之徒互为消长。至唐代之初，玄奘西归，大译经典，考正旧说，而我国思想为之一变。文学亦称极盛，而绘画雕刻之术以精。但儒家尤多鄙夷之者。直至宋儒修复经学，其中豪杰之士，大都深研佛理，故其见道之精微，论理之透彻，实远出唐代经学家之上，乃真能融合者也。然则印度文化裨益我国，实在我固有之文化大明之时矣。”①

面对晚清以来的西学东渐，刘永济既充满忧患，又满怀期待。“今日西学东来，其学术皆统系分明，方法完备，而交通之便利，印刷之简易，又远胜唐代。唐玄奘以一僧侣，私奔印度，归来遂令我国文化，因而更新。今日留学西方之人数与方便，亦远胜于彼时。然则更新之机，自当不远。所不如彼者，我固有之文化，久就荒落；现今之国势，已极陵夷。以比唐之初兴，有河、汾之讲学于前，房、杜之修正于后，自不可及耳。故目前之大势，与南北朝正同，尚未至隋杨，更何论唐李。”②刘永济之所以满怀期待，是因为西方文化确有其优长之处，而“今日”赴西方留学的人数远多于唐朝，其交通之方便也远过于唐朝，中国文化的更新机遇“自当不远”；刘永济之所以充满了忧患意识，则是因为国势衰落，中国文化荒落已久，不足以迎受和融合新知。一方面是异域文化的传入，另一方面是我固有文化的兴盛，两者互为作用，这才能产生一种新的更加辉煌的文化。这里，刘永济辩证地表述了他对中西文化的态度：西方文化大规模地进入中国，这有助于中国文化的新生，机遇难得；同时中国文化需要得到更多的呵护，只有弘扬光大中国文化，中西文化的融合才有一个坚实的基础。刘永济对于中国文化的热爱，是建立在欣然接纳异质文化的基础上的，是为了创造一个新的更有活力的中国文化，而不是故步自封、抱残守缺。

① 刘永济：《文学论　默识录》，北京：中华书局，2010 年，第 97 页。
② 同上书，第 110 页。

二、《文学论》的著述方略是刘永济文化立场的具体体现

《文学论》的著述方略即体现了刘永济的这种健全的文化立场。其《自序》云："其有参稽外籍，比附旧说者，以见翰藻之事，时地虽囿，心理玄同，未可是彼非此也。"① 所谓"参稽外籍"，即参照西方理论确立问题意识，所谓"比附旧说"，即倚重中国文论分析问题。将西方理论和中国文论融为一体，这是刘永济的著述方略，也是刘永济文化视野在学术研究中的具体表现。但如何结合"外籍"与"旧说"，当时实际上存在两种学术范型。一种是"在中国的"，所谓"在中国的思想史""在中国的古代文学史"……即根据西方的学科理念和学术发展路径来确立论述的标准，并用这种标准来裁剪中国传统学术，筛选符合这种标准的材料，研究的目的是与西方话语求得一致；一种是"中国的"，所谓"中国的思想史""中国的古代文学史"……即从中国传统学术的实际状况出发，确立论述标准，梳理发展线索，选择相关史料，研究的目的是尽可能地接近经典，接近中国传统学术的本来面貌。在现代的学科体制下，这种"在中国的"研究一直居于主导地位，而"中国的"研究则长期处于边缘地带。至于刘永济，他虽然也长期处于学术体制之内，但他的《文学论》，在结合"外籍"与"旧说"时，选择的是"中国的"这一范型。

为了将"中国的"范型落到实处，《文学论》经由对孟子"以意逆志"说的讨论，大力倡导设身处地地了解古人学说，并在这一前提下融汇中西。《孟子》是《文学论》引用较多的一部书，一共八次，关注的重心是孟子"不以文害辞，不以辞害志。以意逆志，是为得之"之论。刘永济之所以赞许"以意逆志"，之所以强调设身处地地了解古人学说，乃是基于他对中国固有文化的敬重。1924 年 7 月，刘永济在《学衡》第 31 期发表《文鉴篇》一文，其结尾处有这样一段话："今之人既已害

---

① 刘永济：《文学论 默识录》，北京：中华书局，2010 年，第 3 页。

古人之辞与志矣，犹且曰：'吾将裁之、判之、重新估定之。'不定其果操何术也，又不知其所裁判、估定者，果能折古人之心否也。然而今之人固以揭此义为讲学之橥矣，不知为古人之不幸耶？为今人之不幸耶？"① 其锋芒所向，当然是胡适等以"裁断"古人为职志的新文化人。

这里可以提到学术史上的一个著名掌故。1930 年，冯友兰《中国哲学史》上册出版，陈寅恪的《冯友兰〈中国哲学史上册〉审查报告》随冯著刊行。在这篇审查报告中，陈寅恪提出了"了解之同情"这一意味深长的命题。与陈寅恪的"了解之同情"相呼应，金岳霖的审查报告提出了"哲学要成见，而哲学史不要成见"的论断。② 陈寅恪、金岳霖的倡导一向被认为具有重要的方法论意义。盖哲学是哲学家对世界的基本看法，必须清晰、明确地表达个人的学术理念；而哲学史研究的是历史上不同哲学家对世界的基本看法，需要的是"了解之同情"，如果以个人的学术理念覆盖研究对象，就可能造成曲解。胡适对中国传统文化缺少"了解之同情"，是其文化立场偏于一端的表现，也是其学术方法存在缺陷的一个标志；陈寅恪在审查意见中未点名批评的也正是胡适。胡适的现实目的过于切近，凡不符合他的现实需要的历史上的人物和作品，都会受到他的挑剔和批评。对照陈寅恪的学术宗旨，我们对刘永济的立场可以获得更加透彻的理解。而如果我们追溯"了解之同情"这一理念在现代学术史上的来龙去脉，可以说，20 世纪 20 年代的刘永济就已明确秉持这种理念，并对这种理念做了具有个人风格的阐释。

第二节 《文学论》的文学史视野

说到《文学论》的文学史视野，有必要提到刘永济的《学文初步之书目提要》。这份书目提要 1922 年 6 月初刊于《湘君》季刊第 1 号，而

---

① 刘永济：《文学论 默识录》，北京：中华书局，2010 年，第 439 页。

② 金岳霖：《审查报告》，冯友兰：《中国哲学史》下册《附录》，北京：商务印书馆，2011 年，第 610 页。

《文学论》初刊于1922年4月，两者属于同一时期的作品。《学文初步之书目提要》分“文学之部”“历史之部”“哲学之部”列举阅读书目，“文学之部”又分为诗类、文类、戏曲类、小说类、批评类、文学史类、小学类。文学史类一共列举了四部作品，依次是谢无量的《中国大文学史》、王国维的《宋元戏曲史》、宋计有功的《唐诗纪事》、清厉鹗的《宋诗纪事》。四部书中，只有谢无量的《中国大文学史》属于现代学者撰写的中国文学通史，且在四部书中被排在首位，表明刘永济对这部问世不久的文学通史极为重视。而在“文学史类”的括注中，刘永济还特意说明：“此类必兼习一二部西洋文学史以资印证。”① 足见刘永济的文学史视野并不限于中国书籍，而是以中西会通为其论说前提。

一、刘永济以“感化之文”为文学主体

与刘永济发表《学文初步之书目提要》大体同时，郑振铎写过一篇短文《我的一个要求》，1922年9月刊于《文学旬刊》。在这篇短文中，郑振铎说他尽其所能，也只找到了九部《中国文学史》，即谢无量的《中国大文学史》（中华书局出版）、曾毅的《中国文学史》（泰东图书局出版）、朱希祖的《中国文学史要略》（北京大学印）、日本古城贞吉的《中国五千年文学史》（王燦译，私人出版）、林传甲的《中国文学史》（奎垣学校发行）、王梦曾的《中国文学史》（商务印书馆出版）、张之纯的《中国文学史》（商务印书馆出版）、葛祖兰的《中国文学史》（会文堂出版）、刘申叔的《中古文学史》（北京大学出版部出版）。“而就此寥寥可数的几本书中，王梦曾、张之纯及葛祖兰三人所编的是中学师范的用书，浅陋得很，林传甲著的，名目虽是‘中国文学史’，内容却不知道是些什么东西！有人说，他都是抄《四库提要》上的话，其实，他是最奇怪——连文学史是什么体裁，他也不曾懂得呢！王燦的一本是翻译日本人的，朱希祖的一本则太简略，他自己说，这书‘与余今日之主

① 刘永济：《文学论 默识录》，北京：中华书局，2010年，第526页。

张，已大不相同……且其中疏误漏略，可议必多，则此书直可以废矣’。只有谢无量与曾毅的二书，略为可观。”① 曾毅的《中国文学史》初刊于1915年，谢无量的《中国大文学史》初刊于1918年。从郑振铎的举例可以看出，谢无量的《中国大文学史》在20世纪初叶的确是有代表性的文学史著述，刘永济对这部著述的重视表明他对新的学术进展极为关注，并做出了颇为恰当的选择与回应。

谢无量的《中国大文学史》卷首专设绪论，讨论了“文学之定义”（含中国古来文学之定义、外国学者论文之定义、文学研究法、文学之分类等细目）、“文字之起源及变迁”（含总论、字音之变迁、字形之变迁、字义之变迁、字类分析与文章法等细目）、“古今文学之大势”（含总论、时势与作者、精神上之观察等细目）、“中国文学之特质”（含文字最古之特质、美之特质等细目）、“古来关于文学史之著述及本论之区分”等内容。与刘永济《文学论》第一章《何为文学》一样，谢无量也引用了欧洲学者如白鲁克（Stopford Brooke）、亚罗德（Thomas Arnold）、戴昆西（De Quincy，刘永济译为狄昆西）关于文学的定义，并对文学作了狭义与广义两种界定。从刘永济和谢无量的阐发来看，两者对文学的定义是大体一致的。但具体到中国文学史的叙述，其差别却相当明显。谢无量在区别狭义文学与广义文学的基础上，仍以广义的文学作为叙述对象。他没有遵循狭义的文学义界和文学分类，而是认同章太炎有句读文、无句读文的分类方法。与谢无量的“广义文学”史观不同，刘永济虽然承认“感化之文”“学识之文”都可以纳入文学之中，但在具体考察中国文学史时，他更为重视的乃是“感化之文”。他一再强调：“真与善者，文学家之学识也。具此学识不欲正言质言以强聒于人，而以巧妙之法，用文字感化人。不欲空言抽象之理于人，而以具体的表现，使人自领悟。故文学家不可无道德与智慧，而纯正文学非质言

① 郑振铎：《郑振铎古典文学论文集》，上海：上海古籍出版社，1984年，第36—37页。

道德与智慧之事也。”[1] 刘永济所谓“纯正文学”，就是以诉诸感情为主的作品，而不是直接诉诸理智或直接从事道德说教的作品。刘永济据此将那些缺少感化之力的作品排除在了“纯正文学”之外。第一章第七节的阐说尤富意味：“统观我国历代文学之观念，不可谓于学识、感化之界，无知之者。然而名不立者义不彰，虽心知其意，而语焉不详，此所以终多淆混也。大抵六朝以前，言志之旨多；唐宋而来，明道之谊切。老庄谈玄而文多韵语，《春秋》记事而体用主观，此学识之文而以感化之体为之者也。后世诗人，好质言道德，明议是非，忘比兴之旨，失讽喻之意，则又以感化之文为学识之文之用矣。此今日所当明辨者也。”[2] 刘永济不是根据文体来确定一部作品是否属于“纯正文学”，而是着眼于作品内容是否具有“感化”之力，所以，即使是子书如《庄子》，也可以是好的文学作品；反之，“平典似道德论”的六朝玄言诗，虽是五言诗的体裁，也不是合格的文学作品。刘永济的这些见解，都是在中国文学史的视野下提出来的，不只言之成理，而且极具启发性。

刘永济在批评极端的载道倾向之时，也反对简单化地否定载道，而提倡言志与载道的融合。“志之与道，易词言之，则情与理耳。情与理者，人心作用之异名也，其实则同。故至情之文，必含至理。至理之作，必近至情。”[3]如孟郊《游子吟》，“此母子之爱，至情也，而孝慈之理存焉”。如元稹《问白居易谪江州》，“此交游之至情也，而朋友之理寓焉”[4]。刘永济一方面强调文学的感化功能，另一方面强调文学不能在言志时悖理伤道，以中道自持，表现出稳健的学术风范。

二、刘永济对浪漫时代和写实时代的确认

刘永济对中国文学史上的浪漫时代和写实时代的确认，尤其显示了他的文学史眼光之深邃。《文学论》第五章第五节讨论“近世文学上

① 刘永济：《文学论 默识录》，北京：中华书局，2010 年，第 80 页。

② 同上书，第 19 页。

③④ 同上书，第 431 页。

之两大派”，即浪漫派和写实派。他不只是从理论上阐发了浪漫派和写实派的特点与长短，还联系中国文学史上的具体事实加以举例说明。关于浪漫派，刘永济说：“大抵此派之长，在以情阅物，在求超脱实际之疾苦，趋重想象之娱乐。其弊在玩世而不切于人生。我国六朝之文人，感于世乱相寻，于是不遁于庄，即遁于佛，其诗文皆空虚放荡之作，与此派相近矣。”① 关于写实派，刘永济说：“大抵此派之长，在以知察事，务求表现实际之人生，而不一一为之选择。其弊在使人自念无法解脱环境而悲观厌世，不知其所写者，实人生之片段，似真而非真也。又其法严酷而少情趣。我国小说如《水浒》《红楼》，其中写实之部分，虽艺术甚工，而读者易流为厌世，即此故也。”② 刘永济确认六朝是浪漫文学兴盛的时代，而产生了《水浒传》《红楼梦》的明清则是写实文学兴盛的时代，这是极有文学史眼光的论断。

确认六朝是浪漫文学兴盛的时代，刘永济的立论与刘大杰《中国文学发展史》初版的论述所见略同。刘大杰的《中国文学发展史》，上卷成于1939年，约20万字，1941年由中华书局出版；下卷成于1943年，1949年出版，约38万字。刘大杰《中国文学发展史》初版，第十章第一节开头就说：“魏晋时代的浪漫文学，到了南北朝与隋的二百年间(420—618)，不仅没有遇着发展的任何阻碍，并且在这时期中，无论学术思想的政治的以及外来文学的环境，都使得魏晋以来的神秘玄虚的浪漫文学，再走入绝对自由发展的机运，而形成中国文学史上未曾有过的唯美主义的极盛潮流。”③ 1959年，刘大杰又在他那篇与茅盾论争的名文《文学的主流及其他》④ 中重申了这一观点：从《楚辞》到李白，浪漫主义在中国诗史中一直占据主导地位，现实主义仅仅是在发育成

---

① 刘永济：《文学论 默识录》，北京：中华书局，2010年，第90页。

② 同上书，第91页。标点有所改动。

③ 刘大杰：《中国文学发展史》，北京：中华书局，1941年，第207页。

④ 该文首发于1959年4月19日《光明日报·文学遗产》第256期，旋即收入中国作家协会上海分会文学研究室编、中华书局1959年10月版《中国文学史讨论集》。

长而已。[1] 从20世纪20年代刘永济的“六朝浪漫派”论到20世纪30年代末期刘大杰的“六朝浪漫文学”论，虽然表述有些差异，亦足见英雄所见略同。

确认明清是写实文学兴盛的时代，刘永济的立论则与林庚《中国文学史》的论述不谋而合。林庚的《中国文学史》，1947年由厦门大学初版。50年代林庚着手改写这本文学史，更名为《中国文学简史》，1954年由上海文艺联合出版社出版“上卷”。1988年，北京大学出版社重印了《中国文学简史》上卷，并加以相应的修订。1994年，《中国文学简史》下卷完成。1995年北京大学出版社将《中国文学简史》上下卷合并印行。北京大学出版社1995年版林庚《中国文学简史》，其导言以唐代为界，将中国文学分为两个大的时段，前一个时段以抒情文学为主体，林庚称之为寒士文学，后一个时段以叙事文学为主体，林庚称之为市民文学。“宋元以来，新兴的市民文学乃日益兴旺起来，而越来越居于创作上的主导地位。这寒士文学与市民文学之间的盛衰交替，也便是中国文学史上最鲜明的一个重大变化。”“宋元以来乃以小说、戏剧作为它中心的舞台，以故事的爱好，展开了全新的创作。当然，正统诗文中也并非没有故事的爱好，但往往是通过典故来满足这一要求。”[2] 以小说、戏曲作为后一时段文学的重心，这样的分析概括，与刘永济视《水浒传》《红楼梦》为写实文学的代表作，其思路是一致的。从20世纪20年代刘永济的“明清写实派”论到20世纪中后期林庚的“宋元明清市民文学”论，虽然表述有所不同，亦足见这一见解在学界已大体成为共识。

就目前的中国文学史教学而言，北京大学、武汉大学等高校一向分为四段：先秦两汉；魏晋南北朝隋唐五代；宋元；明清。这种四分法其实是以刘永济、刘大杰、林庚等学者的分期为基础变通而成的：先秦两

---

① 刘大杰：《文学的主流及其他》，中国作家协会上海分会文学研究室编：《中国文学史讨论集》，北京：中华书局，1959年，第44—45页。

② 林庚：《中国文学简史》导言，北京：北京大学出版社，1995年，第7页。

汉以杂文学为主体；魏晋南北朝隋唐五代以诗和骈文等偏于抒情的雅文学为主体；宋元是偏于叙事的俗文学崛起的阶段，词、话本、杂剧等引人注目；明清以小说、戏曲为主体。前两个阶段是抒情的“浪漫主义”占主导地位，后两个阶段是叙事的“写实主义”占主导地位。这样一种延续了数十年的教学格局，表明刘大杰、林庚的分期确有其合理性。而刘永济的《文学论》，虽然不是一部系统的中国文学史著述，但他对中国文学演进历程的整体把握，确有其精湛之处。

第三节 《文学论》的文学批评史视野

在现代学术史上，中国文学批评史及古代文论独立学科地位的确立，当以1934年商务印书馆出版郭绍虞《中国文学批评史》上卷为标志。[①] 郭绍虞《中国文学批评史》之后，较为重要的同类著述还有朱东润《中国文学批评史大纲》（上海古籍出版社1983年版），罗根泽《中国文学批评史》（上海古籍出版社1984年版），敏泽《中国文学理论批评史》（人民文学出版社1981年版），叶朗《中国美学史大纲》（上海人民出版社1985年版），王运熙等编《中国文学批评史》（上海古籍出版社1985年版），成复旺、黄保真、蔡钟翔《中国文学理论史》（北京出版社1987年版），[日] 铃木虎雄《中国诗论史》（许总译，广西人民出版社1989年版），[日] 青木正儿《中国文学思想史》（孟庆文译，春风文艺出版社1988年版）等。经过近一个世纪的发展，这个学科已形成较大规模，日趋成熟，而郭绍虞教授作为学科奠基人和核心建设者的地位也愈益受到学界的尊敬和推重。必须一提的是，20世纪80年代初，郭绍虞在《书林》1980年第1期发表《我怎样研究中国文学批评史》一文，特别提及刘永济《文学论》对他的启迪。郭绍虞的学术经历表明，《文学论》的文学批评史视野具有重要的学术史意义。

---

① 1927年，陈中凡在中华书局出版我国第一部《中国文学批评史》，仅七万余字，过于简略。

考察《文学论》的文学批评史视野，有三个方面值得关注：《文学论》的附录；《文学论》所引证的代表性批评家和批评史著作；《文学论》所阐发的若干批评史命题及其论述方式。

一、《文学论》附录的文学批评史意义

《文学论》的附录包括《古今论文名著选》《参考表》《引用人名汇考》和《引用篇籍备检》，其中《古今论文名著选》尤为重要。《古今论文名著选》"编次略依时代，以见历朝文学递嬗之迹"①，在文学史的框架中研究古代文论，后来郭绍虞从事古代文学批评史的初衷也是如此。根据体例，"凡自成专著，如《文心雕龙》《史通》等，不选"，"凡片辞只义，如诗话、笔记等，不选"②。所选的均为单篇文论名作。拿《古今论文名著选》的目录与郭绍虞主编的四卷本《中国历代文论选》比较，可以看出，除了各时代的文论专著如《文心雕龙》和大量诗话如《六一诗话》等因体例限制未能入选外，所选均为文论史上卓有影响的名篇，尤其是宋代以前，有代表性的篇什已大体选入。元代以后，涉及小说、戏曲的篇目选入甚少，也并不令人感到奇怪，郭绍虞《中国文学批评史》的早期版本其实也较少论及小说、戏曲。可以说，《文学论》的附录《古今论文名著选》为中国文学批评史的撰写，一方面提供了材料基础，另一方面也提供了大体的思路。

从批评史视野考察另外三种附录，可以体会到一种相得益彰的效果。《参考表》包括十一类表格，第三类"我国文学体制分类各家略表"、第四类"姚曾（文学体制）分类比较表"，与《文学论》第二章《文学之分类》配合，旨在说明中国古代文体分类观念的演变和各家的得失。《引用人名汇考》所考中国古代人物计270余人，其中与文学批评相关的人物有孔子、孟子、屈原、司马迁、班固、梁昭明太子、韩昌

① 刘永济：《古今论文名著选》例言，《文学论　默识录》，北京：中华书局，2010年，第113页。

② 同上。标点有所改动。

黎、严羽等，约110人，《引用人名汇考》与文学批评史关系之密切由此可见。《引用篇籍备检》列书名和单篇诗文名共219种，与古代文论有关的书目或篇目有《七略》《文赋》《文心雕龙》《文选》《文章辨体》《文体明辨》等，共80余种。其中《诗经》引用25次，《论语》《文心雕龙》各引用18次，《楚辞》引用13次，《孟子》《易经》各引用8次，《文史通义》《尚书》《春秋》各引用6次，《说文解字》《方言》各引用5次，各引用4次的有《尔雅》《诗品》《中说》，各引用3次的有《老子》《史记》《文选》《原道》《苕溪渔隐丛话》《文章辨体》。这些著作或篇章，不仅在刘永济的文学批评史视野下地位重要，也受到郭绍虞、朱东润、罗根泽等学者的瞩目，而刘永济是这一领域的先行者。

二、《文学论》充分肯定了《文心雕龙》等的批评史地位

从学术史的角度看，刘永济的一个卓越贡献是，他在20世纪20年代初即对《文心雕龙》在中国文学批评史上的崇高地位作了明确表述。《文学论》第一章第七节《我国历来文学之观念》首次引用《文心雕龙》，对《文心雕龙》的历史地位做了如下说明："我国文学发源最早，周秦已称大盛。而研究文学至魏晋以后，始有专书。然皆浑含立论，无有条理，是非亦参半，不足以为定论。如魏文帝之《典论》，钟嵘之《诗品》，则近于批评。挚虞之《文章流别》，任昉之《文章缘起》，则近于分类。荀勖之《文章叙录》，则近于文学史。而总论文体之源流，及古今文人之优劣，成一家之言者，则惟刘勰之《文心雕龙》最佳。"①对魏晋时期的几部文论名著，在20世纪20年代初就有如此明晰准确的评估，刘永济的学力之深厚与思致之缜密，确乎不同寻常。自然，现代学术史上第一位关注《文心雕龙》的学者，并非刘永济，而是黄侃。"1914年9月，黄侃受聘于北京大学，开始讲授《文心雕龙》，根据讲稿整理而成的《文心雕龙札记》实乃百年龙学第一经典，故黄侃在北京

① 刘永济：《文学论　默识录》，北京：中华书局，2010年，第15页。

大学开讲《文心雕龙》乃百年龙学第一件大事，它标志着旧龙学的终结和新龙学的开启。”① 《文心雕龙札记》也因而被推崇为现代文学批评的先驱。但毋庸讳言，黄侃之推崇《文心雕龙》，是将之视为骈文理论的经典，《文心雕龙札记》的宗旨在于阐发《文选》派的骈文理论，以与代表桐城派理论的姚永朴《文学研究法》对垒。② 黄侃着眼于当下论争的需要，不免时有“六经注我”的情形；刘永济则致力于客观衡估《文心雕龙》在古代文学理论著述中的地位，以“我注六经”的方式，给予《文心雕龙》高度评价。黄侃和刘永济宗旨不同，故其论断的学术影响范围亦大为不同，黄侃的影响限于《文心雕龙》研究，刘永济的影响则在中国文学批评史领域。郭绍虞《中国文学批评史》之后的所有同类著作，在论述《文心雕龙》时，其定位均大体遵循郭绍虞的评断；而郭绍虞的评断，又是受到刘永济《文学论》的影响。结论是：《文心雕龙》作为最重要的文论经典的学术地位，其确立者是刘永济而不是黄侃。

三、《文学论》阐发了一系列重要的批评史命题

从文学批评史视野看，《文学论》的卓越之处，不仅在于充分肯定了《文心雕龙》首屈一指的经典地位，并以《文心雕龙》的《体性篇》《风骨篇》《情采篇》《物色篇》《明诗篇》《诠赋篇》等为支撑，构建了一个内容丰富的文学理论体系，更在于其论述是在与孔门文学观的比较中展开的。“刘勰生于梁代，其时当老庄盛倡之后，继以佛学，故其思理精湛，虽不背于儒门，实已别有途径。”③ 以《文心雕龙》与孔门文学观的比较作为论述框架，这样一种理路有何特殊的价值和学术意义？

郭绍虞《中国文学批评史》曾将中国文学批评理论发展的历程分为

---

① 李建中主编：《龙学档案》，武汉：武汉大学出版社，2012年，第313页。

② 参见周勋初《黄季刚先生〈文心雕龙札记〉的学术渊源》，黄侃撰、周勋初导读《文心雕龙札记》，上海：上海古籍出版社，2000年，卷首第2页。

③ 刘永济：《文学论 默识录》，北京：中华书局，2010年，第18页。

三个阶段：周秦至魏晋南北朝为第一阶段；隋唐至北宋为第二阶段；南宋至清为第三阶段。从周秦到魏晋南北朝，最重要的理论成果是对“文学”逐渐获得了“一个正确而清晰的认识”①。周秦时期的所谓“文学”，包含的内容极为广泛，大体相当于我们所说的文学与学术的结合体，学即是文，文即是学，“文”与“学”是连在一起的。两汉时期，“文”与“学”开始分离，辞章一类作品属于“文”或“文章”，学术著作属于“学”或“文学”。到了魏晋南北朝时期，文学进一步独立出来，于是有了“经学”“史学”“玄学”“文学”的分野。“不但如此，他们再于‘文学’中间，有‘文’‘笔’之分。‘文’是美感的文学，‘笔’是应用的文学；‘文’是情感的文学，‘笔’是理知的文学。那么‘文’‘笔’之分也就和近人所说的纯文学杂文学之分有些类似了”②《文心雕龙》就是在“文学”观念已经“清晰”“正确”的背景下产生的一部代表性著作。从隋唐到北宋，其特点是沿袭孔门文学观，并逐渐将重道轻文的倾向推到极端。“《论语·宪问》篇谓‘有德者必有言，有言者不必有德’，这即是后世道学家重道轻文的主张。所以他论诗重在‘无邪’，重在‘迩之事父，远之事君’，论修辞重在‘达’，重在‘立诚’，就可以看出他的文学观是偏重在质，而所谓质，又是以道德为标准的。因此，尚文成为手段，尚用才是目的。”③ 孔门这种重道轻文的主张，唐人开始拿来作为口号，但意在标榜，用以增强号召力，骨子里还是“偏于学文”，“到了北宋的一辈道学家，那才完全重道轻文，主张文以载道，主张为道而作文”④。从南宋至清，以《文心雕龙》为代表的文学观和以孔门为代表的文学观在折中调和中最终进入融合的境界，是为正反合之合。从郭绍虞对中国文学批评史的总体论述可以看出，拿《文心雕龙》和孔门文学观作对比考量，不仅因为在理论上二者对比分明而又分量相称，而且因为在历史进程中二者扮演的角色可以相提并论。没有深厚的理论素养和对文学批评史整体格局的把握，是驾驭不了这样

①②④ 郭绍虞：《中国文学批评史》，上海：上海古籍出版社，1979年，第4页。
③ 同上书，第11页。

一种理路的。

刘永济敏锐地注意到，孔门文学观的特点是注重文学在修身、立言、观风、化俗方面的功效，其后世传人韩愈、柳子厚、欧阳永叔、王荆公、周敦颐、顾亭林、刘海峰等，“诸家所论皆与孔子相发明。其不同者，由言志之旨进而为明道之义。后之拘泥者，遂至见诗文之内容非质言道德者，即叱为无用。而艺术之真义，遂缺而不全”[①]。以孔门文学观及其变异为比照对象，刘永济确认，《文心雕龙》作为与崇尚文学社会功用相对的一极，其殊异之处在于关注文学本体的“真义”，在于对“感化文学”的审美要素阐发深入且体系完整：“彦和论文，重于情感，工于图写，明于内外，文质并称，声形俱要，文学之大概已是。其形文、声文、情文之说，则颇与黑格尔（Hegel）目艺、耳艺、心艺之论暗合。盖文学与绘画、雕刻、音乐初实同源，后乃分立，故皆属于艺。初民之文字皆象形，故与绘画同源；其时文字皆刻木范泥为之，故与雕刻同源；文学先有诗歌，诗歌传述以口，必音调和协，可以悦耳而顺口，故与音乐同源。其分立之故，亦文化发展必然之事。”[②] 所论既立足于与孔门文学观对比的大局，又在“艺术之真义”的理路下展开细脉的梳理，纲举目张，殊为精到。如果拿刘永济的论述与郭绍虞的《中国文学批评史》比较，可以说，郭绍虞的整体思路和关键命题受到了刘永济《文学论》的启发。而郭绍虞在其学术地位极其崇高的晚年，郑重提及刘永济这部少作的影响，也使我们对《文学论》的文学批评史视野有了更加深切的认识。刘永济为中国文学批评史学科所做的贡献，在现代学术史上占有一席重要位置。

《文学论》阐发了许多重要命题，如文学是艺术的一部分，以感化读者为要义；“文学之美”包括内在的情感和外在的表达两个方面；情感的表现有夸张和含蓄等方法，各有其适用的场合和效用；作者的心力所注是将内在的精神贯注于作品之中，读者的心力所注是由作品把握

---

① 刘永济：《文学论 默识录》，北京：中华书局，2010年，第18页。

② 同上书，第19页。

作者的精神；而所有这些命题的展开，都以古代文论为依托。刘永济《文学论》的这种著述方式，成功地将西方理论与我们自家的文化遗产融会在一起，不再显出舶来品的面目。由此可以看出，撰述《文学论》的刘永济，兼具厚实的中学背景和敏锐的西学眼光，并致力于融汇中西。其成就不仅在于留下了一部“具有开拓性的意义”的文学理论著述，而且在于他为中国古代学术资源的现代转化提供了可资借鉴的路径，其示范意义至今仍没有过时。

第七章 《十四朝文学要略》的文学史书写

《十四朝文学要略》（上古至隋）原为刘永济在东北大学任教期间（1927—1932）的讲义，1928年9月至1929年9月以《中国文学史纲要》之名在《学衡》第65期、68期、71期连载，依次为《中国文学史纲要·卷首叙论》《中国文学史纲要·卷一上古至秦》《中国文学史纲要·卷二汉至隋》。1945年中国文化服务社结集出版，更为今名。更名的原因，如卷首《前言》所说："本书原在东北大学为诸生讲授我国文学史而作讲义，编至隋代而此课由大学别聘刘君豢龙讲授，因而罢手。迨避难乐山，友人有劝将此三卷付印者。念隋代以后，既付阙如，不可仍用旧名，乃更今名。"① 1984年黑龙江人民出版社重印出版，中华书局2010年版《刘永济集》收入。2014年，武汉大学出版社收入"百年名典"丛书。高等教育出版社2014年版《中国文学史经典精读》（陈文新主编）、武汉大学出版社2014年版《中国文学史学术档案》（吴光正主编）收入此书叙论。

本章的宗旨是就《十四朝文学要略》的文学史理念及其与主流文学史的视野之异展开讨论，以揭示其文学史书写的学术个性，其体例特点不再作为专题予以考察。

第一节 《十四朝文学要略》的文学史理念

《十四朝文学要略》的文学史理念，比较系统地体现在该书叙论之

① 刘永济：《十四朝文学要略》，北京：中华书局，2010年，前言第1页。

中。“卷首叙论，乃为全史而设，初非专指十四朝也。”① 刘永济期待读者留意一个事实，虽然《十四朝文学要略》是一部未能最终完成的中国文学史，但叙论所阐发的理念，却是针对完整的中国文学史而言的。关于文学史的叙述内容和叙述方法，刘永济确立了四纲、经纬、三准、三训的框架，具有系统性和完整性；其中关于体制、流派、赋比兴的具体讨论，尤多创获；他将孟子的“以意逆志”发展为一种文学接受的方法论，有助于建立以中国传统资源为依托的本土阐释学。

一、对文学史叙述内容和叙述方法的概括

关于文学史的叙述内容和叙述方法，刘永济概括为四纲、经纬、三准、三训。

所谓“四纲”，包括名义、体类、断限、宗派。“名义”旨在回答文学是什么，以确定文学史的论述对象；“体类”旨在划分文学的体制、类别，以便考察不同体制的流变及相互之间的关系；“断限”旨在划分文学发展的阶段，其间文学风尚的变化乃焦点所在；“宗派”即今人所说的流派，举凡流派意识、流派要素、流派得失等均在关注范围之内。

所谓“经纬”，是从创作的角度讨论文学的表现手段和表现内容。文学的基本表现手段可概括为赋比兴，是经；文学的基本表现内容可概括为真善美，是纬。一经一纬，皆文学史叙述所当留意。

所谓“三准”，是从接受的角度讨论文学问题，其核心是“以意逆志”，不以文害辞，不以辞害志，致力于对作家作品的“同情之了解”。

所谓“三训”，是从文学作品与社会生活的关系、与作者的关系、与读者的关系等三个层面来给文学定位。就与社会生活的关系而言，“诗必有关于一代政教得失也”②；就与作者的关系而言，“诗必有关于

---

① 刘永济：《十四朝文学要略》，北京：中华书局，2010年，卷首第1页。
② 同上书，第30页。

作者情思邪正也”[①]；就与读者的关系而言，“诗必有感化之力也”[②]。由于文学承载着如此重要的功能，所以在艺术表达上万万不可草率从事，“必有追琢之美也”[③]。“追琢之美”是文之本体，“道德”“文明”“礼法”“文德”等，即社会生活的“政教得失”、作者的“情思邪正”，则是“文之本体”所承载的内容，而“文之本体”所要发挥的效果是感化读者[④]。

二、对体制、流派、赋比兴等的论述颇为深刻

由四纲、经纬、三准、三训所涵盖的文学史叙述内容和叙述方法，完整、丰富，以现代学术对于体系的要求来衡量，可以说达到了相当高的境界。而刘永济带给我们的启发，不仅在于其系统性和完整性，也常常是由于其具体论述的深度。

比如，关于文学作品的体制、类别，刘永济认为：分类宜谨严，但不宜太细。这是一个平实而又意味深长的见解。

自晋代挚虞《文章流别论》以降，就文学体制加以分类的学者，如萧统、刘勰、李昉、姚铉、吕祖谦、真德秀、苏天爵、吴讷、徐师曾、程敏政、黄宗羲、姚鼐、李申耆、曾国藩、章太炎等，各有其建树，而刘永济对真德秀的分类尤为青目。真德秀《文章正宗》将历代文体分为辞令、议论、叙事、抒情四类，刘永济誉之为“立意谨严，析体宏大”[⑤]。也就是既能涵盖所有文体，又可避免治丝益棼之弊。

治丝益棼的弊端，在明人著述中尤为显著，其典型例证即明徐师曾《文体明辨》，四库全书总目提要评曰：

---

① 刘永济：《十四朝文学要略》，北京：中华书局，2010年，第32页。

② 同上书，第34页。

③ 同上书，第34—35页。标点有所改动。

④ 同上书，第4页。

⑤ 同上书，第6页。

> 是编凡纲领一卷，诗文六十一卷，目录六卷，附录十四卷，附录目录二卷。盖取明初吴讷之《文章辨体》而损益之。讷书内编仅分体五十四，外编仅分体五。前代文格，约略已备，师曾欲以繁富胜之，乃广正集之目为一百有一，广附录之目为二十有六。首以古歌谣词，皆汉以前作，真伪不辨。而以李贺一诗参其间，岂东京而后，只此一诗追古耶？次四言诗，以分章者为正体，以不分章者为变体。次楚辞，分古赋之祖、文赋之祖、摹拟楚辞三例。次赋，分古赋、俳赋、文赋、律赋四例，又有正体而间出于俳，变体流于文赋之渐二变例。次乐府，全窃郭茂倩书而稍益以《宋史·乐志》，其不选者亦附存其目。次诗，取《文选》门类稍增之，所录止于晚唐，宋以后无一字。次诏诰诸文，皆分古体、俗体二例。次为书表诸表，则古体之外添唐体、宋体。碑则正体、变体之外又增一别体。甚至墓志以铭之字数分体。其余亦莫不忽分忽合，忽彼忽此。或标类于题前，或标类于题下，千条万绪，无复体例可求。所谓治丝而棼者欤？①

一种分类标准，对其高下的检验有两个尺度：一是是否有助于建立明晰的秩序；一是是否可以广泛地涵盖研究对象。《文体明辨》虽然涵盖面较宽，却不仅无助于文体秩序的建立，反而造成了文体分类的混乱，其欠缺是一目了然的。刘永济对真德秀的推重，即着眼于确立较为完善的文体分类标准以建立明晰的文体秩序。

文学体制的分类之所以不能太细，原因之一在于：文体之间的区别是相对的，分得太细，反而会遮蔽文体之间的相关性。刘永济举了好些例子就此加以论证，如“汉代崇辞赋，则《过秦》以敷布成论；江左贵黄老，则孙、许以平典为诗；子瞻才高，则其词如诗；少游质秀，则其诗如词”。“且有韵者，不必皆吟咏风谣、流连哀思之文；散行者，不必定褒贬是非、纪别同异之作。若必执名鉴貌，求其毫发无爽，则虽神

① 〔清〕永瑢等：《四库全书总目》，北京：中华书局，1965年，第1750页。

禹，无以为功。”① 文学史上反复出现的破体现象，如以文为诗，以诗为词，以词为曲，以曲为小说，既显示了文体之间的区别，否则就无所谓破体，也显示了文体之间的跨越，否则就不可能破体。对文体区别的相对性的充分关注，拓展了刘永济的文体视野，深化了刘永济的文体意识。

刘永济所说的“宗派”，即现代文学理论所说的“流派”。刘永济对于流派现象评价不高，在他看来，“自讲学之风既盛，门户之争亦烈，流风及于文学，而宗派之说生焉。是故宗派非古也，成于后世；非本也，出于末流；非公也，生于私门；非通也，生于褊见”②。文人相轻的习气一旦和流派纷争纠结在一起，往往“党同伐异，崇己抑人”③。这是刘永济对流派现象保持适度警觉的缘由。但流派的产生又是不可避免的事实，盖“文非一趣，道有多门。其间如天资之禀赋，学术之陶镕，师友之薰习，时境之影响，亦有较然相异者”④。这是刘永济对流派现象做认真考察的原因。他注意到了几个相互关联的文学史事实：其一，中国古代最早的文学流派产生于魏晋之间：“魏晋之间，人竞品题，俗尚臧否，文人相轻，于斯为盛；宗派之渐，其在此乎？”⑤ 从中西文学的演进历程来看，文学流派的充分发展只有在文学取得独立地位或曰“文学自觉”的背景下才有可能。因此，说建安以降才出现文学流派，乃是对文学史阶段划分极具意义的一个命题。其二，文学流派包括“宗主”“体性”“源流”等层面。拙著《中国文学流派意识的发生和发展》曾经提出，流派的成立包括流派统系、流派盟主（或代表作家）和流派风格三个基本要素。⑥ 刘永济所说的“源流”，与拙著“流派统系”含义相近；刘永济所说的“宗主”，与拙著“流派盟主（或代表作家）”

---

① 刘永济：《十四朝文学要略》，北京：中华书局，2010年，第11—12页。

② 同上书，第15页。

③⑤ 同上书，第16页。

④ 同上书，第18页。

⑥ 陈文新：《中国文学流派意识的发生和发展》，武汉：武汉大学出版社，2003年，第8、13、14页。

含义相近；刘永济所说的“体性”，与拙著“流派风格”含义相近，尽管他没有展开阐发，但其学术史意义是不应忽视的。

在对赋比兴的讨论中，刘永济别具只眼地指出：这三种手法并非诗所独有，而通行于各种文学体裁。“孟子之巧譬，庄生之寓言，论宗之用比也。宋玉之《风赋》，贾生之《鹏鸟》，赋家之用兴也。《过秦》《王命》《六代》《辨亡》，论之体也，而用则赋。虬龙云蜺，美人香草，骚之文也，而用则比。”① 这样来谈赋比兴三种手法的功用，摆落常套，真令读者心目俱明。

刘永济“论之体也，而用则赋”所举贾谊《过秦论》一例，无独有偶，也曾受到傅斯年的关注。其《中国古代文学史讲义》有云：“这篇的中节就性质论实在近于赋体，例如他说：‘当是时，齐有孟尝，赵有平原，楚有春申，魏有信陵。此四君者，皆明知而忠信，宽厚而爱人，尊贤而重士，约纵离横，并韩、魏、燕、赵、齐、楚、宋、卫、中山之众。于是六国之士，有宁越、徐尚、苏秦、杜赫之属为之谋，齐明、周最、陈轸、昭滑、楼缓、翟景、苏厉、乐毅之徒通其意，吴起、孙膑、带佗、儿良、王良、田忌、廉颇、赵奢之朋制其兵。尝以十倍之地，百万之众，叩关而攻秦，秦人开关延敌，九国之师，逡巡遁逃而不敢进。’这些人们时代相差百多年，亦无九国在一起攻秦之事，六国纵约始终未曾坚固地结过一次，然为文章之发扬，不得不把事实说得这般和戏剧一样，那么，又和《子虚》《上林》的文情，有什么分别呢？这类的论只可拿做‘散文的赋’看。《文选》于论一格里，《过秦》中节之外，还有东方朔‘非有先生’，王褒‘四子讲德’（西汉后与此无涉，故不叙举）。以下这两篇虽以论史，其实如赋。古来著论本是敷文，不是循理，以循理为论，自魏晋始（如夏侯太初之论乐毅，江统之论徙戎，乃后世所谓

---

① 刘永济：《十四朝文学要略》，北京：中华书局，2010年，第21—22页。标点有所改动。

论)。"[1] 赋在表达方式上有一些特殊之处，如不避虚构、注重铺陈等；为了达到气势健旺的效果，有意虚构事实来作铺陈乃是常见的现象。贾谊的《过秦论》就是如此。历史上从无韩、魏、燕、赵、齐、楚、宋、卫、中山之众一起攻秦的事，而宁越、徐尚、苏秦、杜赫、齐明、周最、陈轸、昭滑、楼缓、翟景、苏厉、乐毅、吴起、孙膑、带佗、儿良、王良、田忌、廉颇、赵奢等，也不是同一时代的人，《过秦论》无所顾忌地将这些人捏合在一起，就效果而言，足以造成发扬蹈厉的文情，就技巧而言，则是典型的赋法，虽然它用了"论"的名称。刘永济、傅斯年不约而同地据以断言：秦汉时代的所谓"论"，重铺排文情而轻逻辑论证，并非严格意义上的"循理为论"的议论文；以逻辑论证阐释一个命题，这种议论文始于魏晋。由此一例可见，关注赋比兴手法在诗之外的其他文体中的运用，不只是说明了一个文学写作的具体现象，还有助于阐明文学发展的进程。而刘永济所说"斟酌百变之间，取予寸心之内，作者之才艺系焉，一代之风会存焉"[2]，由"才艺"之演进，以见"风会"之变迁，还赋予了这种分析方法以文学史研究的意义。

赋的手法不仅可用于诗文各体，"会通其旨，亦有合于说部戏曲之法"[3]。这是一个极富活力的论断，其具体含义，刘永济晚年还有进一步的阐发。其《默识录》卷一《古赋的作法有与后世小说相同之处》云：

> 我曾从古代赋家所作之赋观其铺陈的方法，可分为横铺与直铺两类。横铺者，如班固的《两都赋》，《西都赋》将西都的各方面一一罗列写之，《东都赋》则将其制度典礼，如蒐狩、行幸、燕享、

① 傅斯年：《中国古代文学史讲义》，北京：北京大学出版社，2009 年，第 146 页。标点有所改动。

② 刘永济：《十四朝文学要略》，北京：中华书局，2010 年，第 23 页。标点有所改动。

③ 同上书，第 22 页。

观农、兴学等，条举件系地写之，与西都之侈陈形势宫殿、田游之壮丽娱乐作对比。直铺之赋，则如宋玉的《高唐》《神女》，曹植的《洛神》，所写皆具首尾，有时向上的层次，与横铺着一一排列的写法不同。诗家亦可分成两类。比如韩愈的《南山》，横铺者也。杜甫的《北征》，则为直铺者。又如屈原的《离骚》，依情绪的变化写下，则亦属直铺之赋，而《天问》以七十余问据壁画作成，无直贯的联系，则横铺之赋也。后世小说家将社会生活中发生之事，抽出其具有关键性、因果性、典型性的事实，照原来的先后次序，依自然发生的规律，重新描述，使人一览而知。盖实际的社会生活中之事繁复曲折，其间因果关系因所占之时间长，关涉之范围广，一般人不易了然，一经小说家巧妙地抽出描述，时间与空间同样缩短，使因果关系特别紧凑，自然容易明了。戏剧比小说更精练些，所以更易发人深省。①

钱锺书《管锥编》第3册“全上古三代秦汉三国六朝文”之四三《汉赋似小说》，曾从杜笃《首阳山赋》的内容和细节描写两方面确认，这篇赋像一篇小说②，属于个案的清理，结论确凿可信；刘永济则从小说戏曲的文类形态，确认这两种叙事文体以赋为基本表现方式，属于理论的建构，思路启人神智。就中国古代的叙事传统而言，其建立和发展，可大体分为四个阶段：先秦、汉魏六朝、唐、宋元明清。先秦是子、史、诗赋初步建立各自叙事传统的时期；汉魏六朝是子、史传统交融孕育出子部小说的时期；唐代是子、史传统与诗赋叙事传统融合孕育传奇小说的时期；宋元明清是文言叙事传统与讲唱文学传统融合，中国叙事传统发展到集大成境界的时期。而无论哪一种叙事形态，都以情节和场面为主体，只是各有侧重，各有不同的处理罢了。刘永济所说的“横铺”，聚焦于场面描写；刘永济所说的“直铺”，聚焦于情节叙述。

① 刘永济：《文学论　默识录》，北京：中华书局，2010年，第232—233页。
② 钱锺书：《管锥编》第3册，北京：中华书局，1979年，第994页。

先秦时代的史家散文、诸子散文和辞赋，不出“横铺”和“直铺”两种方式；后世的小说、戏曲，又何尝在矩矱之外。这样来看中国古代的叙事传统，就可以打通文体的壁垒，不至于在各种文体之间划下一道截然的鸿沟。刘永济的思路，对于拓展文体研究的视野，对于深化中国古代叙事传统的研究，其意义尚未得到充分的认识。

三、将“以意逆志”视为解释与接受文学作品的基本方法

刘永济所说的“三准”，主要涉及文学作品的解释与接受。他将孟子的“以意逆志”视为一种基本的阐释和接受文学作品的方法，有助于建立以中国传统资源为依托的本土阐释学。

“以意逆志”是孟子提出的一种读书方法，是说不要以字面的意思掩盖了真正的本意，而要亲切体会作者的说话语境和意图。刘永济在孟子的论说基础上进一步强调，“以意逆志”不只是一种具体的读书方法，也是阐释和接受文学作品的基本方法，是对待文化遗产的一种基本方法，其核心是对文化遗产的“同情之了解”，反对轻率地以现代标准做价值判断。在刘永济看来，不加节制地以今例古的做法是需要加以警惕的，否则就可能误解古人的作品。“若夫以吾之所谓所思，而武断之、曲解之者，害其辞与志者也；以异于吾之所谓所思，而轻诋之、非笑之者，亦害其辞与志者也”①。以今例古的可能性伴随着每一个读者，并经常妨碍读者达成对古人的“同情之了解”。刘永济之所以对以今例古如此警觉，乃是因为他置身于一个以“重新估定一切价值”为主潮，以西学为标准、各种“成见”盛行的时代。刘永济坚持认为，中国固有文明固然有许多糟粕，但也自有其精华，如果无视这一事实，随意臧否，则不仅辱没了中华文化，也有损民族尊严。

以上讨论，挂一漏万，但已足以见出：《十四朝文学要略》所提出的四纲、经纬、三准、三训，涵盖了完整的文学史叙述内容，其中部分

① 刘永济：《十四朝文学要略》，北京：中华书局，2010年，第29页。

论题如体制、流派、赋比兴的阐发，极有理论深度，而他关于“以意逆志”的讨论，则初步确立了中国本土阐释学的轮廓。

第二节 《十四朝文学要略》与主流文学史的视野之异

《十四朝文学要略》的学术个性，不仅体现于体系和命题，还体现为与 20 世纪主流文学史的视野之异。这种视野之异，至少包括了三个具体方面：如何评估民间文学在文学史进程中的作用？如何评估外来影响在文学史进程中的作用？如何评估汉赋和骈文等中国文学特有文体的文学史地位？

一、如何评估民间文学在文学史进程中的作用

关于民间文学在文学史进程中的作用，自 20 世纪 20 年代中期以降，日渐成为中国文学史编写中聚讼纷纭的一个话题。

晚年的胡适，在题为《傅孟真先生的思想》的演讲中，明确承认，1926 年巴黎聚会时，傅斯年关于“中国一切文学都是从民间来的，同时每一种文学都经过一种生、老、病、死的状态”的设想，“影响我个人甚大”①。胡适所说的这两个设想，尤其是第一个设想，是胡适作于 1927 年的《白话文学史》的核心理念。

胡适的《白话文学史》反复强调民间文学在文学史进程中的支配作用。如第三章说：“一切新文学的来源都在民间。民间的小儿女，村夫农妇，痴男怨女，歌童舞妓，弹唱的，说书的，都是文学上的新形式与新风格的创造者。这是文学史的通例，古今中外都逃不出这条通例。”“《国风》来自民间，《楚辞》里的《九歌》来自民间。汉魏六朝的乐府歌词也来自民间。以后的词是起于歌妓舞女的。弹词起于街上的唱鼓词

---

① 胡颂平编著：《胡适之先生年谱长编初稿》，台北：联经出版事业公司，1984 年，第 653 页。

的，小说起于街上说书讲史的人——中国三千年的文学史上，哪一样新文学不是从民间来的。”① 胡适《白话文学史》出版以后，“一切新文学的来源都在民间”很快成了文学史的叙述准则之一，几乎到了不强调民间文学的主导地位就会受到指摘的地步。例如胡云翼初版于1932年的《新著中国文学史》，其自序在提及胡小石的《中国文学史讲稿》时就说：“叙述周密，持论平允，是其特色；其缺点则亦嫌忽视民间文学的发展。”②《白话文学史》从总体上影响了中国文学史的叙述内容和叙述基调。

胡适重视民间文学，因而特别重视乐府。不仅重视“古乐府里的汉时民歌”，也重视文人仿作的乐府和新乐府。他在第三章里说：“从汉到唐的白话韵文可以叫作‘乐府’时期。乐府是平民文学的征集所，保存馆。这些平民的歌曲层出不穷地供给了无数新花样，新形式，新体裁，引起了当代的文人的新兴趣，使他们不能不爱玩，不能不佩服，不能不模仿。汉以后的韵文的文学所以能保存得一点生气，一点新生命，全靠有民间的歌曲时时供给活的体裁和新的风趣。”③ 一句话，没有民间的乐府，没有文人的仿作乐府，没有新乐府，从汉到唐的韵文文学就没有什么值得叙述的了。《古诗十九首》也好，“三张”“二陆”“两潘”“一左”也好，永明体也好，王维、杜甫、李商隐的律诗也好，都是没有价值的“死文学”。

重视乐府，必然重视叙事诗，或胡适所说的“故事诗”。这是由于，与中国古代占主导地位的文人抒情诗相比，乐府的特色就在叙事：创造戏剧情境，并予以客观地呈现。胡适在讨论叙事诗时，有意用了“说故事”而不是“描写事件”的表述：“故事诗的精神全在于说故事，只要怎样把故事说得津津有味，娓娓动听，不管故事的内容与教训。这种条

① 胡适撰，骆玉明导读：《白话文学史》，上海：上海古籍出版社，1999年，第15页。

② 胡云翼著，刘永翔、李露蕾编：《胡云翼重写文学史》，上海：华东师范大学出版社，2004年，第5页。

③ 胡适撰，骆玉明导读：《白话文学史》，上海：上海古籍出版社，1999年，第23页。

件是当日的文人阶级所不能承认的。所以纯粹故事诗的产生不在于文人阶级而在于爱听故事又爱说故事的民间。"① "描写事件"和"说故事"，两者虽有重合之处，但差异亦显而易见，"说故事"强调的是"娓娓动听"，"描写事件"强调的是情辞婉转。胡适始终关注的是故事的内容和故事的讲述方法，而对诗意盎然的情辞较少领略。所以，他对乐府诗的解读已是偏于一端，对文人抒情诗的诗意盎然的情辞，则不免轻率地一概斥之为"文言的死文学"。在胡适眼里，六朝的诗赋骈文，唐代的各体诗，除了那几首"故事""娓娓动听"的诗外，都是没有价值的。这种解读诗文的方式，构成了中国文学史编写的又一个传统。不过今日读者可能更为熟悉的，是 20 世纪 50 年代以降诸多中国文学史著述对现实主义的提倡和对形式主义的蔑视。"故事""娓娓动听"的诗是现实主义的，而注重修辞的抒情诗常常是形式主义的。例如，三曹的拟乐府诗是现实主义的，永明体诗人的注重辞藻的诗是形式主义的；杜甫的三吏三别是现实主义的，王维的山水诗是形式主义的；白居易的新乐府是现实主义的，李商隐的七律是形式主义的；苏辛的豪放词是现实主义的，姜夔、吴文英等的词是形式主义的。其实这些表述都是承袭了胡适确立的高抬叙事诗而低看抒情诗、高抬意思明白的诗而低看意蕴深隐的诗的传统，只是换了一个术语而已。

与胡适《白话文学史》形成对照，刘永济非但不认白话文学为文学的正宗，连他的《十四朝文学要略》也是用文言写的，而且是带有骈文风味的文言。这当然不是说刘永济无视民间文学，他对民间文学的影响多有评述，如卷二之十一《南北风谣特盛及乐声流徙之影响》，其正文和按语所论，包括了三个层面。其一，"诗体之源为歌谣，已成文学演进之公例"②。"风谣之兴，其诗体所自昉乎？粤自讴歌，被于丝竹。士

① 胡适撰，骆玉明导读：《白话文学史》，上海：上海古籍出版社，1999 年，第 48—49 页。

② 刘永济：《十四朝文学要略》，北京：中华书局，2010 年，第 195 页。标点有所改动。

夫雅制，多拟乐章。于是周廷雅颂，咸用四言。东京诗篇，多为五字。在昔里巷流传之体，一转移间，已成廊庙酬唱之用矣”①。刘永济确认，中国文学史上的所有诗体，都发源于民间。这里需要留意：诗体源于民间，与民间文学居于文学史主导地位，这是两个不同的命题。胡适由前一个命题推出后一个命题，在逻辑上是不严谨的。刘永济将两个命题加以区别，则既符合历史事实，又有学术的分寸感。其二，文人古诗是从模拟民间乐府来的，这一事实不仅表明文人古诗晚于民间乐府，而且证明了《诗经》中的国风一定早于雅颂，雅颂是由效仿国风而来。“东汉以后，五言体诗，其先皆民间歌谣。及采之乐府，歌之廊庙，文人才士，习其本辞，率相拟作。拟作之辞，或以入乐，或不入乐。而不入乐者，又或沿旧题，或制新目。沿旧题者，又或述本事，或抒胸情。制新目者，亦有协律与否之异。于是有名为乐府而实为古诗者，乐府与古诗之分途，其故若此。用此例以推国风与雅颂体制之先后，知雅颂之体亦必沿于风诗也”。这里，“协律与否”是判定一个名为乐府的作品究竟是古诗还是乐府的基本依据。这一结论对于文学史叙述和文体甄别皆有参考价值。其三，南朝乐府开了唐人绝句入乐之风，是唐五代小令的远源。南朝乐府、唐人绝句和唐五代小令，其最大的共同之处是“协律”。“观乐府诗集所载吴声西曲体制，大抵短章，与北歌《企喻》《捉搦》相同，特情辞婉娈哀思异之耳。此体之兴，遂下开唐人绝句入乐之风，且为唐五代小令之远源焉”②。换句话说，民间乐府中也有情辞婉转的抒情诗，只是胡适视而不见；民间乐府对后世的律诗颇有导夫先路之功，只是胡适刻意要将乐府与律诗截然对立起来，以适应其理论主张的需要。

上述三个层面，内涵丰富，每一个层面都有巨大的阐释空间。而刘永济对韵文作品“协律与否”的关注，即对诗乐关系的关注，尤其体现了深邃的文学史眼光。中国历史上的第一部诗歌总集《诗经》，通常分为风、雅、颂三类，之所以这样分类，在于它们代表了三种不同的诗乐

① 刘永济：《十四朝文学要略》，北京：中华书局，2010年，第195页。

② 同上书，第202页。

关系。如朱熹《诗集传序》所说：所谓风，多属民间情歌；所谓变雅，多为“贤人君子”心忧天下之作；而雅颂则多为“朝廷郊庙乐歌之词”。[①] 这里所用“雅颂”一语，根据约定俗成的惯例，通常指正雅（大雅）和颂，不包括变雅（小雅）在内。国风、雅颂、小雅三者，题材和内容的差异与音乐的差异密切相关，或者说，这是题材和内容分类，同时也是音乐分类，而作者身份的差异，亦寓于其中。大体说来，国风及国风一脉代表了第一种诗乐关系。绵延不绝的缘情之作尤其是以“男女欢爱之辞”为题材的作品，主要存在于乐府民歌、宋词、元曲和明清传奇中，而所有这几种体裁，都以丰厚的民俗资源为依托，同时以“可歌”为基本特征。小雅及小雅一脉代表了第二种诗乐关系。所谓“言词中隐伏歌调”，即借助音乐性来表达“贤人君子”的人文关怀或社会化的情感。中国古代的文人抒情诗虽然不像国风一脉那样“可歌”，但注重“从声音证入”，在“可歌”之外建立了一种新型的诗乐关系。雅颂及雅颂一脉代表了第三种诗乐关系。它依附于国家典礼，虽然“可歌”，却旨在创造肃穆庄重的氛围，并借以建立政教的威严，而与国风一脉的缘情无关。由这三种诗乐关系可以得出结论：文人抒情诗（包括古诗、近体诗）和乐府一脉的诗构成了中国古典诗的主体。其作者身份不同，与音乐的关系不同，内涵情调不同，构成了中国诗史的两大主脉。刘永济以这两大主脉为框架来建构诗史，其面貌自大不同于独重乐府一脉的胡适《白话文学史》及其追随之作，《十四朝文学要略》的学术立场因而显得较为稳健。在刘永济的著述中，承认“诗体之源为歌谣，已成文学演进之公例”是一回事，认民间文学为文学正宗又是另一回事。刘永济并未将“诗体之源”的歌谣作为古代文学的唯一正宗来加以叙述，也从未在分析诗作时以故事和叙述为中心。在20世纪30年代以来的文学史中，这样一种叙述策略并不多见，显示了刘永济独立不迁的学术个性。

---

① 〔宋〕朱熹：《诗集传》序，上海：上海古籍出版社，1980年，第2页。

二、如何评估外来影响在文学史进程中的作用

关于外来影响在文学史进程中的作用，自 20 世纪 20 年代中期以降，也是一个中国文学史编写中越来越被关注的话题。

首先强调这一命题的是胡适。在对白话诗兴盛原因的分析中，胡适《白话文学史》注意到了宗教的传教，注意到了“佛教的翻译文学”。他认为“译经文学在中国文学史上的影响，至少有三项”：1. 佛寺禅门是“白话文与白话诗的重要发源地”；2.“佛教的文学最富于想象力”，“对于那最缺乏想象力的中国文学却有很大的解放作用”；3.“印度的文学往往注重形式上的布局与结构”。“这种悬空结构的文学体裁，都是古中国没有的；他们的输入，与后代弹词、平话、小说、戏剧的发达都有直接或间接的关系”①。胡适《白话文学史》的这些结论，加上他的章回小说考证等成果，初步奠定了中国文学史编写中注重外来文化影响的传统。

郑振铎《插图本中国文学史》在胡适的基础上进一步突出了外来文学影响的文学史地位。该书 1932 年由北平朴社初版，约 70 万字。1957 年修订再版，多次重印。《插图本中国文学史》初版不久，就被朱自清列为可与胡适《白话文学史》、刘大杰《中国文学发展史》鼎立的“几部有独见的中国文学史”。朱自清所看重的，是这部文学史一以贯之地突出了“时代与民众”以及“外来的文学的影响”②。《插图本中国文学史》根据外来文学影响的不同情形将中国古代文学分为三个历史时期：古代文学，从远古到西晋；中世纪文学，从东晋到明代中叶；近代文学，从明嘉靖到五四运动。《插图本中国文学史》的这一分期，旨在突出外来影响的文学史意义。盖西晋以前的中国古代文学，“纯然为未受

---

① 胡适撰，骆玉明导读：《白话文学史》，上海：上海古籍出版社，1999 年，第 124 页。

② 朱自清：《什么是中国文学史的主潮——林庚著〈中国文学史〉序》，林庚：《中国文学简史》，北京：北京大学出版社，1995 年，第 722 页。

有外来的影响的本土的文学”[1]；东晋至明代中叶，本土文学“受到了不少从印度来的恩惠”[2]；近代文学又恢复了其纯然本土的特性，“而很少受有外来影响的了”[3]。清末民初，欧洲文学大规模输入，文学史进入了现代时期。其他学者，如刘大杰、陆侃如等，对外来影响的强调虽然未到《插图本中国文学史》的程度，但也极有分量。

对于外来文化的影响，刘永济其实也予以了关注。《十四朝文学要略》卷二之十《六朝诗学之流变》论及永明年间声韵之学的兴盛，其按语明确指出，梵学的传入是不可缺少的条件：“盖自东汉许叔重作《说文解字》，形定义明。后人更进而研求音声，自然之势也。故孙炎著《反语》，李登作《声类》，吕静作《韵集》，已远在魏晋之世，此固有之因缘也。而梵学西来，中土人士，渐习其文字。于是彼土谐声之字，与此方衍形之文，互相接触，而生影响。声韵之学，遂以兴起，此外来之影响也。”[4] 这里，刘永济指出的虽是一个历史事实，而背后则是一种文化立场，即充分肯定外来文化对于促进中国文化进步的作用。不过，刘永济与胡适的差异仍是重要的：胡适对外来影响的强调，如同强调民间文学的影响一样，是一种方法论，是全盘西化导向下的文学史观；刘永济对外来影响的关注，则以尊重民族文化为前提，强调以中华文化为主，以外来文化为宾，反对喧宾夺主或以宾为主。概括地说，外来影响的地位，是胡适和刘永济都承认的，区别在于是以西为主还是以中为主。

三、如何评估汉赋和骈文等中国文学特有文体的文学史地位

关于汉赋和六朝骈文的评价，自20世纪20年代中期以降，日渐成为中国文学史编写中判定编写者是否“保守”的一个焦点。

---

① 郑振铎：《插图本中国文学史》，香港：商务印书馆香港分馆，1961年，第13页。
② 同上书，第167页。
③ 同上书，第829页。
④ 刘永济：《十四朝文学要略》，北京：中华书局，2010年，第183页。

五四时期曾经流行“选学妖孽，桐城谬种”这样一个口号。所谓“桐城谬种”，是针对唐宋八大家一脉的古文而言的，这一脉古文，以承载“周公、孔子之道”为宗旨，被新文化人视为“孔家店”的门面之一，当然在打倒之列。所谓“选学妖孽”，是针对辞赋、骈文以及与辞赋骈文一样讲求声律、对偶、辞藻的律诗而言的，这一类作品，被认为没有清楚明白的内容，只适宜于应制和应酬，没有社会意义。无论是“选学妖孽”，还是“桐城谬种”，都是用文言写成的。打倒“选学妖孽，桐城谬种”，与打倒“文言的死文学”，推崇“白话的活文学”，采取的是同一理路。在胡适等人看来，先秦至汉初的文学语言是鲜活的，所以文学也是活的；自汉武帝至隋末，文学所用的语言是死的，所以文学也是死的。汉赋和六朝骈文就这样被判了死刑，并成为一种流行表述。如胡云翼编著的中国文学史，其第二编《汉代文学》共26页，“汉代的诗歌”占10页，其中乐府诗占了8页半，而“汉代的辞赋”只有6页，且两者的评价措辞悬殊：“老实说，汉赋只不过是当代贵族社会一种时髦的妆饰品、娱乐品而已；真正的时代文学，社会文学，真正有价值的文学，还是要算这些民间的诗歌呢。”① 至于六朝骈文的地位，更是每况愈下。胡云翼文学史的第三编是《魏晋南北朝文学》，包括《魏晋南北朝的文学思潮》《魏晋南北朝的诗歌（上）》《魏晋南北朝的诗歌（下）》《两晋南北朝的小说》四章，骈文被排除在了文学史的视野之外。这样一种情形，相当普遍，延续的时间也长，以至于1956年12月，游国恩写《关于编写中国文学史的几点意见》，还得特意说明：“骈体文在我国文学史上应该如何评价，这是另一问题，现在姑且不谈。可是五四以来，研究古典文学的人好像不约而同地置之不理，讲文学史的人就根本把它从文学史上抹掉，以致在六朝时期造成一大段空白。从此以后，骈体文的发展情况，它的特点和缺点是什么，在我国文学史上占

---

① 胡云翼著，刘永翔、李露蕾编：《胡云翼重写文学史》，上海：华东师范大学出版社，2004年，第41页。

个什么位置，有过什么影响，都不知道。”① 对六朝骈文的歧视，源于由胡适倡导的一种价值判断和审美判断，游国恩在不能否认这种价值判断的前提下，以厘清文学史发展线索为理由为六朝骈文争取地位，也算用心良苦了。

比较上述情形来读《十四朝文学要略》，我们惊喜地发现：汉赋居然享有如此显赫的地位。以中华书局2010年版《十四朝文学要略》为例，正文共213页，其中论汉赋的就有四节，即卷一之九《楚辞为赋家之祖》，卷二之一、二、三节，依次为《辞赋蔚蒸之因缘》《两京赋体之流别及其作家之比较》《赋家之旁衍》，共30页，所占篇幅之大，一目了然。2005年，赵敏俐在《北京大学学报》发表《20世纪赋体文学研究的几个问题》，曾十分遗憾地提到：“作为曾被后人誉为汉代文学之胜、在魏晋六朝以后仍然十分重要的赋体文学，在20世纪的中国古代文学研究中却一直受到不公正的待遇。20世纪80年代以后，赋体文学研究虽然呈现出一度的繁华，但是它在当代人编写的古代文学史中的基本地位并没有发生大的改变。”② 赵敏俐是就总体状况而言，不提《十四朝文学要略》并不令人感到惊讶；但刘永济在他的文学史中给予汉赋如此显赫的地位，与20世纪中国古代文学研究和主流文学史的“总体情况”相比，却也足以见出其学术定力和学术个性了。

至于六朝骈文，《十四朝文学要略》并未专设章节，而是与六朝诗一起讨论：六朝部分共两节，全是谈诗和骈文。刘永济何以将六朝骈文和六朝诗视为同一种类型？这其实是用一种特殊方式表达了刘永济对文体的个人见解和对六朝文学史的个人见解：判定一个作品的文类，不能仅据外在的形式，还要看其内在的气质；六朝的骈文在本质上是诗，六朝是一个诗的时代。“重骈之代，则散文亦写以诗体。重散之世，则

① 游国恩：《关于编写中国文学史的几点意见》，陈文新主编：《中国文学史经典精读》，北京：高等教育出版社，2014年，第212—213页。

② 赵敏俐：《古典文学的现代阐释及其方法》，北京：商务印书馆，2013年，第209页。

诗歌亦同于散文。赋之形式既合诗文而成，是以重骈之代，赋中诗体多于文体。重散之世，赋中文体多于诗体。试观徐、庾诸赋，多类诗句，而王勃《春思赋》，则直七字之长歌耳。此重骈之代，诗体多于文体也。若欧阳之《秋声赋》，东坡之前后《赤壁赋》，字句之构造，则又同于散文。盖宋反五代之习，而归于质，重散之世也。”① 在刘永济看来，同样以赋为名，六朝的赋是诗，而赵宋的赋是文；将六朝骈文即诗体的赋和六朝诗一起叙述，不仅表达了他对六朝骈文文体特性的判定，也表达了他对六朝文学风尚的独特观察。

刘永济的这一观察在学术界不乏知音，林庚的看法即与之相近。林庚曾说：“齐、梁的诗人，无一不长于骈文，其间如江淹的《别赋》《恨赋》，孔稚珪的《北山移文》等，都是流传于一时的。《别赋》说：‘黯然销魂者，唯别而已矣！’《恨赋》说：‘人生到此，天道宁论！’不知被多少人诗一般的反复吟咏过。这就是一个诗歌语言的时代。”②将六朝骈文与六朝诗合为一体加以考察，就揭示文学史的风尚而言，可谓独具只眼：六朝确实是一个诗的时代。刘大杰的《中国文学发展史》初版称六朝是唯美主义的时代，也着眼于这一特色。

刘永济之重视汉赋和六朝骈文，说到底是对基本事实的尊重：盖中国古代文学，由于汉字自身的特点，因而形成了若干具有中国特色的修辞手段，如注重声韵、对仗和辞藻的经营，汉赋和六朝骈文正是综合运用这些修辞手段而写成的。唐代的律诗亦然。民国年间陈寅恪曾以“做对子”作为考试题目，也是基于对这一基本事实的体认。换句话说，如果排除了声韵、对仗和辞藻的讲求，中国文学的主要文体将不复存在。胡适要求所有的文体都应像“说话”一样，否则就是“死文学”，就不符合“清楚明白”的标准，就没有“社会意义”，它之所以不满于这一基本事实，乃是由于预先设置了一些前提。

① 刘永济：《文学论 默识录》，北京：中华书局，2010年，第34页。

② 林庚：《中国文学简史》，北京：北京大学出版社，1995年，第180页。

《十四朝文学要略》与20世纪主流文学史的视野之异，当然不限于如何评估民间文学和外来影响在文学史进程中的作用，以及汉赋、骈文等中国文学特有文体在文学史上的地位，但仅就这三个方面而言，亦足以见出刘永济的独到之处，其学术意义，必将日渐彰显并得到广泛认同。

第八章　刘永济屈赋研究的路径与得失

刘永济所说的屈赋，今人多称楚辞或屈骚。他之所以仍称屈赋，是从溯源的角度来说的："昔昭明选文，骚赋异卷；彦和论艺，别赋于骚；而班志艺文，但称屈赋，不名楚骚。尝思其故，盖萧、刘别其流而班氏穷其源耳。然则论汉赋之流别者，此其大界矣。"① "向子歆奏进《七略》，但曰'屈原赋二十五篇'。班志艺文，承之不改，都无楚辞之目，而买臣言楚辞，九江被公能为楚辞，俱在武、宣之世，则向歆之前，固有楚辞之称矣。盖七略之作，在明学术源流，屈子之文，刘、班皆以为源于六艺之赋，故曰赋也"②。从辨体的角度看，屈原所作乃诗人之赋，属于诗的范畴，汉人所作乃辞人之赋，介于诗文之间，两者的文类差异是鲜明的；从溯源的角度看，屈原之作源于六艺之赋，而屈宋之作又为汉赋之祖，所以，称屈原的作品为屈赋，也有充足的学理依据。刘永济对于这两层脉络，有清晰而准确的分疏，其《文心雕龙校释》卷上《诠赋第八》云："舍人论文，骚赋分篇，与刘班志《艺文》，纳骚于赋，似异实同。盖刘班以骚亦出于古诗六艺之赋，欲明其源，故概以赋名之也。舍人谓汉赋之兴，远承古诗之赋义，近得楚人之骚体，故曰'受命于诗人，拓宇于《楚辞》'，盖以析其流也。至其推究汉赋之本源，以为出于荀宋，亦具特识。详观汉人之作，凡入刘向所定《楚辞》者，皆依仿屈子之体，以幽忧穷蹙，怨慕凄凉为主者也。《文选》所载马班扬张京殿苑猎诸赋，意主讽谏，而辞极敷张，所谓侈丽闳衍之辞也。二者虽同出六艺之赋，而分别显然。故辨章流别者，未容混为一谈也。"③

---

① 刘永济：《十四朝文学要略》，北京：中华书局，2010年，第95页。

② 刘永济：《屈赋通笺：附笺屈馀义》，北京：中华书局，2010年，第3页。

③ 刘永济校释：《文心雕龙校释：附征引文录》，北京：中华书局，2010年，第25页。

在骚体赋与汉代的散体大赋之间，刘永济既有溯源的视角，也有辨体的研究，并不偏执一端。

1954年初，刘永济在现代文学组座谈会上作了《屈原研究法之商榷》的报告，1954年4月3日刊于《新武大》。在这篇谈论研究方法的文章中，刘永济除了再次重申孟子“不以文害辞，不以辞害志”的阐释理论外，还特别说明，他撰《屈赋通笺》，在路径的选择方面努力兼顾“义理、考据、辞章三途”：“一、义理之学，谈说道要，探求哲理者也。二、考据之学，详究训诂，博考名物者也。三、辞章之学，讲求文律，工为篇章者也。此三者亦即当时所谓宋学、汉学、文学也。”“学者于此三途，所好一有偏主，则其立论必有偏重，其甚者必且囿于一隅而生疵病，亦自然之理也。《通笺》之作亦将求通夫此三者也。”① 刘永济关于“义理、考据、辞章三途”兼顾的学术理路，其实他早在《屈赋通笺》绪论之六“屈赋读法”中就已申述过，数十年后再度宣之于世，表明其路径选择一以贯之，是完整把握其屈赋研究的切入之处。

第一节　知人论世是刘永济屈赋研究的基本范式

刘永济的知人论世，是对孟子所倡导的理论范式的继承和发展。他以这种方法研究屈原，提出了三个意味深长的判断：屈原名下的作品出自“一家”之手而非屈原一人之手；屈原是一个有着特殊贵族身份的诗人；《九歌》兼有客观叙事与主观抒情两面。刘永济围绕这三个判断所展开的阐释，表明其屈赋义理研究取得了引人注目的成就。

---

① 刘永济：《屈赋通笺：附笺屈馀义》，北京：中华书局，2010年，第295页。顾颉刚的说法可与刘永济的思路相互参证：“昔人所谓义理，即今所谓理论也；所谓考据，即今所谓资料研究也；所谓词章，即今所谓表现之技巧也。有理论，然后有宗旨，有选择，有批判。有资料研究，然后能把握实际之事物，使理论结合实际，不为空言。有表现之技巧，然后能吸引人之视听，使其易于理解。”见顾颉刚著，顾洪编《顾颉刚学术文化随笔》，北京：中国青年出版社，1998年，第304—305页。

一、第一个判断：屈原名下的作品出自“一家”之手而非屈原一人之手

清末民初的黄人，他在《中国文学史》中谈到一个颇有深度的看法：相传中国的字是由仓颉造出来的，其实仓颉并不是一个人，而是子子孙孙以造字为业的一个家族；著《道德经》的老子，也不是一个人，而是商周时期子子孙孙担任守藏吏的一个家族。对于黄人所指出的这类现象，刘永济说得更为概括：“汉人治学，每于古人学术相近相承者，自为一家。家之为义，聚族而居，一也。承世相嬗，二也。传道讲学，有类于此，因以取譬耳。惟其如此，故于古籍作者名氏，往往不加详考。《山经》《尔雅》而外，诸子之书，皆其证也。即其自所著书，取资前贤，亦无区别。此如汉代经师，虽述师说，不必明著师名，史迁采古记以成《史记》，班固据马史以作《汉书》，亦未加以识别，皆不嫌于窃据。盖其用意在明学术，而学术者，天下古今之公器，言苟为公，自不必问出于谁氏之口。”① 从黄人和刘永济的逻辑出发，可以断言：《孟子》所收的作品，并非出于孟子一人之手，而是出于孟子这个学派之手，《庄子》所收的作品，并非出于庄子一人之手，而是出于庄子这个学派之手；同样，汉人所谓的屈原作品，并非出于屈原一人之手，而是出于屈原及其追随者之手。这样一种关于屈原作品的通达之论，既承认了屈原其人的历史真实性，又可以容纳屈原否定论者的一些具体结论，如《剑桥中国文学史》断言王逸《楚辞章句》中“归于屈原名下的某些诗篇显然是汉代的仿作”②，刘永济大概也会同意。

“汉人所谓的屈原作品，并非出于屈原一人之手，而是出于屈原及其追随者之手”，刘永济对这一事实的确认，不会导致对屈原其人的忽

---

① 刘永济：《屈赋通笺：附笺屈馀义》，北京：中华书局，2010 年，第 8 页，

② ［美］孙康宜、［美］宇文所安主编：《剑桥中国文学史》上卷，刘倩等译，北京：生活·读书·新知三联书店，2013 年，第 106 页。

视。盖脱离了对屈原生平的考察，脱离了对屈原生活时代的考察，脱离了对屈原人际关系的考察，我们就不可能恰当理解屈原及其追随者的作品，换句话说，即使是那些屈原追随者所做的屈赋，也是揣摩屈原的心理状态和生存状态而写出来的。知人论世，这一原则在确认上述结论的条件下依然有效。正如读《孟子》必须了解孟子其人，读《庄子》必须了解庄子其人一样，读屈原名下的作品，也必须了解屈原其人。“生平与时代”常是某种感情产生的实际原因，写出这一原因，感情就可望具体化，易于理解和相信；而某个作品如果与“生平与时代”隔绝，很可能导致内容的空洞化和浮泛化，那是一种不可接受之轻。重新经验作者的创作情境，这是理解作品的一条屡试不爽的路径。惟其如此，故对屈原其人及其时代，刘永济保持了持续不已的关注。

二、第二个判断：屈原是一个有着特殊贵族身份的诗人

在屈原研究中关注“贵族文化”，同样的切入点，却可能得出截然不同的结论。

例如，《剑桥中国文学史》论及楚辞，所提出的一个关键词就是“贵族文化”：“楚墓中那些精美的宇宙性、神话性形象，还有《楚辞》同样高度成熟的文学艺术，一定都是起源于南方的贵族文化。巧合的是，《离骚》的主人公——假设是屈原——也声称自己是王室贵胄。”“想要理解《楚辞》的贵族起源，就必须抛弃王逸注狭隘的生平、政治解读，抛弃那些早于王逸的西汉先行者如贾谊、司马迁、扬雄等人在其著作中体现出来的这种诠释态度。一旦抛开这种阐释，或者至少避免把它从《离骚》扩展应用到《九歌》《天问》，《楚辞》的早期层面，就会清楚显现为楚国与汉代宫廷写作的产物。《九歌》《天问》或许本是对古老的宗教知识的文学重现，这些知识的原始形式、功能、语境，我们今天再也无从知悉。这些诗歌，很有可能起源于那些保存了古老知识与身份认同的祭祀仪式及宗教纪念活动。楚国很早就是周王朝的侯国之一，

在战国时期又逐渐发展出了自己的艺术表达形式，其文化身份意味着将古周传统与楚国的历史记忆及想象的本土特性融为一体。《离骚》《九歌》《天问》兼收并蓄各路神灵，可见其博学多识的作者对南、北文献都熟稔于心。”① 把“屈原的生平与时代”置换为“楚国与汉代的贵族文化”，屈原其人的历史真实性就这样被消解了。

《剑桥中国文学史》关注“贵族文化”，其实刘永济也关注“贵族文化”。两者的区别在于：《剑桥中国文学史》关注“贵族文化”，是为了抽空“生平与时代”；而刘永济关注“贵族文化”，则着眼于在屈原的贵族身份与其宗国关怀之间建立关联，是为了将“生平与时代”具体化。比较而言，刘永济的思路无疑更有说服力。盖屈原的贵族身份恰好是屈原的宗国关怀可以得到理解的一个要素，强调屈原的贵族身份不仅不应导致对“生平与时代”的剥离，反倒提示我们对“生平与时代”的关注可以包含丰富多彩的内容。刘永济经常由此展开阐释，即在在证明了这一角度的合理性。如《离骚》“虽萎绝其亦何伤兮，哀众芳之芜秽”二句，刘永济“通训”在对其寓意的解读中，就聚焦于屈原执掌楚国三大王族的职责：“屈子初为三闾大夫，王逸章句序曰：‘三闾之职掌王族三姓，曰屈、昭、景。屈原序其谱属，率其贤良，以厉国士。’则此文之‘树兰’‘滋蕙’，正其职事，而‘众芳’所指，即‘王族三姓’之‘贤良’也。”② 苏雪林也说：“我们的辞人又是楚国人，是楚国的贵族……他和楚王室更有休戚与共的关系，总希望祖国昌盛，王室的尊荣可以永保。当他受着怀王的信任，做左徒，做三闾大夫时，固曾竭忠尽智，替楚国内政外交上建立了许多优良的计划，无奈怀王昏庸，奸党跋扈，忠言不用，反遭屏斥。及秦军攻拔郢都，楚国之亡，已在旦夕，我们的辞人始决心一死，结束他悲惨的政治生涯。”③赵敏俐亦云：“屈原的爱国，

---

① ［美］孙康宜、［美］宇文所安主编：《剑桥中国文学史》上卷，刘倩等译，北京：生活·读书·新知三联书店，2013 年，第 114—115 页。

② 刘永济：《屈赋通笺：附笺屈馀义》，北京：中华书局，2010 年，第 45 页。

③ 苏雪林：《屈原与〈九歌〉》，武汉：武汉大学出版社，2007 年，第 116 页。

是带着浓厚的宗法意识倾向的。他具有强烈的家族血缘意识，把自己的宗族和楚国看成一体，认为自己和楚国有一种永不可分的血肉联系。……在他看来，自己的才干只能在楚国施展，他决不会像战国时代的其他游士们一样‘朝秦暮楚’‘楚材晋用’，所以，当他听说楚国都已经被秦人攻破之时，他便义无反顾地自投汨罗以身殉国。可以说，他的这种人生态度和生命观念，就是宗法制社会下一个贵族的最高行为准则。”①《剑桥中国文学史》之所以在“贵族文化”的视野下刻意忽略屈原的“生平与时代”，大约还是信奉屈原否定论的缘故，其实“贵族文化”不仅和屈原的“生平与时代”兼容，甚至就是其“生平与时代”的一个核心内容。

刘永济以知人论世和以意逆志的方式解读屈赋，与特定意义上的“传记式和政治性解读”不同，与西方汉学对屈原历史真实性的否定不同，而旨在揭示与屈原的行为相关的屈原的性格。“謇吾法夫前修兮，非世俗之所服；虽不周于今之人兮，愿依彭咸之遗则！”“佩缤纷其繁饰兮，芳菲菲其弥章！民生各有所乐兮，余独好修以为常！虽体解吾犹未变兮，岂余心之可惩！”“鸷鸟之不群兮，自前世而固然，何方圆之能周兮，夫孰异道而相安！”“皇天无私阿兮，览民德焉错辅；夫维圣哲以茂行兮，苟得用此下土。瞻前而顾后兮，相观民之计极；夫孰非义而可用兮，孰非善而可服？”在屈赋展开的想象世界中，呈现出的正是屈原特有的个性，一种只有在战国时代的楚国才能产生的伟大个性。“后世中国人出于对大一统理念的信奉，一直把东周视作一个无可救药的礼崩乐坏时期。但这却也是一个充满活力、能量和创造力的时期。中央集权的崩溃及诸侯竞争的多元性很可能为之提供了动力。东周时期在很多方面都是中国历史上最令人振奋和浪漫的一个阶段”②。屈原那种高自

① 赵敏俐：《司马迁〈屈原贾生列传〉的再认识》，《古典文学的现代阐释及其方法》，北京：商务印书馆，2013年，第288页。

② ［美］费正清：《中国：传统与变迁》，张沛译，北京：世界知识出版社，2002年，第39页。

期许的理想主义情怀和不避偏激的“楚狂”风采，正是这个浪漫时代的一幅特写，也是屈原独特的魅力所在。

刘永济对《离骚》等篇的解读，在揭示屈原高自期许的理想主义情怀和“宁溘死而不改其度”的狂傲个性方面，用力甚勤而建树亦丰。“战代之际，六国君相，争以养士相尚。而士之不得志于秦者，则去而之齐、之楚、之燕，甚而不得志于本国者，则助他国以伐本国，如伍子胥之于楚，是也。屈子主合齐以抗秦，又尝使于齐，苟去而之齐，未必不见用。太史公所谓‘以彼其材游诸侯，何国不容’也。乃宁死不去，非有超俗之识，坚忍之志，不能也。又楚俗习于道家末流之说，才智之士，以隐逸相高。古记所载，如楚狂接舆、渔父之流，是也。此辈视国家存亡，如旦暮迁移，无足动于其心。屈子忧之疾之之情，屡见于其所为文中。如《离骚》篇中答女媭，答巫咸之辞，皆甚明白，而责宓妃之‘保美骄傲’‘康娱淫游’‘信美无礼’，尤于此辈所为，深致叹息。故其自处，宁溘死而不改其度。其识之卓、志之坚如此者，岂非其学之正，养之深，有以致之欤？”① “盖楚国此时，卑位之贤臣，与草野之良士，皆习于道家流风。又当国力衰替，怀才自放，不能砥砺。屈子伤之，故一则曰‘保厥美以骄傲’，再则曰‘虽信美而无礼’，正太史公所谓望俗之一改也”②。刘永济的这些解说，其特点是，只是依据文本作适当的归纳，毫无枝蔓牵引。这样一种从文本寻找依据的做法，极为平实，也极为有力。

三、第三个判断：《九歌》兼有客观叙事与主观抒情两面

刘永济确信：楚国原有《九歌》一类的民间祭歌，但现存楚辞中的《九歌》则经过了屈原的修改润色，因而在解读时既须兼顾原有祭歌的祀神内容，又须深入体会屈原写作时的心理状态。所以，与解读《离骚》《九章》有所不同，刘永济解读《九歌》诸篇，一再倡导兼顾客观

---

① 刘永济：《屈赋通笺：附笺屈馀义》，北京：中华书局，2010 年，第 12—13 页。
② 同上书，第 55 页。

叙事与主观抒情两面，反对偏于一端。“《九歌》各篇，本赋事的文字，不可处处以屈原心事附会，但遇有篇中语带感情，或事特真切之处，则往往可见屈原平日内心所蕴蓄最久与感受最深的情事”。“解说《九歌》的人如果句句必把屈原之事附会，固然不是；即全然脱离屈原的心思情感，也是错误的。”①《九歌·云中君》“沛吾乘兮桂舟”一句，刘永济“通训”曰：“盖九歌赋事之文，此亦秦汉方士所用木寓车马之类，而致神之来，与之期约者，则为巫。巫致神之时，饰为神状，且用其器物以象神，冀神速降于其身也。故此吾以巫自称为当。”② 《九歌·东君》“羌声色兮娱人”一句，刘永济“通训”曰：“凡赋事之文而流露本志者，不必句句有之，其间原有仅赋其事者。若句句比附以求，则必多滞义曲说。即如此段之文，但写迎神乐舞，声容茂盛，令观众忘归，正赋巫以舞降神之事，初无他意。至下文‘思灵保’‘射天狼’等句，始可据以推寻屈子之志也。”③ 《笺屈馀义·王逸章句识误》曰：“盖赋家之文，必有所赋之事，自以事辞为主，言外幽旨，虽每易流露于不自觉，要非句句比附为之者。大抵摛情之辞，往往见志。敷事之句，不必有心。若说之者以为言言有指，固失之泥，即说辞未毕，骤以志说之，亦嫌迫切。”④ 从上述举例可以看出，兼顾客观叙事与主观抒情，这是刘永济一以贯之的解读惯例。一方面，《九歌》是用于祭神的，有其客观要求的基本内容；另一方面，《九歌》经过了屈原的润色修饰，他在某些深有感触的情境中融入切身感受亦必然之事。刘永济注意到这两种相互区别而又相互关联的情形，有助于避免《九歌》解读中或偏于客观叙事、或偏于主观抒情两种极端的倾向。

偏于主观抒情者，对于《九歌》的内涵，仅仅关注其“政治比喻”或“表达个人情志”的层面。这一解读路径，其代表人物有东汉的王

① 刘永济校释：《屈赋音注详解　屈赋释词》，北京：中华书局，2010 年，第 100 页。
② 刘永济：《屈赋通笺：附笺屈馀义》，北京：中华书局，2010 年，第 98 页。
③ 同上书，第 103 页。
④ 同上书，第 275 页。

逸、南宋的朱熹等。王逸《楚辞章句》卷二、南宋朱熹《楚辞集注》卷二都认为《九歌》中寓有屈原的情怀，但程度略有区别：王逸几乎是说《九歌》就是屈原写的，而朱熹则说屈原只是“更定其词”①，屈原与《九歌》之间的著作权关系，小有差异。但朱熹更加明确地强调了屈原的“忠君爱国眷恋不忘之意”②。与王逸、朱熹比较，刘永济虽也注重屈原个人情志在《九歌》中的表现，但显然地，第一，刘永济认为，屈原个人情志的表达是不期然而然，只是偶尔流露，千万不能处处比附；第二，屈原的个人情志并不限于“忠君爱国”，而是包含了各种人生感触，如友朋离别的思慕、盛年不再的忧伤、爱而不得的失落等。在感情表达的程度和感情表达的指向方面，对王逸和朱熹的过甚之处有所调整。

偏于客观叙事者，大都断言《九歌》只是民间的祭歌，或者只是宫廷祭歌，因而与屈原无关。断言《九歌》只是民间的祭歌，这一解读路径始于胡适。1922 年，胡适在《努力周报》增刊《读书杂志》第 1 期发表了《读楚辞》一文，断言“《九歌》与屈原的传说绝无关系，细看内容，这九篇大概是最古之作，是当时湘江民族的宗教舞歌”③。据陆侃如记述，胡适还就这一看法作过进一步的发挥：“（一）若《九歌》也是屈原作的，则‘楚辞’的来源便找不出，文学史便变成神异记了。（二）《九歌》显然是《离骚》等篇的前驱。我们与其把这种进化归于屈原一人，宁可归于‘楚辞’本身。”④ 胡适的这一说法影响甚大。如孙作云《天问研究》一书的《前言》所说：“在《胡适文存》二集中，有一篇《读楚辞》，几乎影响了当时所有的《楚辞》研究者。”⑤ 陆侃如 1923 年出版的《屈原》一书，即采用了胡适《九歌》非屈原所作的结

---

①② 〔宋〕朱熹撰，蒋立甫校点：《楚辞集注》，上海：上海古籍出版社，2001 年，第 21 页。

③ 胡适：《读楚辞》，《胡适文集》第 5 册《古典文学研究（上）》，北京：人民文学出版社，1998 年，第 69 页。

④ 陆侃如：《屈原》，上海：上海亚东图书馆，1923 年，第 121 页。

⑤ 孙作云：《天问研究》，北京：中华书局，1989 年，第 45 页。

论。在20世纪30年代出版的《中国诗史》一书中，陆侃如依然确信，《九歌》的时代早于屈骚，不是屈原的作品；《九歌》写得最好的是“神人恋爱的错综曲折”，而“这种地方却是腐儒最痛恨的，故他们处处都曲解作思君”①。针对上述关于《九歌》时代早于屈赋的判断，刘永济反驳说：“今人衡鉴古文艺，喜从句度韵律，断其时地，辨其真伪，于屈赋为尤甚。于是有《天问》《九歌》皆非屈子所作之论。夫文章风气，诚有时地之限，如五言不能兴于姬周，七言不能作于西京，是也。然而四言未始不可作于汉魏也。若见汉魏人有四言而指为周代物，可乎？又如四声之用不能见于秦汉之作，上去之辨不能行于晋魏之诗，是也。然而见唐宋诗之分四声，元明词之辨上去，亦指为非唐宋元明人之作，可乎？即以一人论，其一身之作，除思想情感，与夫下字造句，大体一致外，其文体容有不尽同者。如韩愈《进学解》不同于《曹成王碑》，李商隐《韩碑》诗不同于《锦瑟》诸作，李贺号称奇丽，而五言一体，亦多平淡之诗，李白、杜甫诸大家无论矣。沈约亦谓‘以《洛神》比陈思他赋，有似异手之作’。此则一人之作，亦有异同，虽有异同，不害其为一人之作也。然则谓《九歌》《天问》文句不与《离骚》类，断为非屈子之作者，固非，即以《九歌》《天问》类乎屈子以前之文，因疑非屈子之作者，亦未为得也。”② 刘永济的推论，虽无铁证，但在情理上是站得住脚的。

与胡适说《九歌》是民间祭歌不同，另一些学者断言《九歌》是宫廷祭歌，但同样支持《九歌》与屈原无关的结论。“宫廷祭歌”说包括“楚国宫廷祭歌”和“汉代宫廷祭歌”两个分支。闻一多、孙作云认为，《九歌》是楚国宫廷的祭歌，或楚郊祀歌，而在设想楚国宫廷的祭祀场面时，则多拿汉代的郊祀大典作参照，如闻一多《什么是九歌》③、孙

① 陆侃如、冯沅君：《中国诗史》，济南：山东大学出版社，1996年，第92页。
② 刘永济：《屈赋通笺：附笺屈馀义》，北京：中华书局，2010年，第22—23页。
③ 闻一多：《神话与诗》，上海：上海人民出版社，2006年，第224页。

作云《九歌非民歌说——〈九歌〉与汉〈郊祀歌〉的比较》[1]。何天行、朱东润等认为，《九歌》是汉代宫廷的祭歌，何天行有《楚辞新考》，收入吴越史地研究会编《楚辞研究》一书，1938 年 6 月出版，后修改增订为《楚辞作于汉代考》，中华书局 1948 年 4 月出版；朱东润《楚辞探故》，共四篇文章：《楚歌及楚辞》《离骚的作者》《淮南王安及其作品》《离骚以外的“屈赋”》，分别刊于《光明日报》1951 年 3 月 17 日《学术》第 32 期、3 月 31 日《学术》第 33 期、4 月 28 日《学术》第 35 期、5 月 12 日《学术》第 36 期。

对于何天行等人的见解，周勋初曾就其“汉代宫廷祭歌”说的思路做了回溯，并据此有力地否定了其论点。周勋初指出：“何、朱等人立论的根据，是以为《九歌》中反映的景物，不类春秋、战国之时所有；叙及的名物制度，都是汉代的东西。他们也曾列出一些例证，如说太一之祠应起于汉代；《九歌》中云中君、东君、大司命、少司命、河伯、堂下诸祠与祀神，均西汉时所有；《九歌》中的‘未央’与‘寿宫’，均汉代所有宫殿；《九歌·湘夫人》中的‘椒房’与‘紫坛’，均属汉代宫室……看了这些考证之后，就可以知道他们立论的根据，并不难发现他们思想方法上的片面性了。因为他们只是着眼于将《九歌》中的材料和汉代的文献作比附，凡有类似之处，那就将前者的时代拉后，而对这些材料何以不能产生于战国之时则不再作出解释。”[2]《九歌》为“汉代宫廷祭歌”的说法之不可信，由其倡导者的思路可以见出：他们其实并没有切实的证据，而只是拿汉代的情形来作推论比附，是以想象代替了证据。周勋初对《九歌》为“汉代宫廷祭歌”说的反驳，与刘永济对《九歌》时代早于屈赋说的反驳，都着眼于其思路的盲点，颇有说服力。

从上面所说的情形可见，民国以前的注家大都认为屈原是《九歌》

① 孙作云：《九歌非民歌说——〈九歌〉与汉〈郊祀歌〉的比较》，《孙作云文集》第 1 卷《楚辞研究》（上），开封：河南大学出版社，2007 年，第 295—300 页。

② 周勋初：《九歌新考》，上海：上海古籍出版社，1986 年，第 17 页。

的作者，大都以寓“己之冤结”的方式解读《九歌》中的情爱描写，而自民初以来，伴随着疑古思潮的推衍，否认屈原对于《九歌》的著作权，进而反对以政治修辞或抒写个人情志的方式解读《九歌》，这种论述则日渐兴盛。刘永济独立于这两种极端倾向之外，持守中道，保持了学术的谨严和分寸感。

第二节　刘永济屈赋考据的人文性与科学性

从事屈赋研究，不能不涉及考据，而考据又是屈赋研究中的困难所在。盖无论是屈原的作品，还是屈原的生平，均疑点甚多，而又难于找到确实的证据。刘永济《研究屈赋之困难及由此而生之疵病》对作品研究和作者研究两重困难有过切实说明：“吾人今日研究屈赋有根本困难二：其一，屈子生于二千二百余年之前，尔时楚国文字尚有与秦文不同者，其作品当由秦汉学人搜集流传，至汉代方写以篆隶，嗣后复由篆隶而行楷而草书，传至赵宋，始有雕本。宋代雕本复经后世翻刻，始有今日通行之本。宋以前写本固不可见（洪兴祖《补注》中间引唐本作某，可见南宋尚有存者），即宋代刻本，亦极难得。在此漫长之时代过程中，其文句之讹夺，音义之变化，篇章之移易，解说之纷歧，殆难指数。即其文中所用鸟兽草木之实，与夫山川县邑之名，亦已几经改更，难于稽考。此关于研究作品之困难也。其次，则楚国史籍，如古所谓楚之《梼杌》者，已无只字留存，所资以考信者，惟《左传》《国语》《国策》下及太史公书数种而已。此数种中，欲求明了楚国之社会经济情况，与其上层建筑之政治文化，亦无充分之资料，尤于屈子生平事迹，记载殊为缺略。即如屈子在政治上之失败，最初由于修宪令，而屈子所修宪令内容，却无一字记载。又如屈子究系先疏绌而后放逐，抑或两度被放？其疏绌与放逐缘于何事？确在何时？其各篇作品究竟成于何年？先后次第如何？今传二十五篇之中，孰为屈作，孰非屈作？凡此种种，皆研究所必须决定者，亦无从确实考证。此又关于研究作者之困难也。”①

刘永济的屈赋考据，直面“研究作品”和“研究作者”两重困难，努力得出有说服力的结论，表现了一个杰出学者的风范。所涉内容甚广，凡“屈原的思想行谊、楚国的历史背景、屈赋的成因发展，以及古今各注家的解说是非、古今各传本的文字同异”②，均在其关注范围之内。其作者研究，上一节已有论述，此处不赘。就作品研究而言，主体则是下述两个方面：1. 现存汉人所谓的屈原作品，哪些真是屈原所作，哪些并非出于屈原之手？2. 屈赋文句的审音、训诂和语法研究。前者以人文性见长，后者则以科学性见长。

一、关于屈原作品的鉴别以人文性见长

刘永济认为，现存汉人所谓的屈原作品，是否应该归在屈原名下，确有重新加以鉴别的必要。理由在于：1. 汉人之所以将若干作品归在屈原名下，是因为在他们看来，那些作品所传达的理念、感受和情绪，与屈原是一致的；但汉人也可能有误解之处，“盖古人之学，风会不同，未可依据，一也”③。2. 现存的所谓汉代典籍，许多已非原貌，不一定能作为依据。比如今本王逸《楚辞章句》十七卷，其编辑相传出于刘向之手，有目录所题“汉护左都水使者光禄大夫臣刘向集，后汉校书郎臣王逸章句”为证。但王逸《楚辞章句》是否刘向原本，疑点甚多。“此书有一最不可解，启人怀疑者，乃王逸《九思》一篇。据说这篇是进呈御览时后人把他并入十六卷中，标明汉侍中南郡王逸叔师作，也加上注解，成为十七卷。现在要问：这个十七卷是不是即刘向原编？一也。作为十七卷加入王作者为何人？二也。再为《九思》作注者据传是王氏本人，又或以为逸子延寿所注。（洪兴祖《楚辞补注》）然注中于《逢尤

① 刘永济：《屈赋通笺：附笺屈馀义》，北京：中华书局，2010年，第215页。

② 刘永济：《屈赋音注详解》凡例，刘永济校释：《屈赋音注详解　屈赋释词》，北京：中华书局，2010年，第3页。

③ 刘永济：《屈赋通笺：附笺屈馀义》，北京：中华书局，2010年，第8页。

篇》‘思丁文兮圣明哲’句，误以‘当’训‘丁’，不知‘丁’为武丁，与‘文’为文王，皆举二人言也（顾炎武《日知录》亦举此为说）。王氏父子绝不至此，然则究系何人？三也。”“除此之外，洪兴祖《补注》于目录后附一按语曰：‘“按《九章》第四，《九辩》第八，而王逸《九章》注云：皆解于《九辩》中”，知《释文》篇第盖旧本也。后人始以作者先后次序之。’洪氏此段既知《释文》（洪氏曾见古本《释文》）篇第为旧本，又说‘后人始以作者先后次序之’，可知今传王逸本非其旧，一也。后人有改编，二也。”[①] 既然如此，重新鉴别哪些作品应该归在屈原名下，哪些作品并非屈原所作，就是必要的了。而鉴别的依据，除了“详究训诂，精核名物”[②] 外，知人论世也是一个重要方法，即“由骚辞求索屈子之情思学术，证以楚国之士风，怀襄之时事，旁及后贤疑难诸说”[③]。并据以确定作品的著作权。刘永济的结论是，属于屈原的作品共十篇：《离骚》《九辩》《九歌》《国殇》《天问》《惜诵》《涉江》《哀郢》《抽思》《怀沙》；其他传为屈原的作品并非屈原所作。其结论可能引起的质疑至少有五个方面：1.《九辩》多以为是宋玉的作品，何以定为屈原之作？2.《九章》的后四篇即《思美人》《惜往日》《橘颂》《悲回风》何以被排除在屈原作品之外？3.《国殇》何以被排除在《九歌》之外？4.《远游》何以被排除在屈原作品之外？5.《招魂》何以被排除在屈原作品之外？

刘永济确认屈赋篇目，虽也采用了大量传统的考据方法，但由于研究对象的特殊性，铁证不多，往往要依赖“内容和风格”的考察即知人论世的途径来加以说明。清代的姚鼐曾大力推崇“内容和风格”的考察，而对乾嘉考据颇有微词。其《尚书辨伪序》在肯定考证以确凿的证据说话，“利以应敌，使护之者不能出一辞”的前提下，更强调风格领

① 刘永济：《屈赋篇章疑信诸问题答席启駉先生》，《屈赋通笺：附笺屈馀义》，北京：中华书局，2010 年，第 311—312 页。

② 刘永济：《屈赋通笺：附笺屈馀义》，北京：中华书局，2010 年，第 27 页。

③ 同上书，第 8 页。

悟的魅力，“然使学者意会神得，觉犁然当乎人心者，反更在义理、文章之事也”[①]。钱锺书《管锥编》也曾以“张翼德书法”为例，调侃了所谓“铁证”，而认同“内容和风格”的辨识。风格有时确乎比事实更有力度。从内容与风格的角度来确认作品的归属，并非没有可行之处。但另外一个情形也有必要予以留意：内容和风格的领悟总是与读者的主观体验结合在一起，不同的读者很容易得出不同的结论，且同一作者也可能兼长多种风格，而在不同的境遇之下，或志在兼济天下，或向往独善其身，均有其心理的真实性。不同的读者因其知识背景、人生阅历、所处境况的差异，有时不免见其所见，以致各持一端。比如关于《远游》著作权的论证，见仁见智，各种不同的说法即各有其理，或者说，都能自圆其说。

20 世纪 30 年代，刘永济撰《屈赋通笺》，其绪论之三论“屈子学术”，明确将《远游》排除在屈原作品之外。他认为：“《远游》一篇，有道家高举之意，不类屈子之言。且全文因袭骚辞文句，至三之一。其为后人所作，殆无可疑。世之读屈赋者，久感其情辞烟邑，喜此篇宏放旷荡，乃曲为之说，而不悟其非，谬矣。虽然，屈子亦自有宏放旷荡，而无方士服气炼形之意。”[②] 后来他又写了专题论文《屈子非道家〈远游〉非屈子所作》，系统反驳了王逸、朱熹、王夫之、刘师培、梁启超等人的种种推论，而继续坚持他对屈原学术与人格的基本判断：“虽然，如谓屈子于道家理论懵然无知，则亦不然。此如骚辞设为女嬃之责骂，与楚人叙辞相传之《卜居》《渔父》二篇，固皆道家之言也。惟屈子秉性贞刚，其学术思想又受北方儒学之影响，加以救国之情极其热烈，疾恶之心复至深切，与道家轻视现实之旨趣不合。而其时国中上下，则多被道家末流所化，其甚者，遂颓废放浪，苟且偷安，形成听天由命之消极思想，尤为屈子所疾视而思挽救之者。今乃以道家品目屈子，岂不冤哉。况《远游》篇中所具之思想，已非纯粹道家，而与秦汉方士飞升之

---

① 〔清〕姚鼐：《惜抱轩全集》，上海：世界书局，1936 年，第 193 页。

② 刘永济：《屈赋通笺：附笺屈馀义》，北京：中华书局，2010 年，第 13 页。

说相同。”[1] 刘永济所理解的屈原，学术正大，品质贞刚，他不能接受任何把屈原庄子化甚至道教化的解读。如果刘永济只是坚持这一学术立场，倒也无须特别加以表彰，其建树在于，他就此做了富于学术魅力的论证。连一向乐于调侃刘永济的苏雪林也说：“陈钟凡怀疑《远游》有许多话与《庄》《列》《淮南》诸书合，乃谓《远游》出于依托。《远游》的道家思想果然浓厚。但陈氏并未举例。陆侃如、游国恩也没有说出具体的理由。只有刘永济的《屈赋通笺》，有《屈子学术》一篇，谓屈子学术乃纯粹出于儒家，与道家并无关系。”[2] 苏雪林还完整引用了刘永济《笺屈馀义》中的《屈子非道家〈远游〉非屈子所作》一篇的主体部分，喝彩道：“这番话说得沉着痛快，掷地有声。”[3] 在断言《远游》非屈原作品的学者中，刘永济的论述无疑是最有学术分量的。

刘永济从内容和风格角度将《远游》著作权排除在屈原作品之外，其立论虽得到苏雪林等的喝彩，却也不一定能为所有的学者所认可，原因在于，刘永济并无铁证，其论述偏于人文性的阐发。比如，梁宗岱在他写于1934年的《谈诗》一文中，就曾慷慨激昂地断言《远游》为屈原作品：

> 记得在中学读书的时候，曾经在什么地方看见有人要证明《远游》不是屈原的作品。其中一个理由便是屈原在其他作品里从没有过游仙底思想；在《离骚》里他虽曾乘云御风，驱龙使凤以上叩天阍，却别有所求，而且立刻便“仆夫悲，余马怀兮”……回到他故乡所在的人世了。

---

① 刘永济：《屈子非道家〈远游〉非屈子所作》，《屈赋通笺：附笺屈馀义》，北京：中华书局，2010年，第225页。

② 苏雪林：《楚骚新诂》，武汉：武汉大学出版社，2007年，第405页。按，游国恩1926年在北新书局出版的《楚辞概论》一书，将《远游》中“登仙”“曾举”“不死”以及“求正气”“漱正阳”“保神明”之类的话与秦汉方士和魏伯阳《参同契圣贤伏炼章》的内容加以比较，发现两者从思想到章句都如出一辙，推断《远游》为西汉人伪托。

③ 同上书，第407页。

> 我却以为这正足以证明《远游》是他未投身于汨罗之前所作——说不定是他最后一篇作品。
>
> 因为他作《离骚》的时候，不独对人间犹惓怀不置，即用世的热忱亦未消沉，游仙底思想当然不会有的。可是放逐既久，长年飘泊行吟于泽畔及林庙间，不独形容枯槁，面目憔悴，满腔磅礴天地的精诚与热情，也由眷恋而幽忧，由幽忧而疑虑，由疑虑而愤怒……所谓“肠一日而九回”了。曰《渔父》，曰《卜居》，曰《悲回风》，曰《天问》，曰《招魂》……凡可以自解、自慰、自励、怨天、尤人的，都已倾吐无遗了。这时候的屈原，真到了山穷水尽的绝境了。“从彭咸之所居”，是他唯一的出路了。
>
> 然而这昭如日星的精魂，能够甘心就此沦没吗？像回光返照一般，他重振意志底翅膀，在思想的天空放射最后一次的光芒，要与日月争光，宇宙终古：这便是《远游》了。①

读了梁宗岱的这段文字，一定有不少读者宁可将《远游》放在屈原名下，否则就会有一种莫名的怅惘和失落感；当然也一定仍有部分读者坚持不能将《远游》视为屈原的诗，在他们看来，屈原怎么会有这样浓郁的出世之思？这两种不同的判断，都建立在内容和风格的体验之上，但又都拿不出铁证，作为考据，都不具备绝对的可信度，因而也无从说服对方。不过换一个角度看，这两种推论却又可以发挥同样的功能，即加深读者对屈原的了解。矛盾的双方其实都在辨析的过程中走近了屈原，读者也在倾听双方的辩论时走近了屈原。所以，我们不一定同意他们的结论，但他们所作的内容和风格的探讨，自有其历久弥新的意义。英国哲学史家罗素曾在其《西方哲学史·绪论》中说：“哲学，就我对这个词的理解来说，乃是某种介乎神学与科学之间的东西。它和神学一样，包含着人类对于那些迄今仍为确切的知识所不能肯定的事物的思

① 梁宗岱：《诗与真·诗与真二集》，北京：外国文学出版社，1984年，第97—98页。

考；但是它又像科学一样是诉之于人类的理性而不是诉之于权威的，不管是传统的权威还是启示的权威。一切确切的知识——我是这样主张的——都属于科学；一切涉及超乎确切知识之外的教条都属于神学。但是介乎神学与科学之间还有一片受到双方攻击的无人之域；这片无人之域就是哲学。思辨的心灵所最感到兴趣的一切问题，几乎都是科学所不能回答的问题；而神学家们的信心百倍的答案，也已不再像它们在过去的世纪里那么令人信服了。”①深入地研究问题而不一定提供确切的知识或教条，这是哲学的特点和价值所在，也是一部分文学研究的特点和价值所在。如果表述得更贴切一些，不妨说，这类文学研究其实也是一种广义的哲学研究。在关于屈赋的考据中，这种着眼于“内容与风格”的论证，其实不宜以考据的标准来加以衡量，而应充分关注其人文性，关注其对读者视野的拓展和启迪。这种着眼于“内容与风格”的论证，其实是一种阐释，对它的衡量标准是是否深刻睿智，而不是是否确定无疑。因而，刘永济和梁宗岱虽各持一说，我们却不妨都加喝彩。

《九辩》一篇，自东汉王逸断为宋玉所作，后人多信从不疑。直到明人焦竑，强调《九辩》为屈原所作（《笔乘》卷三），宋玉的著作权开始发生问题。不过，主宋玉说仍占多数。刘永济从辞情与南迁时序两方面进一步肯定了焦竑的观点，将《九辩》的著作权归于屈原名下。他的这一结论曾受到其挚友席鲁思教授的质疑，理由是《九辩》的寒士口吻和“儒酸气”与屈原的贵族身份不合：“篇首‘坎廪兮贫士失职而志不平’，不合屈原身份。”“‘无衣裘以御冬兮，恐溘死不得见乎阳春’二句，也不合屈子口吻，有点儒酸气。”② 席鲁思还引了明代陈澧的意见作为参证。现代学者中，和席鲁思见解相近的学者不止一位，比如闻一多，在论及《九辩》时，他曾斩钉截铁地说：“作者一作宋玉，一作屈

① ［英］罗素：《西方哲学史》上卷，何兆武、李约瑟译，北京：商务印书馆，1963年，第11页。

② 刘永济：《屈赋篇章疑信诸问题答席启駉先生》，《屈赋通笺：附笺屈馀义》，北京：中华书局，2010年，第312页。

原，如果假定《离骚》的作者是屈原的话，那么《九辩》就绝非屈原的作品。把两篇比较来看，异点多于同点，即使有同点也只是在大时代的线段中的共通点，可是它们在一些小线段中就显出很大的差异。从两篇作品的内容风格来考察，一篇产生在早期，一篇为晚期，因为它们的异点几乎可以抹杀同点。”① “《九辩》作者自守的态度很严，这一点《离骚》也是一样的。但屈原的态度是自发的不屈服，而宋玉则是做好思想准备的不屈服态度，故前者是消极的不合作，后者则是积极的不合作；屈原是突见不平愤而怒吼，宋玉则是坚忍接受命运安排，比较心平气和；对于君主，屈原是怒骂，宋玉却是温情；屈原还存在‘王庶几召我’的幻想，宋玉则不免绝望，故所写有点像唐人宫怨诗的情调，为弱者哀鸣的态度。总之，在作品中的火气越来越小，这就是屈原和宋玉的基本不同之点。”② 苏雪林更直接针对刘永济的观点调侃道：“出人意表者，他竟把千古以来大家认为宋玉作的《九辩》，属之屈原，他当然有他的意见和解说，但理由薄弱，没有采信的价值。”③ 席鲁思、闻一多和苏雪林的解读，想来会有不少读者认同。洪湛侯等从学术史的角度给刘永济的说法以“一家之言”的评断④，这是较为中肯的。所谓“一家之言”，是说可自圆其说而不一定能够说服他人。

关于屈原《九章》的“篇目问题”，刘永济认为，《九章》中只有《惜诵》至《怀沙》五篇是屈原的作品，《思美人》《惜往日》《橘颂》《悲回风》四篇，绝非屈原所作，又将《国殇》一篇独立于《九歌》之外，均与一般通行本不同。将《思美人》《惜往日》《橘颂》《悲回风》四篇排除在屈原作品之外，其理由有五：1. 扬雄未仿。2. 刘向《九叹》“犹未殚兮《九章》”，则《九章》并未写毕。3.《惜往日》与《悲回风》两篇文辞不类，前者颠倒重复，后者用连绵词多至二十五句，有

① 闻一多讲述，郑临川记录，徐希平整理：《闻一多西南联大授课录》，北京：北京出版社，2014 年，第 98 页。

② 同上书，第 99 页。

③ 苏雪林：《楚骚新诂》自序，武汉：武汉大学出版社，2007 年，第 2 页。

④ 洪湛侯等：《楚辞要籍解题》，武汉：湖北人民出版社，1984 年，第 425 页。

心雕饰，反损自然。4. 措辞失当。《惜往日》与《悲回风》两篇，皆用伍子胥事，《惜往日》有“子胥死而后忧”，《悲回风》且有“从子胥而自适”，尤非屈子所忍言。盖伍子胥教吴伐楚，残破郢都，鞭平王之尸，自此以后，吴楚构兵不休，贻害楚国甚大，实为楚之逆臣，屈子绝无以忠许之之理。战国之世，游士盛行，不得志于本国者，每出仕异国，屈子则宁死勿去，其不轻去就，由于忠义之厚，安肯许叛国之人为忠。至于《哀郢》之“伍子逢殃”，刘永济谓此伍子非伍子胥而是其父伍奢。伍奢谏楚平王不应信费无极之谗而疑忌太子建，为平王所杀，谓之为忠，允无愧色。5.《惜往日》有“不毕词以赴渊兮”，《悲回风》有“骤谏君而不听兮，重任石之何益”，既已投渊，何能作赋？语气亦类后人追叙其事，疑为唐勒、景差之徒凭吊屈原之作，一时失名，遂附入屈原赋中。

刘永济的上述结论与论证，苏雪林曾以报一箭之仇的口吻断然予以了否定：“这几条理由没有一项站得住。”① 并逐条予以反驳。其一，“说扬雄未傍，那是扬雄的自由，并不足以证实那时候没有《九章》”。其二，“刘向未殚，是说屈原‘外彷徨而游览，内恻隐而含哀’，其纡郁难释之忧思，《离骚》不足尽之，《九章》不足殚之，足证《九章》是原来就有的题目。刘向这篇《九叹》，代屈原说话，正是模仿《九章》的”。其三，“作家之撰作篇章，为了环境时代之不同，感触强弱之殊异，决不能篇篇一律。况且什么‘颠倒重复，倔强疏卤’，什么‘平衍寡蕴’，‘少郁变之致’，那也不过是读者的主观，而且这种八股家评文陋习，实不足以挂齿颊。至伍子胥之事，刘说尤为可嗤。子胥于平王有杀父兄之仇，屠戮全家之憾，他的报复，是基于人类天然的情感。他在吴国，固属建国之元勋，亦为谋国之荩臣，属镂之赐，鸱夷之弃，千古同悲。他的人格光明磊落，并无丝毫污点。刘氏以后代兴起的国家观念来批评他，并斥之为‘逆臣’，不知这种国家观念乃是现代西洋产物，中国从前是没有的。（中国人以社稷和王室为国家，真正国家观念则并

① 苏雪林：《楚骚新诂》，武汉：武汉大学出版社，2007年，第187页。

不明了。）”其四，“谈到‘不毕词以赴渊’，‘重任石之何益’，则屈原采取投渊作为自杀方式，可说经过很长的岁月的酝酿，并非仓卒所决定，所有作品之中，彭咸之名凡八见，所以说：‘何彭咸之造思兮，志耿介而不忘’，《离骚》最后一段乱辞也说：‘既莫足与为美政兮，吾将从彭咸之所居’，难道我们也可说《离骚》乃后人悼屈之词么？”[①] 刘、苏两位前辈的论证，涉及诸多层面，而对伍子一典的阐释实为重中之重。刘永济延续了他对屈原的一贯理解：屈原虽没有现代国家观念，但身为楚国贵族，即楚国三大贵族（“楚之三户”）的一族，国的命运与族的命运息息相关，他当然不能容忍伍子胥对楚王的反叛。刘永济对屈原的这种理解，不仅是基于历史的考察，也是基于他个人在抗战期间的心理体验，因而有一种尚友古人的气度和风采，其中包含了几分信仰的意味，而不只是学术的考量。苏雪林以屈原没有现代国家观念加以反驳，自有其学理依据，也许还有可能得到出土文献的支持，但即使如此，刘永济也不会改变他对屈原的理解，而只会适当调整论述的角度。一种人文性的解读，其价值不在结论的确凿不移，而在其阐释确能启发读者。刘永济关于屈原作品的鉴别，当作如是观。

二、关于屈赋的审音、训诂、语法研究等以科学性见长

与刘永济关于屈赋作品的认定以人文性见长，因而不时招致商榷有别，刘永济在屈赋的审音、训诂、语法研究等方面，则以科学性见长，建树甚丰，并得到广泛认可，仅此一项，即足以奠定其屈赋研究的学术地位。例如《离骚》中的“又重之以修能”，《屈赋通笺》卷一曰：

> **又重之以修能**　朱熹《楚辞集注》曰：“能一作態，非是。”按作態是。能、態古字通。《怀沙》“非俊疑桀，固庸態也”，王充《论衡·累害篇》引作“庸能”，是其证。[②]

---

① 苏雪林：《楚骚新诂》，武汉：武汉大学出版社，2007年，第187—188页。

② 刘永济：《屈赋通笺：附笺屈馀义》，北京：中华书局，2010年，第32页。

> **修能** 按朱骏声谓能乃態之借字，態之本义，兼姿容才艺言，是也。叔师于此训为“绝远之能”，于《招魂》之“姱容修態”训为“多意善智”，皆从才艺立训，《大招》又有“滂心绰態”，叔师彼注曰：“绰，犹多也。態，姿也。”则用姿容之义。绰態，即修態，足证朱说。蒋骥《楚辞注》以修能为修治之能，戴震亦以洁治训修，皆失之。①

“修能”之“能”，经常被读为本字。刘永济则在训诂学、文献学、文化学的基础上，将“能”解读为“态”。“能”仅仅包括了才艺，而“态”不仅包括才艺，还包括姿容、风度。刘永济的解读有理有据，也更能体现屈原风华正茂、顾盼动人的气质。

又如《离骚》中的“资菉葹以盈室兮”，《屈赋释词》卷中释曰：

> 《离骚》“资菉葹以盈室兮”，王逸注：“资，蒺藜也，菉，王刍也，葹，枲耳也。《诗》曰：‘楚楚者资。’”洪氏《补注》曰：“今《诗》作茨。”按如王注，则三物连文，于文为冗。《说文》：“资，草多貌。”其作动词用则为积聚。茨亦积聚也。《广雅·释诂》一“茨，积也”，《释诂》三“茨，聚也”，皆其证。此言积聚菉葹，多至盈室，于词为顺，故知王注蒺藜非也。②

《屈赋通笺》卷一亦云：

> 梁章钜《文选旁证》引姜氏皋曰：“资，《诗》作茨，《尔雅》亦作茨，蒺藜也。然此茨字疑作众多解说，如茨如梁传：‘茨，积

① 刘永济：《屈赋通笺：附笺屈馀义》，北京：中华书局，2010年，第42页。

② 刘永济校释：《屈赋音注详解 屈赋释词》，北京：中华书局，2010年，第340页。

> 也。’《广雅·释诂》三亦释为聚，是也。聚积菉葹，故下云盈室也。”按《说文》：“薋，草多貌。”段玉裁注曰：“据许君说，谓多积菉葹盈室，薋非草名。”朱骏声曰：“薋，艸多貌，从艸资声，与荠迥别，《骚》注谓借为荠，失之。”三氏皆不从王注，是也。梁氏、段式由多引申为积之说，较以本义说为形状词更为明畅。如王注则累三草而言矣，其误明甚。①

刘永济从两个方面有力地论证了“薋”不应如王逸注那样解释为一种植物（蒺藜），一是文意不顺，在一句诗的开头部分连续罗列三种草名，三个名词累积在一起，堆砌拖沓，辞气不顺；二是就训诂而言，无论是按本义解释为形容词（薋，草多貌），还是按引申义解释为动词（薋、茨作动词用则为积聚），都胜于将“薋”解释为名词（一种植物）。这个解释得到学界的广泛采信。

闻一多《楚辞校补·凡例》尝云，他所引用的“古今诸家旧校材料”，包括“王逸《章句》引或作本”“洪兴祖《辑校》所引诸本”“刘师培《楚辞考异》”“许维遹《楚辞考异补》稿本”“刘永济《楚辞通笺》”；所“采用古今诸家成说之涉及校正文字者，都二十八家”，包括洪兴祖、朱熹、王夫之、屈复、陈本礼、王念孙、王引之、丁晏、马瑞辰、俞正燮、江有诰、朱骏声、牟廷相、梁章钜、邓廷桢、俞樾、孙诒让、吴汝纶、王闿运、马其昶、刘师培、王国维、武延绪、刘盼遂、刘永济、游国恩、陆侃如、郭沫若。② 从这两份名单，可以见出刘永济屈赋研究的学术地位。而闻一多对楚辞的校补，更多次采用刘永济的成果。如《九歌·河伯》“日将暮兮怅忘归”一句的校补：

> 刘永济氏疑怅当为憺。案刘说是也。此涉《山鬼》“怨公子兮怅忘归”而误。知之者，王注曰“言己心乐志悦，忽忘还归也”，

---

① 刘永济：《屈赋通笺：附笺屈馀义》，北京：中华书局，2010年，第51页。

② 闻一多：《古典新义》（下），北京：古籍出版社，1956年，第343—344页。

“心乐志悦”与怅字义不合。（怅当训失志貌，故《山鬼》注曰“故我怅然失志而忘归”）《东君》“观者憺兮忘归”，注曰“憺然意安而忘归”，《山鬼》“留灵修兮澹忘归”，注曰“心中憺然而忘归”。乐悦与安闲义近。此注以“心乐志悦”释憺，犹彼注以“意安”释憺也。且《东君》曰“心低徊兮顾怀……观者憺兮忘归”，本篇曰“日将暮兮忘归，惟极浦兮顾（今讹作寤，详下）怀”，两篇皆曰“憺忘归”，又曰“顾怀”，此其词句本多相袭，亦可资互证。①

又如《九辩》“泬寥兮天高而气清”一句的校补：

刘永济氏云：清为凊之通借。（《庄子·人间世篇》“爨无欲清之人”，《释文》曰“清，凉也”，《吕氏春秋·有度篇》“清有余也”，高注曰“清，寒也”，皆应作凊。）一本作瀞，当为瀞之或体。《说文》曰“瀞，冷寒也，楚人谓冷曰瀞。”案刘说是也。……②

这一类具体例证，足以表明闻一多对刘永济屈赋训诂的钦重。

刘永济在审音、训诂基础上对屈赋所作的语法分析，尤多卓见。他在《屈赋释词》中单列“以动词置句首”“以形容词或副词置句首”等类句式，从语法角度揭示了屈赋的语言特色。其中“以形容词或副词置句首”是屈原作品中使用率极高的一种句式，刘永济一共举了 62 例，如果因为《九辩》的著作权尚难确定而去掉其中的例句，也还有 43 例，仅《离骚》一篇就多达 22 例。兹谨将《离骚》的例句和刘永济的解释引在下面：

纷吾既有此内美兮(《离骚》) 吾纷然既有此内美也。纷然，形容“既有此内美”。“既”，亦副词，形容“有”。

① 闻一多：《古典新义》（下），北京：古籍出版社，1956 年，第 385 页。
② 同上书，第 444 页。

汩予若将不及兮(《离骚》)　予汩然若将不及也。汩然，形容“若将不及”。

忽奔走以先后兮(《离骚》)　(予)忽然奔走以先后也。忽然，形容“奔走以先后”。王注“忽”为“急欲”，不如《补注》“疾貌”之训。

忽驰骛以追逐兮(《离骚》)　(予)忽然驰骛以追逐也。忽然，形容“驰骛以追逐”。

謇吾法夫前修兮(《离骚》)　(吾)謇然法夫前修也。謇然，形容“法夫前修”。

謇朝谇而夕替(《离骚》)　(吾)謇然朝谇而夕替也。謇然，形容“朝谇”。

忳郁邑余侘傺兮(《离骚》)　予忳然郁邑侘傺也。忳然，形容“郁邑侘傺”。

忽反顾以游目兮(《离骚》)　(予)忽然反顾以游目也。忽然，形容“反顾以游目”。

纷独有此姱节(《离骚》，刘永济改为“纷独有此姱饰”)(汝)纷然独有此姱饰也。纷然，形容“独有此姱饰”。“独”，亦副词，形容“有”。

判独离而不服(《离骚》)　(汝)判然独离而不服也。判然，形容“独离而不服”。“独”，亦副词，形容“离”。

喟冯心而历兹(《离骚》)　(予)喟然冯心而历兹也。喟然，形容“冯心”。

曾歔欷余郁邑兮(《离骚》)　予曾然歔欷郁邑也。曾然，形容“歔欷郁邑”。

耿吾既得此中正(《离骚》)　吾耿然既得此中正也。耿然，形容“既得此中正”。“既”，亦副词，形容“得”。

纷总总其离合兮(《离骚》)　(风云)纷然总总其离合也。纷然，形容“总总其离合”。

斑陆离其上下(《离骚》) （风云）斑然陆离其上下也。斑然，形容“陆离其上下”。

忽反顾以流涕兮(《离骚》) （吾）忽然反顾以流涕也。忽然，形容“反顾以流涕”。

溘吾游此春宫兮(《离骚》) 吾溘然游此春宫也。溘然，形容“游此春宫”。

纷总总其离合兮(《离骚》) 纷然总总其离合也。但此以指“宓妃”。

忽纬繣其难迁(《离骚》) （宓妃）忽然纬繣其难迁也。忽然，形容“纬繣其难迁”。

和调度以自娱兮(《离骚》) （予）和然调度以自娱也。和然，形容“调度”。王以“和调”连读，非。

忽吾行此流沙兮(《离骚》) 吾忽然行此流沙也。忽然，形容“行此流沙”。

忽临睨乎旧乡(《离骚》) 忽然临睨乎旧乡也。忽然，形容“临睨乎旧乡”。①

由上面的例句来看，将形容词或副词放在句子之首确是屈原作品的一个语法特点。以形容词或副词居首，即以状语居首，这并不符合日常说话以主语居首即以名词或代词居首的习惯，在先秦的子书或史书当中，也很少见到这样的句例，《诗经》虽然是诗，这种句例也不多见。屈赋多用这种句例，乃是为了突出各种状态或情态。比如，“忽奔走以先后兮”，不只是写出了“奔走以先后”的事实，更突出了其“奔走”的迅疾(“忽”)，以显示其心情的急切。又如“纷吾既有此内美兮”，不只是写出了“吾有此内美”的事实，更突出了其“内美”之充实、丰富(“纷”)，以显示其高出流俗的品格。屈赋的这种语法特点，后世的赋和

① 刘永济校释：《屈赋音注详解 屈赋释词》，北京：中华书局，2010年，第398—400页。

律诗也经常采用，就因为可以获得特殊的效果。刘永济对屈赋所作的语法分析，在屈原研究史和语法研究史上都是不同凡响的建树，不仅有助于把握屈原作品和后世诗赋的一些特殊的修辞手段，也有助于阐发春秋战国时代的修辞种类，还有助于拓展现代语言学的视野。

第三节　刘永济论屈赋辞章之美

关于屈赋的辞章之美，刘永济认为，最为切题的概括是《文心雕龙·辨骚》中的两句话："取镕经旨，自铸伟辞。"① 其《屈赋通笺·叙论》有云："千古以来，论屈子之文章者，无出刘勰《辨骚》一篇。《辨骚》于贞、奇、华、实之间，致意弥切。而'取镕经旨，自铸伟辞'二语，于屈赋文章之美，尤能标举靡遗。盖贞实者，屈子之情思也。奇华者，屈赋之姿制也。而奇不失其贞，华不坠其实者，又即'取镕经旨，自铸伟辞'之训释也。奇华为屈赋独擅之美，贞实则古诗同然之善。后之作者，喜其独擅之美，而忘其同然之善。故虽相如、子云之才，不能无惭于彦和之论。"② 其《文心雕龙校释》亦云："舍人论文，每反复于奇贞华实之间。奇华者，采之外彰者也。贞实者，道之内蕴者也。屈子'取镕经旨'，故不失其贞，不坠其实。屈赋'自铸伟词'，故可酌其奇，可玩其华。""奇华贞实二语，即屈子与后代辞人分疆之故。舍人以四字揭明，尤为特识。"③

一、"取镕经旨"首先是就屈原的人生态度而言

所谓"取镕经旨"，其阐释取向是在屈原的人生态度与先秦的北方文化之间建立关联。1906 年，王国维在《教育世界》总第 140 期发表

---

① "自铸伟辞"，《文心雕龙校释》作"自铸伟词"，本书统一为"自铸伟辞"。

② 刘永济：《屈赋通笺：附笺屈馀义》，北京：中华书局，2010 年，第 24 页。

③ 刘永济校释：《文心雕龙校释：附征引文录》，北京：中华书局，2010 年，第 11 页。

《屈子文学之精神》一文，已注意到从南北地域的不同来解释南北文化的差异，由南北文化的差异来解释楚辞的独特性，以“屈子南人而学北方之学者也”来解释屈原的超乎常流。[①] 1926 年，游国恩在北新书局出版了《楚辞概论》一书。他认为，《楚辞》的产生主要受北方文学、南方文学和楚地民俗歌舞、山川地理的影响，其中的一章即名为《〈楚辞〉与北方文学》。与王国维、游国恩相比，刘永济尤为致力于揭示屈原的人生态度与先秦的北方文化之间的关联：“盖楚当春秋之世，已与中国通，庄王以后，封域之广，已及中原，其文物声教之盛，亦已同于中国。屈子生战国之末季，涵濡文武周公之教已深。读其文者，不难考信。”[②] 这里的“中国”，指的是“文武周公之教”的中心地带，指的是黄河流域的“中原”。

先秦时代的南方哲学，当然不宜一刀切地说成“隐士哲学”，但楚国最大的哲学家老子相传即是隐士，却并非空穴来风。《论语》里记载了许多隐士，例如接舆、长沮、桀溺等，他们或嘲笑孔子“凤兮！凤兮！何德之衰”（《微子》）[③]，或讥评孔子“是知其不可而为之者”（《宪问》）[④]，或用冷嘲热讽的语调劝孔子做“辟世之士”（《微子》）[⑤]……这些人都在楚国。屈原流放，行吟泽畔，那个劝他“与世推移”、随波逐流的渔父也该是楚国的隐士。浓厚的出世思想和玩世不恭的生活态度构成了楚国诸多知识精英的共同特征。北方的知识精英如孔子、墨子、孟子等另是一种风范。以孔子为例，他生当“天下滔滔”之时，却执着于社会正义和人类理想，凡事只问该不该做，并不在乎有用还是无用，“君子之仕也，行其义也。道之不行，已知之矣”（《论语·微子》）[⑥]，终其身救焚拯溺，从未懈怠。即使是在垂暮之年，仍孜孜矻矻于礼乐的

---

① 王国维：《屈子文学之精神》，周锡山编校：《王国维集》第 1 册，北京：中国社会科学出版社，2008 年，第 29 页。

② 刘永济：《屈赋通笺：附笺屈馀义》，北京：中华书局，2010 年，第 11 页。

③⑤ 〔宋〕朱熹：《四书章句集注》，北京：中华书局，2011 年，第 171 页。

④ 同上书，第 149 页。

⑥ 同上书，第 172 页。

整理，以期有补于世。王国维《屈子文学之精神》在比较南北知识精英不同的人生态度时曾说："南方之人，以长于思辨而短于实行，故知实践之不可能，而即于其理想中，求其安慰之地，故有遁世无闷、嚣然自得以没齿者矣。若北方之人，则往往以坚忍之志，强毅之气，持其改作之理想，以与当日之社会争。"① 显然地，屈原的人生态度更近于北方知识精英。如刘熙载《艺概·赋概》所说："或谓楚赋自铸伟辞，其取熔经义，疑不及汉。余谓楚取于经，深微周浃，无迹可寻，实乃较汉尤高。"②所谓"较汉尤高"，意为汉人的经学素养常表现为与世周旋的辞令，而屈原的经学素养则彰显为独立不迁的人格。

20世纪20年代末30年代初，刘永济著《十四朝文学要略》，卷一之九《楚辞为赋家之祖》，论及屈原的"学识之正"，特别引了《离骚》中的下述诗句："济沅、湘以南征兮，就重华而陈词。""昔三后之纯粹兮，固众芳之所在。""彼尧舜之耿介兮，既遵道而得路。""汤禹俨而祗敬兮，周论道而莫差。"刘永济从这些诗句得出结论说："大都称道帝王之道，以求君之自省。故太史公称其上称帝喾，下道齐桓，中述汤武，以刺世事。明道德之广崇，治乱之条贯，靡不毕见，可以见其学术之纯正矣。"③ 屈原的"学术之纯正"，具体表现为"远契邹鲁之儒风，近异南邦之玄尚"④，依经立义，而与倡导隐逸的老庄之学大为不同。

二、"取镕经旨"也包括了表达方式的借鉴

屈原的人生阅历和政坛历练，为《离骚》等的创作储备了丰厚的素养；而北方的历史散文和诸子散文，则为他提供了可资借鉴的表达方式。取资于北方历史散文和诸子散文，这也是"取镕经旨"的一个方面。

---

① 王国维：《屈子文学之精神》，周锡山编校：《王国维集》第1册，北京：中国社会科学出版社，2008年，第28页。

② 〔清〕刘熙载：《艺概》，上海：上海古籍出版社，1978年，第93页。

③④ 刘永济：《十四朝文学要略》，北京：中华书局，2010年，第74页。

《离骚》以完整的叙述脉络承载丰富厚重的抒情内容，其结构之繁复曲折，在春秋战国时代的作品中，只有北方的《左传》《荀子》等才可相提并论。故刘永济曰："战国之世，儒家说理，诸子立论，大都洋洋数千言，已成习见，韵文而有长篇，复何足怪。"① 具体说来，《离骚》是屈原用长诗的形式所写成的具有自传意味的抒情作品。诗人从他的家世、出生和他幼年的抱负写起，叙述他从政以后，曾呕心沥血地"滋兰""树蕙"，作养人才，没想到却"众芳芜秽"，败坏沉沦；屈原本人也受到群小的诬陷排挤，处境艰难。但屈原宁死也不与小人同流合污。"鸷鸟之不群兮，自前世而固然。何方圆之能周兮，夫孰异道而相安！""民生各有所乐兮，余独好修以为常。虽体解吾犹未变兮，岂余心之可惩"。女媭劝他不必如此忠贞自爱，"博謇好修"，因为高洁的品格不但不能为人理解，反而会更加孤立无援。于是屈原南济沅、湘，"就重华而陈词"，表白他的政治理想和生活态度。他痛感楚国君昏臣暗，生不逢辰，尽管长途漫漫，还是矢志不移地踏上了上下求索之路，"路漫漫其修远兮，吾将上下而求索"。"及荣华之未落兮，相下女之可诒"。但是，他再次失望了。洛水之神宓妃"虽信美而无礼兮"，简狄则已成为高辛氏的妃子，至于"有虞之二姚"，也因为"理弱媒拙"而盟约难坚。"闺中既以邃远兮，哲王又不寤"。面对这一情势，他的心情更加矛盾：是就此离开楚国呢，还是留下来再作打算？灵氛劝他离开："何所独无芳草兮，尔何怀乎故宇？"巫咸劝他留下："及年岁之未晏兮，时亦犹其未央"，只要把握机遇，仍然大有可为。在反复权衡之后，屈原表示他要"和调度以自娱"，离开楚国，开开心心地远游一番。他真的离开了！取道昆仑，途经赤水，直至西海，并且升上了光华朗丽的天空。他且奏且舞，是那样愉快，那样神清气爽！然而，就在他陶然如醉之时，他一眼看见了自己的故乡。"仆夫悲余马怀兮，蜷局顾而不行"。对故国的深切眷怀使他再也不忍逗留于仙界。"既莫足与为美政兮，吾将

① 刘永济：《屈赋体制出于古乐章》，《屈赋通笺：附笺屈馀义》，北京：中华书局，2010年，第233页。

从彭咸之所居”。为了他的美政理想和故国情怀，屈原宁愿一死以殉。《史记》称屈原“博闻强志，明于治乱，娴于辞令。入则与王图议国事，以出号令；出则接遇宾客，应对诸侯”①。刘熙载《艺概·赋概》说：“学骚与风有难易。风出于性灵者为多，故虽妇人女子无不可与；骚则重以修能，娴于辞令，非学士大夫不能为也。”② 如果不是取资于北方的历史散文和诸子散文，《离骚》这种规模宏伟、内蕴丰厚、“洋洋数千言”的长篇抒情诗，是不大可能写出来的。

三、“自铸伟辞”建立在楚国“固有文化”的基础上

所谓“自铸伟辞”，其阐释取向包括两个层面：其一，楚国“固有文化”为屈原创作“伟辞”奠定了什么基础？其二，屈原所铸的“伟辞”，在哪些方面为中国文学树立了新的坐标？

说到楚国的“固有文化”，人们通常都会留意其丰厚的原始艺术和神话资源。屈原的时代，尽管楚国久已超越原始氏族阶段，但原始艺术并未随着孕育和滋养它的社会形态一起消失，它依旧延续着，并反复被模拟和改造。王逸《楚辞章句·九歌序》云：“昔楚国南郢之邑，沅、湘之间，其俗信鬼而好祠。其祠必作歌乐鼓舞以乐诸神。”③《天问序》云：“屈原放逐……见楚有先王之庙及公卿祠堂，图画天地山川神灵，琦玮僪佹，及古贤圣怪物行事……”④ 说的都是这一类现象。这种原始的巫术礼仪活动和宗教性质的图画，场面极为壮阔，并且在场面的转换中往往具有连贯的情节。神话故事、原始活力、奇幻场面，这些因素的综合构成了原始艺术的瑰奇色彩和浪漫情调。屈原作品中的诸多描写即与这种原始艺术密不可分。例如《离骚》：

---

① 〔汉〕司马迁：《史记》，北京：中华书局，1959年，第2481页。

② 〔清〕刘熙载：《艺概》，上海：上海古籍出版社，1978年，第102页。

③ 〔汉〕王逸章句，〔宋〕洪兴祖补注：《楚辞章句补注》，长春：吉林人民出版社，1999年，第54页。

④ 同上书，第83页。

> 朝发轫于苍梧兮，夕余至乎县圃；欲少留此灵琐兮，日忽忽其将暮。吾令羲和弭节兮，望崦嵫而勿迫；路漫漫其修远兮，吾将上下而求索。饮余马于咸池兮，总余辔乎扶桑；折若木以拂日兮，聊逍遥以相羊。前望舒使先驱兮，后飞廉使奔属；鸾皇为余先戒兮，雷师告余以未具。吾令凤鸟飞腾兮，继之以日夜；飘风屯其相离兮，帅云霓而来御；纷总总其离合兮，斑陆离其上下。

屈原笔下的神话场景如此壮阔而富于情节性，这与热心于把神话传说历史化的北方知识精英的取径截然不同。在北方知识精英那里，“黄帝三百年”成了“生而民得其利百年，死而民畏其神百年，亡而民用其教百年；故曰三百年”[①]，“黄帝四面”被解释为“黄帝取合己者四人，使治四方，不计而耦，不约而成，此之谓四面”（《太平御览》卷七十九引《尸子》）[②]，而“夔一足”竟是“夔有一，足”（《韩非子·外储说左下》）[③]，等等。脱离了楚国的原始艺术和神话传说，就不可能有恢宏壮丽的屈赋。“在现实中，社会和个人并不是对抗的两极。社会的文化提供了个人赖以生存创造的原材料。如果文化贫瘠，个人便会受害；如果它丰富灿烂，个人便可得到大大发展的机会。每个男女的每种私人兴趣都得益于其文明丰富的传统宝库。”[④] 屈原的伟大创造与楚国文化之间的关系，亦可作如是观。

刘永济对楚国“固有文化”与屈赋之关联的考察，虽然也包含了对原始艺术和神话资源等内容的留意，但刘永济的过人之处并不在此，而在于对另一个事实的揭示：屈原所读之书，有许多孔子删定之外的著作。屈原的诗，是在其特殊阅读背景下写出的，因而我们的理解，也必须以正视其特殊阅读背景为前提。刘永济从这个角度阐发屈赋与楚国“固有文化”的

---

① 〔汉〕戴德撰，〔北周〕卢辩注：《大戴礼记》卷七《五帝德》篇，北京：中华书局，1985 年，第 115—116 页。

② 〔宋〕李昉等：《太平御览》第 2 册，北京：中华书局，1960 年，第 369 页。

③ 张觉等：《韩非子译注》，上海：上海古籍出版社，2007 年，第 440 页。

④ ［美］鲁思·本尼迪克特：《文化模式》，张燕、傅铿译，杭州：浙江人民出版社，1987 年，第 238—239 页。

关联，其着眼点令人耳目一新，其创获足以拓展屈赋研究的视野。

关于屈原作品中鲧这一历史人物的考察，是刘永济从屈原特殊的阅读背景切入，深入把握楚国“固有文化”和屈赋关联的得意之笔，这里不妨多说几句。屈赋中多次提到鲧，如：

鲧婞直以亡身兮，终然夭乎羽之野。（《离骚》）

鸱龟曳衔，鲧何听焉？顺欲成功，帝何刑焉？（《天问》）

咸播秬黍，莆雚是营。何由并投，而鲧疾修盈？（《天问》）

行婞直而不豫兮，鲧功用而不就。（《惜诵》）

鲧在儒家典籍中的形象早已定型：他采用堵塞的方法治水，以致洪水泛滥，给人类造成了巨大灾难，因而被帝尧问责处以死刑。这样一个对人类灾难负有不可推卸之责的人物，如果屈原只是有节制地表达几分同情，在读者看来，那正是一种诗人情怀。一个事业上一败涂地的人物，其悲剧结局仍有值得同情之处。但屈原的立场显然有别于此。他不是在认可帝尧的前提下对鲧表示有分寸的同情，而是在道义上、情感上认同于鲧，并对帝尧禅让于舜的合法性提出了强烈的质疑。屈原甚至以鲧自比，说自己的人生境遇与鲧极为相近。《离骚》中女媭以“婞直以亡身”的鲧比喻屈原，其实正是屈原的自许；《惜诵》感叹鲧的事业之所以失败，乃是由于他过于婞直，所谓婞直，就是过于执着，就是对信念的顽强坚持。这样一种情形，以往的学者未能作出合理解读，或避而不谈，或一笔带过。而刘永济却由此深入，致力于掘发背后的实情。他在一一引述了《尚书·尧典》《左传·文十八年传》《孟子》《礼记·祭法》《吕氏春秋·行论》等相关文献后，意味深长地提出了四个疑问：其一，鲧在羽山遭受刑罚，是因为治水“九载绩用弗成”呢，还是因为他反对尧将帝位禅让给舜？其二，鲧之治水，究竟是有功，还是无功？其三，将鲧处以死刑的，究竟是尧呢，还是舜呢？其四，鲧的羽山之行，是流放呢，还是诛杀？其中第一个疑问尤为关键。据《吕氏春秋·行论》："尧以天下让舜。鲧为诸侯，怒于尧曰：'得天之道者为帝，得地之道者为三公。今我得地之道，而不以我为三公。'以尧为失论。欲得三公，怒甚猛兽，欲以为乱……召之不来，仿佯于野以患帝。舜于是殛之于羽山，副之以吴刀。"① 刘永济的结论是：鲧因过于刚直、毫不妥协地反对帝尧禅位于舜而招致了严厉的惩处；在政治格局发生巨变的时刻，他坚守道义，寸步不让，是一个为了政治理想不惜赴汤蹈火的伟大历史人物。

刘永济对屈赋中鲧的形象的考察，其意义不仅在于个案的厘定，更在于他以个案的厘定为基础，得出了一个具有普遍意义的结论："屈子所读之书有出孔子删定之外者，故其援用古事，以抒情摅愤，往往易滋误会，致失其旨意。"② 这个结论对于把握楚国文化的特点和准确解读屈原作品，对于了解传世儒家文献对历史事实的改造，都有异乎寻常的意义，故刘永济反复加以强调，如："屈子用古事，多与儒书所传异，而与《竹书》同。盖皆孔子刊落之说，故注家往往不得其解，而强为之说。此文与《天问》'益干启位'，是也。"③ "前贤疏解《天问》，约有六失。习于儒家传说，不知屈子所读之书，有在删定之外者，因不信夏启杀益、伊尹放太甲自立之事而妄说之，一也。"④ "后世注家多受儒家传统思想影响，不知屈子所见之书，有出孔子删定之外者，于是对于屈赋中涉及史事者，往往不得其解，而曲为之说。例如屈赋中言鲧与禹、启与益、太甲与伊尹之事，皆与儒书所传者不同，是也。"⑤ "屈子所读

① 〔汉〕高诱注：《吕氏春秋》，上海：上海书店，1986年，第267页。

② 刘永济：《王逸章句识误》，《屈赋通笺：附笺屈馀义》，北京：中华书局，2010年，第271页。

③ 刘永济：《屈赋通笺：附笺屈馀义》，北京：中华书局，2010年，第52页。

④ 同上书，第163页。

⑤ 刘永济：《研究屈赋之困难及由此而生之疵病》，《屈赋通笺：附笺屈馀义》，北京：中华书局，2010年，第216页。

之书，有出孔子删定之外者，故其所用古事，往往与儒书以外之书相合，如《归藏》《山海经》《竹书》《墨子》是。今一概强以儒书所说解之，安得不纠葛难通哉。”① 晚年作《默识录》，刘永济仍流连不已地对这一心得加以重申：“《东坡志林》卷三‘《史记·舜本纪》’条曰：‘屈原云：“鲧婞直以亡身。”则鲧盖刚而犯上者耳。’按东坡以鲧为刚而犯上，是也。婞直，即刚直，亡应作忘，盖刚直犯上者忘身之利害也。屈赋此句，后人误解者多。东坡能见及此，较诸家已优，但未知亡身为忘身之误。”② 刘永济对这一解读的重视程度，确乎超乎寻常。

以删订古籍的方式建构政治秩序和历史秩序是孔子等儒家学者采用的方式之一，所以那些符合儒家理念的材料被保存下来了，那些不符合的则被淘汰掉了，材料之间不易统一的部分也做了剪裁调整。儒家关注的是自家理论的一贯性而不是历史事实的确凿无疑。本来没有任何血缘关系的鲧与禹，可能就因此而成了父子关系：

> 《国语》云，“鲧障洪水而殛死”，又曰，“夏后氏郊鲧而宗禹”，又曰，“以死勤事则祀之，能御大灾则祀之”，是鲧原是一个治水有功的人，故夏以为郊。我意，鲧是先起的治水者，或是中土原有的治水者，禹是后起的治水者，或是由越传至中土的治水者，他们都有他们的地位，不能相下，故成为鲧殛而禹兴之说，使之相承而起，于是鲧遂负了千古不白之冤了，虽则他无意中得了一个好儿子。照此说，鲧与禹犹垂与公输。③

顾颉刚的推论当然不一定确凿，但诸如此类的剪裁调整无疑是大量存在的。与中原典籍被儒家全面加以删订不同，楚国则保存了更多的

---

① 刘永济：《王逸章句识误》，《屈赋通笺：附笺屈馀义》，北京：中华书局，2010年，第265页。

② 刘永济：《文学论　默识录》，北京：中华书局，2010年，第256页。

③ 顾颉刚著，顾洪编：《顾颉刚学术文化随笔》，北京：中国青年出版社，1998年，第25页。

未经儒家删订过的故事、传说、历史记载、或半是历史半是传说的记载，有书面的，也有口头的。屈原生活在楚国，故他有机会阅读或听说那些与儒家典籍不同的故事或记载。这样一种文化氛围和阅读经历，对于《离骚》《天问》的作者来说，几乎是不可缺少的。屈原的知识体系和人生理念，就建立在这种特殊的阅读基础之上。刘永济的知人论世，他格外致力的一个方面，即揭示屈原所用典故超越儒家传统的含义，以显示屈原的个性，以说明屈原何以如此。这样一种解读方法，不只重视“一时事迹”，而且重视“一时气运”，显示了不同寻常的学术视野。中国古代的正史，一向关注朝廷而忽略社会，对于其时社会的了解，往往须求之于诗和小说。刘永济对于“屈子所读之书，有出孔子删定之外者”的关注，聚焦点正是“屈原和他的时代”，正是涵育了屈原的那个社会风尚、文化气运。“此四事既明，则屈子自拟崇鲧之故可知。鲧之为人，大抵刚直，故屈子谓之婞直。刚直者不为巧诈，故屈子又谓之不豫。屈子盖自道已之被谗亦因此也。《离骚》之‘终然夭乎羽之野’，《惜诵》之‘鲧功用而不就’，亦以深慨夫已之远放江南，不得还朝，致令宿志湮没也。”① 这里，刘永济既准确把握了屈赋的意涵，又提示了屈原作品与楚国特有文化土壤的关联，有助于深刻理解“屈原和他的时代”，所以，就连一向热心于与刘永济立异的苏雪林教授也欣然表示认同：“刘氏谓屈原对鲧颇具同情，甚是。”② 而这一事实，尤为有力地显示了屈原的历史真实性：盖这样一种文本形态，不可能出于北方作家之手，也不可能出于汉人之手，而只能出于楚人之手。刘永济对楚国“固有文化”与屈原“伟辞”之关联的揭示，因而具有一种引人入胜的魅力，不是陈陈相因，也不是泛泛而谈，而是以一个细节承载了丰富的内涵。

---

① 刘永济：《王逸章句识误》，《屈赋通笺：附笺屈馀义》，北京：中华书局，2010年，第273页。

② 苏雪林：《天问正简》，武汉：武汉大学出版社，2007年，第236页。

四、屈原所铸“伟辞”为中国文学树立了新的坐标

屈原所铸的“伟辞”，在哪些方面为中国文学树立了新的坐标？刘永济认为，至少有三个方面值得关注。

其一，屈原的《离骚》开启了一种新的抒情境界。

刘永济《十四朝文学要略》卷一专设“战代文学风气有三大宗主”一节，分别讨论了齐、楚、秦三国的不同风尚：齐“以理智为主，长于辨析推衍”①，秦“以志意为主，长于指陈利害”②，楚“以情感为主，长于敷陈讽喻”③。把屈原放在中国古代的抒情传统中加以定位，刘永济的结论是：“往代诗篇，多无名氏。作者性格，不易窥见。故太师所录，可以观民风，察政俗，而不易见作者之性格。至屈子始以一己之性灵情志，与世相见。其形骸虽化，而精神所结，郁成奇彩，千载弥新。故今读其文章，犹仿佛见其颜色，闻其吁嗟。虽至隐微之情，灵变之思，皆亲如晤接，明如对语。”“以形式论，屈赋之作，盖集古代文体之大成而变化之者，古诗以四言为本，屈赋则杂用长短，一以辞气之缓急为衡，而绝去拘束，于抒情为尤宜。古诗篇章局促，故每重叠以发其唱叹之趣，屈赋则回环往复，而辞意无穷，或凄音促节，而情韵逾永，初无一定之式。”④ 刘永济认为：屈原之前的诗，可以见政风民俗，但见不到诗人的人格和性格；屈原的诗，却将诗人的情感状态、性格魅力显露无遗。前者即所谓“诗言志”，后者即所谓“骚言志”。《离骚》所代表的是一种新的抒情境界，即由《诗经》的“观民风，察政俗”到屈赋的“见作者之性格”。屈原开创了中国诗史的新时代。

刘永济潜心研读屈赋多年，对《离骚》一篇用功尤深。为了厘清《离骚》的文脉，他在《屈赋通笺》卷一中一一比对了龚景瀚《离骚

① 刘永济：《十四朝文学要略》，北京：中华书局，2010年，第68页。
② 同上书，第71页。
③ 同上书，第70页。
④ 刘永济：《屈赋通笺：附笺屈馀义》，北京：中华书局，2010年，第24页。

笺》、叶树藩《文选评注》、戴震《屈原赋注》、张惠言《七十家赋钞》、姚鼐《古文辞类纂评注》、梅曾亮《古文辞略》、吴汝纶《古文辞类纂点勘》关于《离骚》分节的不同说法以及各家就每一节内容所作的概括，这种分节概括其实相当于对分节理由的说明。在综合评判各家得失的基础上，刘永济将《离骚》分为五节，第一节自“帝高阳之苗裔兮，朕皇考曰伯庸”至“虽体解吾犹未变兮，岂余心之可惩!”“分三大段。第一大段从首句至‘反信谗而赍怒’，明白提出平素志趣在导君正道以兴起国家，而终于君之信谗。以下两大段皆即此意而反复考虑谗言得行的原故”①。第二节自“女媭之婵媛兮，申申其詈予”至“揽茹蕙以掩涕兮，沾余襟之浪浪”，“这节假设女神巫（女媭）责骂自己而答以所不肯变心从俗的原因”②。第三节自“跪敷衽以陈辞兮，耿吾既得此中正”至“世溷浊而嫉贤兮，好蔽美而称恶”，言在朝期间的往事。第四节自“闺中既以邃远兮，哲王又不寤”至“及余饰之方壮兮，周流观乎上下”，叙屈原问卜于灵氛和求神示于巫咸。第五节自“灵氛既告余以吉占兮，历吉日乎吾将行”至“仆夫悲余马怀兮，蜷局顾而不行”，叙屈原在想象的仙界奋然高驰，忽因望见故国而悲感无已，终于停止了远游。《屈赋通笺》卷一《评文第五》就《离骚》章法的特点作了这样的归纳：

> 张惠言曰：“愿俟时乎吾将刈”，“延伫乎吾将反”，“吾将上下而求索”，“吾将远逝以自疏”，“吾将从彭咸之所居”五句为层次。按张说甚确，用此法求之，则骚辞曲折，不难概见。又如“恐年岁之不吾与”，“恐美人之迟暮”，“恐皇舆之败绩”，“伤灵修之数化”，“哀众芳之芜秽”，“恐修名之不立”，“哀人生之多艰”，“怨灵修之浩荡”，“悔相道之不察”，“哀朕时之不当”，“哀高丘之无女”，“恐

---

① 刘永济校释：《屈赋音注详解 屈赋释词》，北京：中华书局，2010年，第18页。
② 同上书，第25页。

高辛之先我”，“恐导言之不固”，“恐鹈鴂之先鸣”，“恐嫉妒而折之”等句，恐、伤、哀、悔等字，即屈子自道其情绪委曲之辞，尤为显豁矣。①

刘永济的归纳既从总体上把握了屈原情绪发展的脉络，又对每一个细部体察入微，这样一种读法，倒与新批评派的细读法接近。只是刘永济的细读与新批评有一个至关重要的区别：新批评的宗旨是淡化作者的存在，刘永济的细读，则旨在强化作者的存在。其实，一个细读《离骚》和《九章》的读者，决不会否认屈原其人的历史真实性。他的作品就是他存在的证明，他的作品就是他的自传。“苟非命世之英杰，安能卓荦若此哉!”② 刘永济是在“屈原的诗”这样一个前提下讨论《离骚》的。《离骚》抒发的是屈原这个“命世英杰”的感情，如果否定了屈原其人的历史真实性，《离骚》的文学史意义也就被瓦解了。

20世纪以来，屈赋研究中可以与刘永济的上述论述相互佐证的成果时有所见。如梁启超有云：“我国最古之文学作品，《三百篇》外，即数《楚辞》。《三百篇》为中原遗声，《楚辞》则南方新兴民族所创之新体。《三百篇》虽亦有激越语，而大端皆主于温柔敦厚；《楚辞》虽亦有含蓄语，而大端在将情感尽情发泄。《三百篇》为极质正的现实文学，《楚辞》则富于想象力之纯文学。此其大较也。其技术之应用亦不同道，而《楚辞》表情极回荡之致，体物尽描写之妙，则亦一进步也。”③ 1923年，谢无量在商务印书馆出版《楚辞新论》一书，从南北不同的文化传统来解释《楚辞》与《诗经》的差异：《楚辞》文句参差，章节任意变化，无风雅颂，无王者之化、后妃之德，尊重超人间的想法，露才扬己，显暴君过，其神亦为江妃山鬼，这些与《诗经》不同的特点，在于

① 刘永济：《屈赋通笺：附笺屈馀义》，北京：中华书局，2010年，第68页。

② 刘永济：《十四朝文学要略》，北京：中华书局，2010年，第78页。

③ 梁启超：《要籍解题及其读法》，《梁启超全集》第8册第16卷，北京：北京出版社，1999年，第4663页。

《楚辞》依托的是南方文化传统。① 1943 年，游国恩在西南联大讲演，题为《论楚辞中的女性问题》，1946 年改题为《楚辞女性中心说》，收入《屈原》一书（胜利公司 1946 年版）。游国恩注意到，《诗经》比兴材料虽多，却没有“人”，尤其是没有“女人”。文学用女人作比兴的材料，而且是主要的比兴材料，最早是《楚辞》。② 这也是从南方文化入手作出的深微考察。苏雪林也说：“屈原乃中国最伟大的诗人，其生年约当前三世纪顷，值战国中世。中国在屈原以前，仅有若干平民文学，《诗》三百篇中间的风可作代表。大雅和三颂称为庙堂文学，大半出于贵族文人之手，不过是几句史诗和对天对祖的赞美诗，无甚情感，更无个性可言，说不上有什么文学价值。小雅表情达意，较为深挚，也只能与风等量齐观，因为它有一部分为平民所写。自屈原作品发表以后，中国才有真正的抒情文学，才有充分表现个性的文学，换言之，即文人文学至屈原而后始正式成立，他也可仿希腊荷马之例，尊称为‘文学之父’。”③ 胡晓明进一步指出：与“诗言志”相比，“最明显的区别即屈原的‘骚言志’突出了巨大的痛苦感。诗言志，可以兴，可以观，可以群，可以怨。‘志’全称的概念，是一个周全的人性结构。孔子孟子，都没有过多估计‘怨’会有什么结果。而骚言志，则‘志’是特称，凸显了‘诗可以怨’的功能……诗言志，有时是人与人之间‘微言相感’的沟通方式，孔子孟子，都没有能估计到有时人与人之间根本无法沟通，而骚言志，几乎不存在人与人之间沟通的可能，有时甚至是诗人的生命诉求于天神的祭品本身，是春蚕吐尽最后一根丝以织成包裹自身的尸布本身”④。诸多学者的阐发，梁启超在刘永济之前，其他则在刘

① 谢无量：《楚辞新论》，《谢无量文集》第 7 卷，北京：中国人民大学出版社，2011 年，第 361—362 页。

② 游国恩著，游宝谅编：《游国恩楚辞论著集》第 4 卷，北京：中华书局，2008 年，第 1 页。

③ 苏雪林：《天问正简》，武汉：武汉大学出版社，2007 年，第 368 页。

④ 胡晓明：《从诗言志到骚言志》，《诗与文化心灵》，北京：中华书局，2006 年，第 36—37 页。

永济之后，而相互映照，更凸显了屈原作为中国诗史新时代开创者的地位。也许需要补充一句的是，刘永济的阐发深入完备，梁启超是不能与之同日而语的。

其二，屈赋的景物描写是文学史演进的显著标志。

作为抒情诗的屈赋，异彩纷呈的景物描写构成其美感魅力的重要来源。对自然景物的热烈关注是楚国文化的特色之一，也是屈赋的特色之一。这种景物描写的文学史意义，钱锺书曾予以高度估价，其《管锥编》第 2 册有 18 则论"楚辞洪兴祖补注"，第 9 则即以《九章》等篇的写景为讨论中心：

> 《涉江》："入溆浦余儃佪兮，迷不知吾所如。深林杳以冥冥兮，猿狖之所居。山峻高以蔽日兮，下幽晦以多雨。"按《九歌·湘夫人》："袅袅兮秋风，洞庭波兮木叶下，白薠兮骋望"；《九章·悲回风》："凭昆仑以瞰雾兮，隐岷山以清江，惮涌湍之磕磕兮，听波声之汹汹。……悲霜雪之俱下兮，听潮水之相击。"皆开后世诗文写景法门，先秦绝无仅有。《文心雕龙·辨骚》称其"论山水则循声而得貌"，《物色》又云："然屈平所以能鉴风骚之情，抑亦江山之助乎"；恽敬《大云山房文稿》二集卷三《游罗浮山记》云："《三百篇》言山水，古简无余词，至屈左徒而后瑰怪之观、远淡之境、幽奥朗润之趣，如遇于心目之间。"皆识曲听真人语也。窃谓《三百篇》有"物色"而无景色，涉笔所及，止乎一草、一木、一水、一石，即侔色揣称，亦无以过《九章·橘颂》之"绿叶素荣，曾枝剡棘，圆果抟兮，青黄杂糅。"《楚辞》始解以数物合布局面，类画家所谓结构、位置者，更上一关，由状物进而写景。即如《湘夫人》数语，谢庄本之成"洞庭始波，木叶微脱"，为《月赋》中"清质澄辉"之烘托；实则倘付诸六法，便是绝好一幅《秋风图》。①

① 钱锺书：《管锥编》第 2 册，北京：中华书局，1979 年，第 612—613 页。

而林庚的评述更具有“宏大叙事”的意味：

> 正是屈原并没有把富于神话性的《九歌》更为故事情节化，相反地却把它更为诗化。《九歌》中娱神的情景颇近于希腊酒神节的性质，那正是西方戏剧的摇篮；但是《九歌》却并没有因此诞生戏剧，而是诞生了最优美的诗章。《九歌》中最动人的《湘君》《湘夫人》并没有以故事情节取胜，而是以美妙的诗句动人。“帝子降兮北渚，目眇眇兮愁予，袅袅兮秋风，洞庭波兮木叶下。”就像一支最美的旋律，留给人们以难忘的印象。从此“秋风”“洞庭”“木叶”在诗坛上就都成了最富于敏感的词汇。读过《湘君》《湘夫人》的人可以对整篇作品只留下淡淡的影子，而这四句却永远鲜明夺目。这说明诗歌正在接替神话，直接以大自然为对象而进行艺术创作。①

“直接以大自然为描写对象”，古代诗史中早期的典范即屈原的诗，接下来是六朝的山水诗，所以林庚所论，与钱锺书的意旨相近，旨在强调屈赋对六朝山水诗的影响，是对屈赋景物描写的文学史意义的高度评估。

刘永济对屈赋景物描写的文学史意义，也同样留意。其《屈赋通笺》卷首《叙论》论及“艺事之演进”，一共说了三层意思：一是艺术描写的对象，通常都会经历一个由神怪到历史再到山水的过程；二是山水画兴起于唐代，山水诗兴起于晋、宋之际，而山水文兴起于屈赋；三是屈赋的山水描写对汉赋的兴盛起到了巨大的推进作用，因为汉赋的中心也是描写外在世界，只是由山水移到了园囿、宫殿等处。

在上述三层意思中，屈赋对汉赋的影响是刘永济聚焦之处。战国时

① 林庚：《唐诗综论》，北京：清华大学出版社，2006年，第183—184页。

期齐、楚、秦三国的不同文化风尚，对后世各有其影响，而楚国的辞赋对汉代文学影响最大。刘永济《十四朝文学要略》卷一专设“楚辞为赋家之祖”一节，即表明了对这一事实的关注。卷二第一节“辞赋蔚蒸之因缘”论及汉代，又特别指出：“大抵政承秦制，文尚楚风。故辞赋之士，蔚然云起。”① 刘永济说得虽然简要，但已足以显示其穿透具体事实的文学史眼光。在对屈赋的解读中，与林庚、钱锺书等学者不同，刘永济关注的不是屈赋的景物描写对六朝山水诗的影响，而是集中于它对汉赋的影响，着眼点不同，但都堪称文学史叙述的一个重要创获。刘永济对屈赋所作的辞章研究，由于这种文学史眼光而超越了技术性罗列的水准。我们对刘永济辞章研究的考察，也应兼顾其总体眼光和文本细读。

其三，屈赋以其多样化风格构成了一个丰富多彩的艺术世界。

刘永济很早就注意到屈赋的多样化风格：“若夫《离骚》之丽雅，《东皇》之典则，《湘君》之缥缈，《山鬼》之灵奇，《天问》之环诡②，《九章》之明切，《九辩》之凄缛，莫不因情立体，即体成势，所谓玉水方流，璇源圆折者也。而浅人以此讶之，为非一手之作，斯又斥鷃之诧大鹏也矣。”③ 诗的题材不同，体裁不同，主体所处的时间、空间不同，即使是同一诗人之作，也有可能各具风采。故刘永济论及屈赋各篇，一再指出应就不同的作品采取不同的读法。比如，论及《离骚》的内涵，刘永济总是直接追索屈原所表达的“情绪”④；而对于《九歌》，刘永济则兼顾其客观叙述和主观抒情；至于《天问》，其情形尤为特殊：“古今文家评论此篇亦有二过：一者，每好分章析节，以求全篇理脉，其弊则武断。二者，拘守论世之义，务切屈子时事，其弊则穿凿。盖《天问》之文，原为游目兴怀而作，体制迥异常篇。虽群言自有宗主，而百端纷

---

① 刘永济：《十四朝文学要略》，北京：中华书局，2010 年，第 87 页。

② “环诡”，原文如此，当是“瑰诡”之讹。

③ 刘永济：《十四朝文学要略》，北京：中华书局，2010 年，第 78 页。

④ 刘永济：《屈赋通笺：附笺屈馀义》，北京：中华书局，2010 年，第 68 页。

触，随境行文，既无分章布节之功，亦岂有意于寄托者。若节节搜求，句句比附，则言之弥工者，失之亦弥远而已。”[①]《九章》的情形则与《离骚》有类似之处，“直抒胸臆，明白剀切”[②]，故刘永济于每篇宗旨，皆作了明确概括。凡此种种，足见刘永济的屈赋辞章研究，涵咏至深。

可以具体说说他的《九歌》解读。一方面，刘永济确认《九歌》所写，皆为巫迎神之事，具有歌舞剧的因素，叙述描写的成分较重：“《九歌》中所言歌舞之事，皆述巫迎神之状，而绝非祠祀所用之文。古者，人神之交，以巫为介。巫以歌舞迎神，且必像神之服饰器用，以致其来，及神降而附诸巫身，又必代神之语言动止，以告休咎。当时习俗，虽不可考，观《史记·封禅书》，记武帝时方士之术，尚可推见一二。”[③] 另一方面，在具体分析中，刘永济又并不忽略作品的抒情意味，如论《河伯》曰：“盖此篇之辞，为赋巫迎送河伯之事，适与屈子放逐时情景相会。屈子在朝，以培植贤才为急务，则其放逐也，必有送别之友，相与容与夫水中，不忍骤别，因而感慨飘泊，故有何为水中之问。弦外之音，于此可想。”[④]“惟‘澌纷’下，及‘波迎’‘鱼媵’等语，有云水苍茫，黯然独往之感。岂南放之时，在朝善类，故旧亲知，有临流惜别者，屈子念之未已，因赋迎送河伯之事，适与情会，故不觉言之凄怆邪？概以君臣离合说之，转伤凝滞矣。”[⑤] 论《山鬼》曰：“戴氏又谓此篇与《涉江》相表里。考《涉江》篇曰：‘哀吾生之无乐兮，幽独处乎山中。’其写山中幽独之景，有曰：‘深林杳以冥冥兮，乃猿狖之所居。山峻高而蔽日兮，下幽晦以多雨。霰雪纷其无垠兮，云霏霏而承宇。’皆与此篇事辞相类，所谓从他文相印证相会通也。此时怀王已客死，顷襄又信谗，归国入朝之期，悟君改俗之志，殆成泡影，故情思虽

① 刘永济：《屈赋通笺：附笺屈馀义》，北京：中华书局，2010 年，第 165 页。
② 同上书，第 191 页。
③ 同上书，第 88 页。
④ 同上书，第 105 页。
⑤ 同上书，第 111—112 页。

往复无穷，而辞旨弥哀厉矣。”① 刘永济对《九歌》的解读，兼顾客观叙述和主观抒情，避免了王逸、陆侃如等人执着于一端的胶固。

刘永济是民国时期的重要词人，其丰富的创作经历，有助于他理解各种文学现象。而他秉承常州词派的传统，重视比兴，重视言近旨远，尤其有助于他对屈原及其作品的理解。刘永济论屈赋辞章之美，之所以臻于胜境，不是偶然的。

① 刘永济：《屈赋通笺：附笺屈馀义》，北京：中华书局，2010年，第112页。

第九章　《文心雕龙校释》的文学史建构

大体说来，以往对于刘永济的《文心雕龙校释》，均着眼于其文学理论或古代文论方面的建树，而忽略了其一以贯之的文学史视角，因而对其独特的学术个性和学术贡献关注不够。本章的宗旨是，致力于揭示《文心雕龙校释》的学术个性，以充分展现刘永济《文心雕龙》研究的独特风采和主要成就。

第一节　“校释之作，原为大学诸生讲习魏、晋、六朝文学而设”

1959年10月，刘永济为中华书局版《文心雕龙校释》撰写《前言》，关于“校释之用意”，他说：“校释之作，原为大学诸生讲习魏、晋、六朝文学而设。”① 视《文心雕龙》为卓越的文学史著作，这是刘永济早已明确并一以贯之的理念。1928年9月，刘永济作《十四朝文学要略·叙论》，开章明义即云：“文学之有专史，征之往籍，不少概见。其近似者，则有若仲洽《流别》之俦，公曾《叙录》之类，虽名高往代，而零落殆尽，千载而下，莫由寻讨。其仅存者，厥惟彦和舍人《文心雕龙》，都五十篇，如精金美玉，称文苑之鸿宝焉。”② 刘永济将《文心雕龙》视为中国古代一部足当文学史之称的著述，所以把它作为文学史教材来用，其《文心雕龙校释》的文学史视角因而体现得极为分明。

---

① 刘永济校释：《文心雕龙校释：附征引文录》前言，北京：中华书局，2010年，第3页。

② 刘永济：《十四朝文学要略》，北京：中华书局，2010年，第1页。

如果与黄侃的《文心雕龙札记》加以比较，对《文心雕龙校释》的学术个性就可以看得更为清楚。虽然都以《文心雕龙》为研究对象，但黄侃的宗旨在于阐发骈文理论，而刘永济则立足于把握汉魏六朝文学的流变，并对其代表作家、作品、文体等从文学史角度加以评析。

一、黄侃的《文心雕龙札记》旨在阐发骈文理论

黄侃的《文心雕龙札记》是民国初年桐城派和《文选》派纷争的产物。在中国文学史上，古文和骈文之争来历久远，深刻影响了中国文学的风貌。中唐韩愈所倡导的古文运动对骈文造成了沉重的打击，苏轼所谓"文起八代之衰"①，说的就是这个史实。清代中叶的骈散之争，了解其底细的人或许不那么多。其时代表古文的是桐城派的方苞、刘大櫆、姚鼐，代表骈文的则是阮元等人。自从唐代的韩、柳确立古文在文章领域的正宗地位以来，骈文在宋元明各代长期处于弱势。但随着清代朴学的兴起，知识精英的古典文化素养日渐深厚，以驱遣典实、藻采绚烂为特征的骈文获得了巨大的发展空间。陈维崧、毛奇龄、胡天游、汪中、邵齐焘、孔广森、洪亮吉、孙星衍、彭兆荪等皆为清代的骈文名家。在这种背景下，骈文家欲与古文家争文章正宗，便是一桩自然不过的事。乾嘉时期的阮元，以骈文派健将的身份，登高一呼，宣称古文不配称为"文"，只有骈文才具有"文"的资格。其理论依据即六朝时期的文笔说，而他所擎的大旗则是他称之为"千古文章之祖"、相传为孔子所作的《文言》。他从训诂入手，推断"文"必须具备两个条件。一是必须有韵。所谓"有韵"，并非仅指押脚韵，还包括句中的平仄协调②。二是必"多用偶"。"凡偶，皆文也。于物两色相偶而交错之，乃

① 〔宋〕苏轼：《潮州韩文公庙碑》，〔宋〕苏轼著，孔凡礼点校：《苏轼文集》，北京：中华书局，1980年，第509页。

② 阮元《文韵说》云："梁时恒言所谓韵者，固指押脚韵，亦兼谓章句中之音韵，即古人所言之宫羽，今人所言之平仄也。""四六乃有韵文之极致，不得谓之为无韵之文也。昭明所选不押韵脚之文，本皆奇偶相生有声音者，所谓韵也。"（见郭绍虞主编《中国历代文论选》第3册，上海：上海古籍出版社，1980年，第592页。）按照阮元的说法，无论押韵还是不押韵，只要声律和谐，整练含蓄，均可归入"文"的范围。

得名曰文，文即象其形也。”① 用上述标准来衡量古代作品，其结论是：“凡说经讲学，皆经派也；传志记事，皆史派也；立意为宗，皆子派也。惟沉思翰藻，乃可名之为文也。非文者，尚不可名为文，况名之为古文乎！”② 一句话，只有骈文才配称为“文”，韩柳一脉的古文，要么归入“子派”，要么归入“史派”，就是不配被称为“文”。阮元与桐城三祖之间的纷争在乾隆年间达到高潮，至民国初年又由黄侃和姚永朴在新的历史条件下继续展开。姚永朴在北京大学讲授桐城派的理论，其代表作即所著《文学研究法》25 篇，“每成一篇，辄为诸弟子诵说，危坐移时，神采奕奕，恒至日昃忘倦；仆御环听户外，若有会心者；其发凡起例，盖仿之刘勰《文心雕龙》，而自上古有书契以来，论文要旨，略备于是焉”③。姚永朴以桐城派的“义法”为支柱，系统构建古文理论体系，提倡文以载道和阳刚阴柔之说，是民国初年代表桐城派宗旨的一部文论名著。其时黄侃亦在北京大学任教，主讲《文心雕龙》，《文心雕龙札记》即汇集其讲义而成。《文心雕龙札记》以阐发骈文理论为宗旨，是民国初年骈文派（又称《文选》派）的一部文论名著。其著述动机，首先是为了与姚永朴论争。

黄侃之所以选择《文心雕龙》为讲授对象，原因在于：“《文选》和《文心雕龙》为学习骈文的两大要籍，《文选》是选录骈文的总集，而《文心雕龙》则是讨论骈文作法、修辞和风格的批评专书。”④ 换句话说，《文心雕龙》既是写作骈文时必须取法的一部必读书，也是研究骈文时必须取资的一部必读书。《文心雕龙》讨论作法的 20 余篇作品，其中所说的种种法则，都是根据骈文的特点提出来的，如炼

---

① 〔清〕阮元：《文言说》，郭绍虞主编：《中国历代文论选》第 3 册，上海：上海古籍出版社，1980 年，第 587 页。

② 〔清〕阮元：《书梁昭明太子文选序后》，舒芜等编选：《中国近代文论选》，北京：人民文学出版社，1959 年，第 106 页。

③ 钱基博：《现代中国文学史》，南京：江苏文艺出版社，2008 年，第 184 页。

④ 蒋伯潜、蒋祖怡：《骈文与散文》，上海：上海书店出版社，1997 年，第 32 页。

字、章句、丽辞（对偶）、事类（用典）、声律、熔裁、附会、情采、夸饰、定势、风骨等。盖与散文相比，骈文在体制上有其鲜明的特点。一是讲究对偶，追求句式结构的平衡、对称。除了每段的发句、收句，以及段中的转接句、补足句等可用散句外，其他句子均须遵循字句相对的准则。二是多用四言句、六言句，故晚唐以后骈文又被称作“四六文”。刘勰曾分析说：“四字密而不促，六字格而非缓，或变之以三五，盖应机之权节也。”① 根据对仗的不同情形，其基本句式包括四四、六六、四四四四、四六四六、六四六四等五种，而以四言句、六言句居多。三是讲究音韵和平仄，骈文有押韵的，也有不押韵的，箴、铭、赞、颂、诔词等通常押韵。骈文的平仄要求由徐陵、庾信首倡，唐代以后日渐流行，其规律与近体诗大体相同。四是讲究用典，辞赋、散文、诗歌等各类文体虽也用典，但都属于一种修辞手段，可以多用，也可以少用，甚至可以不用，而对于骈文来说，用典则是这一文体的基本特点，可以说无典不成骈文。五是注重藻饰，喜用色彩浓烈、典雅富丽的词汇，与庄重朴质的古文在风格上差异显著。从实际情况来看，颜色、金玉、香花、异草等类词语在骈文中出现频率最高，而在古文中则被列为禁忌。就其辞藻绚烂而言，骈文是典型的“美文”，而抒情与写景则构成骈文内容的重心。《文心雕龙》的理论问题和具体命题，就是围绕骈文的特点而设计的，黄侃依托这部名著来阐发骈文理论，可以获得相得益彰的效果。

黄侃的《文心雕龙札记》，从阐发骈文理论的宗旨出发，形成了三个相互呼应的特点。其一，《文心雕龙》共五十篇，黄侃札记仅讨论了其中的31篇，取舍之间，主要着眼于建构骈文理论的需要，如选取辨析的《神思》《体性》《风骨》《通变》《定势》《情采》《镕裁》《声律》《章句》《丽辞》《比兴》《夸饰》《事类》《练字》《隐秀》《指瑕》《养气》

---

① 〔南朝梁〕刘勰著，王利器校笺：《文心雕龙校证》，上海：上海古籍出版社，1980年，第219页。

《附会》《总术》等十九篇都是集中说明骈文法则的篇目。黄侃选讲的其他12篇中，《原道》《宗经》《征圣》《正纬》《辨骚》是“文之枢纽”①，《序志》一篇自叙其著述缘起及体例，不能不讲，剩下讲到的其他篇目就只有《明诗》《乐府》《诠赋》《颂赞》《议对》《书记》六篇了。这六篇中，《诠赋》《颂赞》涉及的主要是骈体文类，《明诗》《乐府》的修辞特点与骈体颇多相通之处，而《议对》《书记》由于涵盖了骈文之外的其他主要文类，略加讨论，一方面不至于喧宾夺主，另一方面也有助于体系的完整。其二，黄侃所写的31篇札记中，篇幅最大的几篇依次是《章句》《乐府》《诠赋》《书记》《声律》《丽辞》《夸饰》《总术》《明诗》，其中《章句》最长，约两万字。《章句》之所以备受重视，不仅因为这是骈文写作和研究的一个关键所在，还因为黄侃是语言学家，在这一领域积累了丰厚的学识，有话可说。《乐府》《诠赋》《书记》《明诗》之所以篇幅较大，则是因为所涉文体在中国古代蔚为大宗，而黄侃对五言诗和乐府素有研究，正好借此一抒所蕴。《声律》《丽辞》《夸饰》《总术》之受青睐，乃是因其与骈文理论关系密切，符合黄侃与姚永朴论争之需。《丽辞》一篇的札记，开篇即阐明骈体并非人为的结果，而是天然就该如此，它可以兼容散体，却绝非散体所可取代：“文之有骈俪，因于自然，不以一时一人之言而遂废。然奇偶之用，变化无方，文质之宜，所施各别。或鉴于对偶之末流，遂谓骈文为下格；或惩于俗流之恣肆，遂谓非骈体不得名文；斯皆拘滞于一隅，非闳通之论也。惟彦和此篇所言，最合中道。一曰高下相须，自然成对。明对偶之文依于天理，非由人力矫揉而成也。次曰岂营丽辞，率然对尔。明上古简质，文不饰雕，而出语必双，非由刻意也。三曰句字或殊，偶意一也。明对偶之文，但取配俪，不必比其句度，使语律齐同也。四曰奇偶适变，不劳经营。明用奇用偶，初无成律，应偶者不得不偶，犹应奇者不得不奇也。

① 〔南朝梁〕刘勰著，王利器校笺：《文心雕龙校证》，上海：上海古籍出版社，1980年，第295页。

终曰迭用奇偶，节以杂佩。明缀文之士，于用奇用偶，勿师成心，或舍偶用奇，或专崇俪对，皆非为文之正轨也。舍人之言，明白如此，真可以息两家之纷难，总殊轨而齐归者矣。”① 黄侃没有简单否定“舍偶用奇”，这不是向桐城派让步，而旨在表明，骈文可以兼容散体之长。所谓散体，在黄侃看来，是没有资格被称为“文”的。其三，锋芒所向，不时对桐城派的核心论点加以指斥，如文以载道说，如阳刚阴柔说，凡桐城派视为创获、热心标举的主张，几乎无一幸免。如《原道》的札记，要点即在指斥桐城派的文以载道说：“《序志》篇云：《文心》之作也，本乎道。按彦和之意，以为文章本由自然生，故篇中数言自然，一则曰：心生而言立，言立而文明，自然之道也。再则曰：夫岂外饰，盖自然耳。三则曰：谁其尸之，亦神理而已。寻绎其旨，甚为平易。盖人有思心，即有言语；既有言语，即有文章。言语以表思心，文章以代言语，惟圣人为能尽文之妙，所谓道者，如此而已。此与后世言文以载道者截然不同。”② “今曰文以载道，则未知所载者即此万物之所由然乎？抑别有所谓一家之道乎？如前所说，本文章之公理，无庸标楬以自殊于人；如后之说，则亦道其所道而已，文章之事，不如此狭隘也。”③ 桐城派的“文以载道”，指的是“周公、孔子之道”；黄侃则强调，刘勰所“原”之“道”，指的是“万物之所由然”，即宇宙万物之所以如此的自然法则，其格局气象，非旨趣单一的“周公、孔子之道”所能比拟。黄侃所说是否符合刘勰本意，此处不论，重要的是，黄侃始终扣住与桐城派论争的宗旨，借《文心雕龙》以排击桐城，《文心雕龙札记》因而富于论争色彩。又如《定势》的札记，宗旨是否定桐城三祖之一姚鼐所倡导的阳刚阴柔之说：“古今言文势者，提封有三焉：其一以为文之有势，取其盛壮，若飘风之旋，奔马之驰，长河大江之倾注，此专标慷慨以为

① 黄侃撰，周勋初导读：《文心雕龙札记》，上海：上海古籍出版社，2000 年，第 162 页。

② 同上书，第 5 页。

③ 同上书，第 6 页。

势，然不能尽文而有之。其次以为势有纡急，有刚柔，有阴阳向背，此与徒崇慷慨者异撰矣。然执一而不通，则谓既受成形，不可变革；为春温者，必不能为秋肃，近强阳者，必不能为惨阴。为是取往世之文，分其条品，曰：此阳也，彼阴也，此纯刚而彼略柔也。一夫倡之，众人和之。噫！自文术之衰，窾言文势者，何其纷纷耶！吾尝取刘舍人之言，审思而熟察之矣。彼标其篇曰《定势》，而篇中所言，则皆言势之无定也。”①自姚鼐起，阳刚阴柔之说就被桐城派视为家法，一时风靡文坛，黄侃加以指斥，表达了与桐城派针锋相对的立场。作为民国初年骈文派的一部代表性理论著作，《文心雕龙札记》否定文以载道，否定阳刚阴柔之说，系统梳理骈文理论，其学术个性彰彰在目。

二、《文心雕龙校释》以梳理汉魏六朝文学流变为宗旨

刘永济撰《文心雕龙校释》，其学术史视野中最重要的著作即《文心雕龙札记》。他曾对程千帆说：“季刚的《札记》，《章句篇》写得最详；我的《校释》，《论说篇》写得最详。”② 看似寻常的几句话，却道出了刘永济的撰述心态：他有志于写一部迥异于《文心雕龙札记》而又足以与之比肩的龙学著作。刘永济的这一学术抱负，可以说，实现得相当圆满。

《文心雕龙校释》以阐释汉魏六朝文学流变为宗旨，形成了与黄侃《文心雕龙札记》大为不同的几个特点。其一，《文心雕龙》中为黄侃所忽略的19篇，刘永济一一作了校释。黄侃所忽略的这些篇目，大体包括两类，一类是从不同角度综合讨论文学史的流变、不同作家的个性之异、古代文本的阅读与鉴别、古代作家的社会学考察，如《时序》《才

① 黄侃撰，周勋初导读：《文心雕龙札记》，上海：上海古籍出版社，2000年，第109页。

② 程千帆：《刘永济先生传略》，《程千帆全集》第7卷《闲堂文薮》，石家庄：河北教育出版社，2000年，第242页。

略》《知音》《程器》；一类是具体说明各类文体的特点及其发生、发展、繁荣、衰落，每一篇即相当于某一文体或某几类文体的小史，如《祝盟》《铭箴》《诔碑》《哀吊》《杂文》《谐讔》《史传》《诸子》《论说》《诏策》《檄移》《封禅》《章表》《奏疏》《议对》。刘永济倚重这些篇目，旨在建立总论与分论相辅相成的文学史叙述框架，理清文学史叙述脉络。其二，《文心雕龙校释》最长的几篇，依次是《论说》《史传》《时序》《声律》《明诗》。其中有几篇是据论文提炼而成的：1936 年，刘永济在《文哲季刊》第 5 卷第 4 号刊发《〈文心雕龙·时序篇〉述义》；1937 年，刘永济在《文哲季刊》第 6 卷第 1 号刊发《〈文心雕龙·论说篇〉述义》；1944 年，刘永济在《新中华》（复刊号）第 2 卷第 1 期刊发《〈文心雕龙·明诗篇〉释义》。之所以尤为关注《时序》，是因为"本篇总论十代文运升降之故，文皆顺序，区段分明"，大体理清了"十代"的文学史脉络①；之所以尤为关注《论说》，是因为魏晋是论说文的极盛时期，瞻前顾后，可以对这一文体的历史进程获得完整的把握；之所以尤为关注《明诗》，则是因为诗乃中国文学之大宗，理清了诗史，许多文学史难题也就迎刃而解了。刘永济对《史传》和《声律》的关注，同样是为了揭示文学史上的风会变迁。盖史传是魏晋尤其是南北朝极为兴盛的文体。"自周室东迁，史官弛废，战代纷纭，秦制草率。汉承其弊，史官一职，未重于时。故史迁抒愤，亦言'主上所戏弄，倡优所畜，流俗所轻'也。迨及东京，兰台东观，始称著作之林。《史记》《汉书》，遂为时人所习。魏晋以下，其职愈重，其道愈替。"② 而声律之重要，不仅因为这是骈文的构成要素，也是诗体演变的关键所在，"试即南朝之文审之，四六之体，粗备于范晔、谢庄，成于王融、谢朓，而王、谢亦复渐开律体。影响所及，迄于隋、唐，文则悉成四六，诗则

---

① 刘永济校释：《文心雕龙校释：附征引文录》，北京：中华书局，2010 年，第 153 页。

② 同上书，第 49—50 页。

别为近体，不可谓非声律论开其先也”①。从“四六之体”“粗备”到“悉成四六”，从永明新体到唐代的律诗，声律的讲求与成熟乃是六朝诗文演进的焦点，因而成为文学史研究的重要内容。其三，刘永济认真编撰了容量极大的《文心雕龙征引文录》，“凡所征引，泛滥四部。篇章繁富，十倍《萧选》”②。1933 年刘永济开始在武汉大学讲授“汉魏六朝文”，《文心雕龙征引文录》即由武汉大学出版部作为讲义印行。其《小引》指出，文学史著述在“传人”（作家叙述）和“诠理”（文体源流叙述）之外，还应包括“撰录”（作品选）③。与刘师培《搜集文章志材料方法》一文比较④，可以发现：刘师培着眼之处仍在作家叙述（“以人为纲”）和文体源流叙述（“以文体为纲”），而刘永济还注意到作家叙述和文体源流叙述需以具体的作品为参证，特编撰《文心雕龙征引文录》以资参考，其教学方式较之刘师培的设想更具可操作性。《征引文录》以《文心雕龙》的上篇为纲，涉及《诠赋》《颂赞》《祝盟》《铭箴》《诔碑》《哀吊》《杂文》《谐讔》《论说》《诏策》《檄移》《封禅》《章表》《奏启》《议对》《书记》，共 16 篇。为了节省篇幅，“凡见《楚辞》《文选》者不

---

① 刘师培：《中国中古文学史讲义》，上海：上海古籍出版社，2006 年，第 92 页。

② 刘永济校释：《文心雕龙校释：附征引文录》，北京：中华书局，2010 年，第 211 页。

③ 刘永济：“昔挚虞撰《文章流别志论》而外，复有集四十一卷。虽其书弗传，大抵志以传人，论以诠理，集者所撰录之篇章也。窃尝叹其立体之精，包举之大，而恨其散佚之早也。后有作者，类多偏主。今所存昭明《文选》，撰录之类也；《文心雕龙》，诠品之流也。然彦和《序志》自述论文叙笔，约以四纲：一曰原始以表末，二曰释名以章义，三曰选文以定篇，四曰敷理以举统。今观其书，《明诗》以下二十篇，每论一体，辄标举篇章，用相衡鉴。则撰录虽无专书，苟就其所论列之文，撮录为一编，亦犹流别之有集也。”见《文心雕龙校释：附征引文录》，北京：中华书局，2010 年，第 211 页。

④ 刘师培云：“文学史者，所以考历代文学之变迁也。古代之书，莫备于晋之挚虞。虞之所作，一曰《文章志》，一曰《文章流别》。志者，以人为纲者也；流别者，以文体为纲者也。今挚氏之书久亡，而文学史又无完善课本，似宜仿挚氏之例，编纂《文章志》《文章流别》二书，以为全国文学史课本，兼为通史文学传之资。”详见刘师培《中国中古文学史讲义》，上海：上海古籍出版社，2006 年，第 100 页。

录；凡涉及全书者不录；凡诗歌乐府不录”[1]。所以《辨骚》《明诗》《乐府》《史传》《诸子》各篇虽无“征引文录”，但因《楚辞》《文选》等书较为常见，并不影响教学。刘永济得意于《文心雕龙征引文录》“篇章繁富”，“十倍”于萧统《文选》，这当然不是卖弄其卷帙之多，而是因为，《文心雕龙》在梳理每一种文体的源流正变时，通常要论及早期作品。这些早期作品，虽大都缺少文采，不能视为某一文体的代表作，故《文选》不予选录，但就文学史研究而言，这些作品在文体的发生发展过程中的意义，并不逊色于其成熟期的代表作，甚或可能超过其成熟期的代表作。刘永济大量予以征引，正是出于文学史教学的需要。上述三个特点，集中显示了《文心雕龙校释》的文学史视角和学术个性。

第二节 《文心雕龙校释》注重“风会”即长时段文学状况的考察

与刘永济的文学史视角密切相关，其《文心雕龙校释》对长时段文学状况的考察倾注了巨大心力，用刘永济自己的话说，即致力于“风会”的考察与阐发。

20世纪中期崛起的法国年鉴学派认为，史学家工作的好坏与提出问题的质量高低有直接关系。史学研究同其他任何学科一样，不能纯粹靠搜集和罗列事实来进行。法国年鉴学派的后期代表布罗尔（F. Braudel）明确提出了“长时段”概念。他指出，长期的连续性与短期的急剧变化之间的相互作用才是历史本质的辩证关系。关注不同周期的事态比关注无关宏旨的个别事实更有意义。我们不能满足于用叙述

---

① 刘永济：《文心雕龙征引文录》凡例，刘永济校释：《文心雕龙校释：附征引文录》，北京：中华书局，2010年，第214页。

的方法来罗列事实，而应致力于在事实之间建立联系，以得出有价值的结论。① 刘永济注重对风会的考察，所关注的正是长时段的事态，而不是个别事实。他当然无从知道所谓年鉴学派，但学术思考一旦深入问题的核心，往往会召唤出殊途同归的境界。刘永济提出的若干命题，确有其超越具体领域的理论意义。

一、"论文体之肇兴者，当于其风会已成之时"

"论文体之肇兴者，当于其风会已成之时"②。刘永济的这个命题，是因讨论五言古诗的肇兴时代而提出来的。所谓古诗，即古体诗，是相对唐代兴起的近体诗来说的。与近体诗有严密的格律限制不同，古诗在格律和句式上都无严格要求。根据每句字数的不同，古诗可以分为五言古诗和七言古诗。关于古诗所包括的范围，有广义和狭义两种分法。广义的古诗，包括了四言诗、乐府诗、楚辞、五古、七古、杂言古等体裁。狭义的古诗，则仅仅包括五言古诗和七言古诗。之所以把《诗经》、楚辞、乐府诗排除在狭义的古诗之外，是因为这几种诗体各有其特殊性，不宜与五古、七古相提并论。刘永济所说的"五言古诗"，指的是狭义的古诗。

关于文人五言诗的产生，曾有过始于苏武、李陵、班婕妤等多种不同说法，目前较为流行的说法是，现存最早的文人五言诗是东汉班固的《咏史》，但不同的意见仍广泛存在。赵敏俐《20世纪出土文献与中国文学研究》一文明确表示，五言古诗肇兴于西汉的说法不宜轻易否定："关于汉代文人五言诗究竟产生于何时的问题，由于年代久远，文献缺失，有些作品远在六朝时就或者是作者难详，或者是记载太少，因此就

---

① ［英］杰弗里·巴勒克拉夫：《当代史学主要趋势》，杨豫译，上海：上海译文出版社，1987年，第58—59页。

② 刘永济校释：《文心雕龙校释：附征引文录》，北京：中华书局，2010年，第18页。

有人对一些古老的说法提出疑问。后来又有人不断推衍，陆续产生一些疑说。到了近现代，学者们越发‘变本加厉’，就以这些疑说为根据来下结论，认为文人五言诗到东汉时才成熟，西汉时根本不会产生文人的五言佳作，于是，在历史上曾有过明确记载的所列在西汉人名下的五言诗，如虞姬的诗、枚乘的诗、李陵的诗、苏武的诗、班婕妤的诗等，都成了不可靠的，《古诗十九首》只能产生在汉末。今天看来，这种一概否定的说法是值得重新思考的。”①

五言古诗是肇兴于西汉还是肇兴于东汉？《文心雕龙校释》的答案是：肇兴于东汉。之所以下这个结论，不是说西汉没有一首以五字句式贯穿首尾的五言诗，更不是说东汉以前的诗中没有五字句式，而是说写作五言古诗的风气还未形成。“论文体之肇兴者，当于其风会已成之时。若摘句一篇之中，搜章众制之内，谓五言兴于虞廷，七言成于周世，则一代之殊尚，古今之沿革，何由见焉”②。刘永济论五言古诗的肇兴，不是拘泥于一句五言诗或者一首五言诗产生时间的考订，而是着眼于风会的形成，这里显示的正是对文学发展周期而不是对个别事实的关注。盖东汉班固之后，五言诗渐趋兴盛，张衡、秦嘉、郦炎、赵壹、蔡邕、孔融等人都有五言诗传世。钟嵘敏锐地指出，在汉末魏晋时期，五言诗已“居文词之要”③，成了当时的流行诗体，取代了四言诗的主导地位。刘永济关注的是五言诗已“居文词之要”这样一种风会，而不是某一首五言诗的作者和产生时间。文学史眼光与文献学眼光之差异，由此可见：就文献学研究而言，“在历史上曾有过明确记载的所列在西汉人名下的五言诗，如虞姬的诗、枚乘的诗、李陵的诗、苏武的诗、班婕

① 赵敏俐：《20世纪出土文献与中国文学研究》，《古典文学的现代阐释及其方法》，北京：商务印书馆，2013年，第269页。

② 刘永济：《文心雕龙校释：附征引文录》，北京：中华书局，2010年，第18页。又见于刘永济《十四朝文学要略》，北京：中华书局，2010年，第131页。

③ 〔南朝梁〕钟嵘：《诗品序》，〔清〕何文焕辑：《历代诗话》，中华书局，1981年，第3页。

好的诗等”，是否可靠，还可以继续考订；就文学史研究而言，无论相关考订具体结论如何，都不影响这个判定：五言古诗肇兴于东汉。

文学的发展之所以常常呈现周期性的特征，是因为不同时代存在着不同的趣味标准。《诗经》时代的趣味不同于《离骚》时代的趣味。六朝的趣味不同于魏晋的趣味。每个时代都有它的基调和色彩，准确地描绘出一个时代的特征，使之与其他时代大体区别开来，会让关心这一问题的人感到惬意，受到启发。刘永济热心于“风会”的考察并取得了诸多创获。例如他论上古至东晋的“文章风气”，用了“九变”来加以概括：“陶唐世质，民谣朴野，及虞廷赓歌，有雍容之美，乃心乐声泰之文，此一变也。三代之文，由咏功颂德，变而为刺淫讥过，此二变也。战国诸子朋兴，齐楚称盛，齐尚雄辩，楚富丽辞，皆出纵横之诡俗；西汉文变虽多，不外屈宋余响，此三变也。东汉中兴以后，顺桓以前，稍改西京之风，渐靡经生之习，由丽辞而为儒文，此四变也。灵帝以后，学贵墨守，文亦散缓，其时作者，类多浅陋，比之俳优；文章风气，由盛而衰，此五变也。汉末大乱，民怨沸腾，魏武雄兴，志存勘定，文帝纂业，雅好词华，影响所及，文风亦慷慨而多气，此六变也。魏明以后，玄言渐盛，慷慨之气，至此稍衰，‘篇体轻澹’，此七变也。西晋承流，文家苦其轻澹，乃有‘结藻清英，流韵绮丽’之文，此八变也。元帝南渡，君臣晏安，士气颓废，加以玄风大扇，故‘世极迍邅，而辞意夷泰’，此九变也。”① 刘永济的概括，当然是在《文心雕龙》的基础上作出的，但说得如此透辟，亦足以见出刘永济的识力。20 世纪 80 年代，勃兰兑斯《十九世纪文学潮流》等西方学术名著大量译介为中文，一度引发了宏观研究的热潮，诸多学者纷纷致力于对某一时段或某一地域的文学风尚做出概括，其实这种研究方式在中国本有其深厚传统，资源丰厚，足资借鉴。刘永济的文学史研究，就是一个例子。

---

① 刘永济校释：《文心雕龙校释：附征引文录》，北京：中华书局，2010 年，第 153—154 页。

二、刘永济致力于在“风会”与社会变迁之间寻找关联

如何确定各时代的“风会”，如何揭示“风会”的形成原因，一个曾被广泛采用的思路是，把“一代有一代之所胜”的说法落实为文学史叙述。如陆侃如、冯沅君《中国文学史简编》（1932年大江书铺初版），上编目次：中国文学的起源、古民族的文学、乐府古辞、三国六朝的诗、唐代的诗、散文的进展、戏曲小说的雏形；下编目次：中国文学的新局面、宋代的词、元明散曲、元明杂剧、明清传奇、明清平话、明清章回小说、近代的散文、文学与革命。郑振铎曾在《中国文学史的分期问题》（1958年）一文中直率地批评了这种方式的不当：“陆侃如的《中国诗史》，抱着每个时代各有其特殊的文体的见解（唐诗，宋词，元曲），在宋就不言‘诗’只言‘词’，在元就不言‘诗’‘词’只言‘散曲’，尽管宋、元二代有着不少的写作诗词的伟大诗人们存在着。论宋诗能够忽略了梅尧臣、陆游、杨万里们吗？述元诗的，可以把元好问、虞集、范梈、杨载、揭傒斯和杨维桢他们的名字删去吗？像他那样的《中国诗史》，究竟是一部怎样的半身不遂或肢体残缺的‘诗史’呢？在那里，怎能看得出中国诗歌发展的全貌呢？”① 陆侃如、冯沅君《中国文学史简编》虽然比其《中国诗史》涵盖的文体丰富一些，但基本思路是一致的，即从文体兴废的角度突出“一代有一代之所胜”，故郑振铎对《中国诗史》的批评，也适用于《中国文学史简编》。

在对“风会”的考察中，如何克服郑振铎所批评的“肢体残缺”的弊端？罗素的一个想法颇能予人启示。他在其《西方哲学史》美国版序言里说：“关于任何一个哲学家，我的知识显然不可能和一个研究范围不太广泛的人所能知道的相比。我毫不怀疑，很多人对于我所述及的任何一个哲学家——除了莱布尼兹之外——都比我知道得多。然而，如果

① 郑振铎：《郑振铎古典文学论文集》，上海：上海古籍出版社，1984年，第18页。

这就成为应该谨守缄默的充分理由，那么结果就会没有人可以论述某一狭隘的历史片段范围以外的东西了。斯巴达对于卢梭的影响、柏拉图对于十三世纪以前基督教哲学的影响、奈斯脱流斯教派对于阿拉伯人以及从而对于阿奎那的影响、自从伦巴底诸城的兴起直到今天为止圣安布洛斯对于自由主义的政治哲学的影响，这都是一些只有在一部综合性的历史著作里才能处理的题材。”① 罗素的话提示了一种思路：哲学史或者文学史，不仅要分别关注若干相对独立的对象，尤其要关注创造过程，关注那些深刻影响文学形态的文化形塑力量和社会形塑力量。从这一角度来看，刘永济确有其长处。关于汉赋的源流正变，关于五言诗的肇兴，关于汉魏议论文之极盛，关于建安风骨的形成，关于东汉以降子书之繁荣，《文心雕龙校释》致力于揭示“风会”与社会变迁之间的关联，构成了其“风会”研究的重要内涵。

例如，西汉年间一个备受关注的文学趋势是纵横家之转为赋家。战国纵横家的辞令，注重虚构和铺排，以造成磅礴的气势和铿锵的音节，并借这种文气的魅力感染对方。从《战国策》所收那些策士的论说来看，以归纳和演绎的方法来证明一个真理并不是重心所在，极力铺排一连串虚构的情事以渲染其策略的优长才是其优长所在。这种方式，和赋本有相通之处。早在清代，《战国策》中部分纵横家的言谈辞令即被一些学者视为赋作。比如《战国策·楚策》中的《庄辛谓楚襄王》一章，清中叶的姚鼐编《古文辞类纂》，就收入《辞赋类》中。姚鼐的分类，可能稍欠严谨，但却凸显了纵横家言论与赋体相通的一面。如章学诚所说：“古之赋家者流，原本《诗》《骚》，出入战国诸子，假设对问，《庄》《列》寓言之遗也；恢廓声势，苏、张纵横之体也；排比谐隐，韩非《储说》之属也；征材聚事，《吕览》类辑之义也。”② 20 世纪 80 年

---

① ［英］罗素：《西方哲学史》，何兆武、李约瑟译，北京：商务印书馆，1963 年，卷首第 6 页。

② 〔清〕章学诚：《校雠通义》，北京：古籍出版社，1956 年，第 43 页。

代，郭预衡著《中国散文史》，将这一论断发挥得更为淋漓尽致。①

战国策士的铺排和汉赋的铺排，两者之间的相似之处一目了然，两者之间的差异也同样一目了然：盖策士的目的是推销其政治策略，而赋家的宗旨是取悦于特定的读者，尤其是取悦于帝王。由策士转为赋家，其背后的推动力量何在？明确地揭示这一趋势，尤其是深刻阐明这一趋势形成的社会原因和文化原因，对文学史家是一次难度极大的检测。而刘永济的答案极有启发性。《文心雕龙校释》借阐释《时序篇》的“故知帏烨之奇意，出乎纵横之诡俗”二语切入，不仅认可《文心雕龙》的这两句话“深得屈宋文体流变之故，与实斋章氏论战国文体出于行人辞命之说，可谓旷世同调”，还连类而及，对汉大赋的兴盛原因及其特点作了透辟的阐发：“屈子主连齐抗秦，与子兰上官之主和秦者异趣，故遭贬斥，是屈子亦近纵横家也。汉初人士多习纵横长短之说，而赋家如贾谊、司马相如、枚乘、严忌、邹阳之徒，皆有战代驰说之习，但高祖已厌纵横，文景务崇清净，故贾谊抑而邹枚沉，于是纵横之士，无所用之，乃折入辞赋；及武帝之世，此风已成，而赋人亦渐为帝王所重，其间因缘，固甚明白，舍人二语，已足窥见本源。实斋演之，遂成名论。”② 刘永济所做的不是单纯的文体研究，而是基于文体把握的文学史进程研究或历史中的文学进程研究。章太炎曾说：“纵横家的话，本

① 郭预衡：“从时代环境的变化来考察，《七发》这样的作品，可能还是从战国游士的游说之辞发展而来的。《史记·商君传》记载商君因秦孝公宠臣景监而见孝公，先说以‘帝道’，孝公‘时时睡，弗听’，再说以‘王道’，也‘未中旨’，又说以‘霸道’，称‘善’而‘未用’，最后乃说以‘强国之术’，孝公才‘大悦之’。像这样的游说过程，不是和《七发》的讽谏方式极其相似吗？《七发》是讽谏梁孝王的作品，其用意与《谏吴王书》也有某些相似。游士而为侍从，游说变为讽谏，渊源是明显的。战国时的游说，到汉代就变成了讽谏。其实游说和讽谏，都是向人君陈说自己的意见。游说一般包括两个内容，先是夸赞，然后进言。赋体之文也都如此，先讲人君如何圣明，国家如何富强，游乐如何丰盛，最后才进讽谏。司马相如的《子虚》《上林》就是这样的作品。比《七发》更为典型。”见《中国散文史》上册，上海：上海古籍出版社，1986 年，第 201 页。

② 刘永济校释：《文心雕龙校释：附征引文录》，北京：中华书局，2010 年，第 154 页。

来有几分像赋，到天下一统的时候，纵横家用不着，就变作辞赋家。"①与刘永济所论，可以相互映发。

在对"故知晔烨之奇意，出乎纵横之诡俗"二语的讨论中，刘永济连带提出了"屈子亦近纵横家"的判断，这里包含了两层含义：一是说屈原不是单纯的文士，而是一个具有纵横家才情的政治家；二是说屈原在文风上偏爱铺张扬厉，与策士的文风有相近之处。屈原曾是一个意气风发的政治家，而不是一个纯粹的文人，有这种经历和抱负的人，才有可能写出屈赋。就屈原的文风而言，他生活在纵横家叱咤风云的时代，又曾长期办理外交事务，而纵横家本就起源于这类"行人"；他擅长辞令，既是其职守所需，又是其才情的自然发露。只有具备了这样一种素养和天性，才能写出辞藻绚烂、格局宏伟、内涵丰富的屈赋，才能为汉代的散体大赋导夫先路。"屈子亦近纵横家"的判断，就事实叙述而言，在屈赋研究中堪称别具只眼；而就对文学发展大势的把握而言，这一判断不仅指向西汉初年的纵横家之转为赋家，也指向诗人之赋之变为辞人之赋，因为屈原兼有诗人和纵横家的双重身份。

刘永济论齐梁类书之"盛极一时"，亦着眼于"觇尔时文人风尚"。②南朝梁萧绎《金楼子》卷四《立言》下曾说"古人之学者有二"："夫子门徒，转相师受，通圣人之经者，谓之儒。屈原、宋玉、枚乘、长卿之徒，止于辞赋，则谓之文。""曹子建、陆士衡，皆文士也，观其辞致侧密，事语更明，意匠有序，遣言无失，虽不以儒者命家，此亦悉通其义也。"③ 萧绎的说法，代表了南朝的一种流行观念："儒"与"文"是相对而言的，而文士远较儒生高明。正因为文士在南朝地位崇高，故南朝作家多以"文人"自居，贵为帝王的萧纲、萧绎等亦然；帝

---

① 章炳麟：《章太炎的白话文》，沈阳：辽宁教育出版社，2003 年，第 52 页。

② 刘永济校释：《文心雕龙校释：附征引文录》，北京：中华书局，2010 年，第 159 页。

③ 郭绍虞主编：《中国历代文论选》第 1 册，上海：上海古籍出版社，1979 年，第 340 页。

王斤斤计较地与文士竞争高下的情事亦时有所见。例如：

> 鲍照字明远，东海人，文辞赡逸。尝为古乐府，文甚遒丽……文帝以为中书舍人。上好为文章，自谓人莫能及。照悟其旨，为文章多鄙言累句，咸谓照才尽，实不然也。[①]

> 武帝每集文士策经史事，时范云、沈约之徒皆引短推长，帝乃悦，加其赏赉。会策锦被事，咸言已罄，帝试呼问（刘）峻。峻时贫悴冗散，忽请纸笔，疏十余事，坐客皆惊，帝不觉失色。自是恶之，不复引见。[②]

> （沈）约尝侍宴，值豫州献栗，径寸半。帝奇之，问曰："栗事多少？"与约各疏所忆，少帝三事。出谓人曰："此公护前，不让即羞死。"帝以其言不逊，欲抵其罪，徐勉固谏乃止。[③]

在这三个例子中，第一例属于创作方面的高下之争；第二、三例虽属于"积学"的范畴，而对典故的关切实为骈文盛行所使然，仍与创作相关。鲍照以自污求得文帝的优容，刘峻则因露才扬己而不为武帝所容，沈约系梁武帝老友，竟因不给皇帝面子而差点被治罪，这些事例提醒我们：重视骈文，重视"积学"，这是南朝文化生活的一个特征；在这样一个时代，不擅写作骈文，缺少写作骈文的知识积累，在社会生活中是吃不开的。

---

① 〔唐〕李延寿：《南史》卷13《临川烈武王道规传》附《鲍照传》，北京：中华书局，1975年，第360页。

② 〔唐〕李延寿：《南史》卷49《刘怀珍传》附《刘峻传》，北京：中华书局，1975年，第1219—1220页。

③ 〔唐〕姚思廉：《梁书》卷13《沈约传》，北京：中华书局，1973年，第243页。

刘永济指出：类书就是在上述文化语境中兴盛起来的。“晋宋之际，作者为文，渐重声色之美，于是联对征事之功，亦因之增重，且有以此夸洽闻、诧流俗者，齐梁之际，此风弥盛。”① “考史传所记齐梁人士，如姚察、王僧孺等，并称其多用新事，人所未见；王谌、刘峻等亦称：当时贵人，多使宾客隶事，以多为贵，而类书之作，乃盛极一时。”②这个结论既具文学史意义，有助于了解南朝的修辞风尚；又具学术史意义，有助于了解南朝的学术关切。刘师培尝云：“盖南朝之诗，始则工言景物，继则惟以数典为工。（观齐、梁人所存之诗，自离合诗、回文诗、建除诗以外，有四色诗、八音诗、数名诗、州郡名诗、药名诗、姓名诗、鸟兽名诗、树名诗、草名诗、宫殿名诗各体，又有大言、小言诸诗。此均为工数典者也。）因是各体文章，亦以用事为贵。”“而类书一体，亦以梁代为盛，藩王宗室，以事相高”，“虽为博览之资，实亦作文之助，即《诗品》‘文章略同书抄’，《齐书》所谓‘缉事比类，非对不发，博物可嘉，职成拘制’也”③。刘师培和刘永济都注意到了类书的兴盛与其时文人热衷于用典有关，但刘师培更多着眼于诗风的变迁，刘永济则着眼于整个文坛风尚的流变，各明一义，均有其会心之处。

三、文体兴衰和作家个性也在“风会”的视野之内

注重不同时代的风会流变，也包括对不同文体兴衰演变的考察，例如子书之鼎盛于战国，论说文之鼎盛于魏晋之际，纪传体、编年体及杂传之先后递兴于汉魏六朝等，刘永济一一作了简明扼要的梳理。如论说文一体，刘永济从其文类特征入手，单刀直入，阐明了其兴盛原因与具体表现。就兴盛的原因而言，“此体之兴废，常与学术相始终……魏晋

① 刘永济校释：《文心雕龙校释：附征引文录》，北京：中华书局，2010年，第158页。

② 同上书，第159页。

③ 刘师培：《中国中古文学史讲义》，上海：上海古籍出版社，2006年，第84页。

之际，世极乱离，学靡宗主，俗好臧否，人竞唇舌，而论著之风，郁然兴起，于是周成汉昭之优劣，共论于庙堂，圣人喜怒之有无，竞辨于闲燕。文帝兄弟倡其始，钟傅王何继其踪。殆风会既成，论题弥广”①。魏晋之间学术思想的活跃，深化了对诸多社会现象、文化现象和学术现象的认识，促成了论著文的大量问世。魏晋论著之文所涵盖的论题，集中于两个领域，“一则据刑名以为骨干，一则托老庄以为营魄。据刑名者以校练为家，托老庄者用玄远取胜。虽或宗致无殊，要各有其偏至”。六朝论题则“以三学为其宗：一曰《易》，二曰老庄，三曰佛。大抵魏晋之际，《易》与老庄为盛，刘宋以后，则老庄与佛相比，而儒学者常与之争衡”②。其概括殊为简洁，具有广阔的阐释空间。就兴盛的具体表现而言，刘永济在缕述其时著述丰富的基本事实之外，尤其关注魏晋论著文的论述方式：秦汉时代的所谓“论”，如贾谊的《过秦论》等，其实并不讲究逻辑证明或以客观事实加以证明，反倒有些像赋，大量虚构情事，并以铺排这类情事为主，以造成一种波浪迭起的文势。魏晋的论，则在逻辑证明的意义上真正具备了论的风范，虚构的情事也被视为负面因素排除掉了；魏晋论说文才是严格的论说文。这个结论的文学史意义，迄今为止，尚未得到学术界的充分重视。

注重不同时代风会的流变，与注重同一风会中不同作家的特点，这是文学史家必须兼顾的两个方面。没有一系列的个性就不存在真正的历史发展，认识不到历史的发展也不可能真正理解一系列的个性。刘永济在致力于勾画“风会”的变迁时，也注意到各个作家的独特面貌，展现了文学史研究的完整视野。譬如，同为建安作家，三曹七子自有其相同之处，即《文心雕龙·时序》所说：“观其时文，雅好慷慨，良由世

① 刘永济校释：《文心雕龙校释：附征引文录》，北京：中华书局，2010年，第62页。

② 同上书，第62—63页。

积乱离，风衰俗怨，并志深而笔长，故梗概而多气也。”① 但在这种共同的时代风格中，每个作家又有其独特的风采，即《文心雕龙·才略》所说：“子建思捷而才俊，诗丽而表逸；子桓虑详而力缓，故不竞于先鸣。而乐府清越，《典论》辩要，迭用短长，亦无懵焉。”“仲宣溢才，捷而能密，文多兼善，辞少瑕累，摘其诗赋，则七子之冠冕乎！琳瑀以符檄擅声，徐干以赋论标美；刘桢情高以会采，应玚学优以得文；路粹、杨修，颇怀笔记之工，丁仪、邯郸，亦含论述之美，有足算焉。”②“风会”与“个性”并不是水火不容的两个极端，而只是我们考察文学进程时所选择的两个不同层面。个人必须有自己的风格，而由若干个人风格汇聚而成的时代风格，就是“风会”。“风会”不是对个人风格的否定，而是对若干个人风格的综合与升华。对于“风会”与“个性”的差异和联系，《文心雕龙校释·才略篇》做了精到说明：“《时序》所论，属文学风尚之高下流变，论世之事也。本篇所重，在比较作品之长短，作家之同异，知人之事也。”③把《才略篇》与《时序篇》结合在一起加以评议，其意义在于：不仅注重历史关系和社会状态，也注重审美特性和审美判断，不仅注重整体，也重视个人。这样的文学史裁断，其内容才是丰满而严谨的。

第三节　文学史视野下的辨体研究及各体代表作之分析

从文学史视野考察《文心雕龙校释》对文体的关注，至少可以发现三个重要建树：一是确立了兼顾时代、作家和文体的文学史体例；二是

---

① 〔南朝梁〕刘勰著，王利器校笺：《文心雕龙校证》，上海：上海古籍出版社，1980年，第273页。

② 同上书，第282—283页。

③ 刘永济校释：《文心雕龙校释：附征引文录》，北京：中华书局，2010年，第166页。

揭示了各类文体的职能和规范；三是对代表作的分析从属于文学史建构。

一、确立了兼顾时代、作家和文体的文学史体例

《文心雕龙》的文体论各篇，与其《时序》《才略》配合，确立了兼顾时代、作家和文体的文学史体例。刘永济凭借《文心雕龙》的已有优势，以“释义”辅之，更有一种凭高望远的效果。

1957年1月6日，北京大学游国恩教授在《光明日报·文学遗产》周刊发表《关于编写中国文学史的几点意见》，他认为：“文学史的体例虽然是多种多样，但归纳起来，大体不外两种：一种是以作家为主的编写法，一种是以文体为主的编写法。”① 其实，除了游国恩所说的以作家为主和以文体为主两种体例外，还有第三种更有张力的体例，即以时代为经，以文体和作家为纬，也就是《文心雕龙》所采取的体例。刘勰的《文心雕龙》，其《时序篇》旨在以时代为经将文学史的历史进程划分成若干阶段，其《才略篇》旨在确认各个阶段不同作家的不同特点与成就，而文体论各篇则旨在确认各个阶段不同文体的代表作家及其代表作品，将《时序篇》《才略篇》和文体论各篇有机结合，即以时代为经，以文体和作家为纬，这种体例可以包含极为丰富的文学史内容。游国恩曾这样分析以作家为主和以文体为主两种体例的长短：“如果以作家为主，按照时代的先后来叙述，这样的好处是能够比较完整地了解每个作家的文学全貌，对于每个作家所反映的社会本质和某一时代的精神面貌也能够获得比较更全面的认识，乃至每一作家，特别是重要作家与当时社会的关系及其在文学发展中的作用也能够更好地加以详细说明。但它的缺点就是片片切断，过于细碎，往往不能更好地说明文学潮流和发展趋势以及某种文体的源流变迁，例如两汉的辞赋，东晋以后到

① 游国恩：《关于编写中国文学史的几点意见》，陈文新主编：《中国文学史经典精读》，北京：高等教育出版社，2014年，第214页。

初唐以前的诗文，叙述起来就会发生这样的困难。如果以文体为主，其得失利病恰恰与此相反，文学发展中的大潮流大趋势是能够比较明显地看得出来了，文体发展或衰退的现象也显得特别清楚，但往往只见四肢，不见全体，只看见一丘一壑、一溪一涧，看不见五岳千仞，层峦叠嶂，长江万里，汪洋浩瀚的伟大图景。例如中唐和北宋时代的一些大作家，如果分体叙述，如同破竹析薪，条条劈开，必有此种缺憾。”① 而采用以时代为经，以文体和作家为纬的体例，就可以兼具上面两种体例之长而免于其短。

比如关于建安文学，学界常常提到《时序篇》中“自献帝播迁，文学蓬转”② 至“并志深而笔长，故梗概而多气也”③ 和《才略篇》中自“孔融气盛于为笔”④ 至“丁仪、邯郸亦含论述之美，有足算焉”⑤ 两段，前者以时代为经，后者以作家为纬，对于从总体上把握建安文学，当然是必要的，却是不够完整的。要立体阐释建安文学，在时代和作家之外，还需就各种文体的源流与代表作品加以观照。《文心雕龙》的文体论各篇，即以观照各类文体的体性及其与时代、作家的关系而见长。如《文心雕龙》的《明诗》《乐府》《诠赋》《颂赞》《诔碑》《哀吊》《谐讔》《论说》《诏策》《章表》《奏启》《书记》，均涉及建安文学。综合以上各篇，可以发现，建安文学，就文体而言，除了古诗和乐府外，赋、颂赞、诔碑、哀吊、谐讔、论说、诏策、章表、奏启、书记各体，亦多有名家名作。一部文学史著述，在论及建安文学时如果对各体名家名作不闻不问，无疑是不称职的。而刘勰于诏策独推魏晋，于章表之作，特别表彰孔融《荐祢衡表》、诸葛亮《出师表》，尤具史家卓识。刘永济对

---

① 游国恩：《关于编写中国文学史的几点意见》，陈文新主编：《中国文学史经典精读》，北京：高等教育出版社，2014 年，第 214 页。

② 〔南朝梁〕刘勰著，王利器校笺：《文心雕龙校证》，上海：上海古籍出版社，1980 年，第 272 页。

③ 同上书，第 273 页。

④ 同上书，第 282 页。

⑤ 同上书，第 283 页。

《文心雕龙》的文学史体例之长别有会心，故其“释义”，不仅依然着眼于相关作品的文学史定位，而且注重阐发各体代表作的兴盛机遇，充实和拓展了《文心雕龙》的文学史功能。如刘永济就“舍人于诏策一体，独推魏晋，论者疑之。不知此正舍人论世至精之处”所做的阐发。①“魏晋诏命”之极盛，刘勰只是说出了事实，而刘永济则对事实之所以发生，从制度、风尚演变的角度做出了切中肯綮的说明。可以有把握地下一个结论：建安文学各体的得失以及与两汉文学异同的缘由，只有参阅了《文心雕龙》和《文心雕龙校释》的文体论各篇，才能深入了解。刘永济自觉地将《文心雕龙》的文体论各篇纳入文学史视野，既是对《文心雕龙》文体论各篇之文学史价值的认可，也体现了刘永济本人对文学史体例和内容的思考，在 20 世纪《文心雕龙》研究中别树一帜。如果我们在读他的《文心雕龙校释》时，参阅其《十四朝文学要略》，对刘永济的这一建树不难获得更加深切的体会。

二、充分关注各类文体的职能与规范

《文心雕龙校释》的文体论部分涉及诗、骚等三十几种文体，刘永济“释义”对各类文体的职能与规范的关注，有助于读者的“同情之了解”，在 20 世纪过度套用西方文论话语的学术背景下，尤具补偏救弊的功效。

---

① 刘永济云：“盖一代文章，因革盛衰，必与其时政俗有关，故论文者必当论世。考喉舌之官，在西汉谓之尚书，属于少府，主发书，承秦制也。其位甚卑。及武帝游宴后庭，始用宦者主中书，谓之中书谒者。置令、仆射，以司马迁为之。中间遂罢尚书，以为中书之职。至成帝建始四年，罢中书宦者，复以士人为之。置尚书五人，一人为仆射，四人分为四曹，通掌图书秘记章奏之事，及封奏宣示内外而已，其任犹轻。及至后汉，则较为优重，出纳王命，赋政四海，犹天之有北斗焉。迨魏武为魏王，置秘书令，典尚书奏事；文帝改为中书，又置中书监，并掌机密，晋代因仍未改。盖自魏晋以来，中书监令掌赞诏命，记会时事，典作文书，地在枢近，多承宠任，清贵华重，非才地俱美者，不绾斯任。”“自晋建国，常令宰相参领，中兴以来，益重斯任，故能王言弥嫩，德音四塞者焉。魏晋诏命，极盛一时，其故在此。”见刘永济校释《文心雕龙校释：附征引文录》，北京：中华书局，2010 年，第 78—79 页。

中国古代的文体，各有其规范，也各有其功能。如《文心雕龙·定势篇》所说："是以括囊杂体，功在铨别，宫商朱紫，随势各配。章表奏议，则准的乎典雅；赋颂歌诗，则羽仪乎清丽；符檄书移，则楷式于明断；史论序注，则师范于核要；箴铭碑诔，则体制于弘深；连珠七辞，则从事于巧艳，此循体而成势，随变而立功者也。"① 《定势》的"势"，实即各体的风格特色。刘勰认为，无论写什么文体，都要遵循其体制的约束，顺从其体制的要求，创造出与文体旨趣一致的风格。这种文体意识，在刘勰的时代是较为普及的，无须加以特别说明，而在20世纪的中国，由于西方文艺理论的强势介入，即使是在学术界，也已变得若存若亡，以至于钱锺书要在《中国诗与中国画》一文中对此加以不厌其烦的说明。②

刘永济对不同文体之规定性的重视，不仅是由于他对中国古代"文各有体"的现象体察入微，更因为这是对文学史做"同情之了解"的前提，身为20世纪的学者，他对"同情之了解"的紧迫和难度的体会，都远较刘勰深切。1946年2月，刘永济在《国立武汉大学周刊》第357期发表《今日治学易犯之过失》一文，有云："近世治文学者，所失尤多，如以语法论文法，以散文法论诗歌，或且以外国文法论我国文法，一见不同，遂诋为不通。此乃论者不知己见之浅，反以讥评古人，是谓

① 〔南朝梁〕刘勰著，王利器校笺：《文心雕龙校证》，上海：上海古籍出版社，1980年，第201页。

② 钱锺书："我们常听说中国古代文评里有对立的两派，一派要'载道'，一派要'言志'。事实上，在中国旧传统里，'文以载道'和'诗以言志'只规定个别文体的功能，并非概论'文学'的界说。'文'常指散文或'古文'而言，以区别于'诗''词'。这两句话看来针锋相对，而实则水米无干，好比说'他去北京''她回上海'；或者羽翼相辅，好比说'早点是稀饭''午餐是面'。因此，同一个作家可以'文载道'，以'诗言志'，以'诗余'的词来'言'诗里'言'不得的'志'。这些文体就像梯级或台阶，是平行而不平等的，'文'的等次最高。西方文艺理论常识输入以后，我们很容易把'文'一律理解为广义的'文学'，把'诗"认为文学创作精华的同义词。于是那两句老话仿佛'顿顿都喝稀饭'和'一日三餐全吃面'，或'两口儿都上北京'和'双双同去上海'，变成相互排除的命题了。传统文评里有它的矛盾，但是这两句不能算是矛盾的口号。"见钱锺书《七缀集》，北京：生活·读书·新知三联书店，2002年，第4—5页。

以管窥天。”[①] 所谓“以散文法论诗歌”，即混淆了诗文两种文体的规范与职能；而“一见不同，则诋为不通”，即对古人缺乏“同情之了解”。刘永济之所以重视文体学，与他重视“同情之了解”的学术立场是相互呼应的。比如其《文心雕龙·诔碑》的“释义”[②]，既可视为唐以前的碑文简史，又包含了碑文文体特性的解释。他着眼于碑的功用，对碑文的特点、兴衰和代表作家一一加以叙说，既有“同情之了解”，又有史家的裁断。他的评述，严格地针对碑文展开，绝对不能移用于其他体类。以文体学为前提而又超越了文体学，这才成就了严谨的文学史品格。否则，无视碑文的特点，“以管窥天”，就不可能做出中肯的文学史叙述。在20世纪以来的文学史著述中，能对碑文的文学史地位作出如此贴切叙述的，除了刘永济的《文心雕龙校释》，仅有《剑桥中国文学史》等极少的著述，刘永济史识卓越，故能独立于一时风气之外。

又如他论哀吊：“舍人论文，以情性为本柢，以理道为准则。全书斥浮诡，黜繁缛，不一其词。哀吊之文，尤在抒情摅悲，若文过缛丽，则情为词掩，体与义乖，将何以发读者之叹息哉？篇中‘情往会悲，文来引泣’二语，实斯事之至要。而‘华过韵缓，化而为赋’，尤齐梁文之通病。会通全书，而后舍人意旨所在，灼然可见也。”[③] 刘永济对哀

① 刘永济：《今日治学易犯之过失》，《文学论 默识录》，北京：中华书局，2010年，第512页。

② 刘永济云：“碑之为用，初树之宗庙，所以丽牲，后立之墓穴，所以下棺。故汉碑首必有穿，其遗制也。舍人所谓‘纪号封禅’‘树石埤岳’，当起于后世。虽《管子》有古者封禅之君七十有二之说，其事未足深信。至于就碑撰文，实盛于东京，蔡氏其首选也。故本篇选文，首举邕作。孔孙诸制，乃其流风。今观蔡氏诸碑，类皆揄扬盛美之辞，实启贡谀献媚之渐。故桓范著《世要论》，有‘势重者称美，财富者文丽’之讥。而魏武励俗，乃严立碑之禁。降及晋世，禁乃稍弛，而裴松之上表，复为限制之论，因之南朝碑版，流传后世者，远逊北朝。然魏晋碑禁虽严，大臣长吏，尚多私立。《晋书·孙绰传》称：‘于时文士，绰为其冠。温王郗庾诸公之薨，必须绰为碑文，然后刊石。’降及齐梁，此风尤盛，徐庾两集，巨制特多，殆亦俗尚浮华，遂乃文多虚美欤？舍人衡以史才，知体要矣。”见刘永济校释《文心雕龙校释：附征引文录》，北京：中华书局，2010年，第41页。

③ 刘永济校释：《文心雕龙校释：附征引文录》，北京：中华书局，2010年，第44页。

吊之文的文体特性的分析，其目光所注，是对这一文体的历史发展加以评断，并对齐梁文风提出商榷。其分析超越了写作学或文体学的范畴，表现出自觉的文学史意识。

三、对各体代表作的分析从属于文学史建构

刘永济对各体代表作的举例分析，时时着眼于文学史建构，并非以鉴赏为宗旨，也不限于建立文体法式。

刘勰的《文心雕龙》和萧统的《文选》，产生于同一时代，仅年次略有先后。两书所分各体文章的门类大体相同，《文选》所选入的作品，也常是《文心雕龙》高度认可的名篇。但两书有个显著区别：《文选》不收史传、诸子，而《文心雕龙》以史传、诸子为重要对象，对其独立的文学史地位甚为关切。我们的考察即由史传、诸子切入。

子书的宗旨是阐发某种学说、主张或阐发某种知识，即现代人所说的学术著作，只是先秦两汉的子书多与人类命运、社会治理关系密切，且其作者有志于付诸实施，并非纯粹的学术思辨。对先秦以来的子书，刘勰“扬战国而抑汉晋”①，刘永济表示认同，他就刘勰这一评断所作的论析，尤足以见出一个文学史家的素养和眼光。

何以“扬战国而抑汉晋”？刘永济的理据是：“入道见志”是子书的文体规范，而战国诸子的所阐发的“道”“志”远高于汉晋子书。战国诸子生活在文化史上的轴心时代，他们的历史意识和时空观念，具有一种塑造人类总体面貌的气度和深度。无论是道家，还是儒家，无论是孟子，还是庄子，无不自成一家之言，虽有偏颇，却仍具永恒价值。“战国诸子，学有本源，文非苟作，虽各得大道之一端，而皆六经之枝条也。汉代已逊其宏深，魏晋尤难与比数。陆《语》则粗述存亡，贾《书》亦杂编奏议；扬雄规橅仲尼，刘向采摭往事，衡以著述之体，已非庄墨之俦。《潜夫》《昌言》以下，大都务切时要之作，别无新义，未餍研求”②。汉晋子书何以不能臻于战国诸子的境界？刘永济具体考察

①② 刘永济校释：《文心雕龙校释：附征引文录》，北京：中华书局，2010年，第60页。

了汉晋子书的写作状况，归纳出三个弊端：一是“务切时要”，相互模仿，未能阐发一种超越当下时代和社群而适用于人类整体的“道”；二是“皆文士之篇章，非学人之述造”①，而文士本以才情见长，并非卓越的思想家；三是为求名之心所使，无真知灼见而又勉力著述，“其间或杂以求名后世之心，或参以争胜前贤之意，故曹子建以藩侯之重，鄙辞赋不足传世，欲别成一家之言（见《与杨德祖书》）。萧世诚以帝子之尊，亦欲著子书以传不朽（见《金楼子序》）。士衡临没，至恨所作子书未成（见葛洪《抱朴子》）。葛洪自叙：‘思精治五经，著一部子书，令后知其为文儒。’此数子者，虽其重学遗荣，有足多者，然有意于为文，与不得已而著书，其间差别甚远，此舍人所以抑之欤？”②这样的考察，不只是对子书的文体特性和代表作家做了清晰的说明，还对子书发展的历史进程作了鞭辟入里的概括。

在对史传的考察中，刘永济侧重梳理了两个事实：一是史官一职，东汉始见重于世，“魏晋以下，其职逾重”③，故东汉以来，作史之人甚众，如《后汉书》撰者 31 人，《三国史》撰者 25 人，《魏书》撰者 13 人，《晋史》撰者 24 人，《宋史》撰者 13 人，《齐史》撰者 7 人，《梁史》撰者 10 人，《陈史》撰者 4 人；二是六朝史学虽盛况空前，但足以传世的历史著作为数不多，原因在于，“当世作史诸家，好奇成癖”④，多取材于《语林》《搜神记》《世说》《幽明录》等子部小说，可读性虽强，“资治”的功能则弱。刘永济所做的详备梳理，对于汉魏六朝文学史的撰写，无疑极有参考价值。20 世纪的文学史著述，由于西方文论的过度介入，对子书、史传的叙述，多有偏差或缺略，尤其有必要参照刘永济的论述加以调整或充实。

《文心雕龙校释》中关于《史传》的“释义”，最后一节尤见功力：

---

①② 刘永济校释：《文心雕龙校释：附征引文录》，北京：中华书局，2010 年，第 60 页。

③ 同上书，第 50 页。

④ 同上书，第 51 页。

> 《史通·模拟》篇谓："自魏已前，多效三史，从晋已降，喜学五经。"三史者，唐人目《史记》《汉书》及《东观汉记》也。三史皆以纪传体为之者，与《春秋》左氏编年者异，故凡以纪传体为之者，皆效三史者也。其所称学经者，皆编年之体。《模拟》篇所举如干宝《晋记》、孙盛《阳秋》，学《春秋》者也。吴均《齐春秋》，学《公羊》者也。裴子野《宋略》、王劭《齐志》，学左氏者也。而《宋略》叙酬对之语，刘氏谓之亦拟《论语》，故概括之曰学五经也。二体之外，复有撰地方先贤、耆旧之传者，有撰高士、列女、孝子、良吏之传者，有撰别传、家传、世录、杂传者，其类亦伙。①

唐代刘知几《史通》将唐前史家著述，大体分为六家二体。所谓"六家"，一为《尚书》家，系记言之史；二为《春秋》家，系记事之史；三为《左传》家，系编年之史；四为《国语》家，系国别之史；五为《史记》家，系通代纪传之史；六为《汉书》家，系断代纪传之史。所谓"二体"，即纪传体和编年体，编年体以《左传》为宗，纪传体以《汉书》为宗。刘知几的划分颇为简明，但也不尽恰当，盖"六家"之间、"六家"与"二体"之间，颇多重合之处，如"《尚书》不尽记言，一也。《春秋》亦是编年，二也。《国语》乃逸文别说，左氏之外传，三也。《史记》实兼施《春秋》《尚书》之成法，《汉书》又因《史记》之旧贯，四也"②。刘永济在刘知几《史通》的基础上，去粗取精，将六朝的国史著述分为"学经"的编年体、"效三史"的纪传体两类，而将高士传、列女传等专史单列一类，眉目清晰，纲举目张，显示了梳理纷繁事实的不凡眼光和功力。

王运熙教授曾拿《文心雕龙》所列举的各体代表作与《文选》所选

① 刘永济校释：《文心雕龙校释：附征引文录》，北京：中华书局，2010年，第58—59页。

② 同上书，第50页。

篇目比对，发现两者重合的比例甚高，总计近 50 篇。“各体文章中的许多代表作品同为刘勰、萧统所肯定，证明两人在这方面衡量文章标准的接近。当然两书在这方面也有一些不同。大概《文心雕龙》于各体文章的渊源叙述得比较详细，这类原始之文一般缺乏文采，而且往往没有成为独立的篇章，《文选》不选它们是有理由的。《文心雕龙》于东晋以迄宋齐近代之文很少评述，《文选》则采录了一定数量的近代文章，但仍以典雅为标准，不录齐梁浮艳之文。这些区别的产生原因主要是由于两书一为研究著作，一为总集，体例有所不同，并不能说两人的观点有多大差别。”① 王运熙所说体例的区别，其核心在于，《文选》旨在以范文为表率确立各体的法式，《文心雕龙》则在重视法式之外还重视源流的清理，即今人所说的文学史叙述。在文学史视野下，一篇不足以成为范文的作品，也可能具有不同寻常的意义。盖筚路蓝缕，虽不免草率粗糙，却也元气淋漓，预示了广阔的未来前景。

刘永济充分注意到了《文心雕龙》重视文学史叙述的特点，并在代表作品的分析中尽量发挥《文心雕龙》的这一长处，以完成其文学史建构。例如，《文心雕龙》和《文选》都一致认可的“封禅”类范文，包括司马相如《封禅文》、扬雄《剧秦美新论》和班固《典引》。从时间顺序看，李斯的泰山刻石文，远早于司马相如《封禅文》，故刘勰在追溯封禅文的源流时，给了李斯较多篇幅，而在与司马相如等的封禅文做比较时，刘永济则强调：李斯之作“体乏弘润”，不足以表率封禅一体，司马相如等人的作品才算得“鸿笔”。盖封禅文所需要的是一种仪式感，一种彰显王朝气度和“国体”的仪式感，一定要辞藻富丽，气度雍容，才算得体。颂扬之中，虽也需寓有戒慎之意，但务必词气温润，不能锋颖外露。“封禅之说，倡自谶纬家而增饰于文士，实逢迎帝王侈心之作。由今观之，殊无讨论之价值。但古既有此体，故彦和亦所不废。至其扬相如而抑李斯，知此体非法家所长，必能揄扬盛美，夸张祥祯，而又于

① 王运熙：《中国古代文论管窥》（增补本），上海：上海古籍出版社，2006 年，第 142 页。

颂扬之中，寓以戒慎之义，方为合作。所谓‘树骨于训典之区，选言于宏富之路’也。彦和批评汉魏各家之作，即准此立论，故能衡鉴不爽。”① 刘师培曾比较儒、法两家的文风之异说：“盖法家之文，发泄无余，乏言外之意，说理固其所长，但古质而无渊懿之光；儒家之文说理虽不能尽，而朴厚中自有渊懿之光。”② 李斯是典型的法家文风，故其“刻石虽古质而不渊懿”③。封禅文非法家所长乃是文学史上一个显著的事实。刘永济将文章法式的说明、作品得失的点评，纳入文学史叙述的框架之中，与单纯的作家作品研究或文体法式研究，关注焦点有所不同。

① 刘永济校释：《文心雕龙校释：附征引文录》，北京：中华书局，2010年，第82—83页。

②③ 刘师培：《中国中古文学史讲义》，上海：上海古籍出版社，2006年，第125页。

第十章　《唐人绝句精华》的学术宗旨与主要贡献

刘永济的《唐人绝句精华》编选于1959年至1963年间。人民文学出版社1981年出版，此后多次重印。中华书局2010年出版繁体字本。在卷首的《缘起及取舍标准》中，刘永济自报家门，说这部《唐人绝句精华》的学术宗旨是要纠正王士祯《唐人万首绝句选》的偏颇："我自一九五九年夏患风湿性关节炎后，不良于行，承大学党委关注，暂不开课。但我自考虑，虽一时行动艰难，然坐着做研究工作是无妨的，因念王士祯的《唐人万首绝句选》一书流行虽久，今日读之，尚有当改选之处，久思新选一书而无暇，何不趁此时为之。考王氏素以神韵之说为诗家倡。其说出于司空图、严羽两家，曾编《唐贤三昧集》以张其说。虽人多宗仰，目为大家，而过求空灵，过于矜饰，以吞吐为风致，其流弊所至，遂有'肤廓'与'缥缈无著'之讥。"① 在这篇带有自序意味的文字中，刘永济一方面明确指出了王士祯《唐人万首绝句选》的不足，也就是重选一部唐人绝句的必要性，另一方面又系统阐述了王士祯神韵说的历史缘由，也就是《唐人万首绝句选》之所以形成如此面貌的主客观原因，既有助于读者全面认识王士祯神韵说和他编选的《唐人万首绝句选》，又有助于读者体会刘永济本人评判历史文化遗产的辩证态度和他编选的《唐人绝句精华》的主要贡献。

第一节　刘永济论王士祯神韵说的历史缘由

刘永济论王士祯神韵说的历史缘由，着眼于诗学自身的发展脉络

---

①　刘永济：《唐人绝句精华》，北京：中华书局，2010年，卷首第1页。

和诗学背后的社会人生两个方面，前者属于内部研究，后者属于外部研究。就诗学自身的发展脉络而言，刘永济认同《四库全书总目提要》和宋荦《漫堂说诗》的论述，确认王士祯的宗旨是以神韵救清初宋诗之弊，因前贤对此讨论已多，刘永济不再展开；就诗学背后的社会人生而言，刘永济颇多感触，故卷首的《缘起及取舍标准》用了较多篇幅加以说明。

一、王士祯提倡神韵说与其畏祸心理有关

关于王士祯神韵说背后的社会人生原因，刘永济尤为关注王士祯家族在明清鼎革之际的特殊经历以及清初文网所造成的王士祯的强烈畏祸心理。明清易代，王士祯家族不仅和所有汉族知识精英一样，不得不沦入被异族统治的境地，而且，其家族还有着比大多数人更为惨痛的经历。“考王氏生于明崇祯七年，明亡时方十一岁，照理未必有故国之思。但当明亡之时，其伯父曾壮烈殉国。而新城被清军攻陷后，其家中人多有受害者。王氏母亲亦险遭不测。王氏对此，必然印象甚深，感动甚大，故其二十四岁所作《秋柳》诗，即含凭吊亡明之意。《秋柳》诗中寓意甚深，尤显著而易犯忌讳者，莫如诗前的《序》。《秋柳》诗原《序》有‘仆本恨人，性多感慨。寄情杨柳，同小雅之仆夫；致托悲秋，望湘皋之远者’等句。湘皋远者，用屈原《九歌·湘夫人》篇‘将以遗兮远者’，暗中乃指明末逃亡的政府”①。以王士祯这种特殊的人生经历，故国之思不可能不存于胸中，不可能没有强烈的表达欲望，何以他后来反倒要把这些内容从他的诗里驱逐出去呢？不但他本人不再写这种直指社会情状的诗，而且大力倡导神韵说，号召其他诗人也同样远离社会人生呢？刘永济认为，这是因为王士祯怀有强烈的畏祸心理。“盖当清初，汉民族常思反抗，因之清廷对于其时知识分子猜忌百端，文网至密。文人著述，即其所最注意之处，故每易触其忌讳，甚至杀身灭族。而无耻之辈，辄以告密为进身之阶。试考清初诸大文字之狱，不难

① 刘永济：《唐人绝句精华》，北京：中华书局，2010年，卷首第3页。

知其镇压手段之残酷。其中如康熙初年庄廷鑨之狱，为王氏所亲闻见，自不能不有戒惧之心。”① “其刻《感旧集》时，竟将此《序》（指《秋柳》诗前的《序》）删去，一种惧祸之心理，至为明显。即其平生所作诗歌，凡有关当时政治良否、社会情状，绝少反映”，“若其自编诗集，其中大部分系游览山川古迹之作，此等诗篇除运用典故，描绘景色，谐协声律，敷设藻采，别无可观，而尤可怪者，其自编诗集，特以歌颂统治者的《对酒》篇居首，命意何在，固极明显。”② 明初和清初都是文字狱极盛的时代，但又大有不同。大体说来，明初的文字狱多出于朱元璋个人的敏感多疑，如怀疑有人讽刺他做过和尚、加入过红巾军等，通常都是偶发性的个案；而清初的文字狱则集中指向汉族精英文人对“夷狄”的痛恨，意在剿灭反清情绪，庄廷鑨明史案等都是这一“国策”的实施。在一个文字狱盛行、告密和恐怖气氛弥漫朝野的时代，以王士禛的身份和家族背景，其畏祸心理之强烈，那种如履薄冰、如临深渊的状态，不难想见。

清初文网造成了王士禛的强烈畏祸心理，这是一个历史事实。刘永济充分关注这个历史事实与其神韵说之间的关联，则表明他对文字狱可能引发的后果有足够估计，显示了具有个人色彩的敏感。并非偶合，他的那部与《唐人绝句精华》定稿时间相近的《词论》一书，也极为关注文字狱与文坛的关联。在论及一个作者在文字狱的阴影中如何表达感情时，刘永济一连引了况周颐《蕙风词话》卷三的三则词话：“元遗山以丝竹中年”③，“元詹天游（玉）《送童瓮天兵后归杭齐天乐》”④，“刘起潜《菩萨蛮·和詹天游》”⑤。从况周颐的举例说明，刘永济提炼出了两个重要论点。其一，“文艺与时会相关至切也。遗山之不能豪雄，

① 刘永济：《唐人绝句精华》，北京：中华书局，2010 年，卷首第 3 页。

② 同上书，卷首第 4 页。

③ 〔清〕况周颐、〔清〕王国维：《蕙风词话 人间词话》，北京：人民文学出版社，1960 年，第 65 页。

④ 同上书，第 70—71 页。

⑤ 同上书，第 76 页。

时为之也；天游之含情凄恻，亦时为之也。二人皆身丁亡国之余，无可告愬之时，虽有满腔忠愤，而终莫可为，故其泄之于词，极掩抑零乱、低徊往复之致，而不能轩昂激烈。此文家所谓优美也。晚唐诗人之作，大都如此。若夫时当可为，国犹有主，中心感激，不妨大声疾呼，以觊可追改，则其辞必雄豪奋发、悲壮淋漓。此文家所谓壮美也。唐之杜、韩，盖其著也。在词家，则稼轩足以当之。盖时会影响人心，其力至大；而人心转移时会，虽非不可能，要未可责之破国亡家之士也”①。一个作者的情感表达，并不是自由的，尤其是当专制政权肆意钳制舆论，文字狱盛行的背景下，作者非但不敢表达真实的感情，甚至还要刻意表达一种虚假的感情，以免于强权的迫害。刘永济的这些话，包含了丰富的现实人生感慨。其二，“评骘文艺，当考其时、论其心，尤当合观其全集。盖文家用情至为深曲，故其立言亦至为微妙。窥一斑固易失真，即观全豹，而以卤莽出之，亦不能探其隐曲深微也。不能得其隐曲深微，则必误会而生歧见。其极也，古人之美不由我而损其丝毫，独我之所失将无从偿其万一。学者于此，其可忽诸！”② 艺术表达的“深曲隐微”，其原因是多种多样的，或因为时局不容自由表达，或因为作家偏爱含蓄的风格，无论属于哪一种情形，都要求读者在知人论世的前提下，深入阅读作者的全集，以求得完整准确的理解。刘永济历经晚清、民国和中华人民共和国三个历史阶段，对于社会生活的复杂性和文学创作的复杂性体验深切，故其立论耐人寻味。他由此揭示王士祯倡导神韵说的社会原因，不只是说明了一个事实，令读者对王士祯有所体谅，也引导读者举一反三，在阅读所有文字狱时代的作品时，都能保持适当的心境，以免鲁莽从事。

二、汉族知识精英的幻灭感促成了神韵说的风行

清初文字狱与王士祯神韵说之间的联系，已如上述。而另外一个事

① 刘永济：《词论　宋词声律探源大纲》，北京：中华书局，2010年，第80页。

② 同上书，第80—81页。

实也许更值得关注和思考：王士祯以神韵说主盟诗坛，神韵说得以风行全国，与这种社会原因之间是否也有内在关联？如果有关联的话，程度多高？盖王士祯的诗坛地位即建立在他身为神韵派盟主的基础上，何以朝廷和士大夫阶层都予以认可？刘永济所谓“时会影响人心，其力至大”，其实就是对于这些问题的回答。

就较为普遍的情形来看，幻灭感是弥漫在康熙年间知识精英中的一种剪不断、理还乱的时代情绪。尽管这一时期的整体经济状况是比较好的，但在汉族知识精英的内心深处，却是一片精神的废墟：他们以为至少还可以延续一百年的大明王朝突然间土崩瓦解，他们视为神圣的“夷夏大防”之观念也被现实所颠覆。不是一般意义上的盛衰无常，而是一种文明、一种价值体系的盛衰无常。一个有过伟大历史的民族转眼间就被另一个民族的马蹄所征服，却又有话不能说、有话不敢说，还有比这更能促发幻灭感的事吗？这种幻灭感在当时所有的文体中几乎都有表现。在词中，有陈维崧的《点绛唇·夜宿临洺驿》，更有朱彝尊的《卖花声·雨花台》：

衰柳白门湾，潮打城还。小长干接大长干。歌板酒旗零落尽，剩有渔竿。

秋草六朝寒，花雨空坛。更无人处一凭阑。燕子斜阳来又去，如此江山！①

在戏曲中，有《长生殿》第三十八出《弹词》，更有《桃花扇》续四十出《余韵》。且看《余韵》那段归结全剧的唱词：

［离亭宴带歇指煞］俺曾见金陵玉殿莺啼晓，秦淮水榭花开早，谁知道容易冰消。眼看他起朱楼，眼看他宴宾客，眼看他楼塌了。

---

① 〔清〕朱彝尊著，屈光国、袁杰来点校：《朱彝尊词集》，杭州：浙江古籍出版社，2011年，第35页。

> 这青苔碧瓦堆，俺曾睡风流觉，将五十年兴亡看饱。那乌衣巷不姓王，莫愁湖鬼夜哭，凤凰台栖枭鸟。残山梦最真，旧境难丢掉，不信这舆图换稿。诌一套哀江南，放悲声唱到老。[①]

在长篇小说中，甚至当毛宗岗修订《三国演义》这部直接描写政治、军事题材的历史演义时，也引了明代杨慎的一首词冠于卷首："滚滚长江东逝水，浪花淘尽英雄。是非成败转头空。青山依旧在，几度夕阳红。白发渔樵江渚上，惯看秋月春风。一壶浊酒喜相逢。古今多少事，都付笑谈中。"[②] 作品所体现的正是一种饱经沧桑后的幻灭感。也许有必要指出的是，朱彝尊、孔尚任并非隐士，其作品却以浓郁的出世倾向为主色调。作家身份与作品情调的这种时代性错位是普遍的，并非个别情形。

与上述错位相对应的另一现象则是，这一时期的隐士反倒以抒发故国之情或复国之情为主。这看似反常的现象其实具有内在的合理性，原因在于：这一时期的隐士多是遗民。他们因为义不帝清而遁入山林，其作品中洋溢着持续不已的民族情怀。林古度、杜濬、余怀、万寿祺、阎尔梅、钱秉镫、魏耕、朱一是、方以智等，都属于这类遗民诗人。他们以诗表达其"赴火蹈刃，死不还踵"[③] 的反清斗志和"从来天下士，只在布衣中"[④] 的情怀，敢怒取嗔，敢爱敢恨，其品格迥异于传统的山林文人，也不同于清初的台阁文人。

在这种时代氛围中，如何淡化遗民作家的嗔怒之气，如何疏导朱彝尊、孔尚任这类体制内作家内心深处的幻灭感，其实已成为康熙朝在思想文化领域的当务之急。王士祯所倡导的神韵诗风正好大体上兼具了

---

① 〔清〕孔尚任著，王季思、苏寰中、杨德平合注：《桃花扇》，北京：人民文学出版社，1959年，第267页。

② 〔明〕罗贯中：《三国演义》，北京：人民文学出版社，1979年，第1页。

③ 〔汉〕刘安撰，陈静注译：《淮南子》卷20《泰族训》，郑州：中州古籍出版社，2010年，第317页。

④ 〔清〕今种：《鲁连台》，〔清〕沈德潜：《明诗别裁集》卷12，上海：上海古籍出版社，1979年，第331页。

这两方面的功能。换句话说，迫于文字狱而产生的神韵说，既能为体制内的诗人所接受，也能为遗民诗人所认可，同时还受到康熙朝廷的鼓励，在机缘巧合之中，神韵说遂左右逢源，获得了一个极好的发展机遇。如严迪昌所说："神韵说淡化'国是'，在那个特定历史时空，主要指对'夏夷大防'的故国之思以及潜在的反清情绪、逆向心态。""这种风气的创导和启引，须有赖于权势地位的影响力和科举取士的杠杆力，还必须充分运用和投合文人文化的心态积淀因素，包括雅逸的风度、歌酒的酬应、清狂的冶游等生活形态的唤回、回归。更重要的是在诗艺本体方面，必须选取一个既从理论上贯承正宗传统诗教，又得在实践中能为各方所接受的契合点。毫无疑问，'神韵'说以及'清远'审美趋向，在当时是最能胜任这样的承担力的。"① 王士祯以其神韵说确立了在诗坛的盟主地位，乃是"时会影响人心"的因缘际遇使然。

第二节 《唐人绝句精华》与《唐人万首绝句选》的风貌之异

刘永济之所以编选《唐人绝句精华》，是因为在他看来，王士祯《唐人万首绝句选》是一个与神韵说相伴而行的选本，神韵说的长处和短处，在《唐人万首绝句选》中一样存在。而刘永济理想中的唐人绝句选本，则应既有《唐人万首绝句选》的长处，又能弥补其短处。那么，《唐人绝句精华》的风貌，与《唐人万首绝句选》有哪些显著差异？

一、《唐人绝句精华》与《唐人万首绝句选》的内容之异

关于王士祯《唐人万首绝句选》的偏颇，刘永济认为，其引人注目之处在于，对那些关注现实人生的作品，过于漠视："王氏《万首绝句

① 严迪昌：《清诗史》，杭州：浙江古籍出版社，2002年，第494页。

选》一书，虽多脍炙人口之作，然而反映当时政治以及劳动人民生活，讽刺统治阶级的荒淫剥削诸诗，几乎没有（按王选虽也有些《宫怨》《塞上》等曲，都是合于他的艺术观点而入录的）。此固由王氏本人的阶级立场所决定，而王氏心中畏惧以文字取祸，亦占重要地位。我所谓今日读之，尚觉有待改选之处，即在于此。”① 王氏的神韵说是文字狱背景下的产物，回避社会的疮痍、百姓的痛苦是其特征之一；王氏的《唐人万首绝句选》也体现了同样的特点。这样一个选本，当然不能完整展现唐人绝句的风貌，所以“有待改选”。

从这一宗旨出发，刘永济在确定取舍标准时，各列了十条，在十条“取”的标准中，有五条突出了诗与社会生活的联系，依次是：“凡通过作者的思想感情反映当时政治、社会情况而加以批判者，如杜甫的《闻河北诸道节度入朝》，吕温的《旱甚观权门移芍药》，李敬方的《汴河直进船》之类。”“凡描写劳动人民生活或代其呼吁者，如陆龟蒙、曹邺的《筑城》，张碧的《农父》，来鹄、杜荀鹤的《蚕妇》，李绅的《古风》，聂夷中的《田家》之类。”“凡吊古、怀古之作可为当时统治者鉴戒者，如刘禹锡的《石头城》《台城》，罗邺的《汴河》，鲍溶的《隋宫》，李商隐的《北齐》《齐宫》，陆龟蒙、皮日休的《馆娃宫》之类。”“凡咏物之作而有所寄托者，如李益的《隋宫燕》，李商隐的《屏风》，罗隐的《金钱花》，韩偓的《观斗鸡》之类。”“凡代征人、征人妇、宫人，或为封建制度所压迫的妇女抒写怨思者，如李白的《玉阶怨》，白居易的《闺怨》，王昌龄的《长信秋词》，张籍的《邻妇哭征夫》，卢纶的《逢病军人》，陈陶的《陇西行》，以及诸家《塞上曲》《塞下曲》《王昭君》之类。”② 这五类作品，尤其是前四类，在王士祯的《唐人万首绝句选》中，是被刻意忽略了的。刘永济的《唐人绝句精华》增加了这些内容，其风貌因而与王选迥异。而刘永济的“释”，也注意阐发这些诗与社会生活的密切关联。例如杜荀鹤《再经胡城县》的“释”：“三四句所以斥

① 刘永济：《唐人绝句精华》，北京：中华书局，2010 年，卷首第 4—5 页。
② 同上书，卷首第 7 页。

责之意严矣，非止于讽刺也。如此县官，实乃民贼。盖唐末兵祸频繁，因而剥削加剧，县令乃直接人民之官，剥削人民即由其经手，剥削愈甚，则愈得上级之欢心，于是有朱绂之赐。”① 文学与社会生活不是一回事，但文学与社会生活又不应该绝缘，在这两者之间，有必要保持恰当的关联。王士祯抹煞了这个关联，所以刘永济要补偏救弊。这里需要留意的是，刘永济同时认为，那些并未观照社会疮痍、百姓痛苦的诗，也与人生存在千丝万缕的联系，也有其价值。如果漠视这一类作品，同样是有失分寸的。分寸感是刘永济的人生原则，也是其艺术原则。

二、《唐人绝句精华》与《唐人万首绝句选》的美感特征之异

说到《唐人绝句精华》与《唐人万首绝句选》的美感特征之异，有必要厘清两个事实：一是刘永济如何看待神韵这样一种诗学理念？二是刘永济如何看待绝句这样一种诗体？

1926年，刘永济在《学衡》第五十六期发表过一组诗话，其中一则论及神韵：“渔洋论诗重神韵，自是高论，然不可过视为秘奥。直不外道所欲道，言所能言，而有所不道不言者存而已！不言者能于所言者中想象得之，悠然而神适，翛然而意畅。如作字然，振笔而下，笔之落纸者皆中锋一气转折，及其行分白布，波就点成，其或为钟、王，或为颜、柳，或为刚健，或为婀娜，自在其中，而不可执行白波点以求之，斯得之矣。”② 晚年作《默识录》，卷二有“王士祯亦知专主神韵之失而未能改”一条：“王氏《蚕尾续文》曰：‘自昔称诗者尚雄浑者则鲜风调，擅神韵者则乏豪健。’按渔洋此语，似其晚岁亦感专重神韵之失，而其作风终未能改，何邪？”③ 在《唐人绝句精华》的《缘起及取舍标准》中，刘永济引了施闰章、沈德潜、蒋士铨、宋荦、袁枚、纪昀诸人

① 刘永济：《唐人绝句精华》，北京：中华书局，2010年，第341页。

② 刘永济：《文学论 默识录》，北京：中华书局，2010年，第473页。

③ 同上书，第264页。

关于神韵说的议论，其中沈德潜的见解或即刘永济所本①。在刘永济看来，神韵就是“不着一字，尽得风流”的境界，这种境界与社会生活和雄健豪迈的风格往往不能兼容。其长处和短处均由此形成。

绝句是古典诗的体裁之一。从体制上来说，绝句的格律规则与律诗基本相同，如每联平仄相对，两联平仄相黏，押平声韵等。但在两个方面较律诗灵活：绝句可以不讲究对仗；绝句容许同一个字在一首诗中重复出现。这种遵守格律规则的绝句，即通常意义上的绝句。这种绝句，在与“古绝”相对而言时，称为“律绝”。所谓“古绝”，又称“古绝句”，是古体诗的一种。每首四句，讲究押韵，平仄比较自由。南北朝常见此体，《玉台新咏》中即载有《古绝句》。至于唐以后有些用乐府旧题写的绝句，如李白的《玉阶怨》《横江词》《越女词》《秋浦歌》《静夜思》《襄阳曲》等，遵守律绝的音律规则，是律绝，而不是古绝。《唐人绝句精华》所说的绝句，指的是律绝。与其他诗体相比，律绝在艺术上的特点是什么呢？

刘永济的答案是：“绝句之体裁虽小，诗家皆认为难工。盖必作者的艺术手段甚高，概括力甚强，方能于区区四句之中，将客观的事物反映在作者思想感情上最切要、最精彩的部分，或作者主观中对于其所接触的客观事物有着最足以感动人的处所，概括出之，又或即使是小小景物或生活细节，皆人人意中所有而未尝形之笔墨者，能写来明白如话，光景犹新，读者由其所已写者可以推见其未写者，由其部分可以推见其全体，即能于吟咏之余，觉其情溢词外，状呈墨中，犁然有当于心，自能意味深长。刘禹锡所谓‘片言可以明百意，坐驰可以役万景’，梅圣俞所谓‘状难写之景如在目前，含不尽之意见于言外’，尤于绝句为至要之论。王氏论诗，谓‘诗如神龙，见其首不见其尾，或云中露一爪一

---

① 沈德潜《重订唐诗别裁集·序》曰：“新城王阮亭尚书选《唐贤三昧集》，取司空表圣‘不着一字，尽得风流’、严沧浪‘羚羊挂角，无迹可求’之意，盖味在盐酸外也，而于杜少陵所云‘鲸鱼碧海’、韩昌黎所云‘巨刃摩天’者，或未之及。”见〔清〕沈德潜选编，李克和等校点《唐诗别裁集》，长沙：岳麓书社，1998 年，第 3 页。

鳞而已，安得全体’，亦于绝句为尤宜。”[①] 这里，刘永济在神韵与绝句之间确立了一种特殊关系，即对于律诗和古风来说，神韵未必是最好的境界；但就绝句来说，讲求神韵确实是最为得体的。故《唐人绝句精华》在解读具体作品时，其用心所在，多致力于揭示其言外之意。例如李白的《黄鹤楼送孟浩然之广陵》：

故人西辞黄鹤楼，烟花三月下扬州。
孤帆远影碧空尽，唯见长江天际流。

刘永济“释”云：“此诗写别情在三四句。故人之舟既远，则帆影亦在碧空中消失，此时送别之人所见者‘长江天际流’而已。行者已远而送者犹伫立，正以见其依恋之切，非交深之友，不能有此深情也。善写情者不贵质言，但将别时景象有感于心者写出，即可使诵其诗者，发生同感也。”[②]李白在黄鹤楼送别孟浩然，他并没有直接道出其满怀深情，但读者却对其满怀深情体会深切。读者的体会，来源于李白笔下所展现的送别情景。一个善于表达感情的作者，他并不直说，言外却有无限蕴含。这就是所谓“不着一字，尽得风流”，这就是“神韵”。

又如杜牧《江南春》一诗的“释”：

宋张表臣《珊瑚钩诗话》：“杜牧诗云：‘南朝四百八十寺，多少楼台烟雨中。’帝王所都而四百八十寺，当时已为多，诗人侈其楼台殿阁焉。”杨慎《升庵诗话》：“千里莺啼，谁人听得？千里绿映红，谁人见得？若作十里，则莺啼绿红之景，村郭、楼台、僧寺、酒旗皆在其中矣。”何文焕《历代诗话考索》：“即作十里，亦未必尽听得着、看得见。题云《江南春》，江南方广千里，千里之中莺啼而绿映焉，水村山郭无处无酒旗，四百八十寺楼台多在烟雨

① 刘永济：《唐人绝句精华》，北京：中华书局，2010年，卷首第6页。
② 同上书，第58页。

中也。此诗之意，意既广不得专指一处，故总而名曰《江南春》，诗家善立题者也。”按杨慎之说，拘泥可笑。何文焕驳之是也。但谓为诗家善立题，则亦浅之夫视诗人矣。盖古诗人非如后世作者先立一题，然后就题成诗，多是诗成而后立题。此诗乃杜牧游江南时，感于景物之繁丽，追想南朝盛日，遂有此作。千里之词，亦概括言之耳，必欲以听得着、看得见求之，岂不可笑。①

在解读杜牧的《江南春》时，刘永济分别引了张表臣、杨慎、何文焕的说法，并在三种说法中表明了自己的抉择。刘永济的解读，其意不在自矜一己创获，而在提倡一种不拘泥于具体事实之“切”而善于把握总体意境的方法。

刘永济关于张继《枫桥夜泊》的解读尤其意味深长。原诗如下：

月落乌啼霜满天，江枫渔火对愁眠。
姑苏城外寒山寺，夜半钟声到客船。

枫桥在江苏省苏州市阊门外十里枫桥镇。桥南面不远即六朝古刹寒山寺。第一句是整首诗展开的时空背景。月落、乌啼、霜满天，三个并列的意象，渲染出迷蒙的夜景，使读者不知不觉沉浸在一片清寒逼人的无边夜气之中。紧接着，江中浮现出点点渔火，画面顿时生动起来。然后由景入情，淡抹出主人公置身于这种氛围中的情怀。后两句是全诗的重心，集中描写“夜半钟声”，透过听觉形象表达作者此时的感受，千百年来为人们所激赏不已。张继此诗一出，枫桥和寒山寺亦随之不朽，此后“南北客经由，未有不憩此桥而题咏者”②。

---

① 刘永济：《唐人绝句精华》，北京：中华书局，2010年，第242—244页。按：“此诗之意，意既广不得专指一处”，似应为“此诗之意既广，不得专指一处”。

② 〔宋〕范成大撰，陆振从校点：《吴郡志》，南京：江苏古籍出版社，1986年，第244页。

“夜半钟声”的细节是否与实际情形切合的问题曾引起反复不已的争议。陆游《老学庵笔记》卷十云：

张继《枫桥夜泊》诗云：“姑苏城外寒山寺，夜半钟声到客船。”欧阳公嘲之云：“句则佳矣，其如夜半不是打钟时。”后人又谓惟苏州有半夜钟，皆非也。按于邺《褒中即事》诗云：“远钟来半夜，明月入千家。”皇甫冉《秋夜宿会稽严维宅》诗云：“秋深临水月，夜半隔山钟。”此岂亦苏州诗耶？恐唐时僧寺，自有夜半钟也。京都街鼓今尚废，后生读唐诗文及街鼓者，往往茫然不能知，况僧寺夜半钟乎？①

或以为实有“夜半钟声”，或以为“夜半不是打钟时”，都以是否合乎日常生活的实情作为论诗依据。而刘永济读《枫桥夜泊》，却并不在意于是否实有“夜半钟声”，只就诗的机杼着眼：

此诗所写枫桥泊舟一夜之景，诗中除所见、所闻外，只一愁字透露心情。半夜钟声，非有旅愁者未必便能听到。后人纷纷辨半夜有无钟声，殊觉可笑。②

确实，张继诗的核心是透过夜半不眠来表现作者的旅愁，故是否实有夜半钟声是无关宏旨的。清代纪昀《阅微草堂笔记》卷十一曾说：

杜甫诗曰：“巴童浑不寝，夜半有行舟。”张继诗曰：“姑苏城外寒山寺，夜半钟声到客船。”均从对面落笔，以半夜得闻，写出

---

① 〔宋〕陆游撰，李剑雄、刘德权点校：《老学庵笔记》，北京：中华书局，1979年，第130页。

② 刘永济：《唐人绝句精华》，北京：中华书局，2010年，第103页。

> 未睡，非咏巴童舟、寒山寺钟也。①

比照刘永济和纪昀的说法，可见他们的思路大体相同，但刘永济说得更为畅达，更为显豁，称得上后出转精。这一例子表明，刘永济对神韵说所推崇的那种美感特征，体会甚深，确能说出个中精髓。在这方面刘永济与王士禛是一致的。

刘永济与王士禛的差异在于，他不仅深知神韵说的精髓，对神韵说的不足也有深入的体察。就《唐人绝句精华》而言，他一方面选录了大量具有神韵之美的绝句，并以其精彩解读揭示了这种神韵之美，另一方面他对那些与神韵的美感特征不一致甚至很不一致的作品，也同样选了不少，并以其精彩解读揭示了其异于神韵诗风的美。例如杜甫的绝句。《唐人绝句精华》选杜甫绝句共 43 首，倒是王维只选了 15 首，王昌龄只选了 12 首，李白只选了 21 首。这个比例大为不同于许多别的选本，盖王维、王昌龄、李白的绝句一向被视这一体裁的正宗和范本，而杜甫的绝句则被视为另类。明代的杨慎曾说：

> 少陵虽号大家，不能兼善，一则拘于对偶，二则汩于典故。拘则未成之律诗，而非绝体；汩则儒生之书袋，而乏性情。故观其全集，自“锦城丝管”之外，咸无几焉。近世有爱而忘其丑者，专取而效之，惑矣！②

在杨慎看来，律诗与绝句各有其理想的风范，律诗以沉郁顿挫见长，适当运用对偶和典故是必须的，绝句以风神摇曳见长，拘于典故和对偶，刻意雕琢，语意分明，反而成了短处。杜甫用律诗的做法写绝句，很不

① 〔清〕纪昀：《阅微草堂笔记》，上海：上海古籍出版社，1980 年，第 240 页。

② 〔明〕杨慎：《唐绝增奇序》，〔明〕杨慎撰，王大厚笺证：《升庵诗话新笺证》附录二《升庵论诗序跋录要》，北京：中华书局，2008 年，第 1173—1174 页。“几”，当为“讥”之讹。

得体，万不可效法。杨慎的这一评断，应和者甚众，在唐人绝句的研究中长期居于主导地位。刘永济的看法则有所不同。在杜甫《戏为六绝句》的“释”中，刘永济明确地说：“元稹作杜甫墓志铭，称甫‘上薄风骚，下该沈宋，言夺苏李，气吞曹刘，掩颜谢之孤高，杂徐庾之流丽’，似矣，但未能说明杜‘尽得古今之体势，兼人人之所独专’之后果在能融化以自成一家，为后世开出无限法门，为诗歌发展上付出大量努力。其诗之可贵与其不同于并时之李白者亦在此。盖李崇古而杜开今也。此章虽在勉人虚心以取益，实自道其诗学成就，与其对于文学发展之正确看法。即就绝句而论，绝句一体在杜手中，凡抒情、写景、记事以及议论，皆能运用自如，其风格体态亦变化甚多。惟其如此，后世论绝句者，每以为杜之绝句乃变体，王世贞且以为不足多法。彼辈正坐不识杜甫具有变古开今之才，而囿于李白、王昌龄两家之作风，非定论也。”①

刘永济对杜甫绝句的推崇，聚焦于杜甫变古开今的才力，无论抒情、写景、叙事、议论，皆能做到运用自如，且风格体态变化多样。李白、王昌龄的绝句自是精金美玉，但他们的贡献是把一种传统的风格发展到极致；杜甫的绝句则与李白、王昌龄路数有异，从而，为后世开了无限法门。一个成熟的文学史家，对杜甫的特殊贡献，不仅不应抹杀，还应大力肯定。正是从这样一个角度，刘永济致力于彰显杜甫地负海涵的才具和丰富多彩的风格。从刘永济所选的43首来看，属于抒情的，如《江南逢李龟年》《赠花卿》；属于写景的，如《绝句》（十二首录五：“迟日江山丽，春风花草香。泥融飞燕子，沙暖睡鸳鸯”，“江碧鸟逾白，山青花欲燃。今春看又过，何日是归年”，等等）；属于记事的，如《江畔独步寻花》（七首录四）；属于议论的，如《戏为六绝句》。这些作品包括了多种不同的风格类型。《江南逢李龟年》《赠花卿》与李白、王昌龄的绝句风味较为相近，《漫兴》《夔州歌》较多《竹枝词》的风味，“迟日江山丽”等绝句融情入景，诗中有画，与王维的辋川绝句有相近

① 刘永济：《唐人绝句精华》，北京：中华书局，2010年，第96页。

之处，区别在于一写花卉禽鱼，一写山川风月，而《戏为六绝句》则开后世以绝句论文的风气。凡此种种，刘永济都在评释中做了具体说明，充分揭示了杜甫绝句的独特风貌和文学史意义。

第三节 《唐人绝句精华》具有丰富的学术内涵

刘永济是20世纪上半叶有影响的文化保守主义者之一，其丰富的人生阅历和学术积淀，折射在《唐人绝句精华》中，使得这部选本获得了一种超出于寻常选本的价值，不仅有助于读者了解所选作品，而且有助于读者认识中国文学和中国文化的诸多层面。

一、刘永济的“释”包含了丰富的文化内涵

《唐人绝句精华》的体例，“注”和“释”是分开的：“注”以诠解词义为主，精要准确是其特色；“释”以深入阐发为主，其中包含了丰富的文化内涵，关于游侠，关于唐代乐工采诗入乐的情形，关于唐代文人的交游，关于唐代社会的文化自信，等等，刘永济都有其简明而又富于深度的解读。

《唐人绝句精华》选了王维的《少年行》四首(“新丰美酒斗十千”云云)，刘永济“释”云：

> 游侠是古代社会中常见之人物，司马迁《史记》专为此辈作《游侠传》。历代诗人所写之《少年行》《结客少年场》等诗，也是描绘此辈生活习尚。此辈人从其轻生死、重然诺、舍身赴义一面看，不失为义士，然亦有“设财役贫，豪暴侵凌孤弱，恣欲自快”之类，如司马迁所讥者，则今世所谓土豪矣。王维此题共四首，大抵美游侠能立边功又悯其赏功不及，观第二首“孰知”二句与第四

首末句，此意显然。①

这一段“释”包含了三层意思：游侠是中国古代社会常见的一种人物；游侠品类复杂，其中既有舍身赴义的义士，也有侵凌孤弱的土豪；王维的诗旨在赞美游侠能立边功的豪迈气象，兼“悯其赏功不及”。

王维的《少年行》四首经常出现于各种唐诗选本和唐代文学史中，而阐幽发微如此细密周全的，这无疑是较早的一例。刘永济何以能够举重若轻，看似信手拈来，却又说得如此透辟？原因在于，刘永济对游侠素有研究。早在1942年7月，刘永济就在《思想与时代》第12期上发表了《论五代任侠之风》一文，次年又稍作修改，改题为《贵侠篇》，发表于武汉大学《文哲季刊》第7卷第2号。豪侠何以可贵？刘永济以为，豪侠精神在五个方面有补于抗战时期的中国社会：“一曰，难莫大于今日之国难，充游侠振厄济难之心，则人人争赴国难矣。二曰，害莫甚于人皆自私而国用不足，充游侠轻财崇俭之心，则人人输财以济国用矣。三曰，义莫上于死力以捍外患，充游侠好义轻死之心，则人人舍生以卫国矣。四曰，信莫重于人皆开诚相与，充游侠重信用之心，则人人精诚团结以救国矣。五曰，气节莫要于不为汉奸、不做奴隶，充游侠尚气节之心，则人人知耻有勇以报国矣。”② 1942年正是中国军民奋力抗击侵华日军最为艰难之时，国难当头，刘永济怀着一腔救世热忱来研究豪侠，对典籍所载豪侠的情形以及豪侠的品类作了仔细分疏。《贵侠篇》既是学术文章，又包含了深切的时代关切。一种基于时代关切的学术，往往是富于生命活力的。王维的《少年行》四首的“释”是在《贵侠篇》的基础上提炼而成的，但境遇不同，语调亦有了不同：《贵侠篇》感慨淋漓，而《少年行》四首的“释”，则以细密妥帖的学术性见长。

《唐人绝句精华》选了王维的名作《送元二使安西》：“渭城朝雨浥轻尘，客舍青青柳色新。劝君更尽一杯酒，西出阳关无故人。”刘永济

① 刘永济：《唐人绝句精华》，北京：中华书局，2010年，第30页。

② 刘永济：《文学论 默识录》，北京：中华书局，2010年，第501—502页。

“释”云：

> 此诗经乐工采以入乐，名《渭城曲》。乐工采诗入乐时，用裁截及重叠两种方法，使整齐字句成为长短句，以便歌唱。此诗则每句三叠，故又名《阳关三叠》。①

刘永济的“释”包含三层内容：王维的《送元二使安西》是一首入乐的绝句，故有《渭城曲》之名；唐代乐工采诗入乐，需要把整齐的诗句改为长短句，改的方法有重叠和裁截两种；《送元二使安西》在用裁截和重叠法时，每句三叠，故又有《阳关三叠》之名。寥寥数语，即足以见出其学识之丰厚。

据刘永济 1957 年 1 月撰写的《宋代歌舞剧曲录要·总论》，刘永济幼时曾在家藏《三续百川学海》丛书中见到一本名为《阳关三叠》的书，其中所载叠法颇多，此后数十年虽无缘寓目，但对其中两种叠法一直牢记在心。第一种叠法是：

> 渭城朝雨，渭城朝雨浥轻尘，浥轻尘。
> 客舍青青，客舍青青柳色新，柳色新。
> 劝君更尽，劝君更尽一杯酒，一杯酒。
> 西出阳关，西出阳关无故人，无故人。

第二种叠法是：

> 渭城，渭城朝雨，渭城朝雨浥轻尘。
> 客舍，客舍青青，客舍青青柳色新。
> 劝君，劝君更尽，劝君更尽一杯酒。
> 西出，西出阳关，西出阳关无故人。

---

① 刘永济：《唐人绝句精华》，北京：中华书局，2010 年，第 28 页。

20世纪60年代初，刘永济查阅《中国丛书综录》，中有明田艺蘅《阳关三叠》一卷，收在《说郛续》第三十二卷。“其书除类集诗词中涉及阳关曲者外，以意定三叠法。有曰‘阳关连环三叠’者，以四句回环排列。有曰‘阳关四叠’者，以第四句叠唱之。有曰‘阳关依依三叠’者，以依依传（依依柳氏字倚玉），依依唱之也。有曰‘阳关三叠琴操’者，未举例。有曰‘阳关贯珠三叠’者，既分一为四，复会四为一，如一串珠也。有曰‘阳关飞花滚三叠’者。大抵皆田氏所为，其中惟所谓飞花滚三叠，与唐人唱法同，即我所记第一叠法。又其串珠三叠，似合古法。其法如下：‘渭城朝雨浥轻尘，朝雨浥轻尘，浥轻尘’，皆每句三叠，与上记二叠法相异。”① 刘永济以其对于唐人绝句入乐情形的长期关注为基础，故其评释言简意赅，具有丰富的学术蕴涵。

二、刘永济的“释”注重知人论世

《唐人绝句精华》在知人论世两个方面均甚为着力。例如《唐人绝句精华》选了白居易的组诗《禽虫》（八首录四），刘永济先就白居易这些诗的“所感”“所悲”作了具体说明，然后展开对白居易人生轨迹的讨论。前期的白居易，大量写作新乐府，勇于批评朝政。而后期的白居易，却热心于闲适诗的写作，看重的是独善其身。这样一个变化是如何产生的呢？“考居易自元和十年上疏，请捕刺武元衡之贼，为王涯诬以居易母看花堕井死，居易有《赏花》《新井》诗，有伤名教，贬为江州司马以后，每求外任，不愿在朝，实以尔时党争日烈，民生日困，而自度无力挽救，乃萌急流勇退，明哲保身之念，不复如前此之直言敢谏矣。因之其诗之作风亦稍变，《新乐府》《秦中吟》之风格不复有矣。昔孔颖达作《关雎诗序疏》，论诗人救世之情有‘典刑未亡，觊可追改，则箴规之意切；淫风大行，莫之能救，则匡谏之志微’之说。白居易贞

---

① 刘永济：《文学论 默识录》，北京：中华书局，2010年，第265页。

元、元和间所作，则箴规之意尚切，大和以后之诗，则匡谏之志微矣。盖其前少年气盛，尚有兼善天下之志，其后阅历渐深，虑患渐切，但求独善其身之念遂生。”① 一位诗人在创作中努力回避社会生活的矛盾，也是社会生活状况使然。这样的解读，不仅对于深入了解白居易大有裨益，也提供了一种考察文学与社会生活之关联的方法。

创作了《新乐府》《秦中吟》和闲适诗的白居易，也写了“有风情”的长篇叙事诗《长恨歌》，对私生活感情做了淋漓尽致的表达。对这一现象，以往的研究多关注下述两个原因：其一，与整个社会风气的影响有关：“贞元之时，朝廷政治方面，则以藩镇暂能维持均势，德宗方以文治粉饰其苟安之局。民间社会方面，则久经乱离，略得一喘息之会，故亦趋于嬉娱游乐。因此上下相应，成为一种崇尚文辞、矜诩风流之风气。”② 其二，与进士阶层自身的好尚相关：当时社会政治生活中存在两股势力，一为山东士族如李德裕等人，一为出身寒门的进士阶层如元稹、牛僧孺等人。山东士族，严于礼法；进士阶层，则“重词赋而不重经学，尚才华而不尚礼法，以故唐代进士科，为浮薄放荡之徒所归聚，与倡伎文学殊有关联”③。陈寅恪所说的这两个原因，当然是重要的，却是不充分的。读了《唐人绝句精华》白居易组诗《禽虫》（八首录四）的“释”，我们对白居易创作中的复杂情形，无疑会获得更加透彻的理解。其他如“释”李白《田园言怀》诗，论及李白附永王璘的心理背景④，“释”杜甫《复愁》诗，论及诗人忧国悯乱的情怀⑤，“释”刘禹锡《再游玄都观》诗，论及其作者之人格⑥，都是力透纸背的笔墨。

---

① 刘永济：《唐人绝句精华》，北京：中华书局，2010 年，第 197 页。

② 陈寅恪：《元白诗笺证稿》，上海：上海古籍出版社，1978 年，第 87 页。

③ 同上书，第 86 页。

④ 刘永济：《唐人绝句精华》，北京：中华书局，2010 年，第 57 页。

⑤ 同上书，第 82 页。

⑥ 同上书，第 167—168 页。

三、刘永济的“释”致力于矫正牵强附会之弊

“诗无达诂”。在这个经典说法的背后，存在两种迥然相异的路数。一是在诗的表面意思之后，合情合理地揭示其内在关切，深化对诗意的阐释；一是在诗的字面意思之后，横牵竖扯，看似确有依据，实则牵强附会。刘永济以诗人之眼读诗，第一种路数是他所赞同并努力躬行的，第二种路数则是他所反对并时加针砭的：一方面致力于发掘字里行间的深厚内涵，另一方面又注意避免求之过深的弊端，不粗疏，也不拘泥，在两者之间保持了适度的平衡。

拘泥迂腐的情形多种多样，所针对的具体诗作也不同，刘永济随时加以提示，颇有助于提高读者的素养。如韦应物《滁州西涧》一诗的“释”：“此即景之作也。王士祯《唐人万首绝句选·凡例》：‘元赵章泉、涧泉选唐绝句，其评注多迂腐穿凿。如韦苏州《滁州西涧》一首，“独怜幽草涧边生，上有黄鹂深树鸣”，以为君子在下，小人在上之象。以此论诗，岂复有风雅邪！’此论甚正，从《三百篇》以来，许多好诗被此等迂腐穿凿之说妄解者，不知凡几，岂特无复有风雅，且真风雅之罪人也。”①《红楼梦》研究中有一种索隐派，诗词的研究中也有大量热心于索隐的人。其共同特征是，不顾作品的总体氛围和意境，而着眼于个别字句的关合，想方设法地发掘所谓微言大义。韦应物的《滁州西涧》，明明是一首描写景物的山水诗，意象那么活泼，情景那么亲切，真令读者心目俱爽。可是元代的赵章泉、赵涧泉，却从“上有黄鹂深树鸣”读出了“小人在上”的寓意，从“幽草涧边生”读出了“君子在下”的寓意。“深刻”倒是“深刻”了，可是一首好诗就这样被他们毁掉了，还可能养成一种迂腐穿凿的读诗风气。其后果之恶劣，不容忽视。惟其如此，故对那些自矜学养、自矜深刻的迂腐穿凿之辈，刘永济屡加指斥，几乎到了疾言厉色的程度。

① 刘永济：《唐人绝句精华》，北京：中华书局，2010年，第69页。

对那些因学养不足误解诗意的读者，刘永济则循循善诱，语调舒缓，表现出君子悯人不逮的风范。例如，《唐人绝句精华》选了宋济的《塞上闻笛》：

胡儿吹笛戍楼间，楼上萧条海月闲。
借问梅花何处落，风吹一夜满关山。

刘永济“释”云：“《梅花落》，本笛中曲也。诗人言吹笛则梅花落者甚多，李白《观吹笛》诗有‘十月吴山晓，梅花落敬亭’，又《黄鹤楼闻笛》诗亦有‘黄鹤楼中吹玉笛，江城五月落梅花’之句，盖习用已久，不以为非也。”① 寥寥数语，就将一个诗中的意象与《梅花落》曲的联系说清楚了。又如白居易《大林寺桃花》的“释”：“此诗亦以见诗人所感有与常人不同者。苏轼《望江南》词有‘百舌无言桃李尽，柘林深处鹁鸪鸣，春色属芜菁’之句。辛弃疾《鹧鸪天》词亦有‘城中桃李愁风雨，春在溪头荠菜花’之句，皆与白氏此诗用意相同，可以互参。”② 刘永济参照其他诗作寻绎诗意，在沟通诗人用心的同时，扩展了读者的视野，兼有普及与提高的功效。其他如李白《清平调词》的“释”，杜牧《赤壁》的“释”，李商隐《乐游原》的“释”，韩偓《新上头》的“释”，都能举重若轻，直指诗心，细腻而不拘泥，简约而又丰富。

《唐人绝句精华》的“注”简明准确，重视出典，与其他唐诗选本相比，也是一个显著的优点。限于篇幅，这里不再举例。书中也偶有疏略之处，如将元稹《莺莺传》中的小说人物崔莺莺视为真实的唐人，选了她的两首绝句；韦应物《西塞山》的“释”误以西塞山位于西蜀等。白璧微瑕，并不影响这部书的学术成就。

---

① 刘永济：《唐人绝句精华》，北京：中华书局，2010 年，第 209 页。
② 同上书，第 204 页。

第十一章　刘永济词学研究的三个面向

词作为传统的文体之一，刘永济对其重视的程度超乎寻常。其《词论》卷上《通论》，开宗明义，就在第一节《名谊第一》中从四个方面阐释了词体的文学史地位。其一，词兼容歌辞、音乐、舞蹈之美，堪称乐府之“正传”：“窃尝推阐其谊，盖有可言者焉。夫论文学之始者，厥惟风谣。风谣之兴，必资三者：一曰歌辞；二曰音乐；三曰舞蹈。歌辞以宣其情，音乐以象其声，舞蹈以表其容，三者协和，而后文之为艺也始精，其感人也始力。泛观往古众制，惟乐府为能兼之。而词者，乐府之正传，有其长而通其变者也，故能发人情之秘奥、通乐理之精微、济诗歌之绝运、开戏曲之先河，可谓兼包众美者矣。”① 其二，词的句式极错综变化之能事，四言诗、五言诗、七言诗与之相较均有逊色：“诗自五言倡于汉代，七言成于魏世，一句之中杂有单偶之辞，气脉疏荡，已较四言平整者为优，然而错综之妙，变而未极。填词远承乐府杂言之体，故能一调之中长短互节，数句之内奇偶相生，调各有宜，杂而能理，或整若雁阵，或变若游龙，或碎若明珠之走盘，或畅若流泉之赴谷，莫不因情以吐字、准气以位辞，可谓极织综之能事者矣。”②其三，词极声韵之微妙，非近体诗所能比拟：“文学之美，有色有声。声成于平、上、去、入，而极于清浊、阴阳，沈休文所谓宫羽相变、低昂舛节者，是也。词家于此，尤为擅场，既辨五声，复严上、去。一声或碍，则一句落腔；一句或乖，则全篇失调。研律之工，精入毫发，而一准天籁，匪由力至，亦可谓得音理之微妙者矣。”③其四，就雅俗兼宜而言，独擅胜场，其他文体“殆无与比者焉”：“文家遣辞，雅言则违俗，俗言则伤雅。用之廊庙者，不谐于里巷；习于民众者，不重于士夫。求其通

---

①②③　刘永济：《词论　宋词声律探源大纲》，北京：中华书局，2010 年，第 6 页。

上下之用、兼雅俗之宜，无施而不可者，厥惟填词。故能高者比隆于《风》《雅》，下者媲美于歌谣。经史之辞、民俗之谚、方里之音、古今之语，一入名手，俱皆妙谛。牢笼之广、包举之大，有文字以来殆无与比者焉。”① 鉴于以上所说的四个长处，刘永济的结论是：“词之本体已足度越往制。故虽分镳诗赋而能夺帜文坛，虽晚出后代而能炳曜千古，非偶然也。世有以周、柳衍为慢曲而后此体始广，苏、辛振以风力而后此体始尊者，岂探源之论哉。”② 词作为一种文体，学术界习见的定位是：它起初只是花间尊前的流行歌曲，品格不高，至柳永演为慢词，尤其是在苏轼以诗为词之后，词品才得到了引人瞩目的提高。而刘永济强调：就词体本身而言，它本来就“度越往制”，其地位自始就极其崇高。这样一个定位，当然是承继了常州词派“尊词体”的立场，但其具体论述却内容丰富，非常州派的理论所能涵盖。刘永济矢志做一个词人，就与他对词的定位有关。

刘永济的词学研究，卓有建树的至少有三个方面：论“填词之事”；词史研究；唐宋词细读，重心是吴文英词的细读。兹分别加以考述。

第一节　刘永济论“填词之事”

刘永济论“填词之事”，聚焦于三个层面：“一曰宫调；二曰声韵；三曰歌辞。”③ 刘永济之所以关注这三个层面，与其作为词人的填词生涯息息相关，也与其教人作词的着眼点有关。但就其理论意义而言，又不限于填词，而是词体研究的重要成果，且兼具词史研究的意义。

一、刘永济论宫调

词调就是词的腔调。词人作词必须选用词调或创制词调，所以作词

① 刘永济：《词论　宋词声律探源大纲》，北京：中华书局，2010 年，第 6—7 页。
② 同上书，第 7 页。
③ 同上书，第 108 页。

又叫倚声填词。据康熙《钦定词谱》，现存的词约有 820 余调，就其来源而言，大体有六个方面。或来自域外、边地，如《菩萨蛮》来自古代缅甸，《霓裳羽衣曲》源自印度《婆罗门曲》，《八声甘州》《梁州令》等来自边地。或来自民间，如《竹枝》《麦秀两岐》《赤枣子》等。或节取隋唐的大曲、法曲增损而成，如《水调歌头》《六州歌头》《齐天乐》等。或由乐工歌妓创制，如《雨淋铃》《还京乐》等。或出于官方音乐机构，如《徵招》《角招》《黄河清》等均为宋代的大晟乐府所制。或为词人的自度曲，如姜夔《白石道人歌曲》卷四《扬州慢》《长亭怨慢》《淡黄柳》等十七调，题为“自制曲”，是宋代流传下来唯一完整的宋词乐谱。而就“调名缘起”而言，如刘永济所分，有十余种之多：“有因乐府旧曲而名者，如《柳枝》出于《折杨柳》，《江南好》出于《望江南》，《采桑子》出于《杨下采桑》，是也；有用前人诗赋为名者，如《蝶恋花》用梁元帝‘翻阶蛱蝶恋花情’，《满庭芳》用吴融‘满庭芳草易黄昏’，《惜余春》取太白赋语，《青玉案》取平子诗句，是也；有取本词字句为名者，如《如梦令》因唐庄宗词句有‘如梦，如梦，残月落花烟重’也，《鱼游春水》因古词句有‘莺啭上林，鱼游春水’也，而《念奴娇》以东坡词而改名《大江东去》，《临江仙》以方回词而改名《雁后归》，则又文人好奇之习也；有以作者本事而名者，如《忆余杭》因潘阆忆西湖而作也，《菊花新》因陈源念菊夫人而作也，《醉翁操》因东坡追思六一翁而作也；有以地名者，如《甘州子》《伊周令》《梁州令》《青门引》《氐州第一》等；有以物名者，如《苏幕遮》《菩萨蛮》《尉迟杯》等；有以古事名者，如《阮郎归》《惜分钗》《华胥引》《高阳台》等；有以时序名者，如《秋霁》《夏初临》《湘春夜月》《春从天上来》等；有以音节名者，如《声声慢》《字字双》《三字令》《一七令》等。它如偷声、减字、摊破、促拍、摘遍、哨遍之名，引、近、令、慢、鬲指、过腔、转调、犯调之目，而犯调又有倒犯、侧犯、尾犯、花犯、三犯、四犯、八犯之分，皆从宫调而别者也。有合二调为一调者，如《江月晃重山》合《西江月》《小重山》而成也，《江城梅花引》合《江城子》《梅花引》而成也；有一调犯数调而未明言犯者，如《六丑》

共犯六调而成也。”①

比词调的来源和词调的命名方式更受刘永济关注的是每一词调所独具的声情。其《宋词声律探源大纲》一书，从汉魏古诗、永明新体诗、唐人律诗，直到宋词的长调，一一就其声律做细致考察，得出了七条重要结论。这七条中，关于宫调的结论是：“从检查声调中，可知词一调有一调之调情，盖名家制词定谱皆煞费苦心，不可任意妄填，致令词调声情之美为之破坏。至于谱词入乐尤与声律有关，盖乐谱必以声律为根据也。昔人论声音必与宫调相应，有南吕宫感嗟伤悲，正宫惆怅雄壮，黄钟宫富贵缠绵，大石调风流蕴藉，小石调旖旎妩媚，商调凄怆怨慕，角调呜咽悠扬，越调陶写冷笑等说。”② 其《微睇室说词·小引》亦云：“凡词一调有一调之声情。”③ 其《词论》一书，卷上专列《宫调第三》一节，论证宫调之不可废，理由之一也是一调有一调之声情：“或曰：填词协律之事，今已等于绝学。则宫调之理虽明，字谱之用虽著，然欲于酒边灯外擪笛高歌若宋贤之所为，亦不可得。且词自苏、辛而后，不过诗之新体，姜、吴虽欲返本，而后世终不能传其法。则今日而言宫调，亦抟沙作饭而已。虽然，有二义焉，亦学者所当知也：器数虽异，人声具存，歌词之法不传，唱曲之事可考，苟能由曲而溯词，因今以追古，亦未见其不可阶，此一义也；六宫十一调，调各有情，人心之哀乐应之则谐，故感叹伤悲者宜用南吕，惆怅雄壮者宜用正宫，是故天籁之发者然，此又一义也。宫调之说，安可过而废之哉。”④ 《词论》卷下《声采第六》一节亦云：“例如《醉翁操》之写放琴声，《寿楼春》之抒情沉而悲，皆于字音之中吟讽可得。而《六州歌头》之繁音促节，尤足见沉郁悲凉之情。凡此诸调，虽未付之管弦，而能得其音节。推之如《秋思耗》《花犯》《倒犯》《看花回》《莺啼序》等，一调有一调之声

① 刘永济：《词论　宋词声律探源大纲》，北京：中华书局，2010年，第28—29页。

② 同上书，第192页。

③ 刘永济：《唐五代两宋词简析　微睇室说词》，北京：中华书局，2010年，第124页。

④ 刘永济：《词论　宋词声律探源大纲》，北京：中华书局，2010年，第23—24页。

情，一调有一调之节奏，即一调有一调之韵味，一调有一调之境界。”① 《宋词声律探源大纲》还就若干具体词作所选用的宫调做了具体分析，如史邦卿（达祖）《双双燕》：“此梅溪自度曲，调情与辞情相切合，词中多用上声，故读来亦象燕子之轻俊。此词多用上去声叶韵，上声由低而高，去声由高而低而配合之，故能轻俊。十二韵中有六上声字，六去声字。”② 又如史邦卿《寿楼春》：“此词乃邦卿自度曲，调情非常沉着，表示一种悲痛之情，盖邦卿悼其夫人而作者。词止一百零一字。而用平声字至六十五，五字皆平者亦有二句，其中前半第三行第四、五字与第八、九字，后半第九行第四、五字与第八、九字，或用双声，或用叠韵，乃定格。”③《微睇室说词·小引》也提到了史邦卿《寿楼春》：“名家制调定谱，皆煞费苦心，大抵调声必与人情切合，然后可以表达人心各种情感。此如史达祖的《寿楼春》词，乃其自制以悼亡者，其词声情沉郁，有连用四阳平之句曰：‘算玉箫犹逢韦郎。’‘犹逢韦郎’四字皆阳平，其声低沉，恰与其悲悼之情切合。举此一例，以概其余。但词人亦有用调不切合情者，不可为法。后人见史词调名有‘寿’字，遂用为祝寿之词，则更错了。”④

刘永济之所以反复申说“一调有一调之声情”，旨在匡正将词视为“诗之新体”的说法。将词视为“诗之新体”是南宋以来绵延不绝的一个说法，至现代尤为流行。比如，清人王鹏运《词林正韵跋》曰：“夫词为古乐府歌谣变体，晚唐、北宋间，特文人游戏之笔，被之伶伦，实由声而得韵。南渡后，与诗并列，词之体始尊，词之真亦渐失。当其末造，词已有不能歌者，何论今日。”⑤林庚《中国文学简史》论及宋词，开头一段便说：“唐代诗歌在集大成之后，需要在诗歌语言上有新的突

① 刘永济：《词论　宋词声律探源大纲》，北京：中华书局，2010年，第113页。

② 同上书，第180页。

③ 同上书，第181页。标点有所调整。

④ 刘永济：《唐五代两宋词简析　微睇室说词》，北京：中华书局，2010年，第124页。

⑤ 〔清〕王鹏运：《词林正韵跋》，〔清〕王鹏运辑：《四印斋所刻词》，上海：上海古籍出版社，1989年，第328页。

破，才能继续向前发展。于是，新兴的词便成为一个突破口。词是随着诗歌口语化的要求而兴起的，正如七绝是最口语化最富有抒情性的一种体裁，与七绝密切有关的词中的小令，也是纯抒情的一种诗歌体裁。最早流行的小令多是五、七言体，如《菩萨蛮》《浣溪沙》《玉楼春》《生查子》等，而它的口语化更胜过七绝。由于句式的富于跳跃性，更容易从口语中吸取新鲜的血液，获得一种表现上崭新的力量。所以诗歌创作的高潮最终便从诗转而向词，而词在新兴之初，正是以小令为先锋的天下。"① 林庚从语言的角度揭示词作为"诗之新体"的特长，自有其新颖和深刻之处。但因此而忽略词与音乐的内在关联，忽略词调的重要性，却未必完全妥当。苏珊·朗格《艺术问题》的第六讲，曾论及"各类艺术之间的真实关系和特殊关系"，例如诗与音乐结合时会出现什么样的情形？其答案是："诗与音乐的结合，产生出来的或许是一首优美的歌曲。人们也许会很自然地把这种令人满意的效果同时归功于诗的优美和高超的音乐处理，但事实上却并非如此，举例说，舒伯特所创造的那些优美的歌曲，其歌词并不都是优美的。虽然其中有些是来自于海涅、莎士比亚和歌德的伟大抒情诗，但绝大部分却是一些十分平庸的诗句，有些甚至还是取自于缪勒所创造的那些感情极其脆弱的抒情诗句。在歌曲中，歌词只能起到某种间接的作用，换言之，歌词起到的作用只是刺激起作曲家的兴奋，使作曲家为它谱曲。当歌词进入歌曲之中并与音乐结合为一体时，作为一件独立的艺术品的诗词便瓦解了，它的词句、声音、意义、短语以及它描写的形象也统统变成了音乐的元素。在一首千锤百炼的歌曲中，其歌词是完完全全地被音乐吞没了的，在其中简直就找不到任何有关歌词的蛛丝马迹。当然，这并不是说歌词在歌曲中就不起任何作用，也不是说可以用其他任何歌词来取代原来的歌词而不对歌曲发生影响，而是说歌词已经被音乐所利用，并进入了一种全新的结构之中，从而使原来那独立的诗句完全消失在歌曲之中了。"②

---

① 林庚：《中国文学简史》，北京：北京大学出版社，1995年，第387页。

② ［美］苏珊·朗格：《艺术问题》，滕守尧、朱疆源译，北京：中国社会科学出版社，1983年，第79—80页。

苏珊·朗格所说的这种情形，在中国古代的艺术活动中也是存在的，如一些人习惯于说“听戏”而不是“看戏”，就表明了音乐的主导功能。只是刘永济讨论宫调，其前提是词早已成为了阅读文本。在这个背景下，如林庚所说，关注其语言是理所当然的，词调的讲求真有那么重要吗？

兼听则明，我们不妨听听民国以来几位词学行家的回答。

1928 年，世界书局出版了刘坡公《学词百法》一书，上海古籍书店曾于 1981 年影印出版。其中《选择调名法》一目指出：“词之题意，不外言情、写景、纪事、咏物四种，题意与音调相辅以成，故作者拈得题目，最宜选择调名。盖选调得当，则其音节之抑扬高下，处处可以助发其意趣。”① 为了指导初学填词的人，刘坡公举了若干词调为例：“《满江红》《念奴娇》《水调歌头》三体，宜为慷慨激昂之词。小令《浪淘沙》，音调尤为激越，用之怀古抚今，最为适当。”“《浣溪沙》《蝶恋花》二体，音节和婉，作者最多。宜写情，亦宜写景。”“《临江仙》《凄清道上》二体，最宜用于写情。对句两两作结，句法更见挺拔。”“《洞仙歌》，宛转缠绵，可以写情，可以纪事。一叠不足，作若干叠者更妙。”“《祝英台近》，顿挫得神。用以纪事，亦甚佳妙。”“《齐天乐》，音调高隽，宜用于写秋景之词。”“《金缕曲》，宜用于写抑郁之情。此调变体甚多，别名《贺新郎》，可赋本意，用以贺婚。”“《沁园春》，多四字对句，宜于咏物。别名《寿星明》，可赋本意，用以祝寿。”“《高阳台》，跌宕生姿，亦为写情佳调。”“《金菊对芙蓉》一调，有回鸾舞凤之姿。用以纪事咏物，皆流利可爱。”② 刘坡公以为，如欲填词，必须注重每一词调的声情。

1934 年，龙榆生作《我对韵文之见解》一文，“因有感于近世之言诗歌者”多忽略“声”“情”“词”三者之间的“相应相称之理”，慨然写道：“韵文之妙用无他，‘声’‘情’相应，‘词’‘情’相称而已。白

---

① 刘坡公：《学词百法》，上海：上海古籍书店，1981 年，第 46 页。

② 同上书，第 46—47 页。

香山云：‘感人心者，莫先乎情，莫始乎言，莫切乎声。’文字，死物也。有‘情’有‘声’，斯活矣。丰富之感情，与壮烈之抱负，必假言辞以表达之，文字以传布之，而声调之组织为尤要：此研究韵文者，所以贵乎讽咏也。”“关于某一作品之声调组织，与作者情感缓急相应之处，有深切之理会。一旦有所感触，形于言词而莫不中节，表于文字而但觉真趣之流行，斯可与言创作矣。”① 1937 年 6 月，龙榆生作《填词与选调》一文，更充分地从“词情与声情相应”的角度阐发了宫调选择在填词中的重要性。其立论前提是：“一种曲调之组成，必其人之心有所感，而借抑扬抗坠之音节以表达之，所谓相应生变，变而成方者是也。依曲调以填词，则歌词所表之情，宜与曲中所表之情相应。若但以‘依曲拍为句’，谓之尽填词之能事，则亦等于作长短句之律诗耳。”②词之所以不是“句读不葺之诗”，在于它除了词情外，还有调情，且词情与调情还须相应。③

《念奴娇》《永遇乐》《水龙吟》《满江红》《贺新郎》五曲，世人已习于用来抒写豪壮之情。龙榆生以这五曲为例，梳理了其宜于书写豪壮之情的依据：“上列五调，细玩其句度声情，并见拗怒之势。《永遇乐》

---

① 郑振铎、傅东华编：《我与文学》，上海：上海书店，1981 年，第 240—241 页。

② 龙榆生：《龙榆生词学论文集》，上海：上海古籍出版社，1997 年，第 176 页。

③ 龙榆生《谈谈词的艺术特征》：“词是依附唐、宋以来新兴曲调的新体抒情诗，是音乐语言和文学语言紧密结合的特种艺术形式。它的发生和发展，由诗的‘附庸’而‘蔚为大国’，是和乐曲结着‘不解之缘’的。它的长短参差的句法和错综变化的韵律，是经过音乐的陶冶，而和作者起伏变化的感情相适应的。一调有一调的声情，在句法和韵位上构成一个统一体。它是顺着人类发音器官的自然规律，从而创造各种不同的格式，通过这些格式来表达各种不同的感情。把它咏唱起来，是会使人感到‘渐近自然’的。它之所以不同于一般五、七言古、近体诗，乃至夹有长短句的乐府诗，也就只在它的句法和韵律是要受曲调的约束，而这种约束是循着人类语言的自然法则来制定的。我们要了解词的艺术特征，仍得向它的声律上去体会，向各个不同曲调的结构上去体会。作者能够掌握这些规律，选择某一适合表达自己所要表达的感情的曲调，把词情和声情紧密结合起来，也就会产生各种不同的风格和面貌，引起读者的共鸣。”该文原刊《语文教学》1957 年 6 月号。见龙榆生《龙榆生词学论文集》，上海：上海古籍出版社，1997 年，第 43—44 页。

《水龙吟》皆多用四言句，而《永遇乐》每句用仄声字结者，除协韵句外，尚有十一句之多。《水龙吟》除'楚天千里清秋''落日楼头''可惜流年'三句外，亦全以仄声字住。偶句数倍于奇句，于拗怒中见和谐，读之自感雄强之态，宜苏、辛一派作家，喜拈此类曲调，以抒写其郁勃豪放之情也。至《念奴娇》《满江红》《贺新郎》三调，例以入声韵为准，取入声之逼侧，以尽情发泄壮烈之怀抱。其有改用上、去韵者，则虽作壮语，往往郁而不宣，无裂石之奇声，而有沉抑之情态。"① 后来龙榆生在《语文教学》1957 年 6 月号发表《谈谈词的艺术特征》一文，"就一般常用的几个曲调，也就是现行文学课本中所能见到的几个曲调"②，如苏轼赤壁怀古的《念奴娇》、辛弃疾所曾用过的《摸鱼儿》、柳永的《八声甘州》，作了更为详尽的分析。龙榆生所论证的，正是所谓"一调有一调之声情"。龙榆生、刘永济、刘坡公所说，正是所谓行家所见略同。

唐宋词中有一种情形，即同一词牌属于不同的宫调。如"《虞美人》，《片玉集》入正宫，《尊前集》又入中吕宫；《菩萨蛮》，《尊前集》入中吕宫，《片玉集》又入正平调；《木兰花》，《尊前集》入大石调，《乐章集》又入林钟商；《倾杯乐》，《乐章集》入仙吕公，《白石集》又入人石调：此则其异在声而不在词也"③。刘永济指出的这个现象，尤其显示了宫调之声情对于词情的规范功能。1933 年 4 月，龙榆生在《词学季刊》创刊号发表《词体之演进》一文，在引述了《碧鸡漫志》列举的"一种乐曲，历时稍久，往往变易宫调，旧曲翻新"的大量例证后，归纳道："凡乐曲几无不分隶数宫调者。观上述，除《望江南》始终属南吕宫外，并变易甚多。同一调名，因所隶宫调不同，往往依声而制之歌词，亦遂句读参差，与曲中所表之情，相挟而俱变。故唐、宋人词，有同用一调，而所描写离合悲欢之情绪，截然殊致者。此殆翻曲者

---

① 龙榆生：《龙榆生词学论文集》，上海：上海古籍出版社，1997 年，第 185 页。
② 同上书，第 51 页。
③ 刘永济：《词论 宋词声律探源大纲》，北京：中华书局，2010 年，第 29 页。

之故弄狡狯。倚声家选调之难，必于句度韵律及所属宫调，加以缜密之注意，庶几能使声情吻合。”① “同一曲名，而所属宫调若是其不同，非身通音律者固应不敢轻于尝试。盖倚声填词，词中所表之情，必与曲中所表之情相应；非若率意作五、七言诗，一任乐工之选调排入，其不相融洽者，独可藉泛声以资救济。吾意新曲至唐大盛，而新词必至唐末、五代，乃如春云之乍展，此必为其一大原因。”② 声情与词情的密切关联，在词附属于音乐的时代是如此，即使在词已成为阅读文本的时代，仍不容忽略。宫调的选择是填词的要务之一。

二、刘永济论声韵

刘永济《词论》卷上《通论》，专设“声韵第四”，次于“宫调第三”之后，声韵在其词论中的重要地位由此可见；卷下《作法》之《声采第六》，所谓“声”，亦就声韵而言：“声韵介宫调与歌辞之间，既与唱曲相关，复与辞句密切。今唱法虽亡，而与之相关之声律，尚可考见。严守声律，不但保存词调，且可进而研究唱法。故诸家于此不惮反复申明也。至守律之法，沈、况两君之言至确，不可托一二不合者以自恕，不可借苏、辛诸贤亦自诿，二语尤深中时病。盖不合者，或传久而讹，或为嘌唱家所改，或作者本非专家也。苏、辛之作，论词品则诚高妙，辨词体则非本色也。止庵列苏、辛二公之作于变体中，此辨章之道宜然，非有所贬于二公也。”③ 刘永济如此重视声律，与他的两位前辈朱祖谋、况周颐的指授有关。朱祖谋、况周颐极为重视声律。刘永济对声律的重视是这一传统的延伸。

刘永济《微睇室说词·小引》以其《宋词声律探源大纲》为基础，梳理了填词者尤须留意的九个要点：“词中去、上二声因唱腔相反，分别当严（去声从高而低，上声从低而高，唱时要分别清楚故也），一也；

---

① 龙榆生：《龙榆生词学论文集》，上海：上海古籍出版社，1997 年，第 19—20 页。

② 同上书，第 21 页。“独”，当是“犹”之误植。

③ 刘永济：《词论 宋词声律探源大纲》，北京：中华书局，2010 年，第 108 页。

入可代平、上、去，二也；上声可代平，不可代去，三也；平声字连用，当以阴阳声相间相重为准，四也（如因情调关系，必须连用同声字，如前举史达祖《寿楼春》词，则不在此例）；有必用平、用上、用去、用入者，当知分别，五也；有短韵（即二字一韵者）须照填，六也；有句中韵者，不可忽略，七也；有当用双声或叠韵者，必须照填，八也；除上各项外，词中平仄有可互换者，不必字字严守古词四声，九也。”① 刘永济所说的九条，简要凝练，其中每一条均有巨大的展开余地。

比如第一个要点。何以上、去二声分别当严？其理由如刘永济所说：“平止一途，仄兼上、去、入三种，不可遇仄而以三声概填。盖一调之中，可概者十之六七，不可概者十之三四，须斟酌而后下字，方得无疵。此其故，当于口中熟吟，自得其理。夫一调有一调之风度声响，若上、去互易，则调不振起，便成落腔，尾句尤为吃紧。如《永遇乐》之‘尚能饭否’、《瑞鹤仙》之‘又成瘦损’，尚、又必仄，饭、瘦必去，否、损必上，如此然后发调。末二字若用平、上，或平、去，或去、去，上、上，上、去，皆为不合。……盖上声舒徐和软，其腔低，去声激厉劲远，其腔高，相配用之，方能抑扬有致。”②或如刘坡公所说：“上去二声，其音绝然不同。上声轻清而高，去声重浊而远。而在曲调中则反是，调之高者，宜用去声字，调之低者，宜用上声字。故词中逢上去二声连用之处，用去上者必佳，用上去者次之。学者须剖析清楚，用之得当，而后所填之词，方能抑扬有致矣。”③ 去声从高而低，上声从低而高，唱时务必分别清楚，故填词者不可疏忽。

去声字的重要性，南宋沈义父《乐府指迷》已经做过强调：“看句中用去声字，最为紧要，然后更将古知音人曲一腔三两只参订，如都用

---

① 刘永济：《唐五代两宋词简析　微睇室说词》，北京：中华书局，2010 年，第 125 页。《宋词声律探源大纲》的总结第七条与此大略相同，见刘永济《词论　宋词声律探源大纲》，北京：中华书局，2010 年，第 193 页。

② 刘永济：《词论　宋词声律探源大纲》，北京：中华书局，2010 年，第 33 页。

③ 刘坡公：《学词百法》，上海：上海古籍书店，1981 年，第 5—6 页。

去声，亦必用去声，其次如平声却用得入声字替，上声字最不可用去声字替，不可以上去入尽道是侧声……”① 作为填词一法，“上、去二声分别当严”，是经验，也是规则。或者说，这是基于经验的规则。②

1936年6月，龙榆生在《词学季刊》第三卷第二号发表《论平仄四声》一文，指出万树所谓名家词“转折跌宕处，多用去声”，往往表现为以去声作领字，或者用于结句。如秦观《八六子》“念柳外青骢别后”之“念”字，“正消凝”之“凝”字；周邦彦《兰陵王》“望人在天北”之“望”字，“渐别浦萦回”之“渐”字，“念月榭携手”之“念”字；姜夔《扬州慢》“过春风十里”之“过”字，“自胡马窥江去后”之“自”字，“渐黄昏清角吹寒 ”之“渐”字，都属于这一类情形。龙榆生发表于1957年的《谈谈词的艺术特征》一文，在分析柳永的《八声甘州》慢词何以如此“激壮苍凉”时，对去声字的功能尤为留意：

> 且看他一开头就用一个强有力的去声“对”字，领起“潇潇暮雨洒江天，一番洗清秋”两个七、五言句子，接着又用一个去声“渐”字，顶住上面两句，领起下面三个波澜壮阔的四言句子。后

---

① 〔宋〕沈义父：《乐府指迷》，济南：山东画报出版社，2004年，第3页。

② 刘坡公《学词百法》曾举周邦彦《花犯》（咏梅）一词以示例：“粉墙阴，梅花照眼，依然旧风味。露痕轻缀。疑净洗铅华，无限佳丽。去年胜赏成孤倚。冰盘同宴喜。更可惜，雪中高士，香篝熏素被。今年对花太匆匆，相逢似有恨，依依愁悴。吟望久，青苔上、旋看飞坠。相将见、脆丸荐酒，人正在、空江烟浪里。但梦想、一枝潇洒，黄昏斜照水。”刘坡公解释说：“前段第一句‘粉’字，必用上声。第二句‘照眼’二字，必用去上。第三句‘旧’字，必用去声。第五句‘净洗’二字，必用去上。第六句‘丽’字，必用去声。第七句‘胜赏’二字，必用去上，‘倚’字必用上声。第八句‘宴喜’二字，必用上去。第九句‘更可’二字，亦必用去上，‘士’字必用上声。第十句‘素被’二字，必用去上。后段第二句‘有恨’二字，必用上去。第三句‘悴’字，必用上声。第四句‘望久’二字，必用去上。第六句‘旋’字，必用去声。第七句‘见’字，亦必用去声，‘荐酒’二字，必用去上。第八句‘浪里’二字，亦必用去上。第九句‘但梦想’三字，必用去去上，‘洒’字必用上声。第十句‘照水’二字，必用去上。此调凡上去声之必须遵守者，共三十四字，学者宜奉为圭臬也。”见刘坡公《学词百法》，上海：上海古籍书店，1981年，第6—7页。

面“是处红衰翠减，苒苒物华休”两句一韵一个转折，“惟有长江水，无语东流”又是两句一韵一个转折。这前半阕的长短句法，只是参差错落的安排，而在开头放上一个去声“对”字，就近领下两句，接着又放上一个去声“渐”字，作为上面两个参差句子，下面三个整齐句子的关纽，把它换一换气，使“对”字一直贯到“无语东流”为止，这声情是十分凄壮的。换头“不忍登高临远”，用一个不押韵的句子拓开局势，紧接一个去声“望”字顶住上句，领起下面“故乡渺邈，归思难收”两个四言句。这“望”字作为又一关纽，又和开头的“对”字取得呼应。下面又用一个去声“叹”字顶住上文，转出“年来踪迹，何事苦淹留”一个四言、一个五言句子，又是一个错综变化，显得非常有力。……这个曲调的艺术特征，主要在它的句法变化，而且在重要环节放上许多有力的去声字……①

龙榆生的宗旨在于阐发“一调有一调之声情”，而他对《八声甘州》之声情的具体说明，却让我们充分领略了去声字的特殊功用。这里所举的例证，龙榆生1942年3月刊于《真知学报》第1卷第1期的《创制新体乐歌之途径》一文也曾提及。这些阐发，都可与刘永济所说的第一个声律要点相发明。

三、刘永济论歌辞

“歌辞”是填词的第三个要素。刘永济《词论》，其卷下《作法》，专论填词“途轨”②，即歌辞作法，包括“总术”“取径”“赋情”“体物”“结构”“声采”六项。

“总术”围绕几组关键词展开：清空、质实；襟抱、胸次；风度、气象、气格；词境、意境、境界；性灵、寄托。

---

① 龙榆生：《龙榆生词学论文集》，上海：上海古籍出版社，1997年，第56—57页。

② 刘永济：《词论　宋词声律探源大纲》，北京：中华书局，2010年，第55页。

关于词史上的清空、质实之争，刘永济睿智地指出，其倡导者虽然看似针锋相对，其实都有一个共同的出发点，即纠正不同时代的词坛之弊；针对的弊端不同，所以主张也不同。因而，清空、质实之争并不是理论的对立使然，而只是境遇的不同所致。“按清空之论，发自玉田，至秀水朱竹垞氏病清初词人专奉《草堂》，乃选《词综》，以退《草堂》而崇姜、张，以清空、雅正为主，风气为之一变，是曰浙派。及毗陵张皋文氏出，复以微婉相高，以求当言外意内之旨；其后周止庵氏益推阐之，退姜、张而进辛、王，尊梦窗而祖美成，风气又为之一变，是曰毗陵派。然观玉田之论，特以救一时质实之失，初未自标一派也。”① 在刘永济看来，无论是浙西词派之主主清空，还是常州词派之主主质实，都有其合理之处，但又都有可能带来新的弊端。任何一个主张，都只在具体的历史情境中有其合理性。而就具体的写作而言，一个词作者，务必在清空、质实之间把握好一个恰当的度。这个恰当的度，即“意足以举其辞，辞足以达其意。辞、意之间，有相得之美，无两伤之失”②。

关于襟抱、胸次，刘永济强调，它实际上是作者人格在词中的呈现，因而“学词功力”并不能保证襟抱、胸次之超尘脱俗，“特功力深者始能道出之耳”③；而“道出之时，非止不可强作，且以无形流露为贵”④。“以无形流露为贵”，所以刘永济特别推崇苏轼的《定风波·沙湖道中遇雨》：“莫听穿林打叶声，何妨吟啸且徐行。竹杖芒鞋轻胜马。谁怕？一蓑烟雨任平生。　料峭春风吹酒醒，微冷，山头斜照却相迎。回首向来萧瑟处，归去，也无风雨也无晴。”苏轼这首词的魅力，一方面在其襟抱、胸次之“自然超尘”，另一方面在其表达之“无形流露”，“能于不经意中见其性情学养”：“诵之数过，而祸福不足摇之之精神自然流露。其冲虚之襟抱，至今犹能仿佛见之。此等处，在诗家惟渊明最

① 刘永济：《词论　宋词声律探源大纲》，北京：中华书局，2010 年，第 57—58 页。
② 同上书，第 58 页。
③④ 同上书，第 59 页。

胜。古人高处在此，其不易学处亦在此；而后人所当学处尤即在此。”①

关于风度、气象、气格，刘永济强调，这一组关键词，与襟抱、胸次相通而又相异。其共通之处在于，两者都涉及作者的人格层面：“皆指性情得所养，而形诸笔墨者言也。”② 其相异之处在于：“襟抱、胸次，偏于论人，得之词外；风度、气象，即人即词，浑然不分。是故其人之风度、气象，即其词之风度、气象。人之风度、气象各殊，其词亦随之而异。故遗山追迹东坡者也，而遗山得东坡之浑厚，而无其豪雄（蕙风语）；中仙匹敌叔夏者也，而中仙有叔夏之清空，而逊其深远（止庵语）。学者于此体认分明，自有悟入处矣。”③ 刘永济对风度、气象、气格与襟抱、胸次的区分，有助于从不同层面把握“文如其人”的命题。

词境、意境、境界这一组关键词是对王国维境界说的回应。刘永济在采纳王国维的说法时，也适当借鉴了况周颐的思路，故云“况君之言最微妙，王君之言最明晰”④。其结论是：“即性灵，即寄托”乃是词的最高境界：“至作者当性灵流露之时，初亦未暇措意其词果将寄托何事，特其身世之感，深入性灵，虽自写性灵，无所寄托，而平日身世之感即存于性灵之中，同时流露于不自觉，故曰‘即性灵，即寄托’也。”⑤

综合以上内容，可以看出，“总术”的核心理念是，一个词人，人格涵养和学词功力是不可偏废的两个方面。而刘永济集中讨论的几组关键词，如清空、质实，襟抱、胸次，风度、气象、气格，词境、意境、境界，性灵、寄托，则从不同侧面展现了人格涵养和学词功力的互动关系与理想境界。

那么，一个有志于填词的人，该如何涵养人格和提高学词功力？对这一问题的回答构成了“取径”一节的主要内容。

---

① 刘永济：《词论　宋词声律探源大纲》，北京：中华书局，2010 年，第 59 页。

②③ 同上书，第 61 页。

④ 同上书，第 63 页。

⑤ 同上书，第 65 页。

刘永济认为，对词人来说，所谓涵养性情，即“求词于词外”。至于如何“求词于词外”，其路径可分为三个层级。第一个层级，多读两宋名作，“况君论读词之法，在取古人意境绝佳者，与己之性灵相浃而俱化，可谓于此道之秘奥尽宣之矣”①。第二个层级，从其他体裁的文学作品中吸取灵感。“且不独词然也，一切文艺，其意境超妙者，皆当用以涵养吾之性情也。忆昔年旅沪，尝与况君过从。一日，君诵太白《惜余春》《悲清秋》二赋，谓余曰：‘此绝妙词境也。’又《蕙风词话》有一节引《织余琐述》云：‘蕙风尝读梁元帝《荡妇思秋赋》，至“登楼一望，唯见远树含烟，平原如此，不知道路几千”，呼娱而诏之曰：“此至佳之词境也。看似平淡无奇，却情深而意真。求词词外，当于此等处得之。”’”②第三个层级，从生活中吸取灵感。“举凡天地之间，人情、物态，何莫非至妙之词境。灵心慧眼之人，自能随处得之。昔人有对欧公诵文与可佳句者。欧公曰：‘此非与可语。世间原有此句，与可拾得。’山谷亦曰：‘世间清景，初不择贤愚而与之遇。然吾特疑端为吾辈设。’凡此皆词外求词之法也。”③

刘永济所论词外求词之法，不同于一般所说的生活是创作的源泉，而在涵育诗意和诗境。一个人有了诗意和诗境，他不一定能够表达出来；但一个人没有诗意和诗境，是万万写不出好诗的。刘永济所谓“求词于词外”，即旨在涵养一颗词心，旨在将丰富的词意和词境涵育在填词之前。

“求词于词外”分三个层级，填词的造诣也分三境，而功力是提高填词造诣不可或缺的一环。“其初纯任性灵，弥见聪慧，其长处有非专恃学力者所能及，其弊也则或入于纤巧而伤格；及年事日增，学力日进，其长处则组织工炼、词藻富丽，而弊在质实而伤气；惟有性灵而不流于纤巧，有学力而不入于质实，以学力辅性灵，以性灵运学力，天人俱至，自造神奇之境，斯为最上，斯为成就”④。那么，如何取径才能

①②③ 刘永济：《词论 宋词声律探源大纲》，北京：中华书局，2010年，第66页。
④ 同上书，第68页。

有效提高填词功力呢？刘永济确认，以南宋为取法对象最为恰当。“大抵词至南宋，法度森然，于初学最便。北宋初期，欧、晏诸公，品格极高，而浑融超妙，不易窥其涯际。唐、五代为词家星海，然不易穷其究竟。”① 确立取法对象，和评价词人的成就，这是两个虽有联系却毕竟有所不同的领域。就词人的成就而言，刘永济对唐、五代、北宋词评价甚高，对欧、晏、苏、辛等尤为尊崇；但就取法而言，唐、五代、北宋词浑融超妙，不易寻觅其写作门径，初学者无从仿效。而南宋词则章法森然，便于揣摩仿效。

“赋情”与“体物”是填词的两个主要内容。“抒写情感是文学家最普遍和最主要的工作，因为情感是千变万化，曲折复杂，常常蟠结在作者心坎深处，既不易捉摸，又不易吐露。因此，历来诗人、词客都费尽无限的心力，创出许多方法，来达到他们倾吐为快的愿望。”② 《词论》所列举的抒情手法，包括寓情于景、纯作情语等不同类型，而不同类型又有其不同的境界。寓情于景以含蓄为贵，如《诗经》之《陟岵》，“不写我怀父母及兄之情，而反写父母及兄思我之情，而我之离思之深，自在言外。后世词人，神明用之，其变乃多。如欧公《踏莎行》（‘候馆梅残’），前半阕写行者，后半阕写居者；柳永《八声甘州》（‘对潇潇暮雨洒江天’），先写行者念居者，复想居者思行者，而两地之情，一时俱极：皆此法也”③。而纯作情语，则不妨本于自然，摒去矫饰。“一者，纯作情语，比托情景中为难工也。此类佳者，如李后主‘剪不断，理还乱，是离愁，别是一般滋味在心头’；范希文‘都来此事，眉间心上，无计相回避’；李姑溪‘只愿君心似我心，定不负相思意’；李易安‘寻寻觅觅，冷冷清清，凄凄惨惨戚戚’；又‘这次第，怎一个愁字了得’；又‘此情无计可消除，才下眉头，又上心头’之类：皆非至情不能道出。且情果淳至，则词虽朴质亦不伤雅，玉田、伯时所诃，盖犹不

① 刘永济：《词论　宋词声律探源大纲》，北京：中华书局，2010 年，第 70 页。

② 同上书，第 198 页。

③ 同上书，第 74 页。钱锺书《管锥编》论《诗经》不写己思人而写人思己之修辞手法，亦曾举《陟岵》为例，可与刘永济的说法相互发明。

免有习气存也。二者，抒情固以含蓄为贵，有时任意作决绝语，亦不失其为佳。此类如陈以庄《菩萨蛮》云：‘举头忽见衡阳燕，千声万字情何限。叵耐薄情夫，一行书也无。　泣归香阁恨，和泪淹红粉。待雁却回时，也无书寄伊。’与‘早知潮有信，嫁与弄潮儿’，同为不可以常理论，而实人间之真情。盖所谓流为‘怨怼激发’，而不可为训者也。虽为理之所无，不可谓非情不所有也。”① 1962年4月，刘永济写《略谈词家抒情的几种方法》，将上述要点细化为六种方法：“有辞愈质朴情愈真实的”；“有辞愈说尽情愈无穷的”；“有辞愈无关情愈难堪的”；“有辞愈从容情愈迫切的”；“有辞虽旷达情实郁抑的”；“有辞虽含蓄情却分明的”。② 这些说法看上去卑之无甚高论，但作为填词的指导，这样提示技法才是管用的。辞章之学与文学史研究，两者的区别在于，前者着眼于实际的写作，后者着眼于文学史线索的梳理，目的不同，路径亦异。

刘永济对庆贺之词尤其是祝寿之词这一类用于应酬的作品并不忽略，在他看来，这类词也可以有“真性情”，只是在写法上有些特殊要求而已。“介寿之词，宋时最盛，亦人事所不能免。然必不谀不俗，而措辞浑雅，方为合作。至施之朋友、骨肉之间，则亦贵有真性情语，方见欢愉祝颂之诚。如况君所举程文简《临江仙》、刘静修《菩萨蛮》二词，皆真性情中语，读之使人增伦常之重。”③ “真性情”是一切好词都须具备的要素，庆贺之词亦不例外，所以刘永济将之放在“赋情”部分加以讨论。但庆贺之词又有其特殊性，“杂以谐戏”是必要的点缀，否则就缺少“欢愉之意”，不能发挥庆贺的功能。刘永济分别举了辛弃疾、苏轼的作品为例：“辛稼轩词集中，此等处极多，有时杂以谐戏，尤足表欢愉之意。如《品令·族姑庆八十，来索俳语》云：‘更休说，便是个、住世观音菩萨。甚今年、容貌八十岁，见底道、才十八。莫献寿星

① 刘永济：《词论　宋词声律探源大纲》，北京：中华书局，2010年，第77—78页。

② 同上书，第198—203页。

③ 同上书，第75页。

香烛，莫祝灵椿龟鹤。只消得、把笔轻轻去，十字上、添一撇。’又《感皇恩·庆婶母王恭人七十》云：‘七十古来稀，未为稀有。须是荣华更长久。满床靴笏，罗列儿孙新妇。精神浑似个，西王母。遥想画堂，两行红袖。妙舞清歌拥前后。大男小女，逐个出来为寿。一个一百岁，一杯酒。’此等词愈朴质愈有真趣。”“推之一切庆贺之作皆然。故知古人虽寻常酬应语亦非可及。如东坡《减字木兰花·贺李公择生子》云：‘维熊佳梦，释氏老君亲抱送。壮气横秋，未满三朝已食牛。犀钱玉果，利市平分沾四座。多谢无功，此事如何着得侬。’末句用晋元帝生子，宴百官，赐束帛，殷羡谢曰‘臣等无功受赏’，帝曰‘此事岂容卿有功乎’语意。虽戏谑之词，而吐属娴雅如此。今日诵之，犹能想见当时举座绝倒光景也。”①

咏物词兴盛于南宋，姜夔、吴文英、王沂孙等均为咏物高手。因其题材的特殊性，咏物词必须兼顾两个方面，即“题中之精蕴、题外之远致”②，“即物即人，两不能别”③。刘永济以此为尺度，举例分析了史达祖（邦卿）《咏燕》、姜夔（白石）《暗香》《疏影》、苏轼（东坡）《水龙吟》等词：

> 邦卿《咏燕》余语皆题中精蕴，惟“红楼归晚，看足柳昏花暝”，得题外远致。读之觉所咏之物与咏物之人融而成一，而“柳昏花暝”四字中，包涵无限之事，此无限之事，或不能说，或不忍说，或不敢说，而又不能不存之胸中，不能不形之笔墨，而“昏暝”二字，适足以尽之。此等句，必凝思至深而忽然得之。荆公所谓“成如容易却艰辛”，少陵所谓“下笔如有神”，是也。
>
> 白石《暗香》《疏影》，则通首取神题外，不规规于咏梅。“昭

① 刘永济：《词论　宋词声律探源大纲》，北京：中华书局，2010 年，第 75—76 页。
② 同上书，第 85 页。
③ 同上书，第 86 页。

君”句，用徽宗在北所作《眼儿媚》词“花城人去今萧索，春梦绕胡沙。家山何处？忍听羌笛，吹彻梅花”也，故有“暗忆江南江北”及“又却怨、玉龙哀曲”等句，其指二帝之蒙尘乎？惠言所论尽之矣。静安乃讥其无一语道着，其失与公勇同。

东坡咏柳与质夫唱和二词优劣，王君之言允当。苏词得题外远致，章词尽题中精蕴；苏词即物即人，章词纯写物态，此所以不及也。白石、功甫咏蟋蟀二词，贺黄公之品评亦是姜不及张者，张词结句能将以前模写之笔尽成感慨之音，非咏蟋蟀，实自道胸臆耳。其不及东坡者，彼即物即人，两不能别，此物物而不物于物也。①

刘永济对这些词的解读，为写作咏物词确立了可资揣摩的范例。“按节序风物，感人弥深。故词人每有所作，但贵能直写我目、我心此时、此际所得，方不落套。故同一元夕也，少年与迟暮不同趣，盛世与晚季不同感；同一阳春也，欢愉与愁苦异其域，吉士与思妇分其疆。各就所得措辞，各从所感设境，乃为上乘。玉田所举诸作，大抵工丽之作，于题中精蕴可无遗憾，然尚不如东坡之‘惟恐琼楼玉宇，高处不胜寒’，山谷之‘黄菊枝头破晓寒’，白石之‘巷陌风光纵赏时’，稼轩之‘众里寻他千百度，蓦然回首，那人却在，灯火阑珊处’，为得题外远致也。大抵南渡以后，王（碧山）、史（梅溪）、张（玉田）、周（草窗）诸公慢词，其体势辞句率如小赋，绵密工丽有余，而高情远致微减矣。其间惟稼轩才情俱胜，白石格调独高，犹存北宋风流。好学深思之士，自不难通其消息也。”② 咏物词贵在有寄托，即运用比兴手法，以传达弦外之音。北宋词人以高情远致取胜，南渡词人以绵密工丽见长，虽然都致力于体物，但在表达方式上各擅胜场，风格魅力互有不同。王（碧山）、史（梅溪）、张（玉田）、周（草窗）之所以“体势词句率如小

① 刘永济：《词论 宋词声律探源大纲》，北京：中华书局，2010年，第85—86页。
② 同上书，第87—88页。

赋”，一是多为慢词，二是托意幽隐，三是多用典故，而尤其重要的是，“亡国之音哀以思”，情调凄黯。南宋咏物词的读者群不大，与其偏于绵密工丽有关。刘永济的解读，基于他对长时段词史和具体词作的深切了解，有画龙点睛之胜。

结构也是填词所须留意的方面。诗文词曲的结构，无论其体裁之间有多少差别，但有一点是共同的，都要注重头、腹、尾的协调完整：开端贵在开门见山，中间贵在内容丰满，结尾贵在收摄有方。具体到一首词，刘永济指出：起、结、过拍最为重要。[①]“起”就是词的开头，名为起调；“结”就是词的结尾，名为歇拍；“过拍”是上片的结尾，所以它兼有两种功能，既要收煞上片，又要引起下片。“词中吞吐之妙，全在换头煞尾。换头多偷声，须和缓，和缓则句长节短，可容攒簇。煞尾多减字，须劲峭，劲峭则字过音留，可供摇曳”[②]。刘永济填词经验丰富，为指导读者，举了大量实例。比如关于词的起调，他说：

> 发端之辞，贵能开门见山，不可空泛。如能从题前着笔，精神尤易振起。
>
> 又有以扫为生之法，如欧阳永叔《采桑子》“群芳过后西湖好”，周清真《齐天乐》“绿芜凋尽台城路，殊乡又逢秋晚”之类是也（谭复堂《词辨》评语）。
>
> 有先将题意说了，随即侧入另生一意者，如吴梦窗《忆旧游》“送人犹未苦，苦送春、随人去天涯”，张玉田《解连环》“楚江空晚，怅离群万里，怳然惊散”之类是也（复堂谓为飞鸟侧翅式）。
>
> 有先说一层，随即归到题意者，如姜白石《齐天乐》“庾郎先自吟愁赋，凄凄更闻私语”，张玉田《台城路》“十年前事翻疑梦，重逢可怜俱老”之类是也。
>
> 有起句之前似有无限之语，而起处乃从千回百转中突然而发

① 刘永济：《词论　宋词声律探源大纲》，北京：中华书局，2010 年，第 91 页。
② 刘坡公：《学词百法》，上海：上海古籍书店，1981 年，第 40 页。

> 者，如李易安《声声慢》“寻寻觅觅，冷冷清清，凄凄惨惨戚戚”，辛稼轩《摸鱼儿》“更能消几番风雨，匆匆春又归去”，徐干臣《二郎神》“闷来弹雀，又搅碎、一帘花影”之类是也。
>
> 至一起笼罩全首之语亦自有别，东坡之“大江东去”“明月几时有”与梅溪之“巧沁兰心，偷粘草甲”“草脚愁苏，花心梦醒”有天工人巧之殊，而东坡之“似花还似非花”与质夫之“燕忙莺懒芳残”尤觉有河伯见海之叹。①

这种技法指点，具体明白，正是学习填词的人所需要的。《词论》卷下《作法》旨在“为初学启示途轨”②，其长短也应从这个角度加以衡估。关于词的过拍及歇拍，详见本章第四节，此处不再展开。

《词论》卷下《作法》之《声采第六》涉及声韵和修辞。“声韵”前面已讨论过了，此处从略。“修辞”的重心在用事和代字，是以南宋婉约词为表率而盛行开来的填词技巧。在刘永济看来，一首好词，不仅要以“情思”取胜，而且要兼长“色泽”，用事和代字就有增加“色泽”的功能；“敷藻之功”只要与“情思”相发，只要不犯转折太多、隐晦呆板之弊，就没有必要一味指斥。“填词纯重情思与兼尚色泽，皆为要论。惟仅有色泽，而情思平凡，乃为下乘。至敷色浓淡之间，亦有斟酌。大抵须与情思相发，所谓‘连情发藻，侔色揣称’也。此中分寸，全在作者临时自己商略。”③ 因为主张“兼尚色泽”，所以刘永济对“用事”和“代字”之法详加指点，并在理论上一再申说其合理性：“词家抒情摅思有白描与设色两种方法。白描者，纯用朴素的语言直接表达情思，设色则与之相反，不直接表达而用典出之。用典有用古事与用成语两项。用古事的主旨在于以古事表今情，用成语的主旨在于借古语达今

① 刘永济：《词论 宋词声律探源大纲》，北京：中华书局，2010年，第94—95页。
② 同上书，第55页。
③ 同上书，第115页。

思。二者皆可以增加语词的力量与色泽，有时且可以表达难言之情和幽深之思。”“用古事包括用事与隶事两项。用事是取与我情思相合的古事用之，以求得到表达我情思更加分明和有力的效果。隶事则但将古事之隶属于本题者用之，使语词的色泽加倍秾丽而已。”“用成语亦包括取义与借字两项。取义是取古语含义可表明我情思者用之，以求做到以少字明多意的效果。借字则但取古书中字面美丽的字，藉以增加我语词的色泽的秾度。”① 刘永济论用事和代字，始终强调其辅助情思的功能。

第二节　刘永济论唐五代词的流派划分和风会变迁

刘永济的词史研究，主要包括两个领域：唐五代两宋词流派的划分和唐五代两宋词的风会变迁；吴文英词史地位的评价。这一节主要讨论第一个领域。

一、刘永济论唐五代两宋词流派的划分

对唐五代词流派的划分，影响最为广泛的是豪放派、婉约派的二分法。这一划分始于明万历间张綖所著《诗馀图谱》，其《凡例》之后《附识》曰：

> 词体大略有二：一体婉约，一体豪放。婉约者欲其词情酝藉，豪放者欲其气象恢宏。盖亦存乎其人。如秦少游之作，多是婉约；苏子瞻之作，多是豪放。大抵词体以婉约为正。故东坡称少游为“今之词手”，后山评东坡词“虽极天下之工，要非本色”。②

---

① 刘永济：《唐五代两宋词简析　微睇室说词》，北京：中华书局，2010 年，第 126 页。

② 郇国平编著：《中国历代文论选新编·明清卷》，上海：上海教育出版社，2007 年，第 48 页。

“词体”之“体”，指的是风格。张綖认为：如作粗略归类，宋词可以划分为豪放和婉约两种风格。他意中尚无明确的分派意识，但从风格的角度提供了分派依据。清初王士祯即据以分派：

> 张南湖论词派有二：一曰婉约，一曰豪放。仆谓婉约以易安为宗，豪放惟幼安称首，皆吾济南人，难乎为继矣。（《花草蒙拾》）。①

其后以婉约、豪放分派成为宋词分派中流行的作法。某些表述在措辞上与之颇有异同，但性质并无区别，仍可视为这一作法的派生物。②

婉约、豪放的二分法自然是有缺陷的。其一，它未能涵盖宋代词坛的另外几类词风。比如，两宋的一部分通俗词及滑稽词，既难以归入婉约，也不宜归入豪放。其二，部分词人的创作事实上兼有婉约与豪放之胜，如苏轼、辛弃疾，仅仅视为豪放派词人，就有可能屏蔽其婉约之作。其三，婉约词人的创作有雅俗之别，如李清照即与柳永相去甚远，一视同仁以婉约加以概括，就有可能忽略了其间的差异。总之，要找出婉约、豪放的二分法之罅漏并不困难。但尽管如此，作为一种约定俗成的分法，由于它便于我们“从总体上把握词的两种主要风格与词人的大致分野”③，还是有人乐于采用它。也许，我们不能要求一种理论毫无破绽，只能要求它比别的理论更具可操作性。

以风格为依据命名流派，简明扼要是一个基本原则，否则过于琐

---

① 唐圭璋编：《词话丛编》，北京：中华书局，1986年，第685页。

② 如《四库全书总目》卷一九八《东坡词》提要：“词自晚唐五代以来，以清切婉丽为宗。至柳永而一变，如诗家之有白居易；至轼而又一变，如诗家之有韩愈，遂开南宋辛弃疾等一派。寻源溯流，不能不谓之别格，然谓之不工则不可。故至今日，尚与《花间》一派并行而不能偏废。”见〔清〕永瑢等：《四库全书总目》，北京：中华书局，1965年，第1808页。“《花间》一派”，即“以清切婉丽为宗”的婉约一派；对“辛弃疾等一派”，四库馆臣将之定位为“别格”，其实就是豪放一派。

③ 吴熊和：《唐宋词通论》，杭州：浙江古籍出版社，1985年，第158页。

碎，不够概括，划分流派就失去了意义。比如清代的陈廷焯，其《白雨斋词话》卷八将宋词分为十四派：

> 唐宋名家流派不同，本原则一。论其派别，大约温飞卿为一体，皇甫子奇、南唐二主附之；韦端己为一体，牛松卿附之；冯正中为一体，唐五代诸词人以暨北宋晏、欧、小山等附之；张子野为一体；秦淮海为一体，柳词高者附之；苏东坡为一体；贺方回为一体，毛泽民、晁具茨高者附之；周美成为一体，竹屋、草窗附之；辛稼轩为一体，张、陆、刘、蒋、陈、杜合者附之；姜白石为一体；史梅溪为一体；吴梦窗为一体；王碧山为一体，黄公度、陈西麓附之；张玉田为一体。①

这种分法，用于研究具体的作家作品可以见其长，但用之于流派研究，则有文不对题之嫌。盖流派划分的目的之一是揭示不同流派之间的风格差异，并不是要将同一流派作家之间的区别尽量显示出来。去小异而存大同，乃是流派划分的一个特点，过于琐碎以自矜具眼反倒遮蔽了流派特点。

刘永济深明此理。其《唐五代两宋词简析》一方面将唐五代两宋词分为九类加以选录（唐五代各家闺情词；变新词风作家李煜及开宋风气作家冯延巳；宋初各家小令；发展词体作家苏轼及柳永；女词人李清照；柔丽派词人周邦彦及其同派各家；豪放派爱国词人辛弃疾及其同派各家；两宋通俗词及滑稽词；南宋咏物词），另一方面在《唐五代两宋词简析·总论》中确认："从大体上考察，仍不出柔丽与豪放两大流派。"② 前者着眼于词人个体风貌的揭示，后者着眼于流派风貌的把握，旨趣不同，故分法有异。

---

① 〔清〕陈廷焯著，杜维沫校点：《白雨斋词话》，北京：人民文学出版社，1959 年，第 206 页。

② 刘永济：《唐五代两宋词简析　微睇室说词》，北京：中华书局，2010 年，第 9 页。

在明智采用两分法的前提下，刘永济也并不一味“从众”。他对唐宋词流派的划分，另有自己的判断：一是用“柔丽”取代“婉约”，一是在“柔丽”“豪放”之外，提出了滑稽一派，后一个方面尤见卓识。“由上述两大派中，又有滑稽一派发生”①。滑稽风格的词，在“以豪放为主”的苏轼、“以柔丽为宗”的柳永“两家的作品中也有，两家以外的作者中，如秦、黄诸人也都有一些。但以此出名的，如仁宗元祐间的王齐叟，徽宗政和间的曹元宠，皆以滑稽语有名于河朔。他们全用人民口语填词，内容又以滑稽调笑为主，而滑稽调笑是后来散曲成分之一，由此可知此派与元曲不无关联”②。《唐五代两宋词简析》之“两宋通俗词及滑稽词”，收刘焘、无名氏、蔡伸、康与之、辛弃疾、刘克庄、石孝友、蜀妓共八家的词计十一首。其中蜀妓所作《鹊桥仙》（答放翁客自解）云：

> 说盟说誓，说情说意，动便春愁满纸。多应念得脱空经，是那个、先生教底？
>
> 不茶不饭，不言不语，一味供他憔悴。相思已是不曾闲，又那得、功夫咒你？

刘永济析云：“此词有误为妓答陆游者，实乃陆自蜀归，其客挟一妓偕行，归后置之别馆，率数日一往，偶以病久疏，妓颇疑之，客作词自解。妓即用其韵答之。词意虽怨，出语却甚滑稽。”③ 其风味确与元代散曲相近。由此切入，对宋词元曲之间的关联，刘永济做出了更为清晰的梳理。以往讲两宋词的，对这类作品视而不见，造成了宋词研究的一个盲点。刘永济对这一事实的关注，有助于完整把握宋词流派以及由词而曲的演变历程。

---

① 刘永济：《唐五代两宋词简析　微睇室说词》，北京：中华书局，2010年，第6页。

② 同上书，第6—7页。

③ 同上书，第112页。

二、刘永济论唐五代两宋词的风会变迁

关于唐五代两宋词的发展历程，刘永济认为，风会的变迁比时代的更替更有意义。盖风会之形成，与“国运之隆替、人才之高下、体制之因革”，与“时序”“地域”“作家”①，均有密切关联，但又超越于诸种具体的因素，对一斑的考察有助于了解全豹，但决不能以一斑代替全豹。

刘永济论词体之兴于晚唐，是从风会切入具体分析文学史实的一个精彩案例。

“诗家所为长短句之词体，自当在中唐以后。《刘宾客外集》有‘春去也’词，题曰《和乐天春词依〈忆江南〉曲拍为句》，可证按调声之曲折为句度之短长，其风盖昉于此时矣。”② 在确认词体兴于晚唐的前提下，刘永济指出，词体之所以兴于晚唐，乃是风会使然。而风会的形成，大体有四个原因。其一，词在晚唐为君臣上下所同好。“唐自中叶以后，国力渐衰，诗歌之体亦降，惟长短句新起，又与音乐相辅，于是上而君相，下而士庶，竞好声伎，制作渐多。观《全唐诗话》称宣宗好唱《菩萨蛮》，丞相令狐绹假温飞卿撰词以进，可证也。”③其二，晚唐文人常以“翦红刻翠”之词寄其怀才不遇之感。“晚唐人，如杜牧之、温飞卿、韩致光诸人，大抵流连声伎，纵志酒色，以寄其抑郁不偶之情，故其所作亦多翦红刻翠之句。此词体初创之故，有关于世运风俗者也。”④ 其三，晚唐盛行的温、李之诗，绝句之体，其情调和遣词方式均与词中的小令相通。“晚唐人歌行皆逊前人，独律体尚可观，而绝句尤能以低徊要眇擅长，与歌行之纵横轶荡者相远，而最宜于小令。大抵诗歌自张、王、元、白以明博深切相

---

① 刘永济：《词论　宋词声律探源大纲》，北京：中华书局，2010 年，第 45 页。

②③ 同上书，第 14 页。

④ 同上书，第 14—15 页。

尚，遂蹈显露之失，温、李承之不得不变而微婉。而微婉者，小令之所宜也。此其一。又张炎《词源》谓贺方回、吴梦窗之字面多从李长吉、温飞卿诗中来，此语最能道出诗与词之关系。盖昌谷之思空灵，飞卿之情婉丽，故二家遣词亦要眇而闳美，而要眇闳美者，又诗余之所宜也。此其二。夫微婉要眇之作，皆以六艺之比兴为之，而比兴之作多盛于衰微之世。此虽晚唐诗家品格所沿变，而亦世运使之然也。然则世人但以乐家增损五、七言律、绝为此体之成因者，犹是形式之论矣。"① 其四，晚唐的民间歌谣为词的写作提供了丰厚的资源。"更有一事为考艺事者之通则，即诗体变新之原，多由里巷风谣，渐见采于辞人才士也。""按刘宾客《竹枝词序》曰：'岁正月，余来建平，里中儿联歌《竹枝》，吹短笛击鼓以赴节。歌者扬袂睢舞，以曲多为贤。聆其音，中黄钟之羽。卒章激讦如吴声，虽伧伫不可分，而含思婉转，有《淇澳》之艳。昔屈原居沅、湘间，其民迎神，词多鄙陋，乃为作《九歌》，到于今荆楚鼓舞之。故余亦作《竹枝词》九篇，俾善歌者扬之，附于末。后之聆巴渝，知变风之自焉。'盖《竹枝》本巴渝民谣，梦得闻其声调中黄钟之羽，嫌其词伧伫不可分，喜其含思婉转有《淇澳》之艳，乃依其体作九篇，其后作者遂众。又如《纥那曲》本北客之歌，《啰唝曲》为妓刘采春所作。唐时教坊曲调类此者正多。今以词中小令与崔令钦《教坊记》曲目相较，同者十之六七。而《宋史·乐志》亦云：'民间作新声者甚众。'是则填词虽以唐乐府为近源，而民谣又其星海矣。"② 如同屈原据民间的《九歌》加以润色一样，或如刘禹锡据巴渝民谣而写《竹枝词》一样，晚唐文人的词，通常都有民间新声作为依据。没有民间作品所提供的丰厚资源，屈原写不出《九歌》，刘禹锡写不出《竹枝词》，晚唐文人也写不出那些缠绵悱恻的小令。社会情势、文化风尚、艺术趣味以及民间新声，诸多条件共同促成了一种风会，词就是在这种风会中兴起的。

---

① 刘永济：《词论　宋词声律探源大纲》，北京：中华书局，2010年，第15页。

② 同上书，第16页。

刘永济依据风会的变迁把宋词的发展划分为四个阶段。“知风会之说，则知欧、晏之近延巳者，宋初犹五代风气也”①，这是第一个阶段。“苏、柳之分镳并驰者，东坡才大而高朗，耆卿情放而落拓也”②，这是第二个阶段。“南渡之初，国势日弱，朝廷日卑，而上下宴安，志士扼腕，故或放情山水，托庄老以自娱，或叱咤风云，欲澄清而无路。于是有希真、石湖之闲逸，复有稼轩、同甫之激昂。其下者，謑髁自容，纵脱无行，而滑稽无赖之言以兴”③，这是第三个阶段。“及恢复无期，国土日蹙，情志之蓄愤益深，发而为言，婉而弥哀，放而弥痛。中仙、玉田之托物寓情，则其流也。此默深魏氏所谓世愈乱，情愈郁，则词愈幽也”④，这是第四个阶段。刘永济《词论》关于风会更替的说明较为简括，《唐五代两宋词简析》的《总论》，则有更具体的阐释。例如，关于第一个阶段到第二个阶段的演变，刘永济洋洋洒洒写了近一千字，其阐发与通行的文学史颇多差异。无论是游国恩等主编的《中国文学史》，还是中国科学院文学研究所中国文学史编写组编写的《中国文学史》，论及苏轼和柳永，其重心都是：苏轼从内容方面提升了词的品格，柳永从写法方面丰富了慢词的铺叙技巧。而刘永济关注的则是，在改变五代词风的过程中，苏轼和柳永作为具有士大夫身份的词人，他们也和其他士大夫词人一样，不免“把对政治的情绪和他的人生观流露出来”，但因为人生经历、才情、“胸怀和学术”的差异，两人所选择的路径不同，所达到的境界也不同：“一个是代表学人，一个是代表才人。一个是以豪放为主，一个是以柔丽为宗。一个把词拉上去与诗相等，一个为后来的曲开了门径。”⑤ 刘永济致力于把对词人的个体研究纳入“风会”视野，乃是基于他对“风会”的文学史意义的重视。

刘永济对“风会”的考察，不仅留意“国运之隆替、人才之高下”，

---

① 刘永济：《词论　宋词声律探源大纲》，北京：中华书局，2010年，第52页。

②③④ 同上书，第16页。

⑤ 刘永济：《唐五代两宋词简析　微睇室说词》，北京：中华书局，2010年，第5—6页。

如上面所引述；也留意词与音乐的因缘际会，如《唐五代两宋词简析·总论》所论："南、北两宋词还有一大区别，就是：北宋词人不谙音律，词之入乐，皆由乐工，是先有调然后按调制词，故曰'填词'；南宋有名词人多善音律，能自制曲调，因之就音律精切而言，是北不如南的。"① 词是音乐文学，"它是继承唐代乐府而来的，由它产生了宋代的歌舞剧，又由它过渡到元人的散曲和杂剧，它在文学发展史上是不可忽视的一环"②。刘永济对词与音乐的因缘际会之考察，为把握词风的演变和词与剧、曲的关联提供了极具深度的阐释。

刘永济还在《词论》中谈到了金、元、明词的风会变迁："至金、元之不及两宋者，金、元工于小令、套数，为曲家风会所转移也。明词不及金、元者，金、元犹存宋贤余韵，明人纯以传奇手为词也。"③金、元以曲为词，明人以传奇为词，如果我们将这两个论断与刘永济对唐五代词风会变迁的论断结合起来加以考察，一定能更加深切地体会到其丰富的理论蕴含和文学史意义。

第三节 刘永济的吴文英书写与20世纪的文学史叙述

刘永济对南宋词人吴文英文学史地位的评价，是在20世纪中国文学史书写的背景下展开的。由此切入，既可以见出刘永济的学术个性，又可以见出其处境之尴尬。

一、20世纪主流文学史中的吴文英叙述

说到20世纪主流文学史中对吴文英的叙述，不能不提到王国维、胡适对吴文英的贬抑。王国维《人间词话》断言，南宋婉约派词人所讲

①② 刘永济：《唐五代两宋词简析 微睇室说词》，北京：中华书局，2010年，第9页。
③ 刘永济：《词论 宋词声律探源大纲》，北京：中华书局，2010年，第52页。

求的“敷藻之功”“修辞之技”如“用事”和“代字”之法乃是造成词境之“隔”的病根所在①。1927年出版的胡适《词选》，更断言吴文英“《梦窗四稿》中的词几乎无一首不是梦窗靠古典与套语堆砌起来的”②。

本来，王国维和胡适对于吴文英的贬抑，并非客观的文学史叙述，而是为了矫正晚清词坛的晦涩堆砌之弊。为了达到矫枉过正的效果，过甚其辞正是一种必要的叙述策略。盖自清中叶至清末民初，如周济、戈载、冯煦、陈廷焯、王鹏运、朱祖谋、郑文焯、况周颐、陈洵、杨铁夫等，都是吴文英词的推崇者和仿效者，末流推衍，导致了晦涩堆砌之弊。“清末词家颇知学梦窗，但以用事下语处求梦窗者多，其所得不过外形之丽密，为之太过，且必至于晦涩。晦涩则吴词之病也，学者不得其妙反得其病，则非古人之过，学古者之过也。”③“自止庵偏尚梦窗，誉其‘每于空际转身，非具大神力不能’；又喻以‘天光云影，摇荡绿波，抚玩无斁，追寻已远’（《介存斋论词杂著》）。遂使学者益为目眩，日惟求其所谓‘空际转身’者，既无梦窗之才藻以赴之，但务迷离惝恍，使人莫测其命义之所在，其笨伯乃竟以涂饰堆砌，隐晦僻涩为工，此其病至今日而转巨，亦止庵及王、朱诸先生所不及料。”④为了改变这种过分雕凿晦涩的词坛风气，王国维等遂集矢于吴文英。对于王国维等人的这一学术取向，如果对晚清词坛状况有所了解，不难给予适度的同情。如刘永济所说：

---

① 比如王国维的这一段话：“词忌用替代字。美成《解语花》之‘桂华流瓦’，境界极妙。惜以‘桂华’二字代‘月’耳。梦窗以下，则用代字更多。其所以然者，非意不足，则语不妙也。盖意足则不暇代，语妙则不必代。此少游之‘小楼连苑’，‘绣毂雕鞍’，所以为东坡所讥也。”见〔清〕况周颐、〔清〕王国维《蕙风词话 人间词话》，北京：人民文学出版社，1960年，第206页。

② 胡适：《词选小传》，《胡适文集》第5册《古典文学研究（上）》，北京：人民文学出版社，1998年，第166—167页。

③ 刘永济：《唐五代两宋词简析 微睇室说词》，北京：中华书局，2010年，第186页。

④ 龙榆生：《龙榆生词学论文集》，上海：上海古籍出版社，1997年，第405页。

> 大抵古人立言，多在救时弊。南宋之末，词尚雕绘，故玉田非之以质实。明季词多浮采，故竹垞救之以清空。浙中诸子之弊也，故有止庵、蕙风之论。而静安之言，又为近世词学梦窗者之药石也。①

或如任访秋所说：

> 他们二人对梦窗所以如此攻击的原因，大概第一，因为他是南宋专重音律而放弃内容的词人的代表。欲攻击这一派，那么擒贼先擒王，自然不能不首先地攻击他。第二，又因为他是近世词家模拟之祖，欲破除一般人谬误之见地，亦不得不攻击他。②

或如吴征铸所说：

> 推原静安先生之严屏南宋，盖亦有其苦心。词自明代中衰以后，至清而复兴。清初朱（竹垞）、厉（樊榭）倡浙派，重清虚骚雅而崇姜、张。嘉庆时张皋文立常州派，以有寄托尊词体，而崇碧山。晚清王半塘、朱古微诸老，则又提倡梦窗，推为极则。有清一代词风，盖为南宋所笼罩也。卒之学姜、张者，流于浮滑；学梦窗者，流于晦涩。晚近词风，注重声律，反以意境为次要。往往堆垛故实，装点字面，几于铜墙铁壁，密不通风。静安先生目击其弊，于是倡境界为主之说以廓清之，此乃对症下药之论也。③

从刘永济、任访秋等学者的讨论可以看出，王国维等之所以极力否

---

① 刘永济：《词论　宋词声律探源大纲》，北京：中华书局，2010 年，第 51—52 页。

② 任访秋：《王国维〈人间词话〉与胡适〈词选〉》，姚柯夫编：《〈人间词话〉及评论汇编》，北京：书目文献出版社，1983 年，第 81 页。

③ 吴征铸：《评〈人间词话〉》，姚柯夫编：《〈人间词话〉及评论汇编》，北京：书目文献出版社，1983 年，第 99 页。

定吴文英，首先是出于改变词坛风尚的需要，虽然他同时也把这一论述转变成了文学史评价。而胡适之否定吴文英，更是为了有效地推进白话文运动。重内容而轻“色泽”，这是白话文运动评价古代作品的取向之一。他们的宗旨是救时弊而不是展开文学史论述。

王国维、胡适始料不及的是，受他们的影响，诸多中国文学史著述却正是在上述倾向主导下展开历史叙述的。例如赵景深1926年成书的《中国文学小史》，论及南宋词人和吴文英，有云：

> 国运将衰，必生妖孽，于是便产生出吴文英这一般雕刻师来仔仔细细雕刻那徒美外观的花纹。这条歧路，可比晚唐的诗走得更远了。①

> 吴文英（1205？—1276？）字君特，四明人。虽然像“何处合成愁，离人心上秋”等词未始没有，但终是雕琢的多。故张炎评他“如七宝楼台，眩人眼目，拆碎下来，不成片段”。又王国维以他自己的词给了他六个大字的评语，叫作“映梦窗零乱碧”，意与张炎语相同。②

像“国运将衰，必生妖孽”一类的表述，实已有一种道德宣判的意味。把艺术上的不同风格视为道德上的异端，更将吴文英词放在了历史的审判台上，真有一种令它“永世不得翻身”的架势。

1961年秋天，中宣部和高教部联合召开了一个“文科教材编选计划会议”，会议上定了三套“部颁教材”，一套是游国恩等主编的《中国文学史》，一套是中国科学院文学研究所编写的《中国文学史》，一套是刘大杰的《中国文学发展史》。在这三部教材中，刘大杰对吴文英的评价较高，其他两部则以负面评价为主。游国恩所编《中国文学史》是这

① 赵景深：《中国文学小史》，上海：大光书局，1937年，第119页。

② 同上书，第124页。

样评述的："南宋后期继承周邦彦的道路，同时受姜夔影响的词人还不少。……《乐府指迷》引吴文英的词论说'盖音律欲其协，不协则成长短句之诗；下字欲其雅，不雅则近乎缠令之体；用字不可太露，露则直突而无深长之味；发意不可太高，高则狂怪而失柔婉之意。'更从理论上概括了他们共同的创作倾向。他们在艺术上的成就互有高下，偶然也写出一二首稍有内容的作品；但总的看来，是沿着婉约派词人脱离现实的倾向越走越远，把宋词引向了僵化的道路。"① 中国科学院文学研究所编写的《中国文学史》则说："清末有一些评论家对于吴文英竭力推崇，抬高他的词的声价，其实是并不恰当的。""梦窗词最突出的缺点是雕琢堆砌，晦涩而又琐屑，思想内容往往不足道。全词（包括补遗）约近四百首中，与朝官应酬之作就有八十五首之多。"上述两部部颁文学史教材，其学术判断具有一种超越个人的权威性，所营造出的是一种总体的学术氛围。所谓"脱离现实"，在20世纪60年代的语境中，不只是一种艺术境界的否定，也是一种人生态度的否定。

二、刘永济对吴文英词的文学史定位

与主流学术界的评价有别，刘永济对南宋词，尤其是对吴文英词极为推崇。其《词论》卷下曾将吴文英与苏、辛相提并论："苏、辛之难及者，词外之性情、学问也；梦窗之难及者，词内之清气、魄力也。"② 吴文英词的文学史地位，在刘永济眼里是与苏、辛并列的。20世纪60年代他专门开课讲吴文英词，正是这一意愿的表达。而他穿插于讲稿中的类似于总论的那些话，尤其显示了他心目中吴文英的崇高地位。如对《莺啼序》（残寒正欺病酒）一词的说明：

梦窗是多情之人，其用情不但在妇人女子生离死别之间，大而

① 游国恩等主编：《中国文学史》（三），北京：人民文学出版社，1964年，第151—152页。

② 刘永济：《词论 宋词声律探源大纲》，北京：中华书局，2010年，第70页。

> 国家之危亡，小而友朋之聚散，或吊古而伤今，或凭高而眺远，即一花一木之微，一游一宴之细，莫不有一段缠绵之情，寓乎其中，又能于极绵密之中，运以极生动之气。惟其修辞太过，用典过富，有时不免晦其本意，而流于生涩。但此等疵病，要亦不多，不可以一眚掩其全美。周济称其如“天光云影，摇荡绿波”（《介存斋论词杂著》），可谓善于形容。陈廷焯称其“超逸处则仙骨珊珊，洗脱凡艳；幽索处则孤怀耿耿，别缔古欢”（《白雨斋词话》）亦甚精切。况周颐称其词如“万花为春”，又曰：“梦窗密处易学，厚处难学。”又曰：“即其芬菲铿丽之作，中间隽句艳字，莫不有沉挚之思，灏瀚之气，挟之以流转。”（《蕙风词话》）则评论更为得要。大抵吴词不出一真字，有真情，真境，真事，然后有真词。至于修饰字句之功，谐声协律之事，在词学乃末技，可学而能者也。填词者固不可不讲求，但词之好坏，却不在此。譬之美人，乱头粗服固不损其美，即严妆盛饰，亦不掩其丽。梦窗之词，即严妆盛饰之美人也。故陈洵说“飞卿严妆，梦窗亦严妆，惟其国色，所以为美”。此语亦极恰当。但严妆太过，亦非绝无疵病。此周济所以有“梦窗非无生涩处，总胜空滑”之论（《介存斋论词杂著》）。初学作词，从梦窗入手，必不至流为滑易，亦学者所当知也。①

所谓“国色”，是说吴文英乃一流词人；所谓“严妆”，是说吴文英词风“秾丽”，与姜夔词的疏宕大为不同。而一一引用周济、陈廷焯、况周颐诸人评语，则意在表明，吴文英的词史地位之崇高，乃公论，非私意也。

刘永济的两宋婉约词细读，其代表作是《微睇室说词》，而主体是对吴文英词的细读，亦足见刘永济对吴文英的推重。关于《微睇室说词》一书的撰写缘由，刘永济在《微睇室说词·小引》中有一段说明：“1960 年秋，武汉大学中文系古典文学教研室青年教师约我讲南宋婉约

---

① 刘永济：《唐五代两宋词简析　微睇室说词》，北京：中华书局，2010 年，第 192 页。

派词，因为这一派词家讲究修辞，艺术技巧很高，不曾熟谙古典文学艺术技巧的人读起来是很不容易理解的。其中尤以吴文英的梦窗词从来号称难读。大家希望我以梦窗词为重点，试图由其艺术性入手以求达到理解其思想感情，借以学习古典文学的艺术技巧，或于从事现代文学创作有些益处。”①《微睇室说词》就是该门课程的讲稿，其中吴文英词81首，周邦彦词6首，姜夔词6首，史达祖词2首，王沂孙词5首，周密词1首，张炎词2首。这样一个数字，是足以引发关注的，盖1949年以后，吴文英词，除非是整理其专集，没有任何一个学者细读过他那么多作品，能读到五首以上的就算异数了。吴文英的《梦窗词》，现存版本分一卷本和四卷本两种。四卷本始见于晚明毛晋《宋六十名家词》，共收词三百二十三首，清咸丰、光绪年间，先后有杜文澜、王鹏运、朱孝臧校勘本；一卷本即明万历二十六年（1598）太原张廷璋旧藏抄本，民国初年由朱孝臧刊入《彊村丛书》，跋云：“通卷分调类次，略同甲乙稿而小有出入，汰去误入他人之作，凡得二百五十六首，视毛本少六十七首，标注宫调者六十有四，为从来著录家所未载，则沉翳也久矣。”②朱孝臧后又有四校定本《梦窗词》，刊于《彊村遗书》。为《梦窗词》作笺注者，先后有朱孝臧《梦窗词小笺》（见《彊村丛书》）、夏承焘《梦窗词集后笺》（见《唐宋词论丛》）、杨铁夫《梦窗词全集笺释》（1936年无锡民生印书馆印行），但从来无人以细读的方式诠解过如此众多的吴文英词。常州词派的宗风，在民国年间对吴文英日益偏重。刘永济大量细读吴文英词，正是这一宗风的延续。

三、刘永济终于有了学术知音

倘若刘永济地下有知，他也许会感到欣慰的是，大陆之外的两部影响甚大的文学史著作，对吴文英的文学史地位给予了高度评价：一部是

---

① 刘永济：《唐五代两宋词简析　微睇室说词》，北京：中华书局，2010年，第121页。

② 朱孝臧：《梦窗词集跋》，季羡林总编，张岱年等主编：《传世藏书·彊村丛书》（二），海口：海南国际新闻出版中心，1996年，第1238页。

台湾学者叶庆炳的《中国文学史》，一部是孙康宜、宇文所安主编的《剑桥中国文学史》。

20 世纪 60 年代至 80 年代，台湾地区陆续出版了若干部中国文学史著述，如叶庆炳《中国文学史》（台北学生书局，1966 年初版）、苏雪林《中国文学史》（台中光启出版社，1970 年初版）、孟瑶《中国文学史》（台北大中国出版社，1974 年初版）、王忠林等《增订中国文学史初稿》（台北石门图书有限公司，1978 年初版）、王梦鸥等《中国文学的发展概述》（台北中央文物供应社，1982 年初版）。从台湾各高校的教学情况来看，在台湾使用量最大的文学史有两种，一是刘大杰的《中国文学发展史》，一是叶庆炳的《中国文学史》。

叶著文学史对吴文英评价甚高。叶庆炳认为，吴文英词有两个显著特点：一是“造语奇丽”，一是“常以时空错综之手法组织成篇。此种独特之表现手法，殆自李商隐《嫦娥》诗得来，而成为吴文英词之又一特色。习惯于表面上脉络井然之传统作法之词人，对文英此类作品，常有不能得其端倪之苦，于是妄加讥评”。“所谓时空错综，并非杂乱无结构；其结构谨严以及脉络井然，反有过于一般传统作品，特其结构、脉络深藏不露，费人追寻而已。”① 叶庆炳的评述，以其作品细读为前提，具有较强的说服力。

2013 年，生活·读书·新知三联书店出版了孙康宜、宇文所安主编的《剑桥中国文学史》中译本，林顺夫教授执笔的南宋文学部分，在我看来，其中对吴文英的评述尤与刘永济的旨趣高度一致：

> 吴文英是十三世纪的最大词家。他仍然谨守“婉约”传统，但发展方向与姜夔大异其趣。在其重要批评著作《词源》中，张炎对姜夔与吴文英的不同风格做出了区分：姜“清空”，而吴“质实”；并进一步形容姜词如“野云孤飞，去留无迹”，吴词如“七宝楼台，眩人眼目，碎拆下来，不成片段”。张炎在对比中提出了一个关键

① 叶庆炳：《中国文学史》下册，台北：学生书局，1987 年，第 97 页。

> 论点，即词，尤其慢词，应该运用“虚字”，以使作品流畅而“可歌”。词中虚字包括助词与描述性副词。这两类词的基本功能是结构性的，而非制造意象，它们大多位于句首，或承接上句，或点出言说者的态度。姜夔善于多用虚字，吴文英则尽可能少用，他的作品大多充满能够产生意象的“实字”。这样的作品由于缺乏结构性的虚字，致密有余而清空不足。张炎的论点主要基于审美上的偏好，因为吴文英能作曲，当然知道如何写出可唱之词。周邦彦使用虚字颇称简省，而柳永、李清照和辛弃疾则常用。吴文英在南宋重现了周邦彦的“秾丽”风格。①

并非偶合，吴文英《莺啼序》（残寒正欺病酒）一词，刘永济的解说在《微睇室说词》各篇中所占篇幅最大，《剑桥中国文学史》视“吴文英自度曲的《莺啼序》是词史上最伟大的作品之一”②，所用篇幅约600字，亦殊为可观。

林顺夫高度评价吴文英，当然并非偶然，而是有其海外汉学的特殊背景作为支撑。海外汉学家中，较早重视南宋词的是叶嘉莹。1966年，她在回顾自己的学术经历时曾说：“我在早岁读词的时候就并不能欣赏梦窗词，然而近年来，为了要给学生讲授的缘故，不得不把梦窗词重新取读，如戈载之所云：‘细心吟绎’了一番，于是乃于梦窗词中发现一种极高远之致、穷幽艳之美的新境界，而后乃觉前人对梦窗所有赞美之词都为有得之言，而非夸张过誉；而所有前人对于梦窗诋毁之词乃不免如樊增祥氏所云：‘世人真无见解，惑于乐笑翁“七宝楼台”之论……真瞽谈耳。’”③ 叶嘉莹还说：“王国维的一个最大遗憾，就是不能欣赏南宋的词。他的《人间词话》，就是只能欣赏他那一类型的……他一碰到

---

① ［美］孙康宜、［美］宇文所安主编：《剑桥中国文学史》上卷，刘倩等译，北京：生活·读书·新知三联书店，2013年，第580页。

② 同上书，第581页。

③ 叶嘉莹：《拆碎七宝楼台——谈梦窗词之现代观》，《迦陵论词丛稿》，上海：上海古籍出版社，1980年，第143页。

像周邦彦，像吴文英，像王沂孙、姜白石、张炎这些词人，那就英雄无用武之地了。他没有找到入门的途径怎样走进去，就不知道如何衡量了。”① 在叶嘉莹之外，高友工对南宋词也青睐有加，尤其是对南宋的长调。他在《词体之美典》中说：“长调之末流诚不能免枯索荒芜之况，然其胜者如吴（文英）之‘八声甘州’、‘高阳台’（宫粉雕痕）、王（沂孙）之‘齐天乐咏蝉二首’，张（炎）之‘解连环：咏孤雁’等词，其构思之精，写情之深，诚为他体之所不能至者。愿毋以‘形式主义’‘颓废主义’目之，而能窥见此形式之深邃为抒情精神之极峰。”② 林顺夫作为高友工的弟子，其学术理念、阅读经历，受高友工影响颇深。而从《剑桥中国文学史》中他对吴文英词的解读看，他应当也受到了刘永济的启发。

20世纪80年代中期，日本学者村上哲见在《中国诗人论——冈村繁教授退官纪念论集》（汲古书院，1986年10月）发表了《吴文英（梦窗）及其词》。村上哲见认为：“南宋的文人们经常试作清真词的拟作，这说明对于南宋的文人们来说，清真词乃是一种理想的样板。最善于将这种理想的追求加以现实化的乃是梦窗。他的词可以说是很好地反映了当时的风尚，但又决不是始终只限于模仿的没有个性的东西。”③ 对于吴梦窗的这种南宋文人文化之特质的词，“由于观点不同，评价也会不同，给予南宋的文人文化本身以中国文化之精粹的地位毕竟是可能的吧；同时，指责其为不健康的烂熟颓废的文化也是可能的吧。但不管怎样，我认为南宋的词无疑是最善于体现当时的文人文化之特质的表现样式之一，而吴梦窗的词则应该被给予具有作为其典型存在的地

---

① 叶嘉莹：《唐宋词十七讲》，北京：北京大学出版社，2007年，第297页。

② ［美］高友工：《美典：中国文学研究论集》，北京：生活·读书·新知三联书店，2008年，第290页。

③ 王水照、［日］保苅佳昭编选：《日本学者中国词学论文集》，上海：上海古籍出版社，1991年，第305页。

位”①。村上哲见对吴文英词的平情之论，与刘永济、叶嘉莹、高友工的论说可以相互参照。

第四节　刘永济的吴文英词细读

《光明日报》1961年12月4日第1版刊发的朱军采写的报道《武大中文系确定由副教授学习老教授专长并辅导青年教师》，专门介绍了刘永济开设的《微睇室说词》这门课程：“刘永济老教授是词学专家，精通宋词、《文心雕龙》及《楚辞》，在词学方面有渊博的学识，李健章副教授在向刘永济老教授学习前，作了周密的考虑，然后提出请老教授讲授南宋格律派词及这一派词人吴文英的作品。这一派词人讲求寄托含蓄，使词越来越难懂，而其影响从南宋以迄晚清。老教授一听这个要求，欣然喜悦，他认为这是从难处入手，是做学问的态度。李健章在向老教授学习时，也组织中国古典文学教研室的青年教师一起听课，准备自己边学边辅导。起初，老教授有点担心，怕这些人工作忙，学习坚持不下去；也怕自己讲的这套学问青年不易接受。李健章以自己的实际行动破除了老教授的疑虑。他一面和青年教师一起，坚持学习，请老教授尽力发挥自己的学术见解，一面热忱地辅导青年教师学习。从开讲以来，他们每周准时到老教授家里听课，从不迟到请假。老教授十分高兴，每次讲课前几天，就把讲稿认真地写好。认真教、认真学，这个小课上得俨如课堂。现在，老教授已经讲了宋词的一般格律，各派词人及其特点等，还讲述了自己几十年来从事填词创作的经验。”《微睇室说词》这门课的重心，是细读吴文英词。刘永济的宗旨，不仅是授人以鱼，教人读懂吴文英词，也致力于授人以渔，教人举一反三，懂得如何读别的词，如何填词。

① 王水照、[日]保苅佳昭编选：《日本学者中国词学论文集》，上海：上海古籍出版社，1991年，第306页。

一、对“读词应知的各项”细加分疏

吴文英词一向以难读著称。难读的原因，刘永济归纳了四点，“而时代背景与社会影响尚不在内”，“这是属于论世的事，一般说来，论世比知人较易”。① 四个原因依次是：“吴文英的生平事迹及其学术思想，缺乏传记，又无诗文可以参考，因而他的词是为了什么而写的不易摸索，此其一。他的艺术手段高，但有时过于修饰，反而掩蔽了思想感情，此其二。还有古人的生活习惯有时与今人不同，我们不知，便对于他的作品有不能理解之处，此其三。”“此外读者不曾作过词，缺少习作经验，也是原因之一。”②刘永济的解决之道是，每读一词，“姑且就其词中所说的什么先看清楚，这就是先去了解他遣词琢句的艺术技巧，了解他所用的典故，然后再从而追求他为什么要这样说，为什么要用这些典故？因为每一作家必然先有了思想感情，然后用词句来表达，有时还须凭借些典故使不易直接表达的思想感情从而显露出来，也有时是为增加词的色泽而用的。这样读去，或许可以得其仿佛”③。

这里试以刘永济解读吴文英《霜叶飞》（重九）一词为例，以体会其解读的层次和特点。吴文英《霜叶飞》（重九）词云：

断烟离绪。关心事，斜阳红隐霜树。半壶秋水荐黄花，香噀西风雨。纵玉勒、轻飞迅羽，凄凉谁吊荒台古？记醉蹋南屏，彩扇咽寒蝉，倦梦不知蛮素。

聊对旧节传杯，尘笺蠹管，断阕经岁慵赋。小蟾斜影转东篱，夜冷残蛩语。早白发、缘愁万缕。惊飙从卷乌纱去。谩细将、茱萸看，但约明年，翠微高处。

对这首词，刘永济重点解读了“荒台”“半壶”“噀西风雨”“蛮素”“早

①②③　刘永济：《唐五代两宋词简析　微睇室说词》，北京：中华书局，2010年，第122页。

白发”“从卷乌纱”“细将茱萸看”等典故。“荒台”用刘裕重九登彭城项羽戏马台事。“半壶”句用苏轼《书林逋诗后》“一盏寒泉荐秋菊”意，古人重九日以菊花泛酒中，借其香也；《神仙传》称栾巴噀酒灭成都火灾，此但用其字面以切重阳风雨。“蛮素”是白居易的侍妾小蛮、樊素，吴文英用以指其去妾。“早白发”句暗用李白“白发三千丈，缘愁似个长”诗意，言已年老多愁也。“从卷乌纱”用晋桓温率宾僚九日登龙山，孟嘉落帽不觉事。盖孟嘉有高情胜概，不屑于小节，虽风吹帽落，颇失威仪，而毫不在意，有脱略形骸之趣，故诗人于九日诗多喜用之。“细将茱萸看”用杜甫“明年此会知谁健，醉把茱萸仔细看”诗意，预为明年登高之约。插茱萸亦古人登高故事，取其可以辟除恶气也，事见《风土记》及《续齐谐》。这些典故解释清楚以后，词的意思也就大体明白了：写的是吴文英重阳节追忆去妾的心绪。

古典诗词之所以免不了用典，其前提在于，人类生活的各种原型总是在历史中多次重演，对于以往同样情形的了解，有助于深化我们的情感和意识，且在表达上可以获得一种风度，可以显示一种涵养。历史的原型，不仅是一种思考的对象，也是一种情感和想象的对象。对历史原型的回顾和采用，乃是对现实人生的回应和解释。刘永济之所以重视典故的解读，缘由在此。在他所列“读词应知的各项”① 中，包括声律、用典、用字、结构与作法等四个方面，用典是不能忽略的一项。“词家抒情摅思有白描与设色两种方法。白描者，纯用朴素的语言直接表达情思，设色则与之相反，不直接表达而用典出之”。“用典有用古事与用成语两项。用古事的主旨在于以古事表今情，用成语的主旨在于借古语达今思。二者皆可以增加语词的力量与色泽，有时且可以表达难言之情和幽深之思。二者皆是以少字明多意”②。吴文英《霜叶飞》（重九）一词中，属于用古事的如“荒台”“香噀西风雨”“从卷乌纱”，属于用成语的如“半壶”“早白发”“细将茱萸看”，考察这些典故的含义和效果，

① 刘永济：《唐五代两宋词简析　微睇室说词》，北京：中华书局，2010 年，第 122 页。
② 同上书，第 126 页。

不仅可以领略吴文英的学识，还能感觉到他出色的表达才能。而假如没有这些典故的运用，那种缥缈的情思和缠绵悱恻的情调，大概是很难传达的。刘永济对于其中典故的解读，不只是说明其意思，而是更注重其效果，因为用典所要达到的正是这种特殊效果，如果仅仅只是传达意思，直白道出就行了。

结构与作法也是“读词应知”的一项。“词调虽多，论其结构，不出起调、过拍、换头、歇拍四项。其中起调与换头相当于律诗的第一句与第五句”[①]。刘永济在理清吴文英《霜叶飞》（重九）一词大体内容的前提下，对词中的起调、过拍、换头、歇拍四项甚为关注，更加显示了其细读的功力。比如他关于此词起调的说明：

> 《诗话总龟》载潘大临重九得句曰“满城风雨近重阳”。此词起处的“断烟”“斜阳红隐”，正是重九天气，而以“离绪”“关心事”夹在其中，则是作者此时的情绪。作者此时有此情绪，故有此词。从“纵玉勒”句看，那日作者并未登高。[②]

> 词之起调，有对起、单起之分。对起者盖以两句作对以起调也；单起则以单句开端，字数无定。对起者必须对仗精工，单起则必要能笼罩全首。前者如吴文英《高阳台·落梅》词“宫粉雕痕、仙云堕影，无人野水荒湾”，后者如吴文英《齐天乐·与冯深居登禹陵》词“三千年事残鸦外，无言倦凭秋树”。但不论对起、单起，必须一起便能开门见山，方是合作。[③]

就吴文英《霜叶飞》（重九）一词的起调而言，开头几句不仅切合重九的特殊氛围，还交代了词人因重阳节追忆去妾而作词的情思脉络，有一种贯

---

① 刘永济：《唐五代两宋词简析　微睇室说词》，北京：中华书局，2010 年，第 135 页。
② 同上书，第 143 页。
③ 同上书，第 139 页。

通全词的力度。刘永济将词的起调比为律诗的第一句，是说在起承转合这四个部分中，起调的功能在于“起”，一定要开门见山，否则就不合章法。

关于吴文英《霜叶飞》（重九）一词下阕的“换头”，刘永济讲解说：“换头以今日重九另起。曰‘聊对’，曰‘慵赋’，皆从上‘倦’字来。”① “换头”是关于词的结构的一个术语，其作用相当于律诗的第五句，在起承转合这四个部分中，重在发挥“转”的功能。“如从作法言，律诗前后段每每各有重心，有时前写景、后抒情，有时相反；有时中四句皆景句或情语。变化虽多，大抵前后段的转折点在第五句。就词而言，换头既是相当于诗的第五句，也就是全词的转折点。因此一词的前后两段也各有重点。例如吴文英的《贺新郎·陪履斋先生沧浪看梅》词，前段全从韩世忠的沧浪亭着笔，叹息当年韩世忠恢复之功不成；后段方从陪履斋看梅另起，即其明证。然如辛弃疾《贺新郎·别茂嘉十二弟》一词，前段历数昭君出关、陈皇后谪居长门宫及《诗经·燕燕》诗‘卫庄姜送归妾’三事，后段又以李陵、荆轲二事直接说下，皆人生离别苦情，换头处并不另起。但此种作法比较不多，而以换意另起者为常。”② 前后互参，足见刘永济关于换头的说明，特别注重其特有的转折功能，既要与上阕脉络相连，又要能引发新的内容。

刘永济对吴文英《霜叶飞》（重九）一词的结尾即歇拍也颇为赞许。“结尾名歇拍者，声律到此便停歇也。歇拍又名毕曲者，言一曲到此完毕也。从作法言，歇拍要有‘有余不尽’之意，或者就上文宕开作结，以免过于单调，或嫌索然无力。无论诗、词、曲，结尾的重要相同，曲家有‘豹尾’之说，言尾要有力也。词中如苏轼《赤壁怀古》词方说到自己老大无成的感慨，接着便以‘人间如梦，一尊还酹江月’宕开，自觉胸怀旷达，不至窘迫。又如王沂孙《齐天乐》咏蝉词方说到秋来‘甚独抱清商，顿成凄楚’，接着就说‘漫想薰风，柳丝千万缕’，一笔宕开，追想盛夏景象，以见盛衰之感，词意更显得灵活，不至为上文所束

① 刘永济：《唐五代两宋词简析 微睇室说词》，北京：中华书局，2010 年，第 143 页。
② 同上书，第 138 页。

缚。”“词之结尾亦有景结、情结两种，景结者以景结情，如周美成《瑞龙吟》词之‘断肠院落，一帘风絮’。以情结者，以情结景也，如苏轼《水龙吟》咏杨花之‘细看来不是，杨花点点，是离人泪’。又如章楶《水龙吟》此题之‘望章台路杳，金鞍游荡，有盈盈泪’。二词皆以情结景，情景交融也。但亦有纯作情语而佳者，必须有一段真情，到结尾倾泻而出，如李煜《相见欢》之‘剪不断，理还乱，是离愁。别是一般滋味在心头’。又如韦庄《女冠子》之‘觉来知是梦，不胜悲’。又如李清照《声声慢》之‘梧桐更兼细雨，到黄昏、点点滴滴。这次第，怎一个愁字了得’是也。”[①] 吴文英《霜叶飞》（重九）一词的结尾，是好的结尾方式之一。之所以说它好，是因为这个结尾不仅带来了无穷余味，还包含了爱惜光景的情思：“结句预为明年登高之约，用杜甫‘明年此会知谁健，醉把茱萸仔细看’诗意，推开作结，使词意有余，且有爱惜光景之意。”[②] 令读者掩卷之余，依然沉浸在词所酿造的氛围之中。

用字也是“读词应知”的四个事项之一，包括换字法与代字法。“换字法本是骈文家常用的，主要是避免重复或因声律有碍，不得不换用同义异音的字。惟词家更有增加色泽的意思。因此之故，换字是以新鲜之字换去陈旧的字，以美丽之字换去平常的字”[③]。比如以“霜丝”换白发，以“秋镜”换秋水，以“商素”换秋天，以“银浦”换天河等。“代字亦词家习用法，其与换字不同者，代字不但将本色字加以修饰，而且将加工设色的字代替本色字用，或是形容本色字，或是取其标志作代（标志是取某物整体中最突出的部分代整体。旧注家遇此等字，则曰此指某某）”[④]。或以形容词作名词用，如以“暗碧”代密叶，以“红香”代花朵；或以美丽名词代普通名词，如以“丁香结”代愁结，以“玉龙”代玉笛；或以古人代今人、以古地代今地，如以“谢娘”代

① 刘永济：《唐五代两宋词简析　微睇室说词》，北京：中华书局，2010年，第139页。
② 同上书，第144页。
③ 同上书，第130—131页。
④ 同上书，第131页。

姬妾，以“杜郎”代风流才人；还有以名词代形容词等情形。刘永济解读吴文英《霜叶飞》（重九）一词，无论换字还是代字，均有分疏，如：

> “记醉蹋”二句言昔日重九情事。“彩扇”二句即昔日事而今日忆之，亦即“关心事”也。……盖上言歌声已如蝉之寒咽，“彩扇”，歌扇也。下言昔犹梦见蛮素，今则此梦已倦，故曰“不知樊素”。“蛮素”，白居易侍妾小蛮、樊素也，今以指其去妾。……“小蟾”二句言雨后夜晴也。①

称歌扇为“彩扇”，以“蛮素”代去妾，以“小蟾”代月亮，就吴文英这首词的整体来看，这几处换字和代字，并未给理解词义带来大的障碍，而确有其修辞效果：作品因而多了几分典雅和温润，多了几分文人才士的情调。刘永济一再强调，之所以运用换字和代字，乃是为了增加词语的色泽，如果因此而导致词义晦涩，就不可取了。刘永济对于各种填词技巧，采取的是一种辩证态度。

从上面的举例可以看出，刘永济的细读有其明确的范围限定，即大体围绕“读词应知的各项”来指导读者。由于他有长期作词的经历，又对历代名家词做过深入研究，故其细读总是言简意赅，真能让读者受用。但就每一首具体的词而言，他并未就“读词应知的各项”一一加以讲述，原因在于，并不是每一首词都在各个层面足以作为典范。所以，刘永济的细读又有另一个特点，即对不同的词，阐发的重点有所不同。例如，吴文英的《八声甘州》（灵岩陪庾幕诸公游）一词，刘永济对其过拍的关注就超过了上面举到的《霜叶飞》（重九）一词。《八声甘州》（灵岩陪庾幕诸公游）原词如下：

> 渺空烟四远，是何年，青天坠长星？幻苍厓云树，名娃金屋，残霸宫城。箭径酸风射眼，腻水染花腥。时靸双鸳响，廊叶秋声。

---

① 刘永济：《唐五代两宋词简析　微睇室说词》，北京：中华书局，2010 年，第 143 页。

宫里吴王沉醉，倩五湖倦客，独钓醒醒。问苍天无语，华发奈山青。水涵空、阑干高处，送乱鸦、斜日落渔汀。连呼酒、上琴台去，秋与云平。

这首词是吴文英游苏州灵岩山时所作，上片怀古，下片伤今。刘永济说："过拍二句尤妙。'双鸳'，西施之履也。吴宫有响屧廊，以楩梓板藉地，行则有声，故名，见《姑苏图经》。'屧'，本履中荐，犹今鞋垫。此二句写得恍惚，正是怀古深情。"① "时靸双鸳响，廊叶秋声"二句，之所以受到刘永济的喝彩，与过拍的特点和功能有关。"词的前段结尾名过拍，从声律言，是前段的声律到此暂歇，然后过渡到后段也。张炎《词源》论《制曲》条曰：'最是过片不要断了曲意，须要承上接下。'举姜夔《齐天乐》咏蝉词过拍'曲曲屏山，夜凉独自甚情绪'，后段接着以'西窗又吹暗雨'为证。说如此则'曲之意脉不断矣'。(过片之片乃变字的损体。)盖后段换头'西窗又吹暗雨'句仍是形容蝉声也。又如苏轼《念奴娇·赤壁怀古》词过拍曰：'江山如画，一时多少豪杰。'后段接着便将周瑜、诸葛亮的豪杰风度描写一番，然后以自己老大无成，不免美人迟暮之感作结，此意亦不断"②。过拍因其处于上片的结尾处，因此既要承上，又要启下。就吴文英的《八声甘州》(灵岩陪庾幕诸公游)来说，上片侧重怀古，下片侧重伤今，而"时靸双鸳响，廊叶秋声"二句，因其写得恍惚如见，足以体现怀古深情，又能自然地引出下片的换头"宫里吴王沉醉"，盖"宫里吴王沉醉"虽另起伤今一意，但仍是怀古，意脉并未中断。刘永济的分疏不仅有助于读懂这首词，还启发读者在作词或读词时留意过拍的特殊功能和用法。

二、对吴词之寄托与吴文英其人的解读

读吴文英词，不能不涉及比兴寄托，盖比兴寄托既是常州词派的聚

① 刘永济：《唐五代两宋词简析　微睇室说词》，北京：中华书局，2010年，第160页。
② 同上书，第138—139页。

焦之处，又是吴文英词的特点所在。只是，吴文英词的寄托，并非一种明确爽朗的宣示，并非一种可以用格言概括的人生智慧，而是一种百感交集的苍茫意绪，一种携带着深哀剧痛而又悲愤莫名的情思。他被称为词中的李商隐①，缘由在此。宗白华《略论文艺与象征》一文，曾将艺术家的人生态度分为醉和醒两种："诗人善醒，他能透澈人情物理，把握世界人生的真境实相，散播着智慧，那由深心体验所获得的晶莹的智慧。""但诗人更能醉、能梦。由梦由醉，诗人方能暂脱世俗，超越凡近，深深地坠入这世界人生的一层变化迷离、奥妙惝恍的境地。古诗十九首，凿空乱道，归趣难穷，读之者四顾踌躇，百端交集，茫茫宇宙，渺渺人生，念天地之悠悠，独怆然而涕下；一种无可奈何的情绪，无可表达的深思，无可解答的疑问，令人愈体验愈深，文艺的境界，邻近到宗教境界（欲解脱而不得解脱，达到情深思苦的境界）。""这样一个因体会之深而难以言传的境地，已不是明白清醒的逻辑文体所能完全表达。醉中语，有醒时道不出的。诗人艺术家往往用象征的（比兴的）手法，才能传神写照。诗人于此凭虚构象，象乃生生不穷；声调、色彩、景物，奔走笔端，推陈出新，迥异常境。"② 吴文英的比兴，正是宗白华所形容的这种情形，所以，刘永济极为反对那种一一比附、自以为发现了微言大义的做法。比如吴文英的《古香慢》（赋沧浪看桂）一词，陈洵、杨铁夫都热心于追索背后所寓的史事，其中"夜约羽林轻误"一句，陈洵《海绡说词》以为"用汉武帝事，'轻误'则屯卫非人矣"，杨铁夫笺则以为"此追究约元攻敌之误也"，两说皆拘泥于所谓"实有所指"，把词家的比兴之词视为一个个的具体谜面，所作的解读无异于笨伯猜谜。对这样一种路数，刘永济反复指出其学理上的疏漏：

孟子有读者"以意逆志"之说，固当，但必兼有知人论世之

① 四库全书总目《梦窗稿》提要曰："词家之有文英，亦如诗家之有李商隐。"见〔清〕永瑢等《四库全书总目》，北京：中华书局，1965年，第1819页。

② 宗白华：《美学与意境》，北京：人民出版社，1987年，第234页。

功，方能得其心之所之。南宋词家处于国势阽危之时，论世尚易，独其行谊不详，举凡其生活习惯，学术思想，不易了了，知人之事，因而困难。唯一之法，先就词言词，然后从中寻取透露本意处推究之，必非句句比附，只可于一二处得之。所谓读书得间，所谓言外之意，如此而已。否则必流为主观，必多附会，不可不知。①

刘永济遵循上述原则解读吴文英词，对于吴文英词"由梦而醉"的氛围，对于吴文英词以梦幻折射现实的风格与内涵，时有精彩阐发。如吴文英《高阳台》（丰乐楼分韵得如字）一词，刘永济"说"曰：

此词写登高眺远，感今伤昔，满腔悲慨。作者触景而生之情，决非专为一己，盖有身世之感焉。以身言则美人迟暮也，以世言则国势日危也。大有"举目有河山之异"之叹。读者自可体会得之，但未可句句比附以求，转多滞碍。盖凡触景抒情之作，作者本非有心比附，而是无形触发，故能乍合乍离，纵横往复，有时且迷离惝恍而不自觉。读者安可刻舟求剑，然必有一二流露真情之处。即如此词之"山色谁题""伤春""愁鱼"以及"吹尽香绵，泪满平芜"等句之如此深切，自不能单从个人之事论之，必不能不与其所遭之世无关。②

又如吴文英《贺新郎》（陪履斋先生沧浪看梅）一词，刘永济"说"曰：

此词上半阕全从韩氏沧浪小筑着笔，而叹息当年恢复之功不成。只到过拍才点明看梅，词意不在梅也。换头从陪履斋看梅另起。……"后不如今今非昔"二句又回顾上半阕，追忆"英雄陈迹"，言当年尚可图恢复，今则国力日衰矣，恐后必更不如今也。

① 刘永济：《唐五代两宋词简析　微睇室说词》，北京：中华书局，2010年，第165页。
② 同上书，第166—167页。

言外有惜履斋和守之计不行，国家有危亡之惧意。此时此际，一念及此，但与履斋相对无言，但观沧浪之水，发思古之情而已。歇拍六字所以沉痛如此也。南宋末年词人多怀亡国之惧，梦窗词于此感慨最深。①

这样一种解读方式是符合人文研究之本质的，与中国传统的艺术精神尤为吻合。在创作过程中，词人在特定的瞬间表达了自己，包括他当下的情绪和这种情绪所承载的文化内容、历史内容、生活内容，有些内容是作者清晰意识到的，他表达了，而且他明白自己何以要表达；有些内容是作者没有意识到的，他表达了，但是他并不明白他何以要表达；有些内容是作者渴望表达的，但却不愿直说或不敢直说。我们通常高估作者有意识表达且明白表达的那些内容；但实际上，作者无意识表达的内容可能是更为重要的，它是词人的素养使然、生活使然、经历使然、境遇使然，词人流露于不自知，就更能显出身世、际遇、文化的濡染功能及其客观上的完整性；而在作者不敢或不愿直说心事的场合，寄托的方式便成为首选，“微言大义”即由此产生。故刘永济曰：“盖研诵文艺，其道有三：一曰，通其感情；二曰，会其理趣；三曰，证其本事。三事之中，感情、理趣，可由其词会通，惟本事以世远时移，传闻多失，不易得知。然苟察其所处何世、所友何人、所读何书、所为何事，再涵咏其言，而言外之旨亦不难见。此学者所当知者一也。至作者当性灵流露之时，初亦未暇措意其词果将寄托何事，特其身世之感，深入性灵，虽自写性灵，无所寄托，而平日身世之感即存于性灵之中，同时流露于不自觉，故曰‘即性灵，即寄托’也。学者必深明此理，而后作者之词虽流于跌宕怪神，怨怼激发，而自能由其性灵兼得其寄托，而此所寄托，

① 刘永济：《唐五代两宋词简析　微睇室说词》，北京：中华书局，2010年，第161—162页。

即其言外之幽旨也，特非发于有意耳。此又学者所当知者二也。”① 刘永济细读吴文英词，之所以能做到饶有深意而又不流于附会，在于他有丰富的创作经验，且能将这种经验升华为理论，并用以规范其解读路径。

刘永济的吴文英词细读，注重知人论世，然而并不刻意拔高吴文英的为人。做到这一点其实并不容易。“因为中国传统上多把对文学的衡量置放于两个重点之上：其一是作品之实用的价值；其二是作者之人格的价值。他们既希望文学的作品都能够有益于‘裨补时阙’，也希望文学的作者都能够成为‘载道立说’的圣贤君子”②。由于梦窗词中有四首是题赠当时权相贾似道的，“而在传统观念中，贾似道曾经一直被目为南宋亡国之罪魁，是个早被论定了的人物”③。所以，不欣赏梦窗词的人，往往以此为由对之肆意加以诋毁，如胡云翼《宋词研究》：“梦窗与白石作词绝不同调。白石格调之高，可从他的性情孤傲，耻列身于秦桧当权之下的朝廷，看得出来；梦窗之生平，虽疏缺无闻，而从他那些寿贾似道诸词看来，品格殆远不及白石，词品亦因之斯下矣。”④ 而那些喜欢梦窗词的人，又往往煞费苦心地拔高梦窗的人格境界，如刘毓崧的《重刊吴梦窗词稿序》：“与贾似道往还酬答之作，皆在似道未握重权之前，至似道声势熏灼之时，则并无一阕投赠。”⑤ “不独灼见似道专擅之迹日彰，是以早自疏远；亦以畴昔受知于吴履斋……是时履斋已为似道诬谮罢相，将有岭表之行，梦窗义不肯负履斋，故特显绝似道耳。”⑥ 上述两种倾向，一偏于低看吴文英的人格，并据以低看其词，一偏于高看吴文英的人格，并据以高看其词，“很少有人能像西方文学批评一样，敢于正面承认作者人格上的污点，从心理的矛盾和病态以及人性之软

① 刘永济：《词论　宋词声律探源大纲》，北京：中华书局，2010 年，第 64—65 页。

② 叶嘉莹：《迦陵论词丛稿》，上海：上海古籍出版社，1980 年，第 188 页。

③ 同上书，第 189 页。

④ 胡云翼：《宋词研究》，长沙：岳麓书社，2010 年，第 153—154 页。

⑤ 马志嘉、章心绰编：《吴文英资料汇编》，北京：中华书局，2006 年，第 62 页。

⑥ 同上书，第 63 页。

弱的方面着手分析而肯定其文学价值的批评。如果梦窗果然如刘毓崧所辩护的那样人格完美，则在中国之传统下，赏爱梦窗词的人当然会皆大欢喜，而诋毁梦窗词的人也将会失去了一个有力的借口。然而可惜的是根据编订《吴梦窗系年》的作者夏承焘的考证，刘氏的论据并不完全可信，因之，梦窗的人品与词品也就仍然成了一个可资论辩的话题”①。

与刘毓崧不同，刘永济虽然对梦窗词赏爱有加，但并不因此刻意抬高梦窗的人格，而是实事求是，作平情之论；与胡云翼不同，刘永济虽然正视吴文英与贾似道的交往，但并不因此肆意贬低梦窗的人格，而是充分留意生活的复杂性。他的推断是：“吴文英一生与朝贵往来，如贾似道、吴潜、嗣荣王，皆有词可证，然未一挂朝籍。考吴与贾之关系，似因吴潜与贾有隙，为贾所排。文英与潜善，遂绝贾。又贾门下廖莹中最被亲信，文英未与之交往，亦可证文英与贾氏关系，初非慕其势位者。至吴潜与嗣荣王非比似道，而亦未尝一荐于朝，从文英词中寻索，如《扫花游·赠芸隐》则讽其未能归隐，《三部乐·赋姜石帚渔隐》则极道隐居之乐，又如《暗香疏影·赋墨梅》词中对当时朝贵有讽意，合而观之，似文英见国事日非，宦途污秽，已无仕进之心，故虽游于贵戚之门而不被荐举，但以文字相交而已。论吴文英者似于此不可忽视，倘亦孟子逆志之道邪。”② 叶嘉莹曾推测：“从梦窗的生平来看，他所以与一些权贵们有着交往大半也是由于求生与不甘寂寞的两个原因。”“另外有一个原因，那就是当时的时代风气所使然。”“当两宋之际，在权贵之附庸风雅好与词人为往来的风气下，尤其像贾似道这样，每年寿词动愈数千的人物，梦窗词中偶然留有赠给他的几首小词，实在是不足深怪的事，而且如果以梦窗和其他与贾似道往来的词人相较，则梦窗既未曾如廖莹中、翁孟寅辈之以词干禄希宠，而且梦窗之寿词也仍自有其高华闲雅之品格在，而不像周密《齐东野语》所载的当时获首选之作如陈惟善

① 叶嘉莹：《迦陵论词丛稿》，上海：上海古籍出版社，1980 年，第 189—190 页。

② 刘永济：《唐五代两宋词简析　微睇室说词》，北京：中华书局，2010 年，第 142 页。

之《合宝鼎》、陆景思之《甘州》、郭应酉之《声声慢》诸作之一味逢迎吃语。"① 换句话说，吴梦窗以词章游于侯门，本当时江湖游士风气，既不必视为无行，也不能以特立独行加以要求，更不能以此否定其词的卓越成就。刘永济和叶嘉莹，一海内、一海外，一稍前、一稍后，两个词学大家竟然在互不知晓的情形下达成了这个共识，或许冥冥之中，自有公论存焉。可惜由于特殊的时代状况，他们都对对方的研究一无所知。

① 叶嘉莹：《迦陵论词丛稿》，上海：上海古籍出版社，1980年，第200—201页。

第十二章　刘永济的说部研究与曲学研究

在刘永济的学术生涯中，小说研究和曲学研究并非其重点所在，但成就不俗，不应为学术史所忽略。1925 年 4 月，刘永济在《学衡》第四十期发表的《说部流别》是为商务印书馆编写的函授讲义，也是他唯一有系统的小说研究著述，后收入中华书局 2007 年版《文学论　默识录》所附《论文拾遗》。其曲学研究的主要成果包括《宋代歌舞剧曲录要》《元人散曲选》和《戏曲志》。

第一节　刘永济论说部流别

刘永济的小说研究有三个引人注目之处：其一，充分尊重不同小说流别的特点，并不采用单一的尺度来衡量其得失，比如，他对“两汉六朝杂记小说”的解读基本遵循了汉代班固、清代纪昀的子部小说理念，而论“唐代短篇小说”则认同宋代洪迈唐人小说可与唐诗“并为一代之奇”的论断，视野宽宏，不主一家，显示出一个现代学者的学术胸襟。其二，他对“两汉六朝杂记小说”格外偏重，这一部分占了《说部流别》的十分之三以上，而“唐代短篇小说”所占篇幅不到十分之二，尤其是“宋元以来章回小说”，所占篇幅仅略微超过十分之二。刘永济之所以偏重“两汉六朝杂记小说”，是由于在他看来，“杂记小说”是两汉六朝的小说正统，且成就甚高。[①] “宋元以来章回小说”篇幅过小，则

---

① 1922 年 6 月，刘永济在《湘君》季刊第 1 号发表《学文初步之书目提要》，小说类仅列四部，其中一部即《世说新语》。还曾力劝好友吴宓细读《世说新语》，《吴宓日记》1924 年 9 月 17 日载：“近读《世说新语》。宋刘义庆撰。从宏度之劝也。”见吴宓著、吴学昭整理注释《吴宓日记 1917—1924》，北京：生活·读书·新知三联书店，1998 年，第 289 页。

与刘永济对中国古代章回小说估价不高有关。① 其三，在“宋元以来章回小说”中，他尤为推崇《水浒传》《红楼梦》，视之为章回小说阳刚和阴柔两种风格类型的代表。其《文学论》第五章《文学与人生》亦将《水浒传》《红楼梦》并提，确认为“写实派”的代表作。② 这三个特点表明，刘永济的说部流别研究，已初步形成一家之言。吴宓曾在日记中这样评价《说部流别》：“按此便可讲授中国小说。”③ 其成就理应得到足够的重视。

一、刘永济论“两汉六朝杂记小说”

刘永济论“两汉六朝杂记小说”，其特点在于，他自觉地将汉代班固和清代纪昀的子部小说理论引入两汉六朝小说的解读，大不同于五四以来的惯常做法。

中国传统学术向现代学术转变，在学术理念上的重要标志是：传统学术重通人之学，现代学术重专家之学。中国传统学术的分类，大类项是经、史、子、集四部之学。一般人认为，史部对应于史学，集部对应于文学，子部大体对应于哲学，但这种分类是比照现代学科分类而作出的，传统学术并未建立对文史哲加以明确区分的框架。对各种学科加以

---

① 其《文学论》一书，出版于 20 世纪 20 年代初，第二章《文学之分类》有云：“至于语体行文，虽盛于元时，实无代无之。宋人填词者，如柳耆卿、黄山谷、程正伯等，皆好以俚语入词，遂开元曲之端。白话小说，则起于宋代之平话……其后有韵者则为传奇，无韵者则为章回小说。此二类初只一时文人游戏之作。然叙人间悲欢离合之情，恢诡谲怪之事，颇能动人，其佳者且有合于感化文学之意。但其体初起，不为时人所重，又佳者甚少，而淫秽粗鄙之作甚多，故古人不列于文学之内。即《石头记》一书，大体甚佳，而书中亦有描写幽欢太露之处，以比西方名家，终嫌瑜不掩瑕。故在今日认明文学之真义者，欲纳说部入文学，以高其位置，自当望之后起之秀，不必强加尊号于陈死人也。至于传奇，则位置又高于章回小说，本接武宋词而起。且作品作家，皆多于章回小说，向来为文学界重视矣。”见刘永济《文学论　默识录》，北京：中华书局，2010 年，第 36 页。

② 刘永济：《文学论　默识录》，北京：中华书局，2010 年，第 91 页。

③ 吴宓著，吴学昭整理注释：《吴宓日记 1946—1948》1946 年“四月六日”，北京：生活·读书·新知三联书店，1999 年，第 29 页。

分类，在高等学校中设立中文系、历史系、哲学系，在学术机构中设立文学所、历史所、哲学所，在学术刊物中区分出综合类、文学类、历史类、哲学类，这是现代学术的显著标志，现代学者的学科意识因而也异常明确。与这种源于西方的现代学科意识相伴随，一部分学者所研究的“中国思想史”，是“在中国的思想史”，而不是“中国的思想史”；所研究的“中国文学史”，是“在中国的文学史”，而不是“中国的文学史”。所谓“在中国的思想史”“在中国的文学史”……即根据西方的学科理念和学术发展路径来确立论述的标准，并用这种标准来裁剪中国传统学术，筛选符合这种标准的材料，研究的目的是为了与西方接轨；所谓“中国的思想史”“中国的文学史”……即从中国传统学术的实际状况出发，确立论述标准，梳理发展线索，选择相关史料，研究的目的是尽可能地揭示中国传统学术的本来面貌。在现代的学科体制下，中国传统学术研究中这种“在中国的”研究长期居于主导地位，而“中国的”研究则隐而不彰，处于边缘地带。小说史研究亦莫能外。

在小说史研究中，“在中国的小说史”和“中国的小说史”，其差异首先表现在对魏晋南北朝小说的不同定位：前者即我们所熟知的“雏形论”，后者则不妨表述为“非雏形论”。盖五四以来的主流小说史叙述认为：魏晋南北朝小说是中国古代小说的雏形。刘永济所持则为“非雏形论”。两者的核心差异在于：“雏形论”采用西方小说理论以衡估汉魏六朝小说，在这样一种眼光之下，魏晋南北朝志怪小说和志人小说，其文体特点常常被阐释为是作者才情不足使然，因为他们还处于小说的初创阶段，“雏形”只能达到这样的水平。“非雏形论”则采用传统的子部小说理论来梳理汉魏六朝小说，在这样一种眼光之下，魏晋南北朝志怪小说和志人小说，其文体特点被阐释为作家本来就是要写这样的小说，他们秉持的是子部小说的理念，写出的是子部小说的经典。

在《小说流别》的第一部分《绪论》中，刘永济引用了班固《汉书·艺文志》关于小说的一段说明，并由此得出了一个重要结论：“是以古今作者，每以此体为讽谏之鼓弦，纠弹之绳墨，遂令滕薛小邦，揖让齐楚。回首往日之简陋，与歌行雅乐之视民谣土鼓，又何以异？故知小说之于谣谚，实通气而分形，虽立体若有后先，而致用无分小大也。孔子曰：虽小道必有可观者焉。言托体虽微，而称旨则大，岂必诗书礼乐之文，然后可称载道之器哉！”① 在刘永济看来，“小说”所载的虽然是“小道”，但依然是“载道之器”。这一结论，正是传统的子部小说理论的核心。

班固《汉书·艺文志》在概述他对诸子的评断时，强调诸子十家中有九家是“可观”的，这九家分别是法、名、儒、墨、道、阴阳、纵横、杂、农，而第十家“小说”则是不“可观”的。② “可观”与否的划分依据在于：前面九家关注的都是社会生活中的大事，唯有“小说”一家关注的是社会生活中的小事，“小说”之所以用“小”来加以修饰，正是因为它谈论的问题从社会的角度来看不那么重要。而“小说”之所以得以跻身于诸子之列，则是由于虽然其所谈问题不够重要，但谈论问题的方式与其他九家大体相同，即注重明理，注重议论。“诸子以议论为宗”，“小说”亦不例外。所以《隋书·经籍志·小说家》作了这样的概括：“儒、道、小说，圣人之教也，而有所偏”，“合而叙之”，“谓之子部”。③ 这是子部小说这一术语较早的使用记录。

刘永济《文学论》第六章曾对刘歆《七略》的“小说家出于稗官说”提出异议。刘永济认为，小说是从谲谏之文演变而来的。“谲谏之文，再变而为滑稽之文。滑稽之文，则非专以之讽君上，实以之刺当世。如王褒之《僮约》，可以代劳民之呼吁。孔德璋之《北山移文》，可以羞作伪之隐逸。此类诗文，或出游戏之笔，或寄笑骂之情，千状万态，不可比方，侧出横生，惟贵体会。故刘勰特著《谐讔》一篇论之，其略曰：‘夫心险如山，口壅若川，怨怒之情不一，欢谑之言无

① 刘永济：《说部流别》，《文学论 默识录》，北京：中华书局，2010 年，第 396 页。

② 〔汉〕班固：《汉书》卷 30，北京：中华书局，1964 年，第 1746 页。

③ 〔唐〕魏徵等：《隋书》卷 39，北京：中华书局，1973 年，第 1051 页。

方。……谐之言皆也。辞浅会俗，皆悦笑也。讔者，隐也。遁辞以隐意，谲譬以指事也。……隐语之用，被于纪传，大者兴治济身，其次弼违晓惑。……义欲婉而正，辞欲婉而显。……文辞之有谐讔，譬九流之有小说。盖稗官所采，以广视听。若效而不已，则髡袒而入室，旃孟之石交乎！’据刘氏之论，则滑稽之文，实与小说戏剧同一作用。刘歆《七略》，谓小说出于稗官者流，不如谓其出于谲谏之变体为更确切也。”① 说小说的特点是以滑稽的风格表达讽世的意义，也就是用笑话来讽世，这是一个意味深长的说法。中国古代，以说笑话为职业的“优”，是一个重要官职。《左传》《国语》《史记》等书经常提到优的活动，如优孟衣冠等。刘永济的说法，潜台词是以优来取代稗官，虽然缺少确凿的证据，但在学理上颇能予人启发。

从刘永济对“两汉六朝杂记小说”的评述来看，刘永济主要采用了班固和纪昀的子部小说理念。这一部分总共约5600字，引用《汉书·艺文志》近600字，内容主要是《汉书·艺文志》所载十五家小说的具体著录；引用《四库全书总目提要》约1800字，涉及“两汉六朝杂记小说”的分类和具体作品如《神异经》《海内十洲记》《汉武故事》《汉武洞冥记》《拾遗记》《搜神记》《搜神后记》《异苑》《续齐谐记》《博物志》《述异记》《西京杂记》《世说新语》等作品的介绍和评估。

子部小说的解读路径对于虚构采取了较为宽容的态度。大量采用虚构的寓言不仅是子部书所允许的，而且是子部书的一个特征。“子部小说”是子部的一支，当然也就允许适当的虚构或失实。所以，与唐代史学理论家刘知几迥然相异的是，纪昀在《四库全书总目提要》中对绳“小说”以史法的理路反复提出批评。如《世说新语》提要：“义庆所述，刘知几《史通》深以为讥。然义庆本小说家言，而知几绳之以史法，拟不于伦，未为通论。”② 许多以往不被视为“小说”的作品，因为虚构比重较大，纪昀遂将它们改隶于“小说家”类，对此，他有多处

---

① 刘永济：《文学论 默识录》，北京：中华书局，2010年，第108页。

② 〔清〕永瑢等：《四库全书总目》，北京：中华书局，1965年，第1182页。

解释，如《穆天子传》提要："《穆天子传》旧皆入起居注类，徒以编年纪月，叙述西游之事，体近乎起居注耳。实则恍惚无征，又非《逸周书》之比，以为古书而存之可也，以为信史而录之，则史体杂，史例破矣。今退置于小说家，义求其当，无庸以变古为嫌也。"[①]纪昀的这一理路，刘永济别有会心，他在《说部流别》中完整地引用了《四库全书总目》中的《山海经》提要、《穆天子传》提要、《神异经》提要，并在引证的基础上强调不能以史部的实录标准衡估杂记小说："史部与说部，理本殊科，传信与传奇，事原两致。而于时史氏，智不及此，喜采异闻，多传鄙事。故知几《史通》，诋其芜秽。是则史家之无识，非说部之可讥也。若以记功书过之法，绳彼凭虚无是之言，则渊明之《桃源》，嗣宗之《大人》，将亦登诸地志、实之邑乘乎？"[②]刘永济对子部小说理论的内涵，把握是比较到位的。

《说部流别》关于《神异经》《海内十洲记》《汉武故事》《汉武洞冥记》《博物志》等作品的分析，还注意到了其"有助文章"的功能。"其词条丰蔚，情事艳异，虽无益于经典，而有功于文章。是以后之文人，转相采撷，猎其英华，以资故实，亦犹《荷马史诗》多本诸希腊神话也"[③]。"有助文章"一语，本于刘勰《文心雕龙·正纬》[④]，纪昀主撰的《四库全书总目提要》，则是将"无益经典而有助文章"的尺度大量用于分析"两汉六朝杂记小说"的范本，如《汉武洞冥记》提要[⑤]、

---

① 〔清〕永瑢等：《四库全书总目》，北京：中华书局，1965 年，第 1205 页。

② 刘永济：《说部流别》，《文学论　默识录》，北京：中华书局，2010 年，第 403 页。

③ 同上书，第 400 页。

④ 《文心雕龙·正纬》："若乃羲农轩皞之源，山渎钟律之要，白鱼赤乌之符，黄银紫玉之瑞，事丰奇伟，辞富膏腴，无益经典而有助文章。是以后来辞人，捃摭英华。"见〔南朝梁〕刘勰著、王利器校笺《文心雕龙校证》，上海：上海古籍出版社，1980 年，第 22 页。

⑤ 《汉武洞冥记》提要："所言影娥池事，唐上官仪用以入诗，时称博洽。后代文人词赋，引用尤多。盖以字句妍华，足供采摭，至今不废，良以是耳。"见〔清〕永瑢等《四库全书总目》，北京：中华书局，1965 年，第 1207 页。

《海内十洲记》提要①、《拾遗记》提要②、《续齐谐记》提要③。中国古代，士大夫热爱古典，尊重古典，有能力“捃摭英华”，写出风韵动人的辞章，或有能力将古典修养转化为文字能力，都是令人钦佩的事。古代的选官用官制度，也始终将古典修养和运用古典修养的能力作为重要考察内容。与此相关，当某一子部小说中的想象或典故，被用为诗文的素材和点缀时，这部小说的身价就提高了。刘勰从这一角度肯定了两汉的纬书，纪昀从这一角度肯定了两汉六朝的“小说”。刘永济认可刘勰和纪昀的做法，故在《说部流别》中，大量采用了这一视角。试举一例：

> 徐陵《玉台新咏序》曰：虽复投壶玉女，为观尽于百骁。《神异经·东荒经》曰：东荒山中有大石室，东王公居焉。长一丈，头发皓白，人形，鸟面而虎尾。载一黑熊左右顾望，恒与一玉女投壶，每投千二百矫，设有入不出者，天为之噫嘘，矫出而脱悞不接者，天为之笑。又李白《梁甫吟》，亦引用此事。白诗曰：“我欲攀龙见明主，雷公砰訇震天鼓，帝旁投壶多玉女。三时大笑开电光，

---

① 《海内十洲记》提要：“大抵恍惚支离，不可究诘。……李善注张衡《南都赋》，宋玉《风赋》，鲍照《舞鹤赋》，张衡《思元赋》，曹植《洛神赋》，郭璞《游仙诗》第一首、第七首，江淹《拟郭璞游仙诗》，夏侯元《东方朔画赞》，陆倕《新刻漏铭》，并引其文为证，足见其词条丰蔚，有助文章。”见〔清〕永瑢等《四库全书总目》，北京：中华书局，1965 年，第 1206 页。

② 《拾遗记》提要：“其言荒诞，证以史传皆不合。……然历代词人，取材不竭，亦刘勰所谓‘事丰奇伟，辞富膏腴，无益经典而有助文章’者欤？”见〔清〕永瑢等《四库全书总目》，北京：中华书局，1965 年，第 1207 页。

③ 《续齐谐记》提要：“所记皆神怪之说。然李善注《文选》，于陆机《豫章行》，引其田氏三荆树一条；于谢惠连《七月七日夜咏牛女诗》，引其成武丁一条；韦绚《刘禹锡嘉话》，引其霍光金凤辖一条，蒋潜通天犀导一条；张彦远《历代名画记》引其徐邈画鲻鱼一条。是在唐时已援为典据，亦小说之表表者矣。”见〔清〕永瑢等《四库全书总目》，北京：中华书局，1965 年，第 1208 页。

倏烁晦暝起风雨。阊阖九门不可通，以额控关阍者怒。”①

类似上面这样的例证，刘永济一连举了五个。而意图只有一个，即告诉读者：古典诗文中，有许多辞藻或典故是从两汉六朝杂记小说中来的。习惯了以现代小说理论指导阅读的读者，也许会以为这种作法殊为怪异。但是，这恰好证明，刘永济对“两汉六朝杂记小说”的解读，他的眼光有深厚的传统学术作为依据，并非随一时潮流起舞。

二、刘永济论“唐代短篇小说”

论两汉六朝，刘永济以“杂记小说”（子部小说）作为正统；但是对于唐代的“杂记小说”（子部小说），刘永济并不看重。他明确指出：“至于《四库》所录，亦多美谈，而宋元以来，作者尤夥。惟是广见闻者，则疑侵史职；资考证者，又羼入杂家，虽为缙绅所乐称，实非稗官之正统矣。”② “广见闻”“资考证”二语出于纪昀所撰《四库全书总目》子部小说家类小序。③ 纪昀坚持认为：子部小说不仅在汉魏六朝是小说正统，在唐代以后也还是正统。而刘永济确信，从唐代开始，传统的

① 刘永济：《说部流别》，《文学论　默识录》，北京：中华书局，2010年，第400页。

② 同上书，第407页。

③ 《四库全书总目》子部小说家类小序云：“张衡《西京赋》曰：小说九百，本自虞初。《汉书·艺文志》载虞初《周说》，九百四十三篇，注称武帝时方士，则小说兴于武帝时矣。故《伊尹说》以下九家，班固多注依托也。（《汉书·艺文志注》，凡不著姓名者，皆班固自注。）然屈原《天问》，杂陈神怪，多莫知所出，意即小说家言。而《汉志》所载《青史子》五十七篇，贾谊《新书·保傅篇》中先引之，则其来已久，特盛于虞初耳。迹其流别，凡有三派，其一叙述杂事，其一记录异闻，其一缀辑琐语也。唐、宋而后，作者弥繁。中间诬谩失真，妖妄荧听者固为不少，然寓劝戒，广见闻，资考证者亦错出其中。班固称小说家流盖出于稗官，如淳注谓王者欲知闾巷风俗，故立稗官，使称说之。然则博采旁搜，是亦古制，固不必以冗杂废矣。今甄录其近雅驯者，以广见闻，惟猥鄙荒诞，徒乱耳目者则黜不载焉。”见〔清〕永瑢等《四库全书总目》，北京：中华书局，1965年，第1182页。

“杂记小说”（子部小说），“广见闻”者易于与史部混淆，“资考证”易于与杂家混淆，已不足以成为“稗官之正统”。其言下之意是：唐代的“稗官之正统”是新起的“短篇小说”，亦即我们习称的传奇小说。

对于“唐代短篇小说”（唐人传奇），刘永济不再拘泥于《四库全书总目提要》的否定态度，倒是赞赏之情溢于言表。“小说非史也，而与风俗同其盛衰；非诗也，而与吟咏等其正变。是以时当草昧，言亦朴野，世尚玄谈，语多幽邈。生逢丧乱，则放情志于寰中；运际迍邅，则寄感慨于物外。执笔者于焉托其遥情，览文者由之发其深省，此小道之所以可观，而稗官之所以称说也。然则言之无罪，闻之足戒，岂独讽喻之篇？而宣郁导滞，体物缘情，何必诗赋之士？故览说林之述作者，亦可以观国运之隆污矣。有唐一代，文治修明，大雅才人，出其绪余，作为小说，亦足冠冕一时，弁髦百代，容斋洪氏叹其可与诗律同称一代之奇，盖非夸饰也”①。刘永济对唐人传奇如此钟爱和欣赏，而《小说流别》中“唐代短篇小说”所占篇幅却又不大，这一矛盾现象该如何解释呢？个中缘故，其实甚为简单：唐人传奇作品不多。刘永济将唐人传奇按题材分为四类，其中“纪佚事”所列代表作有《海山记》《迷楼记》《开河记》《梅妃传》《长恨歌传》《太真外传》《东城老父传》《高力士传》，“写义侠”所列代表作有《虬髯客传》《红线传》《刘无双传》《剑侠传》，“记艳异”所列代表作有《会真记》《霍小玉传》《李娃传》《章台柳传》《杜秋娘传》，“传神异”所列代表作有《南柯记》《枕中记》《柳毅传》《步非烟传》《离魂记》《杜子春传》《李林甫传》。这些唐人传奇名作，合起来也就一本小书而已。不过，卷帙浩繁是一回事，成就高低又是另一回事。“凡此诸作，或以志奢淫而示儆戒，或以悼荒乐而寄凄婉，或以明天命而戒觊觎，或以见至情之终当耦合，或以嫉险恶之必有后殃，或以伤荣枯之无常，或以悲生死之一瞬。或敷布而似赋，或微婉而如比。或诡谲而善谑，或慷慨而可风。可谓极文心之愉乐，恣笔阵

① 刘永济：《说部流别》，《文学论 默识录》，北京：中华书局，2010年，第404页。

之纵横者矣。而后世酒畔之所歌，灯前之所舞，类多取此短篇，播之弦索。《西厢记》出于《会真》，《长生殿》本诸《长恨》，以及伯龙之《红绡》，伯起之《红拂》，临川之《邯郸》《南柯》《紫钗》，其祖述源流，尤甚彰较。唐贤风韵，抑何渊永哉！”① 刘永济是诗人，而唐人传奇颇多诗心，因而体味深切，不吝予以激赏。

刘永济对《四库全书总目提要》无视唐人传奇的作法明确表示了不满。纪昀一向认为唐人的传奇不能算是“小说”。其弟子盛时彦曾在《姑妄听之·跋》中引了纪昀的一句名言：“虞初以下，干宝以上，古书多佚矣。其可见完帙者，刘敬叔《异苑》、陶潜《续搜神记》，小说类也；《飞燕外传》《会真记》，传记类也。”② 在纪昀看来：“小说”类作品如刘敬叔《异苑》、陶潜《续搜神记》属于子部，“传记”类作品如《飞燕外传》《会真记》属于史部，而唐人传奇如果要归类的话，只能归在史部，不能归在子部。纪昀用史部的实录标准衡估唐人传奇，唐人传奇当然会因其刻意虚构而遭到鄙薄了。他在总纂《四库全书》时对唐人传奇熟视无睹，不予收录，原因在此。他批评《聊斋志异》超越了叙事的限度，原因也在此。对纪昀的作法，刘永济毫不含糊地提出了非议。在引述了宋代洪迈《容斋随笔》唐人小说可与诗律并称“一代之奇”的论断之后，刘永济指出：“今《四库》所著录，皆纪氏所谓寓劝戒、广见闻、资考证者也。其余各篇，或目为猥鄙，弃而弗取；或嫌其依托，屏为伪作。是乃著录之义例宜然，非所以语于欣赏也。”③ 刘永济虽然对《四库全书》的“义例”表示了几分宽容，但“非所以语于欣赏”一语，则表明他对唐人传奇的美感魅力，怀有高度的好感。唐人传奇成熟于一种独特的社交氛围中。那时的文化人除了爱切磋诗、文、赋之外，也爱谈说奇闻异事，诸如神仙、鬼怪、逸事等。他们不求事情的真实，而希望从中获得超越日常生活的幻想情趣。许多传奇作者对此都津津

① 刘永济：《说部流别》，《文学论　默识录》，北京：中华书局，2010 年，第 407 页。

② 〔清〕纪昀：《阅微草堂笔记》，上海：上海古籍出版社，1980 年，第 472 页。

③ 刘永济：《说部流别》，《文学论　默识录》，北京：中华书局，2010 年，第 404 页。

乐道，如《太平广记》卷二八《郗鉴》（出《纪闻》）、卷七四《俞叟》（出《宣室志》）、卷八三《张佐》（出《玄怪录》）、卷一二八《尼妙寂》（出《幽怪录》）、卷三四三《庐江冯媪》（出《异闻集》）、卷四八八《莺莺传》（元稹撰）、陈鸿《长恨歌传》、李公佐《古岳渎经》、皇甫枚《三水小牍·王知古》等都描述了当时士大夫热衷于“宵话奇言”“征异话奇”“各征其异说”“宵话征异”的社交生活。在这种洋溢着青春气息的社交氛围中，唐人以传统的传、记为载体，以社会人生为参照，以佛道的想象为羽翼，从而创造了丰富多彩的幻想世界和辞章化的传、记形态。刘永济所欣赏的，正是唐人传奇所包蕴的诗心、诗意。

在具体的解读中，《说部流别》不无深意地引用了顾炎武《日知录》“古人为赋多假设之词”的论断。[①] 顾炎武意在说明古代辞赋多有虚构，不能用史家的标准加以批评。刘永济加以引用，则意在提醒读者，唐人传奇与古人辞赋，同样多有虚构，也同样具有体裁的合法性。“至于引史官之记载，证说部之抵牾，与援说部之异闻，入史官之实录，其为谬误，亦正相同”。“且文家发端引兴，往往迷离其词，不独小说为然也。故陈王怀疢，而仲宣进牍；仲文出守，而桓公兴叹。虽事或乖忤，何伤雅驯！”[②] 刘永济不用史部的尺度衡量唐人传奇，却引辞章之中的赋作为比较对象，这一抉择表明，刘永济凭他的艺术感觉似乎已初步意识到，唐人传奇是一种借鉴赋的手法写成的传、记。根据笔者多年的考察，唐人传奇基本包括传、记两种体制。“传”较多地继承史家纪传体的传统，对人物的生平、出处、归宿等有相当完整的交代，文末通常还

---

① 顾炎武《日知录》：“古人为赋多假设之词，序述往事以为点缀，不必一一符同也。子虚、亡是公、乌有先生之文，已肇始于相如矣。后之作者，实祖此意。谢庄《月赋》：陈王初丧应、刘，端忧多暇。又曰：抽毫进牍，以命仲宣。按王粲以建安二十一年从征吴，二十二年春道病卒。徐、陈、应、刘，一时俱逝，亦是岁也。至明帝太和六年，植封陈王，岂可掎摭史传，以议此赋之不合哉？庾信《枯树赋》，既言殷仲文出为东阳太守，乃复有桓大司马，亦同此例。”见〔清〕顾炎武著、〔清〕黄汝成集释、秦克诚点校《日知录集释》，长沙：岳麓书社，1994 年，第 695 页。

② 刘永济：《说部流别》，《文学论 默识录》，北京：中华书局，2010 年，第 404—405 页。

有一段论赞式的议论；“记”不大注意交代人物生平，而是截取人生的某一片段加以记叙。但无论是“传”，还是“记”，它们都属于六朝人所说“文笔”中的“笔”，属于史书一脉。从这样的角度看，说唐人传奇受到传、记影响是不必置疑的。但是，尚未辞章化的传、记并不具备传奇小说品格，或者说，只有与“文”（辞章中的诗、赋、骈文）融合的“笔”（传、记）才算具备了传奇小说品格①。于是，在传记与诗赋之间寻找区别和联系，就是为传奇小说定位的一个较为可行的办法。有意地大量采用赋的虚构手法正是唐人传奇的特征之一。

三、刘永济论“宋元以来章回小说”

刘永济论“宋元以来章回小说”，有两点颇易引发争议：一是未对话本小说和章回小说作出区分，而统称为章回小说，这当然也并无不可，因为从形式上看，明清两代刊行的话本小说集确实常以章回的形式标目；二是对于宋元以降的白话小说，总体评价不高，他仅对《水浒传》和《红楼梦》给予高度评价，别的作品都或多或少有不能入其法眼之处。上述两点，第二点尤易招致现代学者的非议，不妨展开讨论。

刘永济关于“宋元以来章回小说”的一段系统评论，见于《说部流别》结尾：

> 讨源者固视南北两宋为滥觞，而观澜者终叹元明以来为壮阔。论此体于元明以后，其名川三百、支川三千之会乎！但秋水时至，而潢潦亦盈，四渎同尊，而江河自大。是以泛举众作，可取尚多，而细紬群篇，洽心实少。《三国志》则史而少文，《西游记》则虚而

① 参见陈文新《传记辞章化：从中国叙事传统看唐人传奇的文体特征》，《武汉大学学报（人文科学版）》2005年第2期；《再论唐人传奇的文体特征》，《齐鲁学刊》2006年第1期；《传记辞章化：一个学术判断的历史维度与阐释效应》，《上海师范大学学报（哲学社会科学版）》2015年第3期。《光明日报》2016年4月28日第16版“文学遗产”专栏访谈稿《“唐人始有意为小说”对吗?》亦讨论了这一话题，访谈嘉宾：陈文新、程国赋；主持人：刘勇强。

> 多幻，《儒林外史》则杂而无章，《东周列国》则枯而乏韵。前之两书，犹瑕瑜互彰，后之二作，则珷玞乱玉。至于《金瓶梅》之猥亵，《镜花缘》之俗陋，《品花宝鉴》之淫乱，《七侠五义》《儿女英雄传》之平庸，又无论矣。其余诸作，皆说部之舆台，稗官之仆隶，不足以升大雅之堂者也。具浮天浴日之观，抱涵虚纳深之量者，其为《水浒》《红楼》乎？《红楼》毗于阴，故文多缱绻；《水浒》丽于阳，故词尚激昂。一则忠愤不平之鸣也，一则情天恨海之史也。至其包举之大，组织之巧，体物之工，言情之妙，倘所谓并驾齐轨，异曲同工者欤！①

刘永济将宋元以降的章回小说划分为若干等级：第一个等级是《水浒传》《红楼梦》，第二个等级是《三国志演义》《西游记》，第三个等级是《儒林外史》《东周列国志》，第四个等级是《金瓶梅》《镜花缘》《品花宝鉴》《七侠五义》《儿女英雄传》，其他作品，在刘永济看来，就等诸自郐了。这样一个排序，当然会有学者提出质疑，如《儒林外史》，这部杰出的讽刺小说，何以排在第三个等级？又如《金瓶梅》，明代四大奇书之一，长篇人情小说的开山之作，何以排在第四个等级？但与这种局部质疑相比，总体的质疑无疑会更加强烈：刘何以对明清章回小说总体评价如此之低？其理据何在？

回答这一质疑，有必要提及一个重要的学术史事实：在民国学者中，刘永济的看法其实颇具代表性。例如大名鼎鼎的周作人，他对明清章回小说即嗤之以鼻。1918 年 12 月，周作人在《新青年》杂志上发表了一篇《人的文学》。他把此前的中国通俗文学分为十类：1. 色情狂的淫书类；2. 迷信的鬼神书类；3. 神仙书类；4. 妖怪书类；5. 奴隶书类（以皇帝状元宰相和神圣的父与夫为主题）；6. 强盗书类；7. 才子佳人书类；8. 黑幕类；9. 下等谐谑类；10. 以上各种思想合成的旧戏。

---

① 刘永济：《说部流别》，《文学论　默识录》，北京：中华书局，2010 年，第 412 页。

这十类作品都不属于人的文学。[1] 由此可见，周作人对明清章回小说的评价比刘永济还低。甚至在 20 世纪下半叶，这类评价依然时有所见。例如胡适的弟子、史学家唐德刚。1988 年 6 月 7 日，唐德刚在台北耕莘文教院讲《小说和历史》，有云："中国在十八九世纪，经济也相当繁荣，城市中产阶级渐起，对读品需求量大，于是大书贾和为书贾服务的金圣叹之流编书和批书的人物才随之而起。不幸的是，我国那时的'经济起飞'还未飞起来就垮下去了。国家强于社会的帝王专制和宗法制度，始终把中产阶级压住。在曹雪、吴敬梓等高格调作家饿死之后，便后继无人了。何也？供需律使然也。……经济不起来，文学口味也就高不起来也。"[2] 明清章回小说之所以总体成就有限，是因为中产阶级未获得足够的发展。这样一种富于学术意味的解释，其结论与刘永济是一致的。就明清章回小说的研究而言，中国大陆最近六十余年的学术生态与六十余年前确有巨大区别。这是一个事实，至于孰是孰非，暂不置评。

至于刘永济高度评价《水浒传》和《红楼梦》，并将这两部名著视为明清章回小说阳刚和阴柔两种审美风范的代表，则足以见出其睿智和深度。这里且多说几句。

《水浒传》的内容，既有官逼民反的政治叙事，也有宁受尽屈辱也要忠于朝廷的伦理叙事，但其重心所在，则是豪侠们闯荡江湖的故事。从豪侠特殊的人文立场和《水浒传》对阳刚情调的偏爱出发，豪侠们被写成一群具有特殊性格的人：他们对生命力的崇拜达到了异乎寻常的地步。这一意蕴经由鲁智深、武松得到热情洋溢的表达。这两位好汉都具有好酒而不好色的性格。对于他们来说，酒是生命力的催化剂，作用突出地呈现为两个方面。一是酒使他们摆脱了日常生活的束缚。所谓"鲁智深大闹五台山"，即指他两番使酒。平日的鲁智深，虽也粗卤、豪

---

① 周作人：《人的文学》，《周作人自编文集·艺术与生活》，石家庄：河北教育出版社，2001 年，第 13 页。

② 唐德刚：《史学与红学》，南宁：广西师范大学出版社，2006 年，第 35 页。

爽，“到晚放翻身体，横罗十字，倒在禅床上睡；夜间鼻如雷响，如要起来净手，大惊小怪，只在佛殿后撒尿撒屎，遍地都是”①，搅得五台山失去了往日的宁静，但毕竟有所节制；而一旦喝醉了酒，他便浩浩落落，打摊亭子，损坏金刚，无所不为，刚心猛气，随意发泄。二是生命力在酒的作用下更加恣肆不羁，富于传奇色彩。鲁智深说过：“洒家一分酒只有一分本事，十分酒便有十分的气力！”② 他倒拔垂杨柳亦是“乘着酒兴”，否则怕没有那份豪气③。武松醉打蒋门神，痛饮是必要的程序，《水浒传》以豪华的铺张笔墨极力渲染武松饮酒的兴会，淋漓尽致，笔飞墨舞，以至于金圣叹在回前总评中感慨：其事如依史法，只需大书“施恩领却武松去打蒋门神，一路吃了三十五六碗酒”④ 足矣；其文却将“酒人”“酒风”“酒赞”“酒题”一一写透，充分显示出生命力的恣肆、豪宕、超越凡俗。“一路喝了三十五六碗酒”，这是武松感到得意的事，也是《水浒传》作者感到得意的事。《水浒传》对阳刚气质的渲染，不仅带有人生哲学的意味，而且体现了某种宗教情操。

提到《红楼梦》，就不能不提到小说开头的那个“作者”。他感慨万端地告诉我们：“今风尘碌碌，一事无成，忽念及当日所有之女子，一一细考较去，觉其行止见识皆出我之上，我堂堂须眉，诚不若彼裙钗。我实愧则有余，悔又无益，大无可如何之日也！当此日，欲将以往所赖天恩祖德，锦衣纨袴之时，饫甘餍肥之日，背父兄教育之恩，负师友规训之德，以致今日一技无成，半生潦倒之罪，编述一集，以告天下，知我之负罪固多，然闺阁中历历有人，万不可因我之不肖，自护己短，一并使其泯灭也。”⑤ 这个“作者”，与那个“曾历过一番梦幻之后”的宝

---

① 〔明〕施耐庵：《水浒传》，北京：人民文学出版社，2005 年，第 62 页。

② 同上书，第 80 页。

③ 同上书，第 101 页。

④ 林乾主编：《金圣叹评点才子全集》第 3 卷，北京：光明日报出版社，1997 年，第 528 页。

⑤ 〔清〕曹雪芹著，陈文新、王炜辑评，《百家汇评本红楼梦》，武汉：长江文艺出版社，2005 年，第 1 页。

玉，实有重合之处。作为荣国府的继承人，不管他愿意与否，社会必然将一种责任交付给他，即光宗耀祖。承认是一回事，接受又是一回事。从小说情节可以看出，黛玉病故不是宝玉出家的唯一原因，无力解决重大的人生问题才是宝玉的痛苦所在。面对感情与责任，宝玉束手无策，徒唤奈何，最终只能伤心地自问："情谁记去作奇传？"①《红楼梦》写得如此缠绵悱恻，与其主角的人生态度、生活方式和情感内容密切相关，不仅带有人生哲学的意味，而且体现了某种宗教情操。

阳刚和阴柔是清代姚鼐提出的两个审美概念②，久已为人所熟知，也经常被引用或使用。但毋庸置疑的是，在一种宏大的文学史叙述中，将《水浒传》《红楼梦》作为中国古典小说两种审美范型的代表相提并论，并以阳刚阴柔加以概括，这样的表述，在20世纪的文学史中并不多见。这里涉及到了几个层级：一是对于《水浒传》《红楼梦》的风格分别作单独的描述，这是比较容易做到的；二是对于《水浒传》《红楼梦》的风格作比较描述，其难度又增加了一层；三是从章回小说中遴选出代表其最高成就和风格类型的作品，做文学史的定位描述，这是尤其困难的。刘永济的学术判断，其难能可贵之处，正在于它达到了第三个层级。

说到刘永济的章回小说研究，令人深感异常的一个情形是，他始终忽略人物、情节和语言的分析。20世纪50年代以来，一个讲授明清章回小说名著的大陆学者，如果他拒绝分析人物、情节和语言，几乎是一件不可理解的事情。刘永济的《说部流别》作于1925年，何以三十年之间，古典小说的研究范式发生了如此巨大的变化？

---

① 〔清〕曹雪芹著，陈文新、王炜辑评，《百家汇评本红楼梦》，武汉：长江文艺出版社，2005年，第1页。

② 姚鼐在《复鲁絜非书》中说："鼐闻天地之道，阴阳刚柔而已。""其得于阳与刚之美者，则其文如霆，如电，如长风之出谷，如崇山峻崖，如决大川，如奔骐骥；其光也，如杲日，如火，如金镠铁；其于人也，如冯高视远，如君而朝万众，如鼓万勇士而战之。其得于阴与柔之美者，则其文如升初日，如清风，如云，如霞，如烟，如幽林曲涧，如沦，如漾，如珠玉之辉，如鸿鹄之鸣而入寥廓；其于人也，漻乎其如叹，邈乎其如有思，暖乎其如喜，愀乎其如悲。观其文，讽其音，则为文者之性情形状举以殊焉。"见郭绍虞主编《中国历代文论选》第3册，上海：上海古籍出版社，1980年，第510页。

追寻历史的痕迹，这样几个事实陆陆续续进入了学术史的视野。1. 茅盾等人 1921 年以后引进的 realism，起初多翻译为“写实主义”，偶尔也翻译为“现实主义”。但 1942 年之后，“写实主义”的译法就基本消失了，“现实主义”成为通行的译名。2. 1954 年，李希凡、蓝翎在“批判《红楼梦》研究中的错误观点”时，明确提出《红楼梦》是一部伟大的现实主义作品，并对《红楼梦》的人物、情节和语言做了大量分析。3. 1958 年茅盾在《夜读偶记》中强调：一部中国文学史就是现实主义和反现实主义斗争的历史。“人物的怎样塑造，是创作方法的一个中心问题”①。无论是古典主义，还是浪漫主义，无论是现实主义，还是现代派，区别都表现在怎样塑造人物上。茅盾指出：“和古典主义和浪漫主义不同，现实主义把人物放在社会环境中，考察人物在环境中的感受以及环境对人物的思想意识的影响；可是古典主义却把环境仅仅作为人物活动的场所，而浪漫主义却为了要使得它的英雄和不相容的环境发生一场你死我活的搏斗，这才在作品中写到环境和人物的关系。古典主义和浪漫主义都没有从人物性格发展的角度上写环境和人物两者之间的关系，现实主义却不但写出了古典主义和浪漫主义所没有写的东西，而且着重指出，人的性格是由环境以及人的社会关系来决定的。换言之，现实主义者在塑造人物的时候，他所欲苦心解答的问题，不是根据一定的伦理观点或者政治观点来安排张三或李四的性格，而是用事实来表现张三或李四何以一定是这样而不会是那样。现实主义作家给我们看到的人物不但是和我们同时代的某种人的典型，而且还表现出这个人物的性格是怎样的在他特有的环境之中形成的。”② 以人物塑造为中心，以环境分析为切入点，由此展开对情节和语言的考察，一种新的古典小说解读方式终于定型，并经由游国恩等主编的《中国文学史》及其他文学史教材，成功地延伸到了国民教育领域。这一学术史背景提醒我们，古典小说研究中的人物、情节和语言分析，虽有其学理

---

① 茅盾：《夜读偶记》，天津：百花文艺出版社，1958 年，第 76 页。

② 同上书，第 85 页。

上的优势与合理性，但其范式的形成和流行经历了一个较长的过程，我们不能以此为标准来批评这个过程之外的学者，更不能武断地认为，从别的角度展开分析就没有价值与深度。小说研究可以容纳多种范式。在评价刘永济的小说研究时，更需要重视这一学术史背景。

第二节　刘永济的曲学研究

论及刘永济的曲学研究，必须回答的问题是：其研究范式或路径选择有何特点？其主要成就在哪几个领域？

一、刘永济曲学研究的范式

最近几十年间，中国古典戏曲的研究范式经历了几度变化。

1978 年春，中山大学董每戡教授写了一篇讨论戏曲研究范式的论文，题为《说“歌”“舞”“剧”》。他认为，中国古代的戏剧，称为“戏曲”是不尽恰当的。“原因是构成戏剧的东西，‘舞’是主要的，‘歌’是次要的，所以我不多说‘歌’，便于明确主次之分。过去的曲论家们对‘戏曲’的认识错误就都由颠倒了这种区分而来，他们不知道‘戏曲’是‘戏’，只知道它是‘曲’，尽在词曲的声律和辞藻上面兜圈儿，兜来转去，结果取消了‘戏’。曲论家非剧论家，而是纯粹的词曲家，压根儿不懂得‘戏’。”[①] 董每戡所说的“戏”，核心是行动，是有戏剧冲突的行动，所以，“戏剧没有矛盾冲突的行动便不成为戏剧”[②]。董每戡对于戏剧冲突的强调，从其研究理路来看，其实是把研究话剧的方式用于研究中国古典戏曲。这样一种研究方式，在 20 世纪 60 年代至 80 年代颇为盛行，那个年代关于中国古典戏曲的人物分析和情节分析的论文和著作中，“戏剧冲突”几乎是不可或缺的关键词。

---

① 董每戡：《说剧》，北京：人民文学出版社，1983 年，第 11—12 页。

② 同上书，第 12 页。

1994年10月，比董每戡晚一辈、也是中山大学教授的黄天骥，为其朋友李修生的《元杂剧史》作序，就那个年代流行的戏曲研究范式提出了批评意见：

> 近几年，学术界对古代戏剧的研究，似乎处在“卡壳”的阶段。有些论著，不能说写得不深不细，但始终在几十年耕筑的框架上徘徊，学术水平没有新的进展。究其原因，我想，很可能是由于研究者没有摆脱苏欧戏剧观念的约束，依然以苏欧的话剧理论，作为分析评价中国戏曲的依据。例如，在剖析戏曲作品时，往往只着意于捕捉戏剧矛盾，抓住人物性格的冲突，审视矛盾的契机。这样做，自然是必要的，但却不能解决中国戏曲评论的全部问题。因为我国的古代戏曲，既是“戏”，也是“曲”。所谓“曲”，实即诗。在剧作中，“曲”占着极其重要的位置。加上戏曲作家，往往就是诗人，当他们安排关目，表现人物的时候，不可能不受到诗歌创作特有的思维方式的影响。而诗歌创作，最重“意境”，注重作者的主观情意与客观景物相融合，从而诱导读者产生联想，参与创造，体验形象之外的涵义。以我看，戏曲作家特别是杂剧剧作家，有不少人致力于意境的追求。因此，王国维、吴梅在评价戏曲时，都曾把意境作为重要的标尺。当然，有意境的剧作，未必有尖锐的戏剧冲突，戏剧性、舞台性或会稍逊，但是，如果一味以苏欧话剧的标准来衡量，死扣现实主义之类的概念，从而否定或者贬低这些戏曲作品的价值，那就不符实际了。①

读了黄天骥的这一段批评，我们有一种仿佛重游故地的感觉。在董每戡之前，如王国维，如吴梅，如刘永济，他们研究中国古代戏曲，以曲学为中心，并不重视戏剧冲突，也因此受到了董每戡的非议；20世

---

① 黄天骥：《〈元杂剧史〉序》，李修生：《元杂剧史》，南京：江苏古籍出版社，2002年，卷首2—3页。

纪60至80年代，古代戏曲的研究中，戏剧冲突的分析几乎一枝独秀，中国古代戏曲的民族特色遭到漠视，也因此受到了黄天骥的非议。汪曾祺在1989年第8期《人民文学》发表的《中国戏曲和小说的血缘关系》一文，曾这样强调戏曲的民族特色："中国戏曲，不很重视冲突。有一个时期，有一种说法，戏剧就是冲突，没有冲突不成其为戏剧。中国戏曲，从正出看，当然是有冲突的，但是各场并不都有冲突。《牡丹亭·游园》只是写了杜丽娘的一脉春情，什么冲突也没有。《长生殿·闻铃·哭像》也只是唐明皇一个人在抒发感情。《琵琶记·吃糠》只是赵五娘因为糠和米的分离联想到她和蔡伯喈的遭际，痛哭了一场。《描容》是一首感人肺腑的抒情诗，赵五娘并没有和什么人冲突。这些著名的折子，在西方的古典戏剧家看来，是很难构成一场戏的。"① 汪曾祺和黄天骥所非议的，乃是同一种研究范式。

范式是美国哲学家T.S.库恩提出的一个概念，它代表了一种共同的理念、共同关注的问题、共同遵守的操作规程和解决问题的方法。因而，学术史的演进常常表现为范式的更替和"革命"。具体到中国古典戏曲的研究，从民国年间的强调"曲"，到20世纪六七十年代的强调"戏"，再到20世纪90年代以降的"戏""曲"兼重，中国古典戏曲研究的范式演进，其脉络是极为清晰的。以这样一个学术史背景作为立论依据，可以说，无论是以曲学为中心，还是以戏剧冲突为中心，或者说，无论是以戏曲词章为中心，还是以舞台艺术为中心，都有其部分的合理性，只是不能以偏于一端的学术立场抹杀对方。

厘清了上述事实，就可以对刘永济的路径选择加以确认了：他的古代戏曲研究，和同时代的王国维、吴梅一样，始终是以曲学为中心的。其建树必须从这个角度加以考察。

---

① 汪曾祺：《晚翠文谈新编》，北京：生活·读书·新知三联书店，2002年，第119页。

二、刘永济宋代歌舞剧曲研究的戏曲史视野

《宋代歌舞剧曲录要》是一部作品选集，选录对象是宋代的歌舞剧曲。宋代的歌舞剧，包括大曲、舞曲、曲破、法曲、鼓子词、转踏、赚词、诸宫调等。这些歌舞剧，通常有歌，有舞，也有歌词。刘永济的关注重心是歌词，而他对歌词的关注，又包括三个具体方面：这些歌词的唱法；这些歌词是否能够表现完整的故事；这些歌词是叙事体还是代言体。其关注展现了完整而鲜明的戏曲史视野。

何以要研究宋代歌舞剧曲的唱法？因为这才能找出元杂剧唱法的源头，才能确认宋代歌舞剧曲在戏曲史上的地位。《中国大百科全书·戏曲曲艺卷》，在“戏曲音乐·戏曲音乐史”的目录中列入了鼓子词、大曲、唱赚、转踏、诸宫调等，而在“中国曲艺发展简史”的目录中也列入了唱赚、转踏、诸宫调、鼓子词，仅大曲没有列入。[①]《中国大百科全书》的这两份目录表明，唱赚、转踏、诸宫调、鼓子词在严格的意义上属于曲艺，但其音乐直接影响了元杂剧等成熟戏曲样式，从音乐的角度看，这些宋代歌舞剧名目，是曲艺，也是戏曲。吴梅曾著有《元剧略说》一文，开宗明义，便揭示了元剧与宋朝大曲在音乐上的继承关系：“我讲这个题目，须要晓得宋词、元曲的分别究竟在那里。原来这曲子的起源，并不是凭空生出来的，是从宋朝的大曲变成来的。宋朝大曲，现在留传下来的，不过七八套，都是文人墨客弄笔头的把戏。内中名目，倒也不少。什么叫做［水调歌］咧，［道宫薄媚］咧，［逍遥乐］咧，我们但把曾慥编的《乐府雅词》一看，便都知道了。但是他的唱法段落，完全与唱词的法子不同，差不多要费几十倍的辛苦。宋人的词，唱完一首就算了事。他却是联串了许许多多，至少的一套，也要有八九只，而且还要带唱带舞，所以觉得非常麻烦。《宋史·乐志》里头说：‘春秋圣节，三大宴，小儿队，女弟子队，各进杂剧对舞’，就是这种顽

---

① 参见中国大百科全书总编辑委员会编《中国大百科全书·戏曲曲艺卷》，北京：中国大百科全书出版社，2002年，目录第6—12页。

意儿。但宫里的杂剧曲词，民间是不会晓得的，所以没有传下来，现在就将曾慥编的几套，细细推究起来，知道就是元剧的根由来历。何以见得呢？这种大曲虽是全用词牌凑拢来的，但是却有许多名目。一套里头，有散序，有入破，有虚催，有实催，有衮拍，有歇拍，比较现在戏剧，什么慢板、倒板、二六等名色，也算得是一样的。元剧里面，每出曲子，一定有八九只，多的也许有十七八只，唱起来先慢后快，还有锣鼓按定拍子，竟是同大曲一鼻孔出气的。我就决定元剧是宋朝的大曲变成的。"① 与吴梅的理路相近，刘永济对宋代歌舞剧曲的研究，重心之一就是其唱法，他对一系列专业术语，如散序、靸、排遍、攧、正攧、入破、虚催、实催、衮遍、歇拍、杀衮等的阐释，宗旨是从唱法揭示其戏曲史意义。而就具体的阐释而言，刘永济虽然大量参考了王国维的《宋元戏曲史》，但有些地方，例如关于"中序""排遍""叠遍"等术语之间的关系，确比王国维说得更加明晰和透彻。

刘永济之所以关注宋代歌舞剧的歌词是否能够表演完整的故事，原因在于，表演故事是戏曲的特点所在，如周贻白所说：中国戏剧"能形成一项独立艺术部门，追本溯源，应当是以表演故事为主，逐渐地以他项艺术来丰富其表演形式，然后发展成为一种高度的综合性的艺术"②。作为综合艺术，戏曲需要音乐、舞蹈和故事表演的高度融合，而骨干是表演故事。刘永济之所以关注歌词是叙事体还是代言体，原因在于，戏曲的特点是演故事而不是讲故事。"表演的意思，是把一个故事的全部情节或部分情节，由演员们装扮剧中人物，用歌唱或说白，以及表情动作，根据规定的情境表演出来"③。刘永济《文学论》第二章曾将表演分为两类："一、表演实际者，作者以语言或文字将此实际之情节直达于人，人得因之以知其是非善恶、原因结果，故为学识之事。

① 吴梅：《元剧略说》，原载《小说月报》第17卷号外《中国文学研究号》。参见吕薇芬选编《名家解读元曲》，济南：山东人民出版社，1999年，第10—11页。

② 周贻白：《中国戏曲发展史纲要》，上海：上海古籍出版社，1979年，第1页。

③ 同上书，第7页。

演说及信札属此。二、表演想象者，作者自身或他人将其想象中之情节扮演以直达于人。人观其情节，即生感应而自觉其善恶是非与因果关系，故为感化之事。戏剧属此。”① 所谓表演想象中的情节，即代言是也。上述两个关注点表明，刘永济的戏曲研究，虽以歌词为中心，但他是在戏曲视野下关注歌词，而不是把歌词视为孤立的韵文作品。

从戏曲需要完整的故事以及戏曲需要表演故事这样两个角度，刘永济在《总论》中系统考察了宋代歌舞剧曲，对不同作品在戏曲史上的贡献作出了清晰的定位，其结论是：“唐代大曲皆类聚诗人描写闺情、友谊及边怨的诗作成全曲，彼此不相连贯，宋歌舞剧曲除鼓子词分咏景物，调笑转踏分咏美人故事及名胜古迹者外，如董颖的《道宫薄媚》十遍咏吴越事，曾布的《水调歌头》七遍咏冯燕事，史浩的《剑舞》咏鸿门宴及公孙大娘舞剑器事，已具戏剧的雏形。而赵令畤的《商调蝶恋花》十二首以元微之《会真记》崔张故事为题材，则更与后世爱情悲剧相近，故毛奇龄《西河词话》视为戏剧之祖。杨万里《归去来兮引》，隐括陶潜《归去来辞》，以数曲代一人之言，变旁述体为代言体，尤与后世戏剧的体裁相似，故王国维谓为元人套数杂剧之祖。此等剧曲则较之唐人更为进步了。盖宋代剧曲既上承唐代大曲之后，又下开金、元杂剧之先，实古今戏剧发展的枢纽也。”② 这一段结论内涵丰富，有必要再加申说。

刘永济何以断言董颖的《道宫薄媚》、曾布的《水调歌头》、史浩的《剑舞》“已具戏剧的雏形”？尤其是赵令畤的《商调蝶恋花》，更被誉为“戏剧之祖”，其缘由何在？答案是：这几个大曲作品都表演了完整的故事，赵令畤的《商调蝶恋花》更是表演了一个相当完整的悲剧爱情故事。与对完整故事的重视有关，刘永济将宋代歌舞剧曲中“咏故事”的两种方式做了区分：“一为横排式，一为直叙式。横排式者，并列同性

---

① 刘永济：《文学论　默识录》，北京：中华书局，2010 年，第 23 页。

② 刘永济：《宋代歌舞剧曲录要　元人散曲选》，北京：中华书局，2010 年，第 24—25 页。

质的故事，以同一词调歌咏之。直叙式者，直述一事的首尾，亦以一调反复歌咏。此式适宜于敷衍故事，较之横排式者，有显著的进步。”① 所谓“有显著的进步”，是从“敷衍故事”的角度作出的评判；而之所以重视“敷衍故事”，在于这是戏曲的标志之一。如龚鹏程所说：“曲子有一路是朝组曲并演说故事发展的，在元代，这就成为了剧曲。那些仍维持单曲且不演说故事的就叫散曲小令，套曲的叫套数。”② “敷衍故事”是剧曲之为剧曲而非散曲的一项重要标志。

刘永济对杨万里《归去来兮引》的推重，在于它不仅敷衍了故事，而且改“旁述体为代言体”，其敷衍故事的方式“尤与后世戏剧的体裁相似”。当然，这一事实的发现者并不是刘永济，而是王国维。《宋代歌舞剧曲录要》在杨万里《归去来兮引》原文之下有一段说明文字：

> 王国维《戏曲考原》曰：“此曲不著何宫调，前后凡四调，每调三叠，而十二叠通用一韵，其体于大曲为近。虽前此如东坡《哨遍》隐括《归去来辞》者，亦用代言体，然以数曲代一人之言，实自此始。要之曾、董大曲，开董解元之先，此曲则为元人套数杂剧之祖。”王易《词曲史》云：“以今考之，则其第一、第四、第七、第十调为《朝中措》，其第二、第五、第八、第十一调为《一丛花》，其第三、第六、第九、第十二与谱载无名氏之平韵《望远行》较近，然俱不用换头，且纯为代言体。诚斋生于绍兴初，卒于开禧二年，则此曲之作，殆与董解元《西厢》同时。然则元人杂剧，固参合宋金两邦歌曲体裁以成一种新体。”③

---

① 刘永济：《宋代歌舞剧曲录要　元人散曲选》，北京：中华书局，2010 年，第 21—22 页。

② 龚鹏程：《中国文学史》（下），北京：世界图书出版公司，2012 年，第 174 页。

③ 刘永济：《宋代歌舞剧曲录要　元人散曲选》，北京：中华书局，2010 年，第 83 页。

由此看来，王国维是现代学者中关注杨万里《归去来兮引》之代言体叙事的第一人，而王易、刘永济又先后加以留意，他们都着眼于戏曲的历史发展，显示了一个戏曲史家的视野。不无遗憾的是，在 20 世纪 50 年代以来的中国文学史教学和研究中，学者们提到变叙事体为代言体，通常仍只注意到诸宫调①。如果我们留意宋代的歌舞剧曲已开由叙事体转为代言体的先例，戏曲史叙述的这一不准确之处就可以避免了。

三、刘永济的散曲研究

《元人散曲选》是刘永济散曲研究的主要成果。他为《元人散曲选》所写的《序论》，1936 年刊发于武汉大学《文哲季刊》第 5 卷第 2 号，集中表达了关于散曲的理论思考，其特点是时时注意与诗词的对比。

就中国古代的文体而言，不仅诗与文在审美品格方面存在显著差异，而且，如果在现代的文体分类框架下讨论古代诗、文，不难发现，古代诗、文内部的各种体裁类型之间，也存在许多微妙而重要的差异。比如，我们将六朝骈文、唐宋古文和明清时期的小品文都划入散文一类，而三者的体裁特征是大不相同的，我们将诗（古诗、近体诗）、词、散曲都划入诗歌一类，而三者的差异之大出乎许多人的想象之外。如果套用现代的散文标准来阐释六朝骈文、唐宋古文和明清小品文，或套用现代的诗歌标准来阐释诗（古诗、近体诗）、词、散曲，即使不犯信口雌黄的错误，至少也会给人隔靴搔痒之感，很难说到点子上。刘永济对诗、词、曲的辨体考察，有助于对研究对象做切中肯綮的把握。

刘永济注意到：与唐宋诗词相比，元代的散曲尤为适宜于敷衍故事，杂剧的兴盛，很大程度上即得益于散曲的兴盛。“试以元人散曲之

---

① 如吴组缃、沈天佑《宋元文学史稿》：“在宋代歌舞戏如大曲、曲破中所述情节虽用的是叙事体，但其中已有歌、有舞、有念白表现。特别是诸宫调的出现，已十分接近于戏曲的形式。当然，作为戏曲体裁，必须由叙事体转为代言体。而在《西厢记诸宫调》的散文中已开始出现了某种代言体的倾向，因此，诸宫调这种说唱文学对促使元杂剧艺术的成熟，关系尤为明显。”见吴组缃、沈天佑《宋元文学史稿》，北京：北京大学出版社，1989 年，第 249 页。“曲破”，原文误作“曲波”。

用，较唐宋人诗词之用，其显有进境者，莫如咏事。约举之有两端焉。诗中虽有长篇记事之作，词中虽有联章分咏之体，（如大曲董颖之《薄媚》、曾布之《水调歌头》、赵令畤之《商调蝶恋花》以及无名氏、郑仅、秦观等之转踏。）惟以字句整饬，措辞雅洁之故，未能生动自然。一也。赋家虽以铺布为体，然铺布之类有二：一曰横铺，二曰直布。横铺者，平列枚举，无时间之联贯者也；直布者，原始要终，具一事之端末者也。诗词之用赋，每多取横铺之法，而散曲则习用直布之体。二也。（横铺之式，亦有存于杂剧套曲中者，凡曲中分写春夏秋冬之景，或平列渔樵耕读之事者是。）惟其如此，故于扮演故事尤宜，剧曲之作，乃缘之而始盛。然则，欲工为剧曲者，当以小令为始事。小令既工，而后求联调成套，联调成套既精熟，而后讲联套成剧。斯二者，形制虽殊，而小大同贯；品质无二，而先后异功。学者于此，可以悟散曲与剧曲相关之切矣。”① 元代的杂剧和散曲，合称为元曲，读了刘永济关于元杂剧之兴盛得益于散曲之兴盛的分析，对元曲这一术语的内在缘由可以获得较为深切的理解。

散曲的兴起，与宋金时期北方胡曲的传入以及词的衰亡密切相关。在元人周德清的《中原音韵》、明人朱权的《太和正音谱》中，还保存有其时流行的若干少数民族乐曲曲牌，如［阿纳忽］［胡十八］［唐兀儿］等。与此同时，一些民间俚曲在北方的一些地区流行开来②。在这种背景下，词因为与音乐脱离而无法适应新的音乐形式，一种与新曲相结合的新的文学形式——散曲遂应运而生。从现存的散曲来看，它与诗词相比，在形式上具有三个特点：第一，句式更加灵活，更接近口语。诗歌虽然也有杂言，词也被称为长短句，但散曲每句字数可任意变化，

① 刘永济：《宋代歌舞剧曲录要　元人散曲选》，北京：中华书局，2010 年，第 150—151 页。

② 元人燕南芝庵指出：“凡唱曲有地所，东平唱［木兰花慢］，大名唱［摸鱼子］，南京（指汴梁）唱［生查子］，彰德唱［木斛沙］，陕西唱［阳关三叠］［黑漆弩］。”见〔元〕燕南芝庵《唱论》、〔元〕杨朝英辑《乐府新阳春白雪前后集》，《丛书集成续编》第 163 册 集部，上海：上海书店出版社，1994 年，第 270 页。

而且还能使用衬字，因此句式更加灵活多变。如关汉卿《南吕·一枝花》（不伏老）的尾曲［黄钟煞］首句“我是个蒸不烂煮不熟捶不扁炒不爆响当当一粒铜豌豆”①，按格律此句应为十一字句，加上“蒸不烂”等四个作衬的短语，就变成了二十三字，大大丰富了其表现力。第二，散曲的韵律，用的是北方音韵系统。与诗只押平声韵不同，散曲可平仄通押，且不避重韵。第三，散曲的对仗形式更加丰富。根据《中原音韵》《太和正音谱》等的说法，有扇面对、重叠对、救尾对、合璧对（两句对）、鼎足对（三句对）、联珠对、隔句对等不同的对仗形式。多种对偶形式的运用，一方面增强了散曲的表现力，另一方面又避免了散文化的倾向。所有这些，都增强了散曲的叙事功能。刘永济就此切入，说明散曲与诗词的一个重要区别，是极有学术眼光的。

与许多学者一样，刘永济考察散曲与诗词之别，颇为关注相互之间的风格差异。“其为之也，有与词家大异者。兹就元人散曲观之，约有四端。一曰豪辣。豪辣者，气高而情烈，其言也，喷薄铦锐，鞭辟入里之谓也。二曰宏肆。宏肆者，挥斥八极，横放杰出，绝无顾惜之谓也。此二者，盖有得夫阳刚之美者。三曰鲜丽。鲜丽者，生香真色，如出水芙蓉、浣纱西子，天然去雕饰之谓也。四曰流利。流利者，圆转自如，若明珠走盘，弹丸脱手之谓也。此二者，盖有得夫阴柔之美者。夫阳刚、阴柔者，文学之通性，今独以之论元人散曲者，惟散曲作者为能造其极、为能尽其用也。”② 其《评介元曲家睢景臣〈高祖还乡〉套曲》一文，就此作了更加简要的说明：“古典文学中，元曲是生面别开的。在它以前的各体文学都是所谓‘哀而不伤，乐而不淫，怨而不怒’的。在元曲便哀而伤，乐而淫，怨而怒了。以前的文学要含蓄，元曲却贵于痛快。”③ 刘永济的这种比较分析，可与任讷《词曲通义》的说法相互

① 〔元〕关汉卿著，蓝立萱校注：《汇校详注关汉卿集》（下），北京：中华书局，2006年，第1703页。

② 刘永济：《宋代歌舞剧曲录要 元人散曲选》，北京：中华书局，2010年，第139页。

③ 同上书，第282页。

映发。[①] 我们常说：词以婉约为正宗，而豪放为别体；散曲以豪放为正宗，而婉约为别体。所谓正宗、别体之分，强调的正是词、曲之间的风格差异。如果我们不了解这种差异，在解读词、曲时就不免说外行话。当然，这并不是说元散曲中没有含蓄蕴藉之作，只是，“其有风流蕴藉，含蓄不尽者，要亦不能出词家之牢笼，遂亦不能称曲家之独造”[②]。

元散曲这种风格产生的原因，刘永济总结了相互关联、不可分割的三个方面。其一，受北方“土风”的影响。“盖南人之赋情也，或含思凄婉，或悱恻伤情，务极缠绵宛转之致。北人伉直，不习为此，故虽别情闺思之作，时挟深裘大马之风。不知者或讥其拙，实乃‘乐歌土风’，自然之理。北曲因此，别饶风味。求之于古，则北朝乐府，与之仿佛”[③]。其二，“文体穷变之势使然”[④]。盖含蓄蕴藉，本为中国古典诗词所长，“后来者无以易之。惟其如此，故曲乃别启土宇，与之争霸，终乃并吞八方，囊括千古焉，岂非文家之奇观哉！”[⑤] 其三，与作家的特殊境遇有关。“盖汴、洛本汉、唐文物最盛之邦，北宋之初，犹能继轨前代，增华囊时。一旦宗社迁移，沦为异域，北方人士，已失去此文化之中枢。及金、元相继入主，中原人士，望霓旌之无日，伤汉仪之难睹，又自深其摧痛冤结之情。而元之初盛，挟其金戈铁马之势，蹂躏中原，几不知声名文物之足贵。昔时丰镐，今化胡沙，血气之伦，尤增哀愤。于是沉霾厄塞，与日俱深。加以异种枭雄，猜忌汉人。情既炽烈，法亦严酷。于是才人志士，既慑其威力，复沉抑下僚，乃入于放浪纵逸之途，而悲歌慷慨之情，遂一发之酒边花外征歌选色之中。故写怀，则

① 任讷《词曲通义》：“曲以说得急切透辟、极情尽致为尚，不但不宽弛、不含蓄，且多冲口而出，若不能待者；用意则全然暴露于词面；用比兴者并所比所兴亦说明无隐。此其态度为迫切、为坦率，恰与词处相反地位。”见任中敏《词曲通义》，上海：商务印书馆，1931 年，第 29 页。

② 刘永济：《宋代歌舞剧曲录要　元人散曲选》，北京：中华书局，2010 年，第 141 页。

③ 同上书，第 140 页。

④ 同上书，第 142 页。

⑤ 同上书，第 141—142 页。

崇五柳而笑三闾；言志，则美严陵而悲子胥。其放浪纵逸之极，或甘沉湎，或思高蹈。饮酒则必如刘伶之荷锸，轻世则必如许由之挂瓢。又或凤帐鸳衾，极男女昵亵之致；爇香剪发，穷彼此相思之情。传神写态，必寸肌寸容而尽妍；绘影摹声，无一言一动之或讳。铸词则雅言与俚语齐观；用事则经史偕小说同量。举凡曩时文家所禁避、所畏忌者，无不可尽言之”①。在文学史研究中，刘永济以提倡关注“风会”著称②。西方学者中，泰纳的《艺术哲学》关注艺术的总体生存环境，勃兰兑斯的《十九世纪文学潮流》关注一个时代的总体风尚，其实也是一种“风会”研究。刘永济对元散曲兴盛原因的说明，则是其“风会说”的具体实践：他不是将作家、文体和时代等因素割裂开来加以考察，而是着眼于由这些因素所共同促成的“风会”。刘永济“风会”说的理论价值可与泰纳、勃兰兑斯的建树相映生辉，而其具体实践也具有不容忽略的案例意义。

元代散曲家的作品，刘永济《元人散曲选》选入最多的几位，前期有马致远（小令十七，套数四）、关汉卿（小令十五，套数二）等，后期有乔吉（小令三十七，套数三）、张可久（小令三十，套数一）等，大体与各自的文学史地位相称。刘永济很少就某一具体的散曲作品写成文章，唯一的一篇是《评介元曲家睢景臣〈高祖还乡〉套曲》，原刊《长江文艺》1954年第6期。这是关于睢景臣《高祖还乡》套曲最早的专题文章，也是迄今最权威的文章之一。在这篇六千字左右的文章中，刘永济就套曲的体制特点、睢景臣的生平、《高祖还乡》的题材、这个套曲的八支曲子等一一作了具体分析，精彩之处甚多。例如对《高祖还

---

① 刘永济：《宋代歌舞剧曲录要 元人散曲选》，北京：中华书局，2010年，第142—143页。

② 刘永济《词论》：“文艺之事，言派别不如言风会。派别近私，风会则公也。言派别，则主于一二人，易生门户之争；言风会，则国运之隆替、人才之高下、体制之因革，皆与有关焉。盖风会之成，常因缘此三事，故其变也，亦非一二人偶尔所能为。自来论者未能通明，故多偏主，或依时序为分别，或以地域为区划，或据作家为权衡。”见刘永济《词论 宋词声律探源大纲》，北京：中华书局，2010年，第45页。

乡》尾曲的分析：

> 尾曲全用滑稽笔调来结束全套，是曲家最本色当行的手法。这位乡友居然向皇帝讨债，已经够滑稽了，还说“差发内旋拨还”，“税粮中私准除”都可以，并且说出“谁肯把你揪捽住”，你又何必“改了姓，更了名，唤做汉高祖”！更是出奇了。总之全曲把皇帝的排场逐步增强，到了三煞曲，是达到最高度，忽然，奇峰突起，这位尊严的皇帝却原来是连他的“根脚”都熟悉的人，于是倾筐倒箧般把他的无赖行径都说出来。于是所谓皇帝也者，就毫不足奇了。这种写法是作者艺术性的高度表现。他是把外表尊严的神圣的一面，和内在平凡的丑陋的一面，两两相形的写法，突出地显示，使读者自然感到惊奇。他之能压倒同时的作家也就在此。[1]

刘永济的评介，其特点是，既有行家的专业眼光，又有良好的艺术感觉。这篇评介文章之所以成为经典，为多种重要曲学文献所收录，原因在此。

---

① 刘永济：《宋代歌舞剧曲录要　元人散曲选》附录，北京：中华书局，2010年，第281页。

结　语　刘永济与现代中国学术

刘永济（1887—1966）字弘度，号诵帚，晚号知秋翁，斋名易简、微睇，湖南省新宁县金石乡人。幼承家学，耽习文史。16 岁应湖南道试，以第一名入学。1906 年至 1911 年间，先后在长沙私立明德学校、复旦公学、天津高等工业学校、清华留美预备学校接受新式教育。1912 年至 1917 年客居上海期间，从朱祖谋、况周颐研习词学。1917 年 7 月至 1926 年底任长沙私立明德学校国文教员。1927 年初赴沈阳任东北大学文学院教授。1932 年 7 月被聘为武汉大学教授。1942 年至 1949 年间，长期担任武汉大学文学院院长，数度以院长身份代理校务。1956 年被评为一级教授。

刘永济是 20 世纪名满天下的词人和古典文学研究专家。作为词人，《诵帚盦词》是其主要词作的结集，他也写诗，有《云巢诗存》。作为古典文学研究专家，他在屈赋（楚辞）、《文心雕龙》、词学、曲学、文学理论、文学史、唐人绝句等领域均有突出贡献。学术研究和诗词写作，构成了刘永济文字生涯的两翼。在现代中国学术的视野下考察刘永济的诗词和古典文学研究，既有助于认识刘永济本人，也有助于认识 20 世纪的学术史和文化史，对深化中国古代文学史、古代文学批评史以及古代文体研究均有裨益。

第一节　词人刘永济

刘永济习词，曾得清末词坛名家并同属常州一派的朱祖谋（彊村）、况周颐（蕙风）指授。1949 年，刘永济自序其《诵帚盦词》，还满怀深情地回忆了 30 余年前亲炙于朱祖谋、况周颐的那段弥足珍贵的经历：

"予少时得古今词集于姑丈松琴龙先生家。久之，亦稍习为之，而不自知其不合也。既壮，游于沪滨，适清社已屋，骚人行吟，若蕙风况先生、彊村朱先生，皆词坛巨手，均寓斯土。偶以所作《浣溪沙》'几日东风上柳枝，冶游人尽着春衣。鞭丝争指市桥西。寂寞楼台人语外，阑珊灯火夜凉时。舞余歌罢一沉思。'请益蕙风先生。先生喜曰：'能道"沉思"一语，可以作词矣，词正当如此作也！'心知此乃长者诱掖后生之雅意，然亦私自喜。时彊村先生主海上沤社，社题有绿樱花、红杜鹃分咏，予非社中人，蕙风命试作，彊村见之曰：'此能用方笔者！'予谨受命，然于此语不甚解也。"[①] 刘永济请益于朱祖谋、况周颐的具体时间，徐正榜等所作年谱系于1912年夏，李工真《刘永济先生传略》系于1913年秋[②]，相差不远。那时候，刘永济二十五六岁左右。此后他终身服膺朱、况两位前辈，无论是作词，还是教词、研词，都信守常州矩矱。禅门所谓衣钵授受，大概就近于这样一种情形。

一、词人刘永济的文化关切

对于词人刘永济的文化关切，需要联系20世纪初叶学衡派与新文化人之间的剧烈论争加以说明。

1894年中日甲午战争以后，为了救亡图存，"废科举弃旧学"成为诸多朝野精英的共同选择，由此引发了中西文化之争。五四时期，中西文化之争达到了白热化的程度。新文化人如胡适、鲁迅等文化激进主义者认为：西洋近代的文化的确比中国文化进步得多，无论在思想上、艺术上、科学上、政治上、教育上、宗教上、哲学上、文学上，都比中国的好。中国的出路在于全盘西化，彻底清算旧文化是唯一正确的选择。梅光迪、吴宓、刘永济等文化保守主义者则认为：中华文化是维系中华民族的命脉。"学衡"等文化保守主义流派就是在这种氛围中形成并展

---

① 刘永济：《诵帚词集　云巢诗存：附年谱　传略》，北京：中华书局，2010年，第130页。

② 同上书，第257、632页。

开其文化事业的。

新文化人提倡对我国固有文明作严肃批判和改造，这种“革命”的态度，在20世纪初叶的思想文化界居于主导地位。胡适的高足、《古史辨》派的代表人物顾颉刚，在谈到其学术研究的目的时，曾这样说：

> 而我的《古史辨》工作则是对于封建主义的彻底破坏。我要使古书仅为古书而不为现代的知识，要使古史仅为古史而不为现代的政治与伦理，要使古人仅为古人而不为现代思想的权威者。换句话说，我要把宗教性的封建经典——“经”整理好了，送进了封建博物馆，剥除它的尊严，然后旧思想不能再在新时代里延续下去。①

顾颉刚的这些话，代表了新文化人的共同立场。他们并非不研究中国传统文化，他们这方面的成就毋庸说相当卓越。但是，研究的目的不是为了弘扬，而是让它进入博物馆，不复影响现代人的生活和现代历史进程。“博物馆化”是20世纪中叶美国学者列文森（Joseph R. Levenson，1920—1969）在《儒教中国及其现代命运》中提出的一个术语。列文森认为，中国传统文化在很多方面已经被博物馆化了。虽然中国传统的经典依然有人阅读，但这已不属于他们了。所谓“不属于他们”，意思是说，这些东西没有生命力，在社会上没有起到提升我们生活品格的作用。很多人阅读古代经典，就像参观埃及文物一样。考古发掘出来的珍贵文物，和我们的生命没有多大关系，和我们的生活没有多大关系，这就叫作博物馆化。而刘永济的文化理想是：要使古书不仅为古书而且成为现代的知识，要使古史不仅为古史而且成为现代的政治与伦理，要使古人不仅为古人而且成为现代思想的指导者。刘永济的这一宗旨，与同属于学衡派的梅光迪、吴宓并无不同，只是采取了不同的实行路径。梅

① 顾颉刚：《我是怎样编写〈古史辨〉的？》，《古史辨》第1册，上海：上海古籍出版社，1982年，第28页。

光迪、吴宓是对新文化人做针锋相对的反击，“当举世狂呼打倒孔家店，打倒中国旧文化之日”，“独奋起伸吭与之辩难”[①]，致力于对抗社会舆论，以维护中国传统文化在现实中的权威。而在刘永济看来，针锋相对的反击反不如狷介自好来得更有风度，更能赢得世人的尊敬和向慕。他不愿徒事口舌之争，而宁可我行我素地写自己的诗词、做自己的研究。这些活在生活中的诗词和研究成果，在他看来，就是延续了中国文化的慧命。

对于词人刘永济的文化关切，还需要联系他以词为史的理念来加以说明。

常州词派有“词史”之论，即周济《介存斋论词杂著》所云“诗有史，词亦有史”[②]。“诗史”概念虽盛行于对杜甫诗的评价，但“诗史”精神却源远流长地存在于中国文学中。无论是《左传》的留心《诗》的本事，还是郑玄以政治兴衰说《诗》，都旨在将诗与现实社会生活联系在一起加以考察。所以，说“诗有史，词亦有史”，就不只是将“词”的地位与“诗”并提，并且强调：词人应当留心国计民生，应当留心社会生活的种种变故，应当使其作品成为“后人论世之资”。有人将常州词派的“诗有史，词亦有史”的说法视为门面语，刘永济则对这一理念深信不疑。他《诵帚盦词》就是这一理念的贯彻。

1949年，刘永济作《诵帚盦词·自序》，主旨是就词与时事的关联加以说明。1959年，刘永济作《诵帚盦词·录稿后记》，主旨是就《诵帚盦词》的传世价值作出说明，理由依然是词中有史。在经历了“思想改造”等运动之后，他虽承认《诵帚盦词》作为“词史”偏于以个人主观感受折射时代，“于卅年来客观存在中巨大历史变革”缺少直接“反映”[③]，但仍不愿意这些词作就此消泯，执意“取此区区聊以存数十年

① 郭斌和：《南京高等师范学校二十周年纪念之意义》，洪银兴、陈骏主编：《大学之魂：南京大学精神传统文存》，南京：南京大学出版社，2012年，第154页。

② 周济：《介存斋论词杂著》，北京：人民文学出版社，1959年，第4页。

③ 刘永济：《诵帚词集 云巢诗存：附年谱 传略》，北京：中华书局，2010年，第132—133页。

之踪迹”[①]。儒家有三不朽之说，“立功”是帝王将相的事，与刘永济无关；“立德”是圣贤的事，刘永济自知尚未达到圣贤的境界；唯有“立言”，在毕生从事文字生涯的刘永济看来，不只是有些关系，甚至有点“舍我其谁”的自负。而他的那些词，因为保存了个人的“数十年之踪迹”，而有其独特的存史价值。

美国学者倪豪士在《以文学印证历史：欧阳詹个案》一文中引用了阿瑟·韦理就其白居易传的取材说的一段话：“我对白居易一生的描述，主要依据他自己的作品，包括散文和诗，以及他们的题目和序。中国传统文学作品中的题目，不仅仅是一个简单的标题，常常连带介绍了创作诗文的情境。序则比题目给出了一个更宽泛的背景描写。因此，我们常常能从作者的诗作中得到可靠的传记材料，其可靠的程度往往胜于官方记录……”[②] 这个看法与刘永济以诗词“存数十年之踪迹”的理路可说是不谋而合。

现代学人中，特别热衷于写自传的，胡适大概是可以排到前几名的。他之所以看重自传，是因为自传具有不可取代的史料价值。胡适尝言：“我有一次见着梁士诒先生，我很诚恳地劝他写一部自叙，因为我知道他在中国政治史与财政史上都曾扮演过很重要的角色，所以我希望他替将来的史家留下一点史料。我也知道他写的自传也许是要替他自己洗刷他的罪恶；但这是不妨事的，有训练的史家自有防弊的方法；最要紧的是要他自己写他心理上的动机，黑幕里的线索，和他站在特殊地位的观察。”[③] 胡适这种理念，可以推广到大多数自传作者，包括刘永济，只是他们采取的方式有所不同而已。而这种不同，也正有一种存史的价值。刘永济这个前清秀才，这个曾从朱祖谋、况周颐学词的民国

---

① 刘永济：《诵帚词集　云巢诗存：附年谱　传略》，北京：中华书局，2010年，第132—133页。

② ［美］倪豪士：《以文学印证历史：欧阳詹个案》，乐黛云等编选：《北美中国古典文学研究名家十年文选》，南京：江苏人民出版社，1996年，第509—510页。

③ 胡适：《四十自述》自序，合肥：安徽教育出版社，2006年，第2页。

词人，虽然已是中华人民共和国的公民，但其心理年轮上依然镌刻着世变的印痕，以及来自前清、民国的记忆，对于一种文化、对于一种情怀的不能舍弃的记忆。他要用这种特殊的方式保存人生的雪泥鸿爪，保存他所经历的包括“两千年未有之巨变”在内的种种变故。选择以填词的方式来写自传，对于刘永济来说，不是一个技术问题或文类的跨越问题，而是其终生的信仰。

二、《诵帚盦词》是刘永济以个人方式写下的自传或历史

《诵帚盦词》1949 年手定本所收词始于 1931 年，终于 1949 年。[①] 从 1931 年九一八事变爆发，到 1949 年中华民国崩溃，其间大故迭起，忧患不断，词人之心，激荡不已。刘永济的词，就是在这样“艰屯”的岁月中写成的。[②] 他之所以如此看重这些词作，缘由在此。而他特别揭橥 1931 年、1949 年两个时间节点，也意在表明：词的内涵绝不限于传达一己哀乐，一己哀乐所承载的纷繁世变赋予了词不同寻常的意义。

从 1931 年到 1949 年，几乎所有重要的世变都在刘永济的词中有所呈现或折射。例如，1931 年作有《八声甘州》（叔絅归自满洲里，出示中俄战役俄空军用以轰我之弹壳，曰：此亦沉沙折戟也。且为诉战场惨黩之状，感赋此调）、《满江红》（东北学生军军歌。辽吉沦陷，东北诸生痛心国难，自组成军，来征军歌，以作杀敌之气，为谱此调与之）、《水调歌头》（豢龙出示中秋渤海舟中感赋用东坡韵一阕，危苦之词而出以沉雄之气，以此卜之，国其有瘳乎！因和其韵，更以广之，虽曰强颜，庶几破涕）、《满江红》（避日寇入北京，赁庑愁坐，示内子惠君）

---

① 1959 年手定本增补了 1949 年以后所作的 20 余首词。

② 刘永济《诵帚盦词·自序》有云：“及历世既久，更事既多，人间忧患，纷纭交午，有不得不受，受之而郁结于中，有不得不吐者，辄于词发之。复值日寇入侵，而窃禄者阘茸淫昏，绝无准备，国势危于累卵，中情激荡，所为渐多。斯事之艰苦，亦知之渐深，然衡以古词人之所为，每以自愧。而所遇之世有非词人所得想象者，其艰屯则且倍蓰之，故其所以为言，有非可范以往矩者。”见刘永济《诵帚词集 云巢诗存：附年谱传略》，北京：中华书局，2010 年，第 130—131 页。

等词；1932年作有《解语花》（壬申上元，淞沪鏖战正烈，故京灯市悉罢，客枕无寐，竟夕忧危。翌日，豢龙写示和清真此调，触感万端，继声赋答）、《西江月》（丙寅秋日，买宅北郊，地有橘林菜畦，可资事蓄，便有终焉之志。世乱日亟，母依伯氏于东，我亦被迫北行，追念素怀，凄然成咏）等词；1943年作有《鹧鸪天》“残劫关河赚泪多”、《菩萨蛮》（师梅以摄影券要我入国民党，久置未报，今始检出却还，媵以小词，用致庄生泽雉之意）、《鹧鸪天》（孤桐寄示《齐天乐》词，惠题拙著《笺屈六论》，兼及豢龙永逝之哀，赋此答谢）、《浣溪沙》（客谈北平广播荀慧生歌曲）等词；1944年作有《鹧鸪天》“别久湖山无梦通”、《浪淘沙》（衡阳之役，闻方军苦战四十七昼夜，将士伤亡殆尽，而援军不至，遂陷。死事之烈，亘古罕有，词以哀之）、《步蟾宫》（寇氛逼新宁怀故园兄弟）等词；1945年作有《蝶恋花》（挽曾枣园）、《玉楼春》（新历八月十日感事有作。日本投降，战事结束）“瑶台昨夜传银电”“银屏一曲天涯似”“西园雨过风犹劲”“青山缺处平芜远”、《木兰花慢》（挽梅迪生》等词；1946年作有《浣溪沙》（丙戌，五十九岁，迁居城内凤湾武汉大学招待所）、《浣溪沙》（听雨僧说《石头记》人物）、《三姝媚》（烟中望峨嵋三峰，云气氤氲，黛螺娟好，极惝恍迷离之致，词以写之）、《点绛唇》（随校复员回武昌。湖山无恙，幕燕重归。旧来花竹，半沦烟草，惟宅畔红白梅花六七株依然娟好，此亦杜老之五桃树也，为赋两阕以宠之）“染梦兵尘”“残画湖山”、《鹧鸪天》（随武汉大学复员回武昌，彦威书来问近状，赋此代柬）等词。这些词，或直写世变，或缘于世变，都足以成为后人的“论世之资”。即使是那些唱酬、悼亡之什，也有其存史意义。例如1945年12月27日，刘永济在复旦和清华时期的同窗、浙江大学文学院院长梅光迪在贵阳病逝，噩耗传至乐山，时任武汉大学文学院院长的刘永济，为悼念老友，作《木兰花慢》（挽梅迪生）一词：

指修门路杳，竟无地，返骚魂。但断梦关山，羁游京国，茫茫愁云。酸辛，旧时俊侣，抚遗篇犹似见丰神。何意亭亭玉树，顿成宿草新坟。

谁云，天道亲仁，回短折，跖长存。算古来如此，君宁有恨，我恸斯文。乾坤，乍经浩劫，对寒灰加意惜芝焚。神理绵绵未尽，灵兮来享清尊。

梅光迪（1890—1945）是民国年间著名的文化保守主义者，以不屈不挠地与胡适等人论争而知名。据胡适回忆，1915年夏，胡适“已承认白话是活文字，古文是半死的文字”，而梅光迪“绝对不承认中国古文是半死或全死的文字”①。两人的争论越来越激烈，由此形成了两个针锋相对的文化壁垒：胡适成了新文化运动的领袖，梅光迪则成为文化保守主义的领军人物。事实上，这种文化立场的对立，也是我们理解刘永济这首词的参照。他在词中感慨“乾坤，乍经浩劫”，是说文化激进主义造成了中国文化的劫难，而“对寒灰加意惜芝焚”，则是对梅光迪奋不顾身捍卫中国文化的事业表示由衷的赞许和敬佩。读这首词，不啻是对一段文化论争的重温。

在数十年的人生经历中，刘永济乐于以诗词与他的亲友交流。他的复旦同窗陈寅恪，清华同窗吴宓、吴芳吉，东北大学和武汉大学时期的同事刘豢龙，终身对刘永济执弟子礼的程千帆，胞弟刘永湘，都与刘永济多有唱酬。在20世纪40年代的武汉大学同事中，较多见于《诵帚盦词》的有陈登恪等人。比如这样一些词作：《江城子》（六月廿六日偕家人放棹至柿湾，访登恪八兄草堂。饭后坐邬保良兄岩下屋，凉既宜人，顿忘炎暑，曛黑始归），1940年作；《鹧鸪天》（听登恪话西湖匡庐之胜），1946年作；《临江仙》（今夏，余与登恪有匡庐避暑之约，因循未往，而登恪归来为语劫后灵山，感而成咏），1947年作。陈登恪（1897—1974）是陈三立的第八子，陈寅恪的弟弟。这些词作，在情感

① 胡适：《逼上梁山——文学革命的开始》，《四十自述》，合肥：安徽教育出版社，2006年，第100页。

交流之外，还兼有日记的功能，依时序排列，便是一份年谱。如果要了解民国学人之间的朋友关系和家庭交往，这些词作无疑比所有的宏大叙事都来得真切有味。程千帆曾因此深发感喟说："到南京快二十年了，有关系密切或疏远的同事，但没有朋友。家庭之间都很少来往。这种社会风气，不是一个开放向上的社会所有的。（程师讲这话时，神情有些黯然）"①

从1924年到1966年，刘永济与夫人黄惠君相濡以沫数十年。现存的刘永济写给黄惠君的词，就是这种经历的印证和纪念，例如《临江仙》（北发寄内子惠君），《鹧鸪天》（沪上再寄惠君），1924年作；《满江红》（入关寓居北平，避日寇也。赁庑愁坐，示内子惠君），1931年作；《庆春宫》（长武车中晨起有作，寄惠君长沙），《玉楼春》（不寐有作，寄惠君），1938年作；《点绛唇》（违难宜山，暂留浙江大学。移居宜山燕山村舍，示内子惠君），1939年作；《鹧鸪天》（回武汉大学，寓居乐山城外竹公溪上。惠君巡檐，见田家缚豆架，凄然顾余曰："豆架又成矣。"盖念去秋来居时，方除架也），《西江月》（病余日课小词，惠君嘲我如蚕吐丝，赋此为解），1940年作；《采桑子》（雨坐示惠君），1941年作；《浣溪沙》（戊寅春夏间，予再至珞伽山，独居易简斋。时江淮战事方亟，人情汹汹，触物兴怀，辄以此调写寄惠君长沙。今稿已全佚，追惟当时情景，有不能忘者，补成六阕，亦庾兰成所谓去故之悲也），1942年作；《临江仙》（惠君携两儿归长沙，寄泊无所，书此慰之），1948年作；《玉楼春》（寒窗独坐，偶忆昔年"思量百计不如归"旧句，写此寄惠君），《鹧鸪天》（夏凉偶成示惠君），1949年作。1948年所作《临江仙》（惠君携两儿归长沙，寄泊无所，书此慰之）有云：

> 二十年来尘影，而今回忆都难。天崩地坼海涛翻。与君俱过劫，何遇不心安。

---

① 蒋寅、巩本栋、张伯伟记：《书绅杂录》，程千帆述，张伯伟编：《程千帆全集》第15卷《桑榆忆往》，石家庄：河北教育出版社，2000年，第133页。

我愧山公豪纵，君如陶令贞艰。差池无处寄修椽。蓬蒿三亩宅，难似得江山。

“我愧山公豪纵，君如陶令贞艰”二句有刘永济自注：“渊明与子书曰：我年过五十，性刚才拙，与物多忤，自量为己，必贻俗患，僶俛辞事，使汝幼而饥寒。惠君见余贫困，思自力就业，助我赡家。然君昔长女校，即以性刚忤物罢，今年已五十，又值世变，故举渊明语劝慰之。”1948 年是一个风急云飞的年份，刘永济和他的一家，在对未来的不确定性的疑虑中，还面对着日常生活的衣食之忧。夫妇二人相互慰勉，相互支撑，那种亲人之间的情分，在这首词里体现得朴实而厚重。刘永济写给黄惠君的词，是一对夫妇相互扶助的词史，也是其家庭生活的词史，还折射出了他们所经历的社会和时代。

三、刘永济的词风近于吴文英、姜夔

刘永济曾说：“词至南宋，作家于情思之外，兼重敷藻之功，于是修辞之技亦在所精研。吾辈但观其是否与情思相发，是否犯曲、滞、晦之忌而已。前人毁誉，自别有故。大抵意在救时弊者，立言或不免有偏宕之处，亦不可不细辨也。”① “按词至南宋，姜、史、张、王，弥极工丽，法度既密，而能运用不滞，是为词学成熟之时。五代则奇花初胎，北宋则红紫烂漫也。观其时序，殆与其他文艺同一途辙。近人有诋南宋诸公为词家匠石者，可谓失言。”② 所谓“大抵意在救时弊者，立言或不免有偏宕之处”，指的是王国维③。而“近人有诋南宋诸公为词家匠

① 刘永济：《词论　宋词声律探源大纲》，北京：中华书局，2010 年，第 116 页。

② 同上书，第 86 页。

③ 如刘永济所说：“大抵古人立言，多在救时弊。南宋之末，词尚雕绘，故玉田非之以质实。明季词多浮采，故竹垞救之以清空。浙中诸子之弊也，故有止庵、蕙风之论。而静安之言，又为近世词学梦窗者之药石也。”见刘永济《词论　宋词声律探源大纲》，北京：中华书局，2010 年，第 51—52 页。

石者”之“近人”，则指胡适①。

王国维《人间词话》断言，衡量境界高下的核心尺度在于“隔”还是“不隔”，而南宋词人吴文英等所讲求的“敷藻之功”“修辞之技”如“用事”“代字”之法乃是造成词境之“隔”的病根所在。王国维关于隔与不隔的阐发，确立了一种评价标准，即重白描而轻“色泽”；即使用典和用代字，也要用那些含义明白易懂的典故和字句。王国维的这一标准，如朱光潜《诗论》所说，确有可商榷处。盖诗原有偏于隐和偏于显的两种。写景诗宜显，言情诗所托之景虽仍宜于显，但所寓之情则宜于隐。写景隐则流于晦，写情显则流于浅。王国维只看到显的必要，却没有看到隐也有隐的妙处。② 只是，王国维的议论虽属偏见，却是一个在学界占主导地位的偏见。

1927 年出版的胡适《词选》，对吴文英等人的否定，力度更大。胡适《词选》将唐五代两宋词划分为三个阶段：歌者的词；诗人的词；词匠的词。苏轼之前，是教坊乐工和青楼妓女歌唱的词；从苏轼到辛弃疾、刘克庄，是诗人的词，是一种新体的诗，可以怀古，可以悼亡，可以谈禅，可以说理，可以发议论，词人的个性得到了表达；姜夔以后，直到宋末元初，是词匠的词，姜夔、史达祖、吴文英、张炎的词多属于这一类，可取的不多。王国维还只是强调白描的重要性，胡适更以是否如说话一样浅显明白为尺度，对吴文英词和晚清仿效吴文英的词，指斥更为严厉：“《梦窗四稿》中的词几乎无一首不是梦窗靠古典与套语堆砌起来的。……近年的词人多中梦窗之毒，没有情感，没有意境，只在套语和古典中讨生活。”③ 胡适的影响，也超过了王国维，如龙榆生所说：“自胡适之先生《词选》出，而中等学校学生，始稍稍注意于词；学校

① 胡适之论，见于其 1927 年出版的《词选》，详见后文。

② 朱光潜：《诗论》，武汉：武汉大学出版社，2008 年，第 42 页。

③ 胡适：《词选小传》，《胡适文集》第 5 册《古典文学研究（上）》，北京：人民文学出版社，1998 年，第 166—167 页。

中之教授词学者，亦几全奉此书为圭臬；其权威之大，殆驾任何词选而上之。”① 到了20世纪50年代末60年代初，文学史教学已习惯于将吴文英视为形式主义或反现实主义的代表人物。

在王国维、胡适的影响如日中天之时，刘永济依然谨守常州词派的理念。他不满于王国维和胡适对“南宋诸公”的指斥，表明了他对吴文英、姜夔等南宋词家的倾慕。这样一种立场的持守，既是刘永济的师承使然，也是他的文化关切使然。而他的个人情性，亦由此可见。如其挚友席鲁思所说：“予友刘君诵帚适遘斯会，少时受词法于朱、况两先生，由是以名其家，而涉词以教于上庠者垂三十年。论词则一主况先生，而条理之加密，校古词集尤勤，又尝创定律谱，其学深而功至，故发于章阕，能撷古人之菁英，顾规橅一家，意非所屑，不追时好。为梦窗词，而往往似白石，意其胸襟性情或近之欤？”②

从刘永济的词来看，他确曾写过若干首与苏、辛词风相近的作品，如1924年写的四首《金缕曲》：《金缕曲》（和豢龙与奇甫夜谈，感赋原韵）、《金缕曲》（再酬豢龙）、《金缕曲》（和豢龙元日喜雪，再叠前韵）、《金缕曲》（戏效欧苏禁体，四叠前韵，酬豢龙元日喜雪），尤其是1931年11月18日，即九一八事变满两个月那天，他写的《满江红》（东北学生军军歌），感慨淋漓，直逼苏、辛。但这种风格的词，在刘词中比例不大，也不足以代表其成就。刘永济词的主导风格是含蓄深隐，与吴文英、姜夔的词风颇为接近。如《三部乐》（癸未中秋）：

霓节行空，映万顷玉烟，伫寒凝白。素辉多处，知在谁家瑶席。有人正、伤别伤秋，剩趁歌伴酒，翠鬟偷泣。甚时说与，雁断鱼沉消息。

① 龙榆生《论贺方回词质胡适之先生》，1936年9月刊于《词学季刊》第3卷第3号，参见龙榆生《龙榆生词学论文集》，上海：上海古籍出版社，1997年，第304页。

② 席鲁思：《〈诵帚庵词两卷〉序》，刘永济：《诵帚词集 云巢诗存：附年谱 传略》，北京：中华书局，2010年，第129页。

寻思十年梦影，够教人瘦损，教人凄恻。那堪羽裳曲改，银桥尘隔。莽天涯，冷蓬乱荻，都不是、瀛壶旧色。悲调漫擫，残枝外、何限惊翮。

刘永济的弟子、已故武汉大学教授胡国瑞曾在《读〈刘永济词集〉》一文中就这首词作过解说："刘先生曾将此词寄给我，并于信中表明说：'近作中秋词《三部乐》一首……前半所谓伤别伤秋之人，非泛泛闺情语，近见某杂志载伪汪题自画山羊一诗，婉转哀鸣，知其中心甚苦而书之。至雁断鱼沉之言，则指西南太平洋作战讯也。'这词写于1943年中秋节，这年美军已在南太平洋逐岛反攻，日军战争形势很不利，作为日本庇护下的傀儡汪精卫，尽管与主子勉力周旋，然主子意图难测，自己命运难料，内心当不免有许多矛盾感伤的。本词调名下标题为'癸未中秋'，乃因玩赏中秋月色而起兴。开始二句展出一幅秋月良宵下的美景，'素辉'二句推想到今宵谁在月下尽情宴乐，因为在此严重的国难期间，不以国家忧患置怀的人才会应节赏乐的，'知在谁家'言外多少感慨！'有人正'以下更纵开情思，由杂志上见到的消息想到托身敌人卵翼下的伪汪，当此良宵，也当有无限苦恼的。这五句全用比兴手法，以女性的忧疑感伤情怀比喻地形容伪汪当时的处境和心情。'趁歌伴酒'是歌妓娱人的生活，尽管是那样陪人欢笑，但仍是'翠鬟偷泣'，背人垂泪，把伪汪当时的情态形容得可谓尽致。'甚时'二句的涵义，包含了伪汪对其日本主子的种种猜疑。'雁断鱼沉'旧常用作书信断绝之意，这里还绾合有军事内容，这时日本在美军反攻中飞机和战舰的损失是很严重的，伪汪这时对日本不向他吐露战争前途的真实自然要感到担心。下半阕则是作者抒发自己今宵的感慨：想到过去，无限悲伤，更念到祖国沦陷的大地，都是一片荒凉惨黯，自己仅于流离惊定之余，漫作悲吟耳。本词非常深沉地抒发了作者在丧乱中的身世之感，词的风格清空冷隽，又酷类姜白石。刘先生在信中谈到本词的音节说：'此调"悲调漫擫"四字中，调、漫两用去，徐吟之觉其顿挫极好，大抵缘其上音节紧急，至此故顿之，以便收场耳。’信的前面曾说：‘此调极苦涩，而于抑塞之情为宜，拙作于上去入三声悉依清真、梦窗为之。’可见先生作词，对于依情选调及倚声，是极为精细严密的。”①

《三部乐》这一类的词，代表了刘永济词的建树。就这些词所蕴含的意义而言，确乎当得起词史之称，而其表达方式则可能引发部分读者的疑问。“这些具有重要意义的感情，何不径直抒出，使人易于了然，何必如此蕴蓄隐秘呢?”胡国瑞教授所提供的答案是：“其中有个重要的艺术思想问题。作为一个真正的艺术家，他以其独具的匠心，抒写其独有的灵感时，他但求造诣精微，称适其艺术理想，而是不遑计及其他的。王半塘认为填词不必考虑人知与不知，‘固以可解不可解所谓烟水迷离之致为上乘’（《蕙风词话》卷一）。以最精妙的手腕，抒写不能自已的真情实感，而无所外求，才是最真纯的艺术态度。而且读者的水平，也会随着对作品的钻研而提高的。”② 这一答案，应当比较切合刘永济的艺术理念。

实际上，以香草美人的手法寄托厚重感情，乃是词的写作中极为常见的现象。比如，沈祖棻作于抗战期间的《浣溪沙》十首，第一首云：

> 兰絮三生证果因，冥冥东海乍扬尘。龙鸾交扇拥天人。
> 月里山河连夜缺，云中环佩几回闻。蓼香一掬伫千春。

程千帆笺曰：“此第一首，谓中华民族反对日本帝国主义侵略之正义战争终于爆发，希望长期抗战，终能转败为胜也。兰絮句谓中日关系自1894年中日战争以后，日益恶化，此次抗战自有其历史因果。东海句谓日寇入侵。龙鸾句谓全国一致拥护宣称坚决抗战到底之蒋介石也。月里句谓日寇不断深入，云中句谓反攻渺无消息。蓼香句即前《临江仙》

① 胡国瑞：《读〈刘永济词集〉》，武汉大学文学院编：《胡国瑞先生九十寿辰学术纪念文集》，武汉：武汉大学出版社，1999年，第242—243页。

② 同上书，第243—244页。

第四首之‘消尽蓼香留月小，苦辛相待千春’之意。”[①] 与刘永济《三部乐》比较，可以看出，两者都用了比兴寄托的手法。刘永济用比兴寄托，不难理解，因为他本是宗奉常州词学的，比兴寄托乃常州词学的精义所在；而沈祖棻则曾对常州词派用比兴寄托释温庭筠词表示并不认同，或者说，她并非常州词学的宗奉者，那她何以又热心于用比兴寄托的手法作词呢？这一事实表明，当一个词人用词这种体裁来写国族感情或其他具有重要意义的感情时，无论他是否宗奉常州词派，都极有可能以比兴寄托为之。盖以诗为词的苏、辛一脉，自可直抒胸臆；而以词为词的词家，倘若既要保持婉约的风范，又要表达厚重的社会人生情感，比兴寄托手法正可派上用场。

四、《诵帚盦词》的编订与刊行

1949 年，刘永济首次编录《诵帚盦词》，分为三集：“曰语寒，曰惊燕，曰知秋，共二百有余阕。”[②] 这是一段历史和人生的小结，也是一个特殊的纪念仪式。1957 年，七十岁的刘永济再度编录《诵帚盦词》，在原有的《语寒》《惊燕》《知秋》三集之外，增加了 1949 年后所作的二十余阕，曰《翠尾集》。1959 年 10 月，又选择了 1957 年后所作的几首补入其中，并作《录稿后记》。

1963 年，刘永济欲自费刊印《诵帚盦词》以“存数十年之踪迹”，请武汉大学代为印刷。他之所以动这个念头，一是因为年事已高，他希望在有生之年看到《诵帚盦词》的印本而不只是看到手稿；二是因为刘永济对党和国家的文化政策已心怀敬慕：他原以为必须舍弃的中国古典文学研究，居然另有一番欣欣向荣的气象，其屈赋研究、《文心雕龙》研究、词学研究的活力不仅没有减弱，甚至超越了他执掌武汉大学文学

① 沈祖棻著，程千帆笺：《涉江诗词集》，石家庄：河北教育出版社，2000 年，第 41 页。

② 刘永济：《诵帚盦词·录稿后记》，《诵帚词集 云巢诗存：附年谱 传略》，北京：中华书局，2010 年，第 132 页。

院的20世纪40年代。1961年后，刘永济作为古典文学研究的权威，更加受到党和政府的尊重。1961年12月，中共中央中南局起草了《关于中南地区高级知识分子座谈会议情况的报告》，建议“在当前困难时期”“保护少数高级知识分子”，“对于极少数的学者专家，如武汉大学的刘永济，中山大学的陈寅恪等，其全部生活问题的解决，由各省委直接负责”①。在这种背景下，刘永济确信，刊印《诵帚盦词》正当其时。

只是，这一次刘永济的判断是错的。历史上的1964年正处于一个时间节点，即“文革”前夕，山雨欲来，极左的氛围再次迅速弥漫开来。武汉大学委派专人审查《诵帚盦词》，将之定性为“寄托”了“反动阶级的政治感情”②。这一定性导致了刘永济在“文革”中含冤而死。1979年5月，武汉大学为刘永济平反。1980年10月，《诵帚盦词》由武汉大学印刷厂影印问世。1984年2月，《刘永济词集》由湖南人民出版社出版。2010年中华书局版《刘永济集》收入《诵帚词集》两卷。

2001年12月，安徽省社会科学院研究员刘梦芙撰《五四以来词坛点将录》，推刘永济为“马军五虎将之首，天勇星大刀关胜”：

> 弘度先生少时问词法于彊村、蕙风，掌教上庠四十余年，治《楚辞》、《文心雕龙》、唐诗以外，深研词学……诵帚盦令词似冯延巳、小晏；长调出入东坡、清真、白石、梦窗之间，豪婉相容，众美俱备。最具鲜明特色者，词中多化用屈子楚骚之语意，借美人香草以寓坚贞悱恻之怀，琢句精工，造景幽邃，一唱三叹，荡气回肠。作于抗战期间及国共内战中佳制特多，忧邦国之危亡，痛英烈之死难，于当局之腐败，又极富批判意识，词人风骨，拔萃超伦。“文革”祸起，遭围攻批斗，遂致病危不治，一代人师，山崩木坏，

① 《关于中南地区高级知识分子座谈会议情况的报告》，武汉大学档案馆藏，档号2MLI-XZ11-589-1。

② 《对刘永济〈诵帚盦词〉的意见》，参见《本校党委1964年审查刘永济〈诵帚盦词〉的情况报告》附录，武汉大学档案馆藏，档号4-1964-XZ11-047。

痛哉！①

刘梦芙以“马军五虎将之首，天勇星大刀关胜”比拟刘永济在“五四以来词坛”的地位，大体上是妥当的。刘永济地下有知，也许会因为这“身后名”而感到欣慰吧。

第二节　古典文学专家刘永济

在词人的身份之外，最近数十年间，刘永济尤以古典文学专家知名于世。

一、刘永济的屈赋研究

刘永济所说的屈赋，今人多称楚辞或屈骚。从辨体的角度看，屈原所作乃诗人之赋，属于诗的范畴，汉人所作乃辞人之赋，介于诗文之间，两者的文类差异是鲜明的；从溯源的角度看，屈原之作源于六艺之赋，而屈宋之作又为汉赋之祖，所以，称屈原的作品为屈赋，也有充足的学理依据。对于这两层脉络，刘永济《文心雕龙校释》卷上《诠赋第八》有清晰而准确的分疏，并不偏执一端。

刘永济在武汉大学执教30余年，屈赋研究是其常设课之一。主要成果有《屈赋通笺》《笺屈馀义》《屈赋音注详解》《屈赋释词》。《屈赋通笺》初稿写于1932年，1953年写定。每篇都分解题、正字、审音、通训和评文五项，加以考究。其有关全书总义有待商榷者，则别为《笺屈馀义》19篇。二书由人民文学出版社于1961年合为一册出版。《音注详解屈赋定本》是刘永济根据《屈赋通笺》中所作的结论写成，1959年改定，易名《屈赋音注详解》。《屈赋释词》卷上释虚词，卷中释词

① 刘梦芙：《二十世纪名家词述评》，合肥：安徽文艺出版社，2006年，第332—333页。

汇，卷下释句例，1983 年附于《屈赋音注详解》由上海古籍出版社出版。上述四种著作均有中华书局 2010 年版。

就路径的选择而言，刘永济兼顾“义理、考据、辞章三途”①。在义理方面，刘永济以知人论世作为基本的研究方法，提出了三个意味深长的判断：屈原名下的作品出自屈子“一家”之手而非屈原一人之手，不过，即使是那些屈原追随者所做的屈赋，也是揣摩屈原的心理状态和生存状态而写出来的；屈原是一个有着特殊的楚国贵族身份的诗人，他具有强烈的家族血缘意识，视自己的宗族和楚国为一体；《九歌》兼有客观叙事与主观抒情两面。这三个判断表明，刘永济的知人论世，与特定意义上的“传记式和政治性解读”不同，与西方汉学对屈原历史真实性的否定不同，而旨在揭示与屈原相关的“有性格的事实”②。屈原那种高自期许的宗国情怀和不避偏激的“楚狂”风采，正是屈原独特的魅力所在。

刘永济的屈赋考据，包括两种类型。第一类偏于人文性的阐发，常常并无铁证，如关于屈赋作品的认定和部分字句的改动，一方面对读者多有启迪，另一方面也不时招致商榷；第二类则以科学性见长，包括屈赋的审音、训诂、语法研究等内容，他的几个主要成果，如《屈赋通笺》各卷的“正字”“审音”“通训”各节，以及《屈赋音注详解》《屈赋释词》两部专书，集中显示了他在考据和语言学方面的深厚造诣。其屈赋研究得到闻一多、游国恩等大家的激赏，主要是在第二个方面。

在刘永济看来，屈原之“自铸伟辞”主要包括两个层面：楚国“固有文化”为屈原创作“伟辞”奠定了丰厚基础；屈原所铸“伟辞”为中国文学树立了新的坐标。刘永济论屈原所读之书“有出于孔子删定之外者”并由此透视涵育了屈原的社会风尚、文化氛围，论屈赋所开创的新

---

① 刘永济：《屈赋通笺：附笺屈馀义》，北京：中华书局，2010 年，第 295 页。

② 如德国哲学家恩斯特·卡西尔所说：“一切历史事实都是有性格的事实，因为在历史中——不管是在民族的历史还是个人的历史中——我们都绝不会只研究单纯的行为和行动。在这些行为中我们看到的是性格的表现。”见［德］恩斯特·卡西尔《人论》，甘阳译，上海：上海译文出版社，1985 年，第 249 页。

的抒情境界及其景物描写的文学史意义和多样化风格，拓展了屈赋研究的视野。

刘永济的屈赋研究始于抗日救亡的特殊年代，与寄托民族情感密切相关。他对屈原其人及其时代保持了持续不已的关注，从早年《屈赋通笺》卷首《绪论》的《屈子时事第四》，到中期的《作骚之时》，再到1951年的《伟大的爱国诗人——屈原》，他对屈原性格和屈原所处时代的天下大势，用不同的行文方式反复加以阐释。之所以如此关注，除了学理上的依据外，更由于他对屈原人生境界的向往和敬佩。以今人的后见之明来做评估，也许可以认为，刘永济对“屈原生平与时代”的关注，有时不免求之过深，虽努力求取真相，但达到目的的可能性极小。

二、刘永济的《文心雕龙》研究

黄侃《文心雕龙札记》、范文澜《文心雕龙注》、刘永济《文心雕龙校释》和杨明照《文心雕龙校注拾遗》一向并称为20世纪“龙学”的四大奠基之作，享有崇高的学术地位，1991年台湾文史出版社出版的王更生注译《文心雕龙读本》、1995年上海书店出版社出版的杨明照主编《文心雕龙学综览》、2001年云南大学出版社出版的张文勋《文心雕龙研究史》、2005年辽宁人民出版社出版的刘跃进主编《中国古代文学通论·魏晋南北朝卷》、2012年武汉大学出版社出版的李建中主编《龙学档案》等学术史著作，都对《文心雕龙校释》在古代文论领域的学术史地位给予了高度评估。罗立乾甚至认为：只有黄侃的《文心雕龙札记》、范文澜的《文心雕龙注》、刘永济的《文心雕龙校释》“才称得上是对《文心雕龙》既作实证研究又作理论研究的经典之作”，“而在这三部经典之作中，尤以刘永济《校释》对刘勰文论思想作出的理论研究，最为突出”。[①] 遗憾的是这些著作都对《文心雕龙校释》的文学史特性缺少应有的关注。

---

① 罗立乾：《也谈百年龙学要有新的重大突破》，《长江学术》2011年第2期，第74页。

刘永济是武汉大学开设“汉魏六朝文”课程的第一人。他为《国立武汉大学一览》撰写的介绍有云：“本课详述汉魏六朝文体之流变，诠品当时作家之异同。论理以《文心雕龙》为主，而参以他家之评骘；选文以彦和所标举者为本，而补以《文心》所未及，俾诸生得欣赏其艺术，而抉择其高下。”① 所谓“论理以《文心雕龙》为主，而参以他家之评骘”，即《文心雕龙校释》，约12万字；所谓“选文以彦和所标举者为本，而补以《文心》所未及”，即《文心雕龙征引文录》，约28万字。《文心雕龙校释》自1935年起，多次由武汉大学出版部印行，1948年10月由正中书局出版。1957年，正中书局又在台湾印行新一版。1962年中华书局上海编辑所修订再版。2010年中华书局版《刘永济集》收入。《文心雕龙征引文录》自1933年起多次由武汉大学出版部印行，2010年附于中华书局版《文心雕龙校释》一并刊行。《文心雕龙校释》和《文心雕龙征引文录》都是刘永济讲授汉魏六朝文学的教材，属于断代文学史，这一事实显示了《文心雕龙校释》的文学史特性。

如果将刘永济《文心雕龙校释》与黄侃《文心雕龙札记》加以比较，对《文心雕龙校释》的文学史特性可以有更清晰的体认。虽然两者都以《文心雕龙》为研究对象，但《文心雕龙札记》是民国初年《文选》派和桐城派纷争的产物，宗旨在于阐发骈文理论，故对于《文心雕龙》的文体论部分，黄侃较为轻视，其论《文心雕龙》之上篇，《祝盟》《铭箴》《诔碑》《哀吊》《杂文》《谐讔》《史传》《诸子》《论说》《诏策》《檄移》《封禅》《章表》《奏启》等十四篇概从省略，不予置评。黄侃之所以选择这种处理方式，盖因《神思》至《物色》各篇，正好为他提供了阐发骈文理论的平台，足供发挥，而辨章文体的各篇，注重具体的文体法度的说明、文体源流的梳理和各体范文的确定，发挥骈文理论的空间不大。而刘永济则立足于魏、晋、六朝文学教学之需，致力于文学史的建构，对《文心雕龙》中为黄侃所忽略的篇目，一一作了校释。刘永

① 国立武汉大学编印：《国立武汉大学一览》，武汉：国立武汉大学，1933年，第16页。

济还编纂了容量极大的《文心雕龙征引文录》，旨在以作家作品来配合文学史线索的清理。

对“风会”的考察是刘永济文学史建构的重中之重。例如关于汉赋的源流正变，关于五言诗的肇兴，关于汉魏议论文之极盛，关于建安风骨的形成，关于东汉以降子书之繁荣，《文心雕龙校释》均致力于揭示“风会”与社会变迁之间的关联，丰富了文学史研究的内涵。在此基础上，他还讨论了“风会”与文体兴衰、作家个性之间的关联，确立了兼顾时代、作家和文体的文学史体例，他对各类文体的职能和规范的揭示、对各体代表作的分析均从属于文学史建构的需要。其尝试至今仍有很高的参考价值。可以有把握地说：以文学史眼光读《文心雕龙校释》，而不是仅仅视之为文论著作或文体学著作，可以对这部名著的深湛之处有更多发明；而今人在撰写文学史时，尤其是在撰写隋唐以前的文学史时，倘能适度吸取《文心雕龙校释》的成果，无疑有助于内容的丰富和品质的提升。

三、刘永济的词学研究

刘永济词学研究的主要成果有《词论》《宋词声律探源大纲》《唐五代两宋词简析》《微睇室说词》。《词论》在民国年间曾由武汉大学印行，流传不广，今已罕见。1981 年 3 月，上海古籍出版社根据武汉大学印行本及后来刘永济在书眉上所作补充，重加整理出版。《宋词声律探源大纲》现存刘永济手稿，中华书局 2010 年据以整理出版。《唐五代两宋词简析》有上海古籍出版社 1981 年版，《微睇室说词》是其晚年讲稿，有上海古籍出版社 1987 年版。上述四种均有中华书局 2010 年版。

刘永济的词学研究，聚焦于三个方面：论“填词之事”，代表作为《词论》《宋词声律探源大纲》；词史研究，代表作为《唐五代两宋词简析》；唐宋婉约词细读，尤其是吴文英词的细读，代表作为《微睇室说词》。

刘永济论“填词之事”，重心在词调、声韵、歌辞。词调就是词的腔调。词人作词必须选用词调或创制词调，所以作词又叫倚声填词。刘永济之所以反复申说“一调有一调之声情”，旨在匡正将词视为“诗之新体”的说法。而声韵介于宫调与歌辞之间，严守声律，不但可借以保存词调，而且可进而研究唱法，故朱祖谋、况周颐皆极为重视声律，刘永济对声律的重视是这一传统的延伸。“歌辞”即歌词，这是填词的第三个要素。《词论》卷下《作法》，专论歌辞作法，包括“总术”“取径”“赋情”“体物”“结构”“声采”六项。刘永济之所以关注词调、声韵、歌辞，与其作为词人的填词生涯息息相关，也与其教人作词的着眼点有关。但就其理论意义而言，又不限于填词，而是词体研究的重要成果，“实已建构起一个相当完整的词学理论体系”①。

刘永济的词史研究，主要包括唐五代两宋词流派的划分和唐五代两宋词不同发展阶段的划分与评价，其论述时有卓见，尤其是对吴文英词史地位的评价，在20世纪的大陆学界独树一帜。

20世纪的中国文学史书写，是伴随着新的审美风尚的盛行而展开的，吴文英一路词人因其不合时宜而受到了前所未有的贬抑。刘永济则因其特殊的习词和研词经历，始终对吴文英词保持了高度的敬仰。其《词论》卷下曾将吴文英与苏、辛相提并论：“苏、辛之难及者，词外之性情、学问也；梦窗之难及者，词内之清气、魄力也。”② 吴文英的文学史地位，在刘永济眼里是与苏、辛并列的。20世纪60年代他专门开课讲吴文英词，正是为了重申这一学术评价。他穿插于《微睇室说词》中的那些类似于总论的话，尤其显示了他心目中吴文英的崇高地位。

刘永济的唐宋婉约词细读，其代表作是《微睇室说词》，主体是对吴文英词的细读。刘永济之所以偏重吴文英词，既是因为他上承常州词派的统绪，对吴文英词的文学史地位有大不同于主流学术的看法，也是由于，在数十年的研词生涯和填词生涯中，吴文英词已经与其艺术生命

---

① 程千帆、巩本栋：《刘永济先生的词学研究》，南京大学古典文献研究所编：《古典文献研究》第5辑，南京：江苏古籍出版社，2002年，第24—25页。

② 刘永济：《词论 宋词声律探源大纲》，北京：中华书局，2010年，第70页。

融为一体。1940 年，时年 53 岁的刘永济，曾作《减字木兰花》二首。其小序云："岷沫二水汇合处，陡起一峰，林壑幽美，步磴周曲，曳杖其间，如入梦窗翁词境中也。"① 刘永济以山水景物比拟吴文英词境，可见他沉浸于梦窗词中，读的已不是词句，而是词句所展示出的意境。考察刘永济对吴文英词的细读，不应忽略了长存于其心灵中的这一境界。如果以为刘永济看重吴文英词主要是着眼于技巧，就不免走眼。他看重的首先是其真切的情感世界和真切的艺术感觉。

四、刘永济的其他研究领域

刘永济最早出版的学术著作《文学论》，是 20 世纪初叶具有开拓性意义的现代意义的文学理论著述。

对《文学论》的考察可以从三个方面着眼。从文化视野看，刘永济主张中西文化融合，故以"参稽外籍""比附旧说"作为著述方略。从文学史视野看，刘永济虽然承认"感化之文""学识之文"都可以纳入文学之中，但更为重视"感化之文"。从文学批评史视野看，《文学论》已初步确立中国文学批评史的核心理念与格局，对郭绍虞产生过直接影响。刘永济在中国古代学术资源的现代转化方面所做的探索至今仍有其启示意义，而在中国文学批评史领域的开创者地位尤其值得大书一笔。

1925 年 4 月，刘永济在《学衡》第 40 期发表的《说部流别》，是他唯一有系统的小说研究著述。其特色是：尊重不同类型小说的特点，用不同的标准加以衡估。比如，对于"两汉六朝杂记小说""唐代短篇小说"和"宋元以来章回小说"，他分别借鉴了班固、纪昀所倡立的子部小说尺度、洪迈等人"唐人小说""与诗律同称一代之奇"的视角以及耐得翁、郎瑛以来诸多通俗小说行家的理论。刘永济不盲从一家，不拘泥一隅，表现出一个现代学者的通达和气度。而他丰厚的学术积累和

---

① 刘永济：《诵帚词集　云巢诗存：附年谱　传略》，北京：中华书局，2010 年，第 52 页。

对于中国古代各种文体的深入研究，也有助于他对小说作品做出睿智的评鉴。

《十四朝文学要略》原为刘永济在东北大学任教期间（1927—1932）的讲义，1928 年 9 月至 1929 年 9 月以《中国文学史纲要》之名在《学衡》第 65 期、68 期、71 期连载，1945 年中国文化服务社结集出版，更为今名。《十四朝文学要略》的文学史理念，刘永济在“叙论”中表述为四纲、经纬、三准、三训，对文学史的论述对象，文学体制、类别的流变及相互之间的关系，文学发展的阶段，流派意识、流派要素、流派得失，文学的表现手段和表现内容，文学作品与社会生活的关系，作者和读者的关系等内容，均有讨论，构成了一个颇为严整的体系。《十四朝文学要略》与 20 世纪主流文学史的视野之异，主要体现在三个方面：对民间文学在文学史进程中的作用、对外来影响在文学史进程中的作用、对汉赋和骈文等中国文学中的特有文体的文学史地位，刘永济均有其富于个性的评估和叙述。

《唐人绝句精华》编选于 1959 年至 1963 年间，而与其早年在东北大学所撰讲义《唐乐府史纲要》颇有渊源关系，人民文学出版社 1981 年出版，此后多次重印。就学术宗旨而言，刘永济认为，清代王士祯的神韵说是政治高压时代的产物，王士祯所编选的《唐人万首绝句选》过求空灵，过矜修饰，回避人间疮痍，有其不必讳言的短处，《唐人绝句精华》就是为了弥补其不足而编选的。其贡献主要在三个方面：刘永济对清代神韵说在诗学发展脉络中的地位及诗学背后的社会人生境况做了言简意赅地阐释；所选唐人绝句兼顾了具有神韵美感的诗和虽不符合神韵旨趣但却有其独特长处的作品，例如杜甫、杜荀鹤的诸多绝句；刘永济的“释”即作品解读既长于知人论世，又长于掘发文心。其注释简明准确，也是一个显著优点。

刘永济的曲学研究，始于 1932 年在武汉大学开设“戏曲”课程，其主要成果包括《宋代歌舞剧曲录要》，上海古典文学出版社 1957 年出版；《元人散曲选》，上海古籍出版社1981年出版①。这两种书均有中华书局2010年版。另有讲义《戏曲志》《古戏曲存》。《古戏曲存》曾于1934年、1939年由国立武汉大学出版部印行。《戏曲志》已列入2014年度国家社科基金后期资助项目，由刘敦纲负责整理，即将由湖北人民出版社出版。

刘永济的戏曲研究，和同时代的王国维、吴梅一样，始终以曲学为中心，体现了鲜明的“民国范式”。其《宋代歌舞剧曲录要》聚焦于歌词，而对歌词的考察又集中于三个方面：歌词的唱法；歌词是否能够表现完整的故事；歌词是叙事体还是代言体，展现了清晰的戏曲史视野。《元人散曲选》是刘永济散曲研究的主要成果，其特点是从“风会”入手，在与诗词的对比中，准确揭示了散曲的文类特征及其形成原因，具有显而易见的文学史意义。

第三节　现代学术史上的刘永济

行文至此，刘永济在现代中国学术史上的形象，已逐渐呈现出清晰的轮廓。兹就其三个主要侧面略加勾勒。

一、一个“不合时宜”的文化保守主义者

刘永济的“不合时宜”，与他执着坚守文化保守主义立场密切相关。

1942年，朱光潜写过一篇《五四运动的意义和影响》，一方面从正面评价了五四唤起民众、救亡图存、促进思想解放的作用，另一方面也对五四的狂热性、破坏性不太认同。“五四发生时，他在香港大学念书，明确对五四破坏旧文学表示不理解。他用了一个很准确的比喻描述当时心理：就像一个珍藏了很多旧钞的人，一夜之间，被宣布他所有的钞

① 刘永济所著《元人散曲序论》，曾于1935年由国立武汉大学出版部印行，1936年以《元人散曲选序论》为题刊于《文哲季刊》第5卷第2号。

票都成了废钞。对于朱光潜这样从小饱读诗书的人，这真的是一件很痛苦的事情。尽管他后来也接受了新文学，但是毕竟这种失去财富的心理创伤是很深的，何况他内心深处从未真正承认古典文学就真的是一堆废钞了”①。刘永济对传统儒家的眷怀与信仰，其背后的心理因素与朱光潜有某种相近之处，但刘永济后来的执着与固守，表明他与朱光潜确有不同。朱光潜尽管留恋文言，却逐渐习惯了用白话写作，甚至他影响最大的学术领域也是西方美学。朱光潜明了自己的“不合时宜”，因而努力合于时宜。刘永济则明知自己“不合时宜”，却绝不为了“合时宜”而勉强自己。

比如，刘永济的《十四朝文学要略》，就刻意采用了传统的语言形式和体例，以显示与胡适等人竞争的文化姿态。

1928年，胡适在新月书店出版了他的《白话文学史》上卷。胡适认白话文学为文学史的正宗，在宣判文言这种语言形式的死刑时，理直气壮地否定了汉赋、六朝骈文、律诗和韩柳古文，也否定了与这几种文体相伴随的修辞手段和修辞风格。譬如他说：“沈约、王融的声律论却在文学史上发生了不少恶影响。后来所谓律诗只是遵守这种格律的诗。骈偶之文也因此而更趋向严格的机械化。我们要知道文化史上自有这种怪事。往往古人走错了一条路，后人也会将错就错，推波助澜，继续走那条错路。譬如缠小脚本是一件最丑恶又最不人道的事，然而居然有人模仿，有人提倡，到一千年之久。骈文与律诗正是同等的怪现状。”②汉赋、六朝骈文、律诗和韩柳古文是传统集部的主体部分，刘永济精力所注，也正是传统集部，而在胡适这里却都被判了死刑。

面对胜利成果仍在不断扩大的白话文运动，面对胡适《白话文学史》对汉赋、六朝骈文、律诗和韩柳古文的全盘否定，刘永济作出了自

① 胡晓明：《真实的现代性》，《诗与文化心灵》，北京：中华书局，2006年，第436页。

② 胡适撰，骆玉明导读：《白话文学史》，上海：上海古籍出版社，1999年，第89页。

己的回应。虽然刘永济也能用白话写作，他1922年出版的《文学论》就是用清通流利的白话写成的。但是，他没有继续采用白话撰写学术著作，而是用了文言，并且是带有骈体意味的文言，一种被胡适判了死刑的语言形式。1928年、1929年间连载于《学衡》的《中国文学史纲要》（后来定名为《十四朝文学要略》）就是他的第一部用文言撰写的学术著作。这当然与《学衡》杂志的要求有关，《学衡》是不刊载白话作品的，但同时也是刘永济的自觉追求，否则他不会选择骈体的文言。从此以后，刘永济所有重要的学术著作，如《屈赋通笺》《文心雕龙校释》《词论》等，都是用文言写成的。从这些著作来看，刘永济的语言精粹清丽，足以为文言赢得身价。文化学术的竞争往往能激发人的潜能，胡适因为学衡派的抨击而不断推出用白话撰写的重要成果，刘永济也用他的著述证明，文言依然可以写出出色的文章和出色的学术著作。

程千帆曾在所著《程氏汉语文学通史》中论及《十四朝文学要略》兼用纪事本末体和纪传体的体例之长："从纪事本末体和纪传体中，我们也可以得到一些有益的启示。以纪传体为例，'本纪'可以交代时代大背景；'世家'可以处理文体文类主题；'列传'可以用来评述文学史上的大家名家；'表'可以列举有关统计数字及图表；'志'可以讨论一些比较重要的文学史专题，例如雅俗问题、南北异同问题等。六朝古典名著中，《三国志注》《世说新语注》《洛阳伽蓝记》《水经注》等书都吸取了佛经合本子注的形式。在中国文学史著作中，刘永济先生的《十四朝文学要略》也是采用这种形式，以简驭繁，纲举目张，有其优长之处，在今天仍有启示意义。"① 这个意思，程千帆在给门生讲课时也曾提及："从《春秋左传》，到佛经合本子注及其效法者，如《三国志》《水经注》《洛阳伽蓝记》，还有后来的《三朝北盟会编》等，一个纲，

① 程千帆：《程氏汉语文学通史·后记》，程千帆、程章灿：《程千帆全集》第12卷《程氏汉语文学通史》，石家庄：河北教育出版社，2000年，第557页。标点有所改动。

下面分系很多材料。刘师培《中国中古文学史》就是这样写的，刘永济先生《十四朝文学要略》也是这样写的。”① 其实，刘永济《十四朝文学要略》之后所有的著述，其体例都取法于传统的经典。这不是偶然的，而是一种文化信念的执着表达。

二、一个以辞章之学安身立命的文化保守主义者

在林林总总的文化保守主义者中，刘永济的特色在于，他富于辞章家气质，终生以辞章之学安身立命。

刘永济的辞章家气质，首先表现在他终生耽于词的写作。

一个活生生的生命，往往和一个癖好连在一起。人总要有所寄托，活着才有意义。把自己生命的精华调动出来，倾力于一处，像干将、莫邪一样，把自己炼进自己的剑里，这，才能显出生命的意义。诗词写作，尤其是填词，在人生的任何阶段，刘永济都没有放弃过。并不是因为生存所需，实在是因为钟情太深。1940年，他的好友刘豢龙教授劝他不要耽于填词，因为填词过于伤神。刘永济就此填了一首词，即《江城子》（豢龙戒余吟多损神，劝写《金刚经》以结胜缘，词以报之）：

慈王何力度狂流。遍阎浮，斗龙虬。一匊残灰，中结万恩仇。便写金经胝右腕，冤不解，愿安酬。

斑斓囊句费冥搜。恣儿呕，无母忧。只有吟边，眉萼为添愁。多谢故人怜瘦损，书珍重，意绸缪。

虽然感激故友情深，但仍不愿舍弃这份伤神的事，填词对于刘永济来说，具有证实其存在的意义。他甚至乐于不辞辛苦地为朋友捉刀，只要

① 程章灿整理：《老学者的心声——程千帆先生访谈录》，程千帆述，张伯伟编：《程千帆全集》第15卷《桑榆忆往》，石家庄：河北教育出版社，2000年，第163页。标点有所改动。

得到朋友的赞许就好。1928年，他曾代吴宓作《木兰花》词："玉楼人倦停金线，闲梦江南春正远。自嫌移柱手生疏，未解饮泉心冷暖。 情深可待蓬瀛浅，炉火青时丹自转。独怜芳意未分明，早是惊回莺语乱。"据吴宓自己说："宓曾以本意作函详告弘度。此阕词虽代拟，而悉仍原意，不啻宓作也。"① 获得友朋的真诚赞许，刘永济有一种不能自已的成就感。癖好是一个人性格的标志和生命的标志，而刘永济的癖好，正是填词。

刘永济的辞章家气质，在绵延数十年的学术研究中也有充分表现。"在刘先生已完成的学术著作中，以'楚辞学''龙学'和词学方面的较多，学林也很自然地推崇先生在这些领域的造诣，然实际上刘先生治学之广，读书之多，是很惊人的。他在群经、诸子、小学、史学及佛学方面，在目录、校勘、版本方面，在地理沿革、名物制度等方面，修养都很深厚。所以他研治古籍，就能左右逢源，多所创获。从有关《楚辞》的著作以及其他著作中，我们可以看出先生对古文字学和古史的造诣；从有关《文心雕龙》等著作中，又可以看出先生对玄学，特别是《庄子》的造诣；而从其诗词的创作与研究中，我们还可以看出先生对禅学的研究也是很深的。他所以很少发表文学研究以外的东西，只不过是因为他并不认为读了书就一定要让别人知道罢了。"② 古典文学研究或者说集部研究，是刘永济的安身立命之学，对子、史群书的广泛阅读，都是为了深化集部的研究。

三、一个被寂寞所笼罩的文化保守主义者

说到刘永济的寂寞，可以提到他的早年弟子胡云翼在填词一事上

---

① 刘永济：《诵帚词集　云巢诗存：附年谱　传略》，北京：中华书局，2010年，第32—33页。

② 程千帆、巩本栋：《刘永济先生的词学研究》，南京大学古典文献研究所编：《古典文献研究》第5辑，南京：江苏古籍出版社，2002年，第6—7页。

与刘永济截然不同的态度。20 世纪 80 年代以《宋词选》广为人知的胡云翼，1930 年出版了《词学 ABC》一书。在《词学 ABC》中，他以一个“新文化人”的姿态宣称：

> 我们为什么要研究词？乃是认定词体是中国文学里面一个重要的部分，它有一千多年的历史，遗留下来了许许多多不朽的作家和不朽的作品，让我们去赏鉴享受，我们当然不愿意抛弃这种值得赏鉴享受的权利。可以说，我们的和词发生关系，完全是建立在读词的目标上面。因为要读词，便得对于词作一点粗浅的研究，懂得一点词的智识。我写这本小册子的主旨，便只是想告诉读者一些词的常识，做读词和研究词的帮助。目的仅仅如是而已。我绝不像那些遗老们，抱着“恢复中国固有文学之宏愿”，来“发挥词学”的。①

胡云翼还强调说：

> 我这本书是“词学”，而不是“学词”，所以也不会告诉读者怎样去学填词。如果读者抱了一种热心于学习填词的目标，来读这本书，那便糟了！因为我不但不会告诉他一些填词的方法，而且极端反对现代的我们，还去填词。为什么我们不应该去填词？读者不要疑心我是看不起词体才说这种话。我们对于曾经有过伟大的光荣的词体，是异常尊重的。可是这种光荣已经过去很久了，词体在五百年前便死了。②

“词体在五百年前便死了”，这当然是套用胡适《白话文学史》给文言判

---

① 胡云翼：《词学 ABC》，上海：世界书局，1930 年，第 1—2 页。

② 同上书，第 2 页。

死刑的口气。既然词体在五百年前便已死掉，再去写词便是一件与时代进步背道而驰的事。照胡云翼的这个逻辑，他的老师刘永济热衷于填词，当然只能视为“遗老”的做派。一个弟子，放开了喉咙跟老师唱对台戏，词人刘永济的寂寞也就可想而知了。

刘永济的寂寞，不仅表现为填词生涯的寂寞，还表现为研词生涯的寂寞：他投入了极大精力的吴文英研究影响甚微，连他的许多弟子也反应冷淡。

刘永济特别推崇的唐五代两宋词人，有苏轼、周邦彦、辛弃疾、吴文英等人，他在武汉大学也长期开设词学课程。然而，在他的受业弟子刘庆云、陈达云、姜为英等人的记忆中，关于刘永济如何讲授周邦彦、吴文英的词，却很少留下痕迹。① 之所以如此，姜为英以为，主要是听不懂：“弘老讲授屈赋、唐宋词都很有新意。记得讲南唐冯延巳的《谒金门》（风乍起）时，有声有色，令听者为之情动；讲李煜的《虞美人》，情随词现，惆怅思绪溢于言表；诵张孝祥《六州歌头》：‘念腰间

① 刘庆云回忆说：“刘弘老讲唐五代两宋词，则言简意赅，无一长语，明晰透彻，如清澈溪流，涓滴人心，印象深刻……尤其深刻的是讲到欧阳修的《南歌子》‘等闲妨了绣功夫，笑问双鸳鸯字怎生书’时，弘老用篆体将‘双鸳鸯字’画上一图，鸳字朝下，鸯字朝上，合成一椭圆形。这种形象的讲解令人终生难忘。”见刘庆云《悼念弘度师——写在刘永济先生逝世三十周年之际》，武汉大学校友总会编《武大校友通讯》1997 年第 1 辑，武汉：武汉大学出版社，1997 年，第 168 页。陈达云回忆说：“永济师为人谦和，办事认真，平素道貌岸然，不苟言笑。但在讲授词选和元曲时，感情深邃，眉飞色舞，鞭辟入里，引人入胜。有一次，他在讲温八叉（温庭筠）的‘梦江南’时，稍加分析，操着湖南口音抑扬顿挫地反复朗诵‘过尽千帆——皆不是，斜晖脉脉——水悠悠，肠断——白蘋洲！’接着望了同学们一眼：‘你们在长江或东湖畔多注意一下人们等候情侣的焦急表情，就懂得它的境界了。’大家立即心领神会，不讲自通了。又一次，在剖析韦庄‘女冠子’一词上阕时，说‘四月十七，正是去年今日，别君时，忍泪佯低面，含羞半敛眉’，时间记得这样清楚，情思这样缠绵，两人之间的亲密关系，不是不言自喻吗？讲到下阕‘不知魂已断，空有梦相随，除却天边月，没人知！’询问同学们‘这种痴情是不是真的月亮知道而无人知晓呢？’大家众口一词：‘不会的！’‘那么，作者为什么这样写呢？’他进一步追问。课堂顿时沸腾起来，大家就议论纷纷，各抒己见了。”见陈达云《记刘永济师二三事》，《武汉大学报》第 1192 期，2010 年 4 月 2 日。

箭，匣中剑，空埃蠹，竟何成！……使行人到此，忠愤气填膺、有泪如倾。’表现得慷慨激昂，几乎声泪俱下，课堂里鸦雀无声。”“但宋词格律的确难懂，我就自认是听不懂的人之一。弘老当时也有觉察，当堂问同学们是否能听懂。同学们不敢贸然回答。沉默几秒钟后学生党支部书记许文庆回答说：可以听懂。但我怀疑这是为了安慰老师。他真的听懂否，我无法判断。当然这不是说弘老讲课不当，而是我们水平参差不齐，故此有不少人不懂。”① 说“听不懂”是一种礼貌的表述，实际上是说没有听的兴趣。要是有兴趣听，怎么会听不懂呢？的确，在一个“声韵”和“色泽”被鄙薄的时代风气中②，既很少有人愿意留意吴文英，也缺少应有的氛围跟功力，学生们听不懂或者懒得听懂，正是题中应有之义。个人对老师的尊重，到底拗不过时代的引导或制约。刘永济的南宋婉约词尤其是吴文英词研究，包括姜为英所说的“宋词格律”③，其学术影响因而受到了极大限制。刘永济对吴文英的推崇和推介，也因而成了空谷足音。

理解上述事实，可以拿陈寅恪所遭遇的尴尬作为参照。1968 年，79 岁的陈寅恪预感来日无多，拜托助手黄萱在他死后写文章谈谈他的学术研究方法，黄萱却只能婉言谢绝。④黄萱之所以拒绝老师的嘱托，

---

① 姜为英：《忆中文系“五老”风范》，武汉大学校友总会编：《武大校友通讯》2003 年第 1 辑，武汉：武汉大学出版社，2003 年，第 174 页。标点有所改动。

② 刘永济：《词论　宋词声律探源大纲》，北京：中华书局，2010 年，第 115 页。

③ 刘永济注重“宋词格律”，也包括了解读姜夔、吴文英等人的词或写出符合这种格律的词的考量在内，所以三者之间有其内在的一致性。

④ 黄萱后来回忆说：“记得那是在寅师和师母尚未搬家到西南区五十号之前，我到东南区去拜望他们两位，寅师对我说：‘我的研究方法，是你最熟识的。我死之后，你可为我写篇谈谈我是如何做科学研究的文章。’当时我真是不知如何答复才对。我认为自己实在没有能力；又认为对一位高龄的老师答应下来的事，将来若做不到，是欺骗行为。那时候的环境又不能再如以往，可在他的口授下笔录，只好很难过地说：‘陈先生，真对不起，您的东西我实在没学到手。’寅师用很低沉的声音说：‘没有学到，那就好了，免得中我的毒。’此情此景，真是不堪回首！十六年亲承教诲的我，居然如此伤他老人家的心。”见蒋天枢《陈寅恪先生编年事辑（增订本）》，上海：上海古籍出版社，1997 年，第 182—183 页。

不是因为她对陈寅恪缺少足够的敬重，实在是由于她对陈寅恪的研究方法的确未能心领神会。之所以不能心领神会，是因为整体的学术氛围限制了她思考问题的方式和接受信息的选择范围。陈寅恪的问题意识和研究问题的方法都与当时的“学术主潮”漠不相关，黄萱对之熟视无睹是再正常不过的事，反之倒是令人惊讶的。刘永济的吴文英研究，所面临的其实也是同一尴尬，虽然弟子们也许知道“其中学问很大”，但却深知这是一种不合时宜的学问，难以产生深切的认同和仿效的热情。而如果竟有弟子产生了深切的认同和仿效的热情，那也只能叫作“中毒”，一方面这是一件“危险”的事情，另一方面也同样面临着因不能“预流”而被边缘化的尴尬。刘永济对这种尴尬是有深切感受的，他总是说“一时的毁誉也没有什么”，他总是笃信“有价值的东西，总是会存在的”。① 一个人把希望寄托于未来，所表达的正是现实的寂寞感。他的词，他的吴文英研究，以及他的著述方式，他以这种著述方式所传达的学术见解，长久以来，一直很难得到应有的关注。学者刘永济，有相当多的时间是在寂寞中度过的。

刘永济的及门弟子胡国瑞教授，曾在刘先生的指导下，写了《论宋三家词》一文，对吴文英推崇备至：“南宋末叶，梦窗大家。而宏美沉郁，用集讥矢，吁可慨矣！尝细绎其词，度法美成，气杂稼轩，而辞笔隐丽，兼采飞卿者也。其命意运思，层折深邃，逐境幻化，往复萦纡，而脉络井然，不遗纤发，清真坠绪，于焉重振。盖南渡以降，稼轩主坛，白石开宗，风会所囿，遂忘中土，惟梦窗杰才，独回北旆。故止庵曰：‘稼轩由北开南，梦窗由南追北。’信识通塞之机枢，而由吴希周，所以世称康衢也。惟辞采缛丽，音节宏壮，声貌所具，迥异清真，斯后世眩惑，所以妄肆讥弹焉。”② 薪尽火传，刘永济的寂寞感也许可以减少一些吧。

---

① 刘茂舒：《唤回心底十年人——追念我的父亲刘永济教授》，台北市“国立武汉大学校友会”编印：《珞珈》第103期，1990年，第29页。

② 胡国瑞：《湘珍室诗词稿》，武汉：武汉大学出版社，1992年，第182—183页。“妄肆”，原文作“妄矢”。

附　录　刘永济年表①

纪年	年龄	年历	时事
1887 年（光绪十三年）	出生	12 月 25 日，农历十一月十一日，生于湖南省新宁县金石镇。祖父刘长佑（1818—1887），字子默，号印渠，亦号荫渠，谥号武慎。历任两广总督、直隶总督、广东巡抚、广西巡抚、云贵总督，有《刘武慎公遗书》传世，《清史稿》有传。父刘思谦，别号谷裦，二品荫生，授待用通判衔，曾辗转云南、广东等省多地任职知县	
1893 年（光绪十九年）	6 岁	开始在家读书	湖广总督张之洞奏请设立自强学堂（武汉大学前身）
1894 年（光绪二十年）	7 岁	随父刘思谦宦游广东龙川县、三水县，在衙署读书	中日甲午战争爆发，次年，清政府与日本签订《马关条约》

① 本年表以刘永济著作及刘氏 1951 年填写的《武汉大学干部履历表》（武汉大学档案馆藏，档号 MR-70-45）、1963 年填写的《干部履历表》（武汉大学档案馆藏，档号 MR-70-46）等档案材料为依据，并在参考徐正榜、李中华、罗立乾《刘永济先生年谱》（刘永济：《诵帚词集　云巢诗存：附年谱　传略》，北京：中华书局，2010 年），祖保泉《现当代〈文心雕龙〉五学人年表·刘永济年表》（《文学前沿》2008 年第 1 期），程千帆《刘永济传略》（晋阳学刊编辑部编：《中国现代社会科学家传略》第 3 辑，太原：山西人民出版社，1983 年），李工真《刘永济先生传略》（刘永济：《诵帚词集　云巢诗存：附年谱　传略》，北京：中华书局，2010 年）等研究成果的基础上，对刘氏生平事迹及作品系年作了一些考订，恕不一一出注。

续表

纪年	年龄	年历	时事
1897 年（光绪二十三年）	10 岁	其父刘思谦卒于广东三水县任内，随母崔氏返回湖南新宁	德国强占胶州湾
1898 年（光绪二十四年）	11 岁	夫人黄惠君出生于湖南长沙	戊戌变法，百日维新
1900 年（光绪二十六年）	13 岁	祖父刘长佑撰《刘武慎公遗书》二十五卷线装本印行	八国联军侵华
1901 年（光绪二十七年）	14 岁	入湖南新宁县立小学读书	清政府与列强签订《辛丑条约》
1902 年（光绪二十八年）	15 岁	应湖南新宁县试，以第一名取中	
1903 年（光绪二十九年）	16 岁	应湖南道试，以第一名入学 本年，被过继给叔父刘思训，遂移居嗣母李家读书。刘思训，长佑第四子，光绪二年（1876）举人，江南候补道，官任兵部郎中、云骑尉	
1905 年（光绪三十一年）	18 岁	与陈氏完婚。原配陈氏，名字、生卒俱不详，据云乃广东某候补知县之女，后因难产逝世	清廷下诏废除科举制度
1906 年（光绪三十二年）	19 岁	1 月，考入长沙私立明德学校，与钱无咎、刘朴、谢祖尧等同学	
1907 年（光绪三十三年）	20 岁	2 月，考入上海吴淞复旦公学，与陈寅恪、梅光迪等同学	
1910 年（宣统二年）	23 岁	1 月，考入天津高等工业学校化学应用班，意在专门补习理科各课程，为报考清华留美预备学校作准备	
1911 年（宣统三年）	24 岁	考入北京清华留美预备学校中等科，与梅光迪、刘朴、吴宓、吴芳吉等同学。辛亥革命后，清华解散，赴海南四兄刘永滇处。刘永滇曾任琼崖道、琼崖观察使、清军统领等职，时在琼易帜、拥护革命	武昌新军起义，辛亥革命爆发
1912 年（民国元年）	25 岁	夏，随四兄刘永滇由海南琼崖至上海。在沪期间，从朱祖谋、况周颐学词 本年，作《浣溪沙》“几日东风上柳枝”词	中华民国临时政府在南京成立

续表

纪年	年龄	年历	时事
1913 年（民国二年）	26 岁	秋，赴长沙投考留学未取，旋仍赴上海，住四兄刘永滇家，自学至 1917 年秋	二次革命
1914 年（民国三年）	27 岁	侍生母崔氏由湖南新宁至上海依四兄刘永滇居 本年，作《甲寅别家四绝其一》诗	
1915 年（民国四年）	28 岁	仍居四兄刘永滇家	新文化运动开始
1917 年（民国六年）	30 岁	5 月，在《丙辰杂志》第 3 期首次发表词作《瑞龙吟》（重过拙政园，用清真韵），其后屡有词作见刊 7 月，应明德校长胡元琰（子靖）邀请，回母校私立明德学校任国文教员 10 月，在《太平洋》杂志第 1 卷第 7 号发表《蕙兰芳引》（徐园看兰，归后有作），《西江月》“晒粉凤儿拦槛”、《花犯》“倚巷烟”、《浣溪沙》“缥纱仙山路未通”“涨绿流红恰几时”“才过清明便不同”“几树红英映晚霞”等词	张勋复辟失败
1918 年（民国七年）	31 岁	本年，因明德学校停办，仍赴上海，居四兄刘永滇家	
1919 年（民国八年）	32 岁	11 月，首次以“今非”为笔名，在《太平洋》杂志第 2 卷第 1 号发表翻译小说《这样就是名誉!》（［俄］契诃夫原著）。次年，又在该刊以“今非”为笔名发表俄国短篇小说翻译作品 3 篇 本年，作《鹧鸪天》（八年春湘中作词）3 首，后于 1923 年 4 月发表于《学衡》第 16 期	五四爱国运动爆发
1920 年（民国九年）	33 岁	1 月，在《太平洋》杂志第 2 卷第 3 号发表致李剑农的信《对于改良文字的意见》 6 月，重返长沙明德学校任教 8 月，推荐清华同窗吴芳吉来明德任教 本年，为明德学校撰写校歌、绘制校旗，并手书校旗说明	

续表

纪年	年龄	年历	时事
1921年（民国十年）	34岁	10月，与吴芳吉、刘朴、辛树帜等发起“红叶会”，并在长沙岳麓山举行首次文学集会	中国共产党成立
1922年（民国十一年）	35岁	4月，首部学术专著《文学论》由湘鄂印刷公司出版 5月，经吴宓、梅光迪介绍，开始为《学衡》杂志社撰稿，首次在《学衡》第5期发表词作《鹧鸪天》（江行杂兴）9首，其后屡有作品刊于《学衡》 6月，与吴芳吉、刘朴、谢祖尧等成立“湘君社”，被公推为社长，并在本月创刊发行的《湘君》季刊（第1号）发表《学文初步之书目提要》《迂阔之言》《论文学中相反相成之义》及《弘度词钞共十七首》，即《浣溪沙》（客上海作）、《临江仙》（昨夜闻歌归来枨触万端偶成此解）、《鹧鸪天》（中秋后一夜）、《鹧鸪天》（重九）、《鹧鸪天》（耐庵翁约游邓尉，遂及惠山，盘桓七日而归。一时兴会，不可不纪，爰就所经，各制一阕）4首、《鹧鸪天》（江行杂兴）9首 9月，在《学衡》第9期发表《中国文学通论》 本年，陆续在《学衡》发表《疏影》（残柳）、《江城子》（闻雁）、《祝英台近》“日疏疏”、《江神子》“客怀临晓思难禁”等词	第一次直奉战争爆发
1923年（民国十二年）	36岁	3月，在湘君社主办的《湘君》季刊（第2号）发表《论文学中相反相成之义（续刊）》、《文学论自序》及词作4篇18首。本期《湘君》还载有刘朴所撰《刘弘度母崔夫人寿颂并序》 3月，在《学衡》第15期发表《论文学中相反相成之义》 3月29日，明德学校举行建校20周年大会。与吴碧柳等发起教员捐资，在校内建成楚辞亭，并亲书屈原《离骚》全文，悬于亭中 8月，在《学衡》第20期发表《今日中等教育界之紧急问题》 本年，编选《古赋首选》，由上海联华书店出版 本年，陆续在《学衡》发表《鹧鸪天》“滴粉搓酥几日娇”“才见楼头春色新”、《临江仙》“梦去余情渺渺”“觉幻了无凭据”、《鹧鸪天》（八年春湘中作）、《南湘子》（湘乱后作）、《鹧鸪天》（寄季弟湘生家园）、《南楼令》“袖墨十年痕”、《寿楼春》（赠彦通）等词	京汉铁路工人大罢工

续表

纪年	年龄	年历	时事
1924年 （民国十三年）	37岁	4月，在《学衡》第28期发表《迂阔之言》 5月，在《湘君》季刊第3号发表《迂阔之言》（署名“楚辞亭客”）、《旧诗话》之一至之五。本期《湘君》的附录部分，还刊有《〈文学论〉增修出版预告》 7月，在《学衡》第31期发表《文鉴论》 9月13日，由李剑农介绍，在长沙楠木园与夫人黄惠君完婚。填词《人月圆》（甲子中秋余与惠君初结偕老之约，赋此定情），于次年3月发表于《学衡》第39期。黄惠君，1923年毕业于北京女子高等师范学校，时任湖南省立第一女子师范学校校长、长沙市女子职业学校校长 本年，兼湖南长郡中学、湖南第一师范教员各一学期 本年，在《学衡》发表《鹧鸪天》“飞尽林花减尽莺”、《鹧鸪天》“玄发逢春只自惊”“芳事天遥未可期”、《鹧鸪天》（题自写离骚经后）、《浣溪沙》（爱晚亭红叶）、《木兰花慢》（楚辞亭）、《鹧鸪天》（五月作）、《浣溪沙》（寄舍弟湘生延吉道幕）、《鹧鸪天》（甲子元日立春作）、《喜迁莺》（霖雨坐愁凄然感赋）、《鹧鸪天》“兰絮凭谁论果因”“不记人间钿合分”“幸会休欢别莫思”、《绮罗香》（士行侄寄颐和园红叶索词为谱此调）等词 本年，作《朴大真恒四颂》诗	第二次直奉战争爆发
1925年 （民国十四年）	38岁	4月，在《学衡》第40期发表《说部流别》 8月21日，长女刘茂舒出生，乳名阿绛 9月，在《学衡》第45期发表《六害篇》 10月，在《学衡》第46期发表《旧诗话》（上） 12月，在《学衡》第48期发表《旧诗话》（中） 本年，兼授长沙雅礼大学《文学论》课程 本年，编选《周秦诸子选粹》，由上海泰东图书局出版 本年，陆续在《学衡》发表《鹧鸪天》（友古六兄属题宝权室主人造摩诘小像）、《浣溪沙》“穷巷泥深隔旧游”“冻牖晴曦淡欲无”“玉雪凝寒锁画楼”“翠羽枝南唤不休”“谁解春风识面初”“锦瑟华年寄怨思”、《鹧鸪天》（和绍周原韵）、《水龙吟》（送别碧柳、柏荣）、《祝英台近》“雨痕深”、《浪淘沙慢》“断魂共”等词	“五卅”惨案、“五卅”反帝爱国运动爆发

续表

纪年	年龄	年历	时事
1926年 （民国十五年）	39岁	1月，在《学衡》第49期发表《文诣论》1篇 8月，在《学衡》第56期发表《旧诗话》（下） 本年，编选《国风乐府合选》由上海泰东图书局出版 本年，兼授私立晨光学校国文课 本年，陆续在《学衡》发表《鹧鸪天》（哀碧柳秦中）、《西江月》（六月初一夜起作）、《鹧鸪天》（再寄碧柳西安围城）、《鹧鸪天》（前题）等词。又作有《西江月》（丙寅秋日，买宅北郊）词6首	北伐战争开始
1927年 （民国十六年）	40岁	1月，由吴宓介绍赴沈阳，任东北大学文学院教授。同年2月，吴芳吉亦由吴宓介绍，赴东北大学任教 本年，长子刘茂兹出生，乳名阿同 本年，陆续在《东北大学周刊》发表《鹧鸪天》（耐庵翁约游邓尉，遂及惠山，盘桓七日而归。一时兴会，不可不纪。爰就所经，各制一阕）、《浣溪沙》“几日东风上柳枝”、《临江仙》“归计花前未稳”、《鹧鸪天》“桂冷孤兰好梦惊”、《鹧鸪天》“暂返田园似客居”“一曲琼沙一嶂山”“云锁青山树罨溪”“宿露横江晓未开”“如此溪山好避秦”“草舍临江景最佳”“白渚青山叫水禽”“一嶂云山九面看”“几点流萤出暗沙”等词	南京国民政府建立
1928年 （民国十七年）	41岁	9月，在《学衡》第65期发表《中国文学史纲要·卷首叙论》 本年，在《东北大学周刊》发表《鹧鸪天》（小河沿酒楼饯郭学士洽周游美）、《浣溪沙》（赠汪锡箴学长）、《采桑子》“塞门三月寒犹峭”等词。另作有《木兰花》（代吴宓作）词	张学良通电全国，宣布东北易帜
1929年 （民国十八年）	42岁	3月，在《学衡》第68期发表论著《中国文学史纲要·卷一》 9月，在《学衡》第71期发表论著《中国文学史纲要·卷二》 本年，在《东北大学周刊》第97、98期发表论文《迂阔之言》	

续表

纪年	年龄	年历	时事
1930年 (民国十九年)	43岁	本年，陆续在《东北大学周刊》发表《次韵孤桐招饮宋宅，感事长句二首》、《无题》（二首）、《豢龙出视南行感事四叠孤桐难字韵四首率和八句》、《叠前韵酬豢龙感事之作》、《再答豢龙五叠难韵》、《前诗将去，豢龙和章又至，有陷阵之意，无许成之辞，仍用前韵赋答》、《七叠难韵酬星笠、豢龙两兄》等诗	中原大战
1931年 (民国二十年)	44岁	9月，因九一八事变，全家随东北大学南迁北平 本年，应受业弟子、东北学生军大队长苗可秀所请，为东北学生军作军歌《满江红》词一首，于是年12月3日发表于天津《大公报》。苗可秀后于1935年7月25日在辽宁凤城被日军杀害 本年，陆续在天津《大公报》发表《倦寻芳》（中元夜，偕证刚、子威、豢龙三君，乘月步登校中高台茗话，翌日豢龙有诗纪事，赋答）、《八声甘州》（叔絅归自满洲里，出示中俄战役俄空军用以轰我之弹壳，曰：此亦沉沙折戟也。且为诉战场惨黩之状，感赋此调）、《满江红》（东北学生军军歌。辽吉沦陷，东北诸生痛心国难，自组成军，来征军歌，以作杀敌之气，为谱此调与之）、《满江红》（避日寇入北京，赁庑愁坐示内子惠君）等词及《奉和翼谋先生闻沈变寄怀诗原韵》、《十一月八日夜大风中惊起感赋》等诗。另作有《水调歌头》（豢龙出示中秋渤海舟中感赋用东坡韵一阕，危苦之词而出以沉雄之气，以此卜之，国其有瘳乎！因和其韵，更以广之）等词	九一八事变
1932年 (民国二十一年)	45岁	1月13日，次女刘茂新出生，乳名阿绒 5月，好友吴芳吉病逝，作长诗《哭碧柳》 7月，由李剑农、皮宗石推荐，被聘为国立武汉大学文学院教授 9月，开始在国立武汉大学文学院任教，本学年（1932.9—1933.8）讲授“词”“楚辞学”“戏曲”三门课程 9月，为国立武汉大学文学院教授谭戒甫所著《〈庄子·天下〉校释》作序 12月，在《学衡》第77期发表《天问通笺》	日军进攻上海，淞沪抗战爆发

续表

纪年	年龄	年历	时事
		本年，在《学衡》第77期以《新甲词》为题，发表词作19篇，即《临江仙》（移居湘春门外新宅）、《临江仙》（北发寄内子惠君）、《鹧鸪天》（沪上再寄惠君）、《鹧鸪天》（大连公园。见孤雁与凫鸭同笼，恻焉悯之，为赋此解）、《西江月》（丙寅秋日，买宅北郊，地有橘林菜畦，可资事蓄，便有终焉之志。世乱日亟，母依伯氏于东，我亦被迫北行，追念素怀，凄然成咏）、《鹧鸪天》（小河沿酒楼，饯郭学士洽周游美）、《浣溪沙》（赠汪锡箴学长）、《满江红》（寿梓北外舅及外姑周宜人）、《浣溪沙》（题自选唐五代两宋词后）、《鹧鸪天》“击面黄沙破帽风”、《金缕曲》（和豢龙与奇甫夜谈感赋原韵）、《金缕曲》（再酬豢龙）、《金缕曲》（和豢龙元日喜雪，再叠前韵）、《金缕曲》（戏效欧苏禁体，四叠前韵，酬豢龙元日喜雪）、《鹧鸪天》（题洽周寓楼孤松）、《鹧鸪天》（读凫公南冠集）、《菩萨蛮》（今年辟寓庐隙地莳花，而花瘦如我。豢龙有词见调，赋此答之，聊为花解嘲耳）、《菩萨蛮》（晚云如山，望久忽动乡关之思，赋此遣怀）、《倦寻芳》（中元夕，与证刚子威豢龙乘月步登校中高台茗话，翌日豢龙有诗纪事，赋答）等；在天津《大公报》发表《浣溪沙》（中央公园晚步口占）词。另作有《解语花》（壬申上元，淞沪鏖战正烈，故京灯市悉罢，客枕无寐，竟夕忧危。翌日，豢龙写示和清真此调，触感万端，继声赋答）、《惜秋华》（在武昌武汉大学）等词 本年，在天津《大公报》发表《岁暮感事，用寅恪六兄偕游北海诗韵》、《和宗威〈壬申元旦〉》、《沪战感赋九首》、《壬申三月续成沪战杂感七首》、《哭碧柳》、《将往武汉奉和子威赠别》（二首）等诗	
1933年 （民国二十二年）	46岁	9月，次子刘茂蕤出生，乳名阿重 9月，撰写《文心雕龙征引文录》小引 9月，开始在国立武汉大学文学院讲授“汉魏六朝文”课程，为该校开设此课第一人。除“汉魏六朝文”外，本学年（1933．9—1934．8）还讲授“词”与“戏曲”两门课程。此后，“汉魏六朝文”与“楚辞学”均由其一人讲授，隔年开课	

续表

纪年	年龄	年历	时事
		本年，《文心雕龙征引文录》由国立武汉大学出版部印行 本年，完成《屈赋通笺》初稿 本年，在《国立武汉大学文哲季刊》第2卷第3、4号发表《王逸楚辞章句识误》 本年，在天津《大公报》发表《惜秋华》“短鬓惊风”词另作有《踏莎行》（哭智觉四兄）、《鹧鸪天》“红湿林峦惜绮罗”、《南乡子》（景文属题南枝夫人白婴母图）等词	
1934年（民国二十三年）	47岁	本年春，为吴芳吉文集《吴白屋先生遗书》作序 3月至12月，在《国立武汉大学文哲季刊》第3卷第2、3、4号发表《天问通笺》 本年，讲义《古戏曲存选》由国立武汉大学出版部印行 本年，作《水调歌头》（甲戌中秋，置酒易简斋，待月泛舟。是夕微云淡伫，风露浩然。酒罢，客多畏凉辞去，独与豢龙自珞伽山步至团山，放棹东湖，容与水云间，久之始归。翌日用东坡丙辰中秋韵约同作）、《摊破浣溪沙》（题启南女史九歌册）、《鹧鸪天》（奉题皓白所藏梨洲先生画像）等词	红军开始长征
1935年（民国二十四年）		1月，在《国立武汉大学文哲季刊》第4卷第1号发表论文《九歌通笺》 5月，在《国立武汉大学文哲季刊》第4卷第2号发表论文《笺屈六论》 9月，在《国立武汉大学文哲季刊》第4卷第4号发表《九辩通笺》 12月，在《国立武汉大学文哲季刊》第5卷第1号发表《九章通笺》 本年，讲义《元人散曲序论》《文心雕龙校释》《屈赋通笺》由国立武汉大学出版部印行 本年，作《鹧鸪天》（戏记娇女阿绒语，女方三龄也）、《鹧鸪天》（绍周移居新宅，寄此为贺）、《鹧鸪天》（大风中作）等词	一·二九运动爆发

续表

纪年	年龄	年历	时事
1936年（民国二十五年）	49岁	1月，在《清华学报》第11卷1期发表《〈谭戒甫庄子天下篇校释〉序》 2月，在《国立武汉大学文哲季刊》第5卷第2号发表《元人散曲选序论》 6月，在《国立武汉大学文哲季刊》第5卷第4号发表《文心雕龙时序篇述义》 11月，在《国立武汉大学文哲季刊》第6卷第1号发表《文心雕龙论说篇述义》 本年，作《定风波》（有讥卖文价贱者，赋此解嘲）、《金缕曲》（戏为吾家后村翁体）等词	西安事变
1937年（民国二十六年）	50岁	5月，在《学签》第1卷1期发表《文心雕龙校字记》 7月，抗战爆发，送家眷回湖南长沙 本年，在《国立武汉大学文哲季刊》第6卷第2号发表《文学通变论》；在《国立武汉大学文哲季刊》第6卷第3号发表论文《离骚通笺》 本年，作《思佳客》（丁丑元夕，山斋观校丁试灯，枨触儿时里居事感赋）词	卢沟桥事变，抗战全面爆发，南京沦陷
1938年（民国二十七年）	51岁	5月，请假离职，送家眷回湖南长沙。此前，国立武汉大学一、二、三年级师生已于同年2月奉命迁往四川乐山办学，并于4月29日在乐山复课 本年秋，应湖南大学校长皮宗石邀，携家眷取道广西入辰溪，行至广西宜山，为浙江大学文学院院长梅光迪挽留，在广西宜山浙江大学中文系任教一学期（1938.7.—1939.2.），与贺昌群、缪钺等同事 本年，作《庆春宫》（长武车中晨起有作，寄惠君长沙）、《玉楼春》（不寐，有作寄惠君）等词及《避乱荒村二首》诗	武汉沦陷
1939年（民国二十八年）	52岁	本年春，辞去浙江大学文学院教职，至湘西辰溪湖南大学中文系任教 8月，携眷至乐山，回武汉大学任文学院教授 本年，讲义《古戏曲存》《屈赋定本》由国立武汉大学出版部印行	汪精卫通电投敌

续表

纪年	年龄	年历	时事
		本年，作《点绛唇》（违离宜山，暂留浙江大学，移居宜山燕山村舍，示内子惠君）、《蝶恋花》（将随浙江大学迁于滇边之建水，感赋两阕，简寅恪、雨僧昆明）、《高阳台》（昨梦放棹东湖，露明荷净中，微波乍生，冰轮忽碎，化为千万，光景绝奇，得层波四字而醒，时急雨捎屋，余寒在衾，凄然其如秋也。追怀昔游，足成此解）、《南柯子》（晓发六寨，赴辰溪湖南大学途中）、《鹧鸪天》（筑阳市楼饮散与迪生别。迪生以浙江大学事入重庆，即遇空袭，念之不已，词以讯之）、《鹧鸪天》（寓辰溪，暂任湖大教授）、《木兰花慢》（在嘉定 寿豢龙母太夫人八十）、《满江红》“暮雨千山”等词 本年，作《宜山杂感》（四首）、《辰溪诸君命酒洗尘，敬依原韵奉答一章》、《奉酬天闵乐山见怀长句》、《夜观辰溪湖南大学诸生演〈凤凰城〉苗君可秀死难事。苗君为东北大学文学士，从予问业有年。辽变事起，组成义勇军，投邓铁梅部下抗日，被俘不屈死。今观此剧，枨触旧情，凄然成咏》（四首）、《夜泊江津，遥吊吴君碧柳》，《乐山杂诗（己卯，六首）》等诗	
1940 年 （民国二十九年）	53 岁	2 月，程千帆应聘至四川乐山中央技艺专科学校任国文教师，携诗词习作来访 11 月 24 日，明德学校创办人、校长胡元倓在重庆歌乐山病逝。作长诗《挽乐诚师》 本年，作《鹧鸪天》（奉酬豢龙、疏庵辰溪寄怀原韵）、《鹧鸪天》（回武汉大学，寓居乐山城外竹公溪上。惠君巡檐，见田家缚豆架，凄然顾余曰：“豆架又成矣。”盖念去秋来居时，方除架也）、《忆秦娥》“乾坤阔”“乾坤窄”、《忆江南》“晴日丽”、《水龙吟》（嘉定重午）、《浣溪沙》（庚辰，回武汉大学，寓乐山竹公溪上）、《浣溪沙》“昨梦成尘记不真”、《清平乐》“独弦谁和”、《朝中措》“不缘幽恨损欢悰”、《江城子》“岷江如掌水如油”、《浣溪沙》（赠登恪）、《减字木兰花》（吊法京凯旋门。门有纪念战胜之碑，二十年前欧战后建，今闻已为德军移置柏林矣）、《木兰花》（连日苦暑，得雨喜赋）、《减字木兰花》“琳宫幽邃”“江山犹是”、《生查子》（赋云巢，巢本无，而未始无	汪伪国民政府在南京成立

续表

纪年	年龄	年历	时事
		也。巢非我有，而未始非我有也。如云浮空，故曰云巢耳）、《西江月》（病余日课小词，惠君嘲我如蚕吐丝，赋此为解）、《虞美人》“绮疏渐觉风光悄”、《江城子》（豢龙戒余吟多损神，劝写《金刚经》以结胜缘，词以报之）、《菩萨蛮》（往客辽右，一日乘敝车行大雪中，负辕一马，骨相殊俊，问之御者，乃辽军中战马也。曾经辽直之战，今老矣，货以驾车耳。当时颇动杜老瘦马之感，而未有所作。今日追忆其事，补赋此调）、《祝英台近》“酒迷天”、《蝶恋花》“雨外河山生晓梦”、《浣溪沙》（蝉）、《浣溪沙》（雨中桂花零落，用梦窗韵赋之）、《浣溪沙》（咏时表）、《忆江南》“秦淮月”、《玉楼春》“从来懒下伤春泪”、《鹧鸪天》（偶检论文旧稿，有感于伪江南近事，赋寄学衡社友迪生、雨僧两兄）、《浣溪沙》“行到蚕丛地尽头”、《浣溪沙》“不放歌头玉笛吹”、《临江仙》“闻道锦江成渭水”、《南乡子》“度水黑云平”、《好事近》（送藏云归马边）、《浣溪沙》“湖水湖云历劫中”、《浣溪沙》（寄湘弟遂园）、《鹧鸪天》（抚五出示见草堂牵牛作花感赋新篇，赋此奉酬）、《浣溪沙》“煮字难充众口饥”、《江城子》（庚辰重九）等词 本年，作《乐山杂诗》（九首）、《川境得雨，米价仍高，摅忧有作》（三首）、《奉慰枣园长郎病殁筑城，而家藏书籍复毁》（二首）、《奉题简园母胡太夫人家传后》（四首）、《登恪八兄结茆岷水上，戏赠四绝句》、《苦战》、《读疏庵和予鹧鸪天词感赋》、《谢藏云惠故京笺纸》（三首）、《风雨》（四首）、《广落花诗酬豢龙》（九首）、《读散原丈诗集，即用卷中门存韵赋感》、《书愤，再用前韵》、《再用前韵寄怀豢龙辰溪》（二首）、《仍用前韵赠登恪》、《易简斋中四忆》、《读散原丈遗诗毕，再赋一章，呈登恪兼怀寅恪香港方恪上海》、《黑石之山歌》、《赁屋柿湾不成，漫书示柿湾诸君》、《答客嘲　四十韵》、《喜雨》等诗	
1941 年 （民国三十年）	54 岁	8 月，推荐程千帆任国立武汉大学文学院讲师 本年秋，撰写《诵帚词筏》6 则 本年，作《浣溪沙》（程君千帆出纸索书，赋此赠之）、《鹧鸪天》“岁月匆匆去似飞”“凄绝琼楼待旦人”、《浣溪	皖南事变

续表

纪年	年龄	年历	时事
		沙》“镜里欢情惭化尘”、《浣溪沙》（奉酬抚五归燕之什，即用原韵）、《减字木兰花》（通伯索题双佳楼墨水仙卷子）、《唐多令》“做暝柳丝多”、《玲珑四犯》（闻鹃，用白石韵赋之）、《法曲献仙音》（看鸦）、《谒金门》“帘不卷，帘外鸟声千转”“帘不卷，天意阴晴难算”、《浣溪沙》（辛巳重午）、《南乡子》“欢去杳难寻”、《南乡子》“压梦漆云深”、《水龙吟》（前夕梦豢龙翩然莅止，袖出诗卷相示，大呼倦甚。今晨得其邮书，知财政会毕便归，峨嵋之游不果矣！纪梦述情，谱此代柬）、《浣溪沙》（晚归，楼主惠赠藏香笺纸，赋谢）、《减字木兰花》“斜阳恋郭”、《木兰花慢》（绍周六兄前岁五十初度，同好咸以诗文为寿，予时方崎岖道路中无一语相贶，补赋此调寄之）、《浣溪沙》“走壁金蛇绕屋雷”、《鹧鸪天》“宿雾笼窗作晓阴”、《减字木兰花》“草间偷活”、《摊破浣溪沙》（千帆属题香宋翁所书玄览斋榜余纸）、《浣溪沙》“酿雨烘晴两不恢”、《虞美人》“风烟撼顿兰成树”、《小重山》“劫墨平飞又一时”、《满宫花》（赠竹杖）、《减字木兰花》（观德军入巴黎照片）、《谒金门》“春去骤”、《浣溪沙》“朱况灵踪久邈然”“神草难医自圣颠”、《采桑子》（雨坐示惠君）、《减字木兰花》（读须溪词）、《鹊踏枝》“秋入沧江葭苇白”“四合文纱云海隔”“早是惊心欢易失”“过眼纷纷朱变碧”、《月下笛》（用清真体）、《鹧鸪天》（天闵惠示新词赋此奉酬）、《念奴娇》（秋燕）、《浣溪沙》（中夜梦醒，瓶桂香甚，偶忆遂园双桂）、《雨霖铃》（闻湘北寇警感赋）、《琵琶仙》“秋老山空”、《浣溪沙》（中秋前夕闻湘捷）、《浣溪沙》（酒罢偕天闵踏月闲话有作）、《浣溪沙》（枕上闻雁过）、《鹧鸪天》（久闻黄冈十力熊君今世奇士，任道精勇，心存目想，无缘会合，昨承邮书贻我近著语要一册纸尾称道拙词，赋此奉谢）、《鹧鸪天》“镜里朱颜别有春”等词 本年，作《赠胡君云翼枉过存问，见告苏皖近事》、《次韵酬抚五，兼寄无量》、《赠乐诚师侍者毕德成》、《疏庵近研易老，兼及内典，书来道其所得，赋此代柬》、《春晓杂诗》（三首）、《奉酬登恪八兄俾寿之作，且约后日过饮》、《入春五日又闻湘捷，再用坚字韵赋喜》、《三用坚字韵酬天闵》等诗	

续表

纪年	年龄	年历	时事
1942年 （民国三十一年）	55岁	1月，在《黄埔季刊》第3卷第3、4期发表《奠定胜利基础论》 1月，因国立武汉大学文学院院长高翰辞职，接任院长一职 4月，被推选为明德学校6位名誉董事之一 7月，在《思想与时代》第12期发表《论五代任侠之风》。该文又刊于《国立武汉大学文哲季刊》第7卷第3号，改题《贵侠篇》 8月，兼任国立武汉大学文科研究所首任所长。武汉大学文科研究所、理科研究所于1941年由教育部批准成立，1942年10月首次招收研究生 10月19日，在武汉大学“总理纪念周”为全校师生作题为《孔子之所以为圣》的演讲，讲稿刊于1942年11月16日《国立武汉大学周刊》第338期头版 本年，作《鹧鸪天》（梅）、《浣溪沙》“宿雨新晴水满湖”“点笔摊书总不宜”“千古长江不尽流”“同种藤阴已满窗”“海样罗衫乍剪成”“猎猎东风转绣旗”、《摊破浣溪沙》（病起作）、《临江仙》（次韵答豢龙）、《浣溪沙》“不见泉明漉葛巾”“三载江城似梦过”“止酒谁言惨不欢”、《鹧鸪天》（得豢龙惠书并词，万感云集，既作复书，意有未尽，谱此欲寄）、《阮郎归》“春风换梦一番番”、《喜迁莺》“鲛尘掀户”、《虞美人》“髡林平楚迷烟陌”、《木兰花》（岭南画人关君山月以所作古木栖禽题曰〈双栖〉见贶奉此为谢）、《诉衷情》“寥天鸿断水痕收”“销金匀粉弄妍柔”、《风流子》“秋色小阑干”、《鹧鸪天》（昨梦少年事）、《南歌子》（除夕）等词 本年，作《赠慕陶，兼奉寥天一翁》、《乍晴嘲春物》、《病起，登恪出示辛巳除夕感怀之作，赋答》、《游乌尤诗》、《招隐篇》、《戏成长句赠天闵、登恪、简园，且索简园酒食》、《读耀先黄君记宋贞女事感赋》、《通伯出示双佳楼主所作山水，因以尺纸索小帧，诗以先之》、《慕陶嘱题自作山水小帧，盖兰闺清玩品也》、《奉答天闵见示饮王髯山居诗》、《题画》、《李郑合婚歌》、《袖墨》、《七月七日无金可献，赋诗一首》、《自讼》（二首）、《以俄德战地图示绒、重两儿》、《登恪以病假赴渝疗养，赋此叙别》（五首）、《读信斋（天闵）近诗，赋呈一首》等诗	延安整风运动开始

续表

纪年	年龄	年历	时事
1943年（民国三十二年）	56岁	1月16日，在乐山《诚报》发表《观醴陵吴君龙丘画记》 本年春，好友刘豢龙病逝，作《木兰花慢》（挽豢龙）词 7月，武汉大学教务长朱光潜因公离校，暂代教务长一职。 本年，作《鹧鸪天》“残劫关河赚泪多”、《菩萨蛮》（师梅以摄影券要我入国民党，久置未报，今始检出却还，媵以小词，用致庄生泽雉之意）、《鹧鸪天》“银箭流空雨势豪”、《鹧鸪大》（寄怀孤桐重庆）、《鹧鸪天》（孤桐寄示《齐天乐》词，惠题拙著《笺屈六论》，兼及豢龙永逝之哀，赋此答谢）、《渔家傲》“一雨人间炎景换”、《鹧鸪天》“伏枕巴山雨正狂”、《定风波》（两年以来屡约藏云来武汉大学讲学，辄因故不果，拈此调之）、《南乡子》（拟冯正中）、《二郎神》“寸肠万绪”、《浣溪沙》（客谈北平广播荀慧生歌曲）、《虞美人》（赠朱经农）、《鹧鸪天》（烟雨中望凌云山）、《鹧鸪天》（君允设酒为经农延客，肴核新美，谈谐欢洽，翌日拈此索同作）、《玉楼春》（寄怀枣园辰溪）、《踏莎行》“怯冷吟怀”、《三部乐》（癸未中秋）、《浣溪沙》（啸苏六十，远赋新词，下征拙句，依韵奉酬》等词 本年，作《岁事将阑，天闵、稼胎、博平、耀先诸公枉过小饮云集。天闵有诗，稼胎继声见贻，依韵奉酬》、《倒用茶字韵奉和抚五、静伯昆仲除夜之作》（二首），《用前韵书元夕所见》（二首）、《见绿萼忆珞伽山斋梅》（二首）、《读蠲戏翁神助篇赞以八句》、《过天闵寓斋清话》、《次天闵感事韵》（二首）、《月夜》、《镜澄先生讲学三十周年纪念赋赠》、《书愤，呈天闵、稼胎两兄》（三首）、《检豢龙遗札封识之，题以两绝》（二首）、《零零一首，呈抚五校长》、《老去》、《开遍》、《黯黯》、《小儿》、《寄湘弟》、《山居口号》（二首）、《卖书行，戏简登恪》、《闻寅恪移家成都，将道嘉定，诗以迎之》（二首）、《题孤桐词卷》（五首）、《读孤桐入秦词草有感于卷中事各赋一绝》（四首）、《戒甫北入秦，复来蜀，仍当南去黔，出纸索书，赋此为赠》、《既复十力翁却聘书，意有未罄，赋此寄之》、《留乐山五年作》、《独笑》、《秋事》、《重九》、《赋得一首》、《悼雷、刘两女生，是日学友开会追悼》、《蠲叟渡江至校园观菊合有新咏，书此询之》（二首）、《阅日报述常德围解后埮黩之状感赋》、《寿端六十生日》等诗	中、美、英发表《开罗宣言》

续表

纪年	年龄	年历	时事
1944年（民国三十三年）	57岁	1月，在《新中华》（复刊号）第2卷1期发表《文心雕龙明诗篇释义》 本年，手定《诵帚盦词》之《惊燕集》初稿，送王星拱、朱光潜、徐天闵、叶麐、杨绮尘等阅读 本年，作《清平乐》“停花待雨”、《鹧鸪天》“别久湖山无梦通”、《清平乐》“拌花猛雨”、《浪淘沙》（衡阳之役，闻方军苦战四十七昼夜，将士伤亡殆尽，而援军不至，遂陷。死事之烈，亘古罕有，词以哀之）、《齐天乐》“西风偷换鸣蝉树”、《浣溪沙》“蠛蠓鲲鹏各有天”、《蓦山溪》“迎秋一雨”、《步蟾宫》（寇氛逼新宁怀故园兄弟）、《浣溪沙》“久阙高情作胜游”“短鬓逢秋意向阑”“绵雨生凉断又连”“风散残云乍放晴”“雨过溪堂野涨昏”、《惜秋华》“雾隐林峦”、《玉楼春》“村墟日上人声集”、《倦寻芳》（马君叔平约文院同好观安谷庋藏故宫书画。予方患失眠不赴。天闵有词，依调奉酬）、《虞美人》（甲申中秋无月，歌此为云巢酒客劝）、《玉楼春》（星夜露坐，书视惠君）、《踏莎行》“归柠寻溪”、《忆旧游》“正猿岩照雨”等词 本年，作《癸未除夕》、《赠藻亭学士，即用其除夕诗韵》、《甲申立春》、《负暄》、《黄方刚挽诗》、《谢翟翊写真，并题其仕女山水画帧》（三首）、《贱辰，承登恪赠诗，酒颐、石甫、守仁馈食物，赋谢》（二首）、《赠春芳蓝君》、《梦醒作绝句》、《赐吴雨僧教授》等诗	日军发起豫湘桂战役
1945年（民国三十四年）	58岁	5月，《十四朝文学要略》由贺昌群介绍，首次由中国文化服务社出版。该书原系刘氏在东北大学任教之讲稿，曾以《中国文学史纲要》为名，在《学衡》刊发 8月，聘程千帆回武汉大学文学院任副教授。此前，程千帆曾在成都金陵大学任教 12月27日，同窗好友梅光迪在贵阳病逝，作《木兰花慢》（挽梅迪生）词 本年，作《蝶恋花》（挽曾枣园）、《虞美人》“河山未浣金迁泪”、《玉楼春》（新历八月十日感事有作。日本投降，战事结束）“瑶台昨夜传银电”“银屏一曲天涯似”“西园雨过风犹劲”“青山缺处平芜远”、《鹧鸪天》“半月重阴未放晴”、《醉落魄》“金轮度厄”、《西平乐慢》（乙酉重九）、	日本宣布无条件投降

续表

纪年	年龄	年历	时事
		《声声慢》“人如花瘦”、《塞翁吟》“古木斜曛冷难煦”、《浣溪沙》“久抱闲情卧碧江”等词 本年，作《史学系十八人毕业索言，为赋三绝》（三首）、《赠别抚五校长》、《即景》、《题画绝句》（三首）等诗	
1946年（民国三十五年）	59岁	2月18日，在国立武汉大学“总理纪念周”为全校师生作题为《今日治学易犯之过失》的演讲，讲稿于当月发表于《国立武汉大学周刊》第357期 7月，离开乐山，飞抵武汉。此前，武汉大学复员珞珈山的首批人员已于当年6月26日由乐山启程 8月，吴宓被聘为国立武汉大学文学院教授、外文系主任，于当月抵汉。此前，刘氏曾数次邀请吴宓赴武大任教 本年，作《浣溪沙》（丙戌，五十九岁，迁居城内凤湾武汉大学招待所）、《浣溪沙》（听雨僧说《石头记》人物）、《三姝媚》（烟中望峨嵋三峰，云气氤氲，黛螺娟好，极惝恍迷离之致，词以写之）、《八声甘州》“漫斜阳野草唱新词”、《浣溪沙》“海燕初来不下帘”“风定尘香净扫除”、《摸鱼子》（嘉州送春，用沤尹梅州送春韵）、《浣溪沙》（重过云巢旧居）、《祝英台近》“海摇天”、《鹧鸪天》（听登恪话西湖匡庐之胜）、《浪淘沙》（挽陈夙荒）、《点绛唇》（随校复员回武昌。湖山无恙，幕燕重归。旧来花竹，半沦烟草，惟宅畔红白梅花六七株依然娟好，此亦杜老之五桃树也，为赋两阕以宠之）“染梦兵尘”“残画湖山”、《鹧鸪天》（随武汉大学复员回武昌，彦威书来问近状，赋此代柬）等词 本年，作《赠吴雨僧教授，且致攀留之意》（二首）、《彭生泽益出纸索诗，书二绝贻之》（二首），《贱辰，猥蒙同院诸君携酒相贺，固辞不获，敬依静老惠诗韵奉谢》、《将去嘉州，留别戒于陈君》、《高一涵监察使赠诗，道相慕之意，和答》等诗	中国人民解放战争爆发

续表

纪年	年龄	年历	时事
1947 年（民国三十六年）	60 岁	本年，被国立武汉大学推举为中央研究院院士候选人 本年至 1949 年间，屡于国立武汉大学校长周鲠生因公外出期间代理校务 本年，作《烛影摇红》（寄怀湘弟长沙）、《唐多令》“潮汐打空墙”、《浣溪沙》“谁解怜芳到甲根”“春草春波惹恨长”、《玉楼春》“韵华肯为愁人好”、《南乡子》“古恨未全裁”、《鹧鸪天》（晓起行园）、《菩萨蛮》（题倩若、善康结缡双影）、《临江仙》“闻道东湖秋色好”“满意故山林壑美”、《临江仙》（前词良苦，赋此自解）、《临江仙》（今夏余与登恪有匡庐避暑之约，因循未往，而登恪归来为语劫后灵山，感而成咏）、《水调歌头》（绍周悭园新筑成，歌此贺之）、《水调歌头》（贺无咎新居落成）等词 本年，作《东坡生日有作》（四首）、《题曾克耑家集》等诗	中国人民解放军总部发表《中国人民解放军宣言》，提出“打倒蒋介石，解放全中国”的口号
1948 年（民国三十七年）	61 岁	本年春，为钱无咎所撰《私立明德学校校史》作序 7 月 17 日，下午上班途中跌倒，肋骨跌伤甚重，后由席鲁思、吴宓等设法，延请汉口外科名医郭勉斋前来医治，于是年 9 月痊愈 10 月，《文心雕龙校释》由正中书局出版发行 12 月，被国立武汉大学推举为中央研究院院士候选人 本年，在《国立武汉大学文哲季刊》第 7 卷第 4 号发表《论俗传“一三五不论，二四六分明”二语之来历及其是非》 本年，作《浣溪沙》（夏间下阶，倾跌伤肋，病热昏瞀中，恍落一境，岩树森秀，流水潆纡，曳杖独吟，翛然清远。醒后惟记“一湾”七字，而幽境俨然，尚可追写，因足成之）、《一斛珠》（题寄心词，即用其卷中韵）、《鹧鸪天》（读寅恪《丁亥除夕》诗感赋）、《减字木兰花》（寿鲠生校长六十）、《鹧鸪天》（题绮尘《云想山庄诗词集》）、《鹧鸪天》（绮尘三兄自锦城寄画松一帧为俾寿之贶，自惟衰朽，深惭故人，再用前韵答谢）、《鹧鸪天》“弧矢当年枉挂门”、《玉楼春》“山中昨夜寒光彻”“当年际此狂难遏”、《临江仙》（惠君携两儿归长沙，寄泊无所，赋此慰之）等词 本年，作《颂爱德理君赠书》、《病榻谢友好存问》、《疏庵闻余病已，有诗附十弟信中相贺，依韵奉答》、《病起谢郭医》、《题子通藏宋马远山水长卷》（二首）等诗	中国人民解放军发起“三大战役”

续表

纪年	年龄	年历	时事
1949年（民国三十八年）	62岁	本年春，编定《诵帚龕词集》两卷并撰《自序》，又填词《南柯子·题删存词卷后》1首 8月，不再担任武汉大学文学院院长。此前，武汉大学已于是年6月10日由军代表到校正式接管，后又成立武汉大学校务委员会，取消校长制，并于8月29日进行各院新老负责人交接 本年，作《小重山》（窗外梅开正开，为兵子伤残，词以吊之）、《南柯子》（题删存词卷后）、《玉楼春》（寒窗独坐，偶忆昔年“思量百计不如归”旧句，写此寄惠君）、《金缕曲》（拟稼轩）、《金缕曲》（寿剑农七十）、《烛影摇红》（和三月三日黄鹤楼修禊之作）、《减字木兰花》“江南花落”、《阮郎归》“无名秋病已三年”、《声声慢》“残花凄蝶”、《浣溪沙》“老去何心惜岁华”、《诉衷情》“湖阴云静日晶莹”、《蝶恋花》（一九四九年南京解放，四月二十四日作）“飒飒惊飙摇绣户”“一曲伊州真错舞”“可惜良缘天不与”“玉树歌停惊罢舞”、《鹧鸪天》“几日西风咽晚蝉”、《小重山》“待剪愁丝理坠欢”、《鹧鸪天》（夏凉偶成示惠君）、《朝中措》“十年辛苦阅兴亡”、《鹧鸪天》（中秋同家人山斋玩月）、《乌夜啼》（不寐达旦）、《满江红》“金翦霜威”等词 本年，作《题无名氏画竹小幅，石珊得之冷摊，喜而索题》诗	中华人民共和国成立
1950年	63岁	2月，经徐懋庸介绍，出席在武昌召开的中南文艺工作者会议 3月，在武汉大学“自愿减薪运动”中，自愿减薪八十分 本年，作《满江红》（寿天闵六十）、《鹧鸪天》“六十年中百变俱”、《金缕曲》（寄怀劭襄京师）、《浣溪沙》“敢道蛾眉不入时”“犹惜当年不嫁身”等词 本年，作《题观民熊君藏傅青主祈神获药疗父文墨迹》（二首）、《答宴池》等诗	中国人民志愿军入朝作战（“抗美援朝”）

续表

纪年	年龄	年历	时事
1951 年	64 岁	1 月 10 日，与家人欢送次子刘茂蕤（17 岁）参军参干 6 月 9 日（端午节），在中南人民广播电台“我们伟大的祖国”节目作题为《伟大的爱国诗人——屈原》的演讲，讲稿于同年 5 月 26 日发表于汉口《大刚报》 本年，长子刘茂兹病逝，年仅 24 岁 本年，作《点绛唇》（题陈病树佳住楼词意图）、《阮郎归》（病树索题东湖修禊图，余习翁笔也，是日余病未赴）、《满江红》“万古江山”等词 本年，作《旧蓄狸奴，以我食无鱼，数日不得饱，孚尹怜而携养之，有诗见调，作此为答》（三首）、《传余习翁化去，后知有误作》等诗	西藏和平解放
1952 年	65 岁	本年，在武汉大学“思想改造”及“交待关系”等运动中，作《自我检讨报告》，撰《交代社会关系报告提纲》 本年，任中文系文学史教研组主任 本年，作《水调歌头》（国庆颂）“四座且安坐”“老眼久昏涩”、《浣溪沙》（一湖出纸索词赋赠）、《临江仙·自我检讨后书感》等词 本年，作《绮尘六十初度，补作四绝寄之》（四首）诗	全国开展“三反”“五反”及知识分子“思想改造运动”
1953 年	66 岁	6 月 17 日，在《湖北日报》发表《纪念屈原逝世二千三百三十周年》 本年冬，撰《屈赋馀义》自序 本年，作《浣溪沙》（答和啸苏兄见怀词韵）词 本年，作《挽余习翁》《挽劭襄》《答和宴池海上见怀原韵》等诗	中共中央政治局会议通过党在过渡时期的总路线和总任务，提出“要在一个相当长的时期内，逐步实现国家的社会主义工业化，并逐步实现国家对农业、对手工业和对资本主义工商业的社会主义改造”

续表

纪年	年龄	年历	时事
1954 年	67 岁	4 月 3 日，在《新武大》第 111 期发表《屈赋研究法之商榷——在现代文学组学术座谈会上所作报告》 5 月 22 日，《新武大》第 117 期刊载该刊记者任颖采写的《刘永济先生访问记》 6 月，在《长江文艺》第 6 期发表《国风乐府合选》 8 月 24 日，赴北京参加教育部召开的全国综合大学暑期教学研究座谈会，途中取道天津，探望时在中国人民解放军第一军医大学学习的次子刘茂蕤 12 月，加入中国作家协会，被推选为武汉大学第一届学术委员会委员 本年，出席武汉市文艺工作者代表大会，并当选为武汉市文联副主席	中华人民共和国第一部宪法“54 宪法”颁布
1955 年	68 岁	3 月，出席中国作协武汉分会第一届会员代表大会，被选为委员 本年秋，辞去武汉大学中文系文学史教研组主任一职	
1956 年	69 岁	2 月 4 日，在武汉大学教师大会上作题为《我的感想和保证》的发言，发言稿于同年 2 月 9 日在《新武大》第 178 期全文刊载 4 月 20 日至 29 日，出席湖北省第二次文艺工作者代表大会，被选为省文联委员 本年，与刘赜、李剑农、李达、高尚荫、李国平被评定为高教一级（即“一级教授”） 本年，在《武汉大学学报》1956 年第 1 期发表《笺屈馀义》，在《长江文艺》发表《我对于“百家争鸣”的认识》 本年，作《金缕曲》（寿孚尹六十）、《鹧鸪天》（贱辰，承啸苏惠词，赋谢）、《沁园春》（戏效苏辛隐括体，用招台湾游魂。为和平解放台湾作）等词	“三大改造”完成

续表

纪年	年龄	年历	时事
1957 年	70 岁	6 月，在《文学研究》1957 年第 6 期发表《释刘勰的“三准”论》 7 月 7 日，在《光明日报》（文学遗产专栏）发表《释屈赋“三耿介”义》 9 月，专著《宋代歌舞剧曲录要》由上海古典文学出版社出版 11 月，在《武汉大学学报》（人文科学版）1957 年第 1 期发表《屈赋释词序——从解说古书的词句看清末以来治学风气的流变及其原因》 本年冬，武汉大学中文系教授席鲁思为《诵帚盦词》作序 本年，作《水龙吟》（参加长江大桥落成通车典礼后，赋此志喜）、《定风波》（苏联于四十周年国庆前五日，发射第二颗人造地球卫星，举世惊奇，赞为稀有，谱此为苏联科学颂）、《卜算子》（前词意有未尽，再为卫星颂）等词 本年，作《怀劭襄》《谢何君申甫》等诗	整风运动开始，后转为反右派斗争
1958 年	71 岁	1 月 22 日，中共武汉大学委员会印发《右派分子刘永济的结论书》，作出决定：“刘系一般右派，有真才实学，需要发挥他在业务上的长处，同时年纪老了，撤销其市政协委员、武汉作协委员，保留《文学研究》编委，继续任教。” 6 月，在“拔白旗、插红旗”运动中，被武汉大学整改办公室编印的《大字报选集》第三辑点名批判 本年，作《一九五八年元旦献辞》、《我过倘能补》、《论诗绝句》（十首）等诗	“大跃进”和人民公社化运动开始
1959 年	72 岁	本年夏，患风湿性关节炎，行动不便 10 月 1 日，第二次手定《诵帚盦词》两卷完毕，录词 200 阕，并撰《录稿后记》 10 月，为《文心雕龙校释》修订本撰写序言，准备送交中华书局上海编辑所出版发行 10 月，完成 1954 年所撰《屈赋音注详解》初稿的修订	国民经济进入三年困难时期

续表

纪年	年龄	年历	时事
		本年，作《贺新郎》（下放诸君启行有日，赋此送之）、《浣溪沙》（昨从乡人处购回何丈诗荪为先君所作山水小幅，忆济方十龄时，曾见之先君书室客座壁间。今忽忽六十年，重睹此幅，儿时景象如在目前，而趋庭无日，抚卷生悲，爰赋小词缀之画右，以志吾痛）、《减字木兰花》（建国十周年国庆恭献俚词）"欢欣鼓舞""震今铄古""嗟予不造"等词 本年，作《竹枝词》（十九首）、《东风压倒西风二十首，为明年元旦献礼作》、《奉酬孚尹泛湖看菊诗》、《与孚尹泛湖看菊绝句》、《惠君六十周甲作寿诗》（三首）等诗	
1960 年	73 岁	4 月 29 日，撰写《对于文学作品中有中间性的问题质疑》初稿 本年，患白内障，至 1964 年 2 月仍未愈 本年，台北世界书局将其《宋歌舞剧曲考》列入"曲学丛书"系列出版 本年，撰写《屈赋篇章疑信诸问题答席启駉先生》初稿 本年，作《减字木兰花》"秋光皎洁"、《浣溪沙》"矮屋何妨与打头"、《浣溪沙》"千里分甘梦与牵"等词 本年，作《武汉奇旱，忆去年东湖看菊之约呈孚尹》《屈赋篇章疑信，戏为三绝句》《题散原精舍别集》等诗	苏联召回全部在华专家
1961 年	74 岁	2 月，手定历年诗作 142 首，结集为《云巢诗存》 8 月，次女刘茂新由新疆乌鲁木齐市调回武汉大学中文系工作 8 月，中共湖北省委宣传部在汉口江汉饭店分两批举行教育工作座谈会（亦称"神仙会"），武汉大学中文系副教授周大璞在会上谈到刘氏欲编写一部《文心雕龙词典》 8 月 25 日至 29 日，吴宓由渝来汉，在刘家小住四日后，再赴广州探望陈寅恪。其间，刘吴二人数次长谈，"互述改造、工作、生活之大概，并及若干熟人之遭遇及变迁" 本年秋，撰写《论刘勰的本体论及文学观的提纲和论点》初稿	中共八届九中全会正式提出"调整、巩固、充实、提高"八字方针

续表

纪年	年龄	年历	时事
		本年秋，因患风湿性关节炎，不良于行，经学校同意在家开设小课堂，为中文系古典文学教研室青年教师与研究生讲授南宋婉约派词，讲稿后编为《微睇室说词》 10月11日至20日，中共中央中南局召开高级知识分子座谈会，第一书记陶铸到会讲话。会后，中南局起草《关于中南地区高级知识分子座谈会议情况的报告》，提出“对于极少数的学者专家，如武汉大学的刘永济，中山大学的陈寅恪等，其全部生活问题的解决，由各省委直接负责” 12月4日，《光明日报》第1版刊登长篇报道《武大中文系确定由副教授学习老教授专长并辅导青年教师》，介绍武大中文系组织教师学习刘永济、刘博平、席鲁思、陈登恪、黄焯等“五老”学术专长的情况。其后，《湖北日报》12月21日第3版也刊载长篇通讯《诲人不倦的人们——访武大中文系五位老教授》 本年，《屈赋通笺》由人民文学出版社正式出版。该书初稿成于1933年，后经反复订补，于1958年4月定稿 本年，作《浣溪沙》（苏联加加林少校于四月十二日乘太空船东方号绕地球一周而回，生民以来，所未有也，喜而作颂）“万古玄关秘未开”“无际青冥去复还”、《减字木兰花》（赠别吴雨僧教授）、《浣溪沙》（舍弟斋厨宿储，一夕为夜客并釜甑将去，翌晨至乏食，有词见告，依调酬之）、《临江仙》（参加市政协座谈会后感赋）等词 本年，作《报社孙李二记者触热造门访问》《寄慰湘弟》《再寄湘弟》《答湘弟一章》《赠吴雨僧教授》等诗	
1962年	75岁	3月，《文心雕龙校释》由中华书局出版 2月16日至19日，出席湖北省第三次文代会，被选为湖北省文学艺术工作者代表大会副主席，中国作协武汉分会理事 6月17日，在《湖北日报》发表《略谈词家抒情的几种方法》 12月30日，在《光明日报》（文学遗产专栏）发表《论“风骨”答某君》 本年，作《五赞毛主席〈讲话〉廿周年》《时事口号八首》等诗	

续表

纪年	年龄	年历	时事
1963 年	76 岁	2 月 13 日，在武汉大学“中老年教师政治情况摸底排队”中，被列为“资产阶级知识分子”之列 2 月 19 日，武汉大学为其配备科学助手两名，分别为中文系副教授李健章、助教苏者聪。是日，武汉大学科研处印发《关于加强老教师科学助手工作的几点意见》，并公布首批为 16 位老教授配备科学助手 24 人 2 月，在《江汉论坛》1963 年第 1 期上发表《试论律诗的“一三五不论，二四六分明”》 6 月 21 日，在武汉大学“五反”运动三级干部会议上，被人在题为《中文系阶级斗争的情况》的发言中点名批评，称其“利用教学内容，随意譬况，讽刺党的政策” 本年，长女刘茂舒调入武汉大学中文系，担任其学术研究工作助手 本年，武汉大学同意由学校印刷厂为其刊印《诵帚盦词》，刊印费用自理	
1964 年	77 岁	6 月，交付武汉大学印刷厂刊印的《诵帚盦词》遭停印、拆版，已刊印的词集大部分被销毁 10 月 12 日，武汉大学中文系向学校报送《对刘永济〈诵帚盦词〉的意见》；10 月 22 日，武汉大学向湖北省委宣传部报送《关于我校刊印刘永济〈诵帚盦词〉的情况报告》；12 月 2 日，武汉大学又向湖北省委宣传部报送《关于审查刘永济〈诵帚盦词〉的情况报告》，并附录中文系报送的《对刘永济〈诵帚盦词〉的意见》 本年，作《减字木兰花》（迎雨僧兄）、《谒金门》“赋得无可奈何花落去”“赋得似曾相识燕归来”等词	中国第一颗原子弹爆炸成功
1965 年	78 岁	5 月 23 日，有人前往吴宓住所，调查刘氏情况。吴宓疑“或缘武大之运动方开始，故来求索有关济之一般材料”，即“详述刘之家世、学历、教历、职历、著作、文词、性行（评为‘稳重明达’）及与宓之交谊”。吴宓所述，后被整理为《关于刘永济的情况（1965 年 5 月 23 日由西南师范学院中文系教授吴宓介绍）》	

续表

纪年	年龄	年历	时事
1966年	79岁	7月，在武汉大学“文革”办公室向中南局“文革”小组报送的《武汉大学初步揭发重点批判对象统计表》中，被列为“重点批判对象”之一，亦为武汉大学中文系唯一被列入重点批判对象的教授 8月，接受“批斗” 10月2日，病逝，终年79岁	

1979年5月，武汉大学补开追悼会，为刘永济平反。

主要参考文献

一、(研究对象) 原始文献

(一) 著作

《湘君》季刊(1—3号),长沙:湘君社,1922—1924。

国立武汉大学编印:《国立武汉大学一览》,武汉:国立武汉大学,1933。

苏雪林:《苏雪林日记》手稿,武汉大学图书馆藏,1934。

陈明章:《学府纪闻:国立武汉大学》,台北:南京出版有限公司,1981。

明德中学:《明德中学建校85周年纪念册》,长沙:明德中学,1988。

苏雪林:《浮生九四:雪林回忆录》,台北:三民书局,1991。

吴宓著,吴学昭整理:《吴宓自编年谱 1894—1925》,北京:生活·读书·新知三联书店,1995。

苏雪林:《苏雪林自传》,南京:江苏文艺出版社,1996。

吴宓著,吴学昭整理注释:《吴宓日记 1917—1924》,北京:生活·读书·新知三联书店,1998。

胡适著,沈卫威编:《胡适日记》,太原:山西教育出版社,1998。

朱东润:《朱东润传记作品全集》,上海:东方出版中心,1999。

《学衡》(1—79卷)影印本,南京:江苏古籍出版社,1999。

陈寅恪著,陈美延编:《陈寅恪集·书信集》,北京:生活·读书·新知三联书店,2001。

明德中学百年校庆办编:《百年明德　磨血育人》,长沙:明德中学，2003。

刘永济：《词论　宋词声律探源大纲》，北京：中华书局，2010。

刘永济：《文学论　默识录》，北京：中华书局，2010。

刘永济：《屈赋通笺：附笺屈馀义》，北京：中华书局，2010。

刘永济校释：《屈赋音注详解　屈赋释词》，北京：中华书局，2010。

刘永济：《十四朝文学要略》，北京：中华书局，2010。

刘永济：《宋代歌舞剧曲录要　元人散曲选》，北京：中华书局，2010。

刘永济：《诵帚词集　云巢诗存：附年谱　传略》，北京：中华书局，2010。

刘永济：《唐人绝句精华》，北京：中华书局，2010。

刘永济：《唐五代两宋词简析　微睇室说词》，北京：中华书局，2010。

刘永济校释：《文心雕龙校释：附征引文录》，北京：中华书局，2010。

吴学昭编：《吴宓书信集》，北京：生活·读书·新知三联书店，2011。

（二）档案、回忆类文章

徐懋庸：《武汉大学自愿减薪运动总结》，武汉大学档案馆藏，档号4-1950-XZ11-003。

刘永济：《武汉大学干部履历表（1951）》，武汉大学档案馆藏，档号 MR-70-45。

刘永济：《干部履历表（1963）》，武汉大学档案馆藏，档号 MR-70-46。

《湖北省委宣传部 1961 教育工作座谈会》，武汉大学档案馆藏，档号 4-1961-XZ11-47。

《关于中南地区高级知识分子座谈会议情况的报告》，武汉大学档案馆藏，档号2MLI-XZ11-589-1。

《本校“五反”办公室编印的〈五反简报〉（11—20）期》，武汉大学档案馆藏，档号4-1963-XZ11-024-001。

《本校党委1964年审查刘永济〈诵帚龛词〉的情况报告》，武汉大学档案馆藏，档号4-1964-XZ11-047。

刘茂舒、刘茂新：《〈诵帚龛词两卷〉重印说明》，台北市“国立武汉大学校友会”编印：《珞珈》第102期，1989。

胡守仁：《忆三师之一——刘弘度先生》，台北市“国立武汉大学校友会”编印：《珞珈》第103期，1990。

刘茂舒：《唤回心底十年人——追念我的父亲刘永济教授》，台北市“国立武汉大学校友会”编印：《珞珈》第103期，1990。

金绍先：《九死未悔爱国心——记先师刘永济》，《文史杂志》1991年第6期。

胡国瑞：《南浦·过山南新宁夫子故居感赋》，台北市“国立武汉大学校友会”编印：《珞珈》第127期，1996。

刘茂舒：《难忘的“九一八”》，台北市“国立武汉大学校友会”编印：《珞珈》第127期，1996。

刘庆云：《悼念弘度师——写在刘永济先生逝世三十周年之际》，武汉大学校友总会编：《武大校友通讯》1997年第1辑，武汉：武汉大学出版社，1997。

林淑卿：《缅怀恩师刘永济先生》，武汉大学校友总会编：《武大校友通讯》1998年第2辑，武汉：武汉大学出版社，1998。

陈汉柏：《“五老八中”琐记》，武汉大学校友总会编：《武大校友通讯》1999年第2辑，武汉：武汉大学出版社，1999。

李龙生：《人生归有道 所外更何求——记著名学者、诗人刘永济》，《湖南党史》1999年第2期。

莫砺锋：《珞珈哀思》，武汉大学校友总会编：《武大校友通讯》

2000 年第 2 辑，武汉：武汉大学出版社，2001。

姜为英：《忆中文系“五老”风范》，武汉大学校友总会编：《武大校友通讯》2003 年第 1 辑，武汉：武汉大学出版社，2003。

俞国林：《弘度大师：自以文章为润泽》，《中华读书报》2007 年 10 月 31 日。

熊礼汇：《名师风采：刘永济》，《长江学术》2008 年第 3 期。

刘庆云：《望九峰山缅怀恩师弘度先生》，武汉大学校友总会编：《武大校友通讯》2008 年第 2 辑，武汉：武汉大学出版社，2008。

陈达云：《记刘永济师二三事》，《武汉大学报》第 1192 期，2010 年 4 月 2 日。

周勃：《永忆师节师风》，李正光主编：《沈祖棻诗词研究会会刊》第 24 期，香港：天马图书有限公司，2015。

二、古籍

〔清〕姚鼐：《惜抱轩全集》，上海：世界书局，1936。

〔清〕章学诚：《校雠通义》，北京：古籍出版社，1956。

〔汉〕司马迁：《史记》，北京：中华书局，1959。

〔清〕陈廷焯著，杜维沫校点：《白雨斋词话》，北京：人民文学出版社，1959。

〔清〕周济著，顾学颉校点：《介存斋论词杂著》，北京：人民文学出版社，1959。

〔清〕孔尚任著，王季思、苏寰中、杨德平合注：《桃花扇》，北京：人民文学出版社，1959。

〔宋〕李昉等：《太平御览》，北京：中华书局，1960。

〔清〕浦起龙：《读杜心解》，北京：中华书局，1961。

〔明〕吴讷：《文章辨体序说》，北京：人民文学出版社，1962。

〔汉〕班固：《汉书》卷三十，北京：中华书局，1964。

〔清〕永瑢等：《四库全书总目》，北京：中华书局，1965。

〔唐〕魏徵等:《隋书》，北京：中华书局，1973。

〔唐〕姚思廉:《梁书》，北京：中华书局，1973。

〔唐〕李延寿:《南史》，北京：中华书局，1975。

〔清〕刘熙载:《艺概》，上海：上海古籍出版社，1978。

〔清〕沈德潜:《明诗别裁集》，上海：上海古籍出版社，1979。

〔宋〕陆游撰，李剑雄、刘德权点校：《老学庵笔记》，北京：中华书局，1979。

〔宋〕苏轼著，孔凡礼点校:《苏轼文集》，北京：中华书局，1980。

〔宋〕朱熹:《诗集传》，上海：上海古籍出版社，1980。

〔清〕纪昀:《阅微草堂笔记》，上海：上海古籍出版社，1980。

〔南朝梁〕刘勰著，王利器校笺：《文心雕龙校证》，上海：上海古籍出版社，1980。

〔宋〕姜夔著，夏承焘笺校：《姜白石词编年笺校》，上海：上海古籍出版社，1981。

〔南朝梁〕钟嵘《诗品序》，〔清〕何文焕辑：《历代诗话》，中华书局，1981。

〔清〕王夫之等:《清诗话》，上海：上海古籍出版社，1983。

〔汉〕戴德撰，〔北周〕卢辩注：《大戴礼记》，北京：中华书局，1985。

〔汉〕高诱注:《吕氏春秋》，上海：上海书店，1986。

〔宋〕范成大撰，陆振从校点：《吴郡志》，南京：江苏古籍出版社，1986。

唐圭璋编:《词话丛编》，北京：中华书局，1986。

〔明〕许学夷:《诗源辩体》，北京：人民文学出版社，1987。

〔唐〕刘知几撰，〔清〕浦起龙释：《史通通释》，上海：上海书店，1988。

〔清〕王鹏运辑:《四印斋所刻词》，上海：上海古籍出版社，1989。

〔清〕厉鹗著，〔清〕董兆熊注，陈九思标校:《樊榭山房文集》，上海：上海古籍出版社，1992。

〔清〕顾炎武著，〔清〕黄汝成集释，秦克诚点校：《日知录集释》，长沙：岳麓书社，1994。

〔元〕杨朝英辑：《乐府新阳春白雪前后集》，《丛书集成续编　第163册　集部》，上海：上海书店出版社，1994。

〔清〕章学诚著，叶瑛校注：《文史通义校注》，北京：中华书局，1994。

丁锡根编著：《中国历代小说序跋集》，北京：人民文学出版社，1996。

季羡林总编，张岱年等主编：《传世藏书·彊村丛书》，海口：海南国际新闻出版中心，1996。

林乾主编：《金圣叹评点才子全集》第3卷，北京：光明日报出版社，1997。

〔清〕沈德潜选编，李克和等校点：《唐诗别裁集》，长沙：岳麓书社，1998。

〔汉〕王逸章句、〔宋〕洪兴祖补注：《楚辞章句补注》，长春：吉林人民出版社，1999。

〔明〕胡维霖：《胡维霖集》，《四库禁毁书丛刊》集部164册，北京：北京出版社，2000。

〔宋〕朱熹撰，蒋立甫校点：《楚辞集注》，上海：上海古籍出版社，2001。

〔清〕吴锡麟：《有正味斋骈文》，《续修四库全书》第1469册，上海：上海古籍出版社，2001。

〔宋〕沈义父：《乐府指迷》，济南：山东画报出版社，2004。

〔明〕施耐庵：《水浒传》，北京：人民文学出版社，2005。

〔清〕曹雪芹著，陈文新、王炜辑评，《百家汇评本红楼梦》，武汉：长江文艺出版社，2005。

〔元〕关汉卿著，蓝立萱校注：《汇校详注关汉卿集》，北京：中华书局，2006。

〔宋〕吴文英著，吴蓓笺校：《梦窗词汇校笺释集评》，杭州：浙江古籍出版社，2007。

张觉等：《韩非子译注》，上海：上海古籍出版社，2007。

〔明〕杨慎撰，王大厚笺证：《升庵诗话新笺证》，北京：中华书局，2008。

〔三国魏〕曹丕著，魏宏灿校注：《曹丕集校注》，合肥：安徽大学出版社，2009。

〔汉〕刘安撰，陈静注译：《淮南子》，郑州：中州古籍出版社，2010。

〔宋〕朱熹：《四书章句集注》，北京：中华书局，2011。

〔清〕朱彝尊著，屈光国、袁杰来点校：《朱彝尊词集》，杭州：浙江古籍出版社，2011。

〔清〕刘长佑撰，陈书良等校点：《刘长佑集》，长沙：岳麓书社，2011。

三、(研究性）著作

陆侃如：《屈原》，上海：上海亚东图书馆，1923。

胡云翼：《词学ABC》，上海：世界书局，1930。

任中敏：《词曲通义》，上海：商务印书馆，1931。

赵景深：《中国文学小史》，上海：大光书局，1937。

陆侃如、冯沅君：《中国文学史简编》，上海：开明书店，1938。

刘大杰：《中国文学发展史》，北京：中华书局，1941。

湖南省文献委员会编：《湖南文献汇编》第2辑，长沙：湖南省文献委员会，1949。

程千帆、沈祖棻：《古典诗歌论丛》，上海：上海文艺联合出版社，1954。

闻一多：《古典新义》，北京：古籍出版社，1956。

茅盾：《夜读偶记》，天津：百花文艺出版社，1958。

复旦大学中文系文学教研组编：《〈中国文学发展史〉批判》，北京：中华书局，1958。

舒芜等编选：《中国近代文论选》，北京：人民文学出版社，1959。

中国作家协会上海分会文学研究室编：《中国文学史讨论集》，北京：中华书局，1959。

况周颐、王国维：《蕙风词话 人间词话》合刊本，北京：人民文学出版社，1960。

郑振铎：《插图本中国文学史》，香港：商务印书馆香港分馆，1961。

中国科学院文学研究所中国文学史编写组编写：《中国文学史》，北京：人民文学出版社，1962。

［法］丹纳：《艺术哲学》，傅雷译，北京：人民文学出版社，1963。

［英］罗素：《西方哲学史》，何兆武、李约瑟译，北京：商务印书馆，1963。

游国恩等主编：《中国文学史》，北京：人民文学出版社，1964。

［德］黑格尔著，朱光潜译：《美学》，北京：商务印书馆，1979。

钱锺书：《管锥编》，北京：中华书局，1979。

钱锺书：《旧文四篇》，上海：上海古籍出版社，1979。

钱锺书：《谈艺录》（补订本），上海：中华书局，1979。

周贻白：《中国戏曲发展史纲要》，上海：上海古籍出版社，1979。

郭绍虞：《中国文学批评史》，上海：上海古籍出版社，1979。

郭绍虞主编：《中国历代文论选》，上海：上海古籍出版社，1979—1980。

叶嘉莹：《迦陵论词丛稿》，上海：上海古籍出版社，1980。

詹安泰：《宋词散论》，广州：广东人民出版社，1980。

顾颉刚：《古史辨》，上海：上海古籍出版社，1981。

刘坡公：《学词百法》，上海：上海古籍书店，1981。

鲁迅：《鲁迅全集》，北京：人民文学出版社，1981。

郑振铎、傅东华编：《我与文学》，上海：上海书店，1981。

吴学昭：《吴宓与陈寅恪》，北京：清华大学出版社，1982。

潘维和主编：《张其昀博士的生活与思想》，台北：中国文化大学出版社，1982。

北京图书馆《文献》丛刊编辑部、吉林省图书馆学会会刊编辑部编：《中国当代社会科学家　第1辑》，北京：书目文献出版社，1983。

董每戡：《说剧》，北京：人民文学出版社，1983。

郭绍虞：《照隅室古典文学论集》，上海：上海古籍出版社，1983。

晋阳学刊编辑部编：《中国现代社会科学家传略》第3辑，太原：山西人民出版社，1983。

[美] 苏珊·朗格：《艺术问题》，滕守尧、朱疆源译，北京：中国社会科学出版社，1983。

姚柯夫编：《〈人间词话〉及评论汇编》，北京：书目文献出版社，1983。

朱东润：《中国文学论集》，北京：中华书局，1983。

朱东润：《中国文学批评史大纲》，上海：上海古籍出版社，1983。

洪湛侯等：《楚辞要籍解题》，武汉：湖北人民出版社，1984。

胡颂平编著：《胡适之先生年谱长编初稿》，台北：联经出版事业公司，1984。

罗根泽：《中国文学批评史》，上海：上海古籍出版社，1984。

梁宗岱：《诗与真·诗与真二集》，北京：外国文学出版社，1984。

沈松侨：《学衡派与五四时期的反新文化运动》，台北：台湾大学出版委员会，1984。

郑振铎：《郑振铎古典文学论文集》，上海：上海古籍出版社，1984。

[德] 恩斯特·卡西尔：《人论》，甘阳译，上海：上海译文出版社，1985。

方孝岳：《中国文学批评》，《中国文学八论》，北京：中国书店，1985。

吴熊和：《唐宋词通论》，杭州：浙江古籍出版社，1985。

叶朗：《中国美学史大纲》，上海：上海人民出版社，1985。

郭预衡：《中国散文史》，上海：上海古籍出版社，1986。

胡适：《胡适作品集》，台北：远流出版事业公司，1986。

周勋初：《九歌新考》，上海：上海古籍出版社，1986。

胡乔木等：《朱光潜纪念集》，合肥：安徽教育出版社，1987。

［英］杰弗里·巴勒克拉夫：《当代史学主要趋势》，杨豫译，上海：上海译文出版社，1987。

［美］鲁思·本尼迪克特：《文化模式》，张燕、傅铿译，杭州：浙江人民出版社，1987。

叶庆炳：《中国文学史》，台北：学生书局，1987。

宗白华：《美学与意境》，北京：人民出版社，1987。

蔡钟翔、黄保真、成复旺：《中国文学理论史》，北京：北京出版社，1987。

湖南师范大学文史研究所编：《麓山论史萃编》，长沙：湖南人民出版社，1988。

胡适著，胡明编注：《胡适诗存》，北京：人民文学出版社，1989。

［美］吉尔伯特·罗兹曼主编：《中国的现代化》（中译本），上海：上海人民出版社，1989。

钱锺书：《宋诗选注》，北京：人民文学出版社，1989。

孙作云：《天问研究》，北京：中华书局，1989。

吴组缃、沈天佑：《宋元文学史稿》，北京：北京大学出版社，1989。

毛泽东：《毛泽东选集》，北京：人民出版社，1991。

王水照、［日］保苅佳昭编选：《日本学者中国词学论文集》，上海：上海古籍出版社，1991。

胡国瑞：《湘珍室诗词稿》，武汉：武汉大学出版社，1992。

唐德刚译：《胡适口述自传》，北京：华文出版社，1992。

潘亚暾：《世界华文女作家素描》，广州：暨南大学出版社，1993。

吴宓：《文学与人生》，北京：清华大学出版社，1993。

吴芳吉著，贺远明、吴汉骧、李坤栋选编：《吴芳吉集》，成都：巴蜀书社，1994。

林庚：《中国文学简史》，北京：北京大学出版社，1995。

王国维：《宋元戏曲史》，上海：华东师范大学出版社，1995。

杨明照主编：《文心雕龙学综览》，上海：上海书店，1995。

［法］谢和耐：《中国社会史》，耿昇译，南京：江苏人民出版社，1995。

乐黛云等编选：《北美中国古典文学研究名家十年文选》，南京：江苏人民出版社，1996。

李中华，朱炳祥：《楚辞学史》，武汉：武汉出版社，1996。

陆侃如、冯沅君：《中国诗史》，济南：山东大学出版社，1996。

沈辉编：《苏雪林文集》，合肥：安徽文艺出版社，1996。

王瑶主编：《中国文学研究现代化进程》，北京：北京大学出版社，1996。

朱自清：《诗言志辨》，上海：华东师范大学出版社，1996。

顾学颉：《海峡两岸著名学者：师友录》，北京：人民文学出版社，1997。

蒋伯潜、蒋祖怡：《骈文与散文》，上海：上海书店出版社，1997。

蒋天枢：《陈寅恪先生编年事辑（增订本）》，上海：上海古籍出版社，1997。

龙榆生：《龙榆生词学论文集》，上海：上海古籍出版社，1997。

夏承焘：《夏承焘集》，杭州：浙江古籍出版社，1997。

杨华：《先秦礼乐文化》，武汉：湖北教育出版社，1997。

顾颉刚著，顾洪编：《顾颉刚学术文化随笔》，北京：中国青年出版社，1998。

胡适：《胡适文集》，北京：人民文学出版社，1998。

龙泉明、徐正榜编：《老武大的故事》，南京：江苏文艺出版社，1998。

梁启超：《梁启超全集》，北京：北京出版社，1999。

胡适撰，骆玉明导读：《白话文学史》，上海：上海古籍出版社，1999。

吕薇芬选编：《名家解读元曲》，济南：山东人民出版社，1999。

武汉地方志编纂委员会主编：《武汉市志·人物志》，武汉：武汉大学出版社，1999。

吴熊和：《吴熊和词学论集》，杭州：杭州大学出版社，1999。

沈卫威：《回眸“学衡派”——文化保守主义的现代命运》，北京：人民文学出版社，1999。

武汉大学文学院编：《胡国瑞先生九十寿辰学术纪念文集》，武汉：武汉大学出版社，1999。

黄侃撰，周勋初导读：《文心雕龙札记》，上海：上海古籍出版社，2000。

程千帆：《程千帆全集》，石家庄：河北教育出版社，2000。

龙泉明、徐正榜编：《走近武大》，成都：四川人民出版社，2000。

陈文新：《明代诗学》，长沙：湖南人民出版社，2000。

陈子展撰，徐志啸导读：《中国近代文学之变迁 最近三十年中国文学史》，上海：上海古籍出版社，2000。

罗岗、陈春艳编：《梅光迪文录》，沈阳：辽宁教育出版社，2001。

陈寅恪：《陈寅恪集》，北京：生活·读书·新知三联书店，2001。

周作人：《周作人自编文集·艺术与生活》，石家庄：河北教育出版社，2001。

龚鹏程主编：《五十年来的中国文学研究》，台北：学生书局，2001。

钱锺书：《七缀集》，北京：生活·读书·新知三联书店，2002。

汪曾祺：《晚翠文谈新编》，北京：生活·读书·新知三联书店，2002。

严迪昌：《清诗史》，杭州：浙江古籍出版社，2002。

施议对编纂：《当代词综》第1卷，福州：海峡文艺出版社，2002。

谢桃坊：《中国词学史》（修订本），成都：巴蜀书社，2002。

南京大学古典文献研究所编：《古典文献研究》第5辑，南京：江苏古籍出版社，2002。

戴燕：《文学史的权力》，北京：北京大学出版社，2002。

［美］费正清：《中国：传统与变迁》，张沛译，北京：世界知识出版社，2002。

中国大百科全书总编辑委员会编：《中国大百科全书·戏曲曲艺卷》，北京：中国大百科全书出版社，2002。

李修生：《元杂剧史》，南京：江苏古籍出版社，2002。

章炳麟：《章太炎的白话文》，沈阳：辽宁教育出版社，2003。

贺昌群：《贺昌群文集》，北京：商务印书馆，2003。

罗志田：《国家与学术：清季民初关于“国学”的思想论争》，北京：生活·读书·新知三联书店，2003。

罗志田：《裂变中的传承：20世纪前期的中国文化与学术》，北京：中华书局，2003。

徐雁平：《胡适与整理国故考论——以中国文学史研究为中心》，合肥：安徽教育出版社，2003。

陈文新：《中国文学流派意识的发生和发展》，武汉：武汉大学出版社，2003。

程千帆著，陶芸编：《闲堂书简》，上海：上海古籍出版社，2004。

陈国球：《文学史书写形态与文化政治》，北京：北京大学出版社，2004。

胡云翼著，刘永翔、李露蕾编：《胡云翼重写文学史》，上海：华东师范大学出版社，2004。

何炳棣：《读史阅世六十年》，桂林：广西师范大学出版社，2005。

刘跃进主编：《中国古代文学通论·魏晋南北朝卷》，沈阳：辽宁人民出版社，2005。

商金林编：《叶圣陶抗战时期文集》，北京：人民教育出版社，2005。

郑师渠：《思潮与学派：中国近代思想文化研究》，北京：北京师范大学出版社，2005。

胡适：《四十自述》，合肥：安徽教育出版社，2006。

刘师培：《中国中古文学史讲义》，上海：上海古籍出版社，2006。

林庚：《唐诗综论》，北京：清华大学出版社，2006。

闻一多：《神话与诗》，上海：上海人民出版社，2006。

唐德刚：《史学与红学》，桂林：广西师范大学出版社，2006。

王运熙：《中国古代文论管窥》（增补本），上海：上海古籍出版社，2006。

曹辛华：《20世纪中国古典文学研究史·词学卷》，上海：东方出版中心，2006。

陈来：《传统与现代——人文主义的视界》，北京：北京大学出版社，2006。

黄霖：《20世纪中国古代文学研究史·小说卷》，上海：东方出版中心，2006。

《文学遗产》编辑部编：《学境——二十世纪学术大家名家研究》，上海：上海古籍出版社，2006。

马志嘉、章心绰编：《吴文英资料汇编》，北京：中华书局，2006。

胡晓明：《诗与文化心灵》，北京：中华书局，2006。

刘梦芙：《二十世纪名家词述评》，合肥：安徽文艺出版社，2006。

林语堂著，施建伟编选：《林语堂集》，广州：花城出版社，2007。

苏雪林：《屈原与〈九歌〉》，武汉：武汉大学出版社，2007。

苏雪林：《楚骚新诂》，武汉：武汉大学出版社，2007。

苏雪林：《天问正简》，武汉：武汉大学出版社，2007。

孙作云：《孙作云文集》，郑州：河南大学出版社，2007。

叶嘉莹：《唐宋词十七讲》，北京：北京大学出版社，2007。

麻天祥：《中国近代学术史》，武汉：武汉大学出版社，2007。

沈卫威：《“学衡派”谱系——历史与叙事》，南昌：江西教育出版社，2007。

邬国平编著：《中国历代文论选新编·明清卷》，上海：上海教育出版社，2007。

曹聚仁：《天一阁人物谭》，北京：生活·读书·新知三联书店，2007。

周锡山编校：《王国维集》，北京：中国社会科学出版社，2008。

钱基博：《现代中国文学史》，南京：江苏文艺出版社，2008。

傅莹：《中国现代文学理论发生史》，上海：上海文艺出版社，2008。

蒋凡等：《近现代学术大师治学方法比较》，济南：山东画报出版社，2008。

陈文新：《红楼梦的现代误读》，济南：齐鲁书社，2008。

[美] 高友工：《美典：中国文学研究论集》，北京：生活·读书·新知三联书店，2008。

武汉大学文学院编：《武汉大学中文学科九十年论文集粹》，武汉：武汉大学出版社，2008。

骆郁廷主编：《乐山的回响——武汉大学西迁乐山七十周年纪念文集》，武汉：武汉大学出版社，2008。

傅斯年：《中国古代文学史讲义》，北京：北京大学出版社，2009。

涂上飙：《乐山时期的武汉大学（1938—1946）》，武汉：长江文艺出版社，2009。

陈文新：《中国文学编年史研究》，北京：中华书局，2009。

王炜编校：《〈清实录〉科举史料汇编》，武汉：武汉大学出版社，2009。

龚鹏程：《中国文学史》，北京：世界图书出版公司，2009—2012。

胡云翼：《宋词研究》，长沙：岳麓书社，2010。

蒋寅：《学术的年轮》，南京：凤凰出版社，2010。

陈平原：《中国现代学术之建立——以章太炎、胡适之为中心》，北京：北京大学出版社，2010。

冯友兰：《中国哲学史》，北京：商务印书馆，2011。

曹顺庆：《比较文学与文论话语——迈向新阶段的比较文学与文学理论》，北京：北京师范大学出版社，2011。

陈勇、谢维扬：《中国传统学术的近代转型》，上海：上海人民出版社，2011。

曾大兴：《20世纪词学名家研究》，北京：中华书局，2011。

武汉大学中国传统文化研究中心：《刘永济著述整理与研究学术研讨会论文集》，武汉：武汉大学中国传统文化研究中心，2011。

李建中主编：《龙学档案》，武汉：武汉大学出版社，2012。

李剑亮：《民国词的多元解读》，杭州：浙江大学出版社，2012。

洪银兴、陈骏主编：《大学之魂：南京大学精神传统文存》，南京：南京大学出版社，2012。

［美］孙康宜、［美］宇文所安主编：《剑桥中国文学史》上卷，刘倩等译，北京：生活·读书·新知三联书店，2013。

杨毅丰、康蕙茹编：《民国思想文丛·学衡派》，长春：长春出版社，2013。

顾随讲，叶嘉莹笔记，高献红、顾之京整理：《驼庵传诗录——顾随讲中国古典诗词》，石家庄：河北教育出版社，2013。

赵敏俐：《古典文学的现代阐释及其方法》，北京：商务印书馆，2013。

陆键东：《陈寅恪的最后二十年》（修订本），北京：生活·读书·新知三联书店，2013。

罗庸讲述，郑临川记录，徐希平整理：《罗庸西南联大授课录》，北京：北京出版社，2014。

闻一多讲述，郑临川记录，徐希平整理：《闻一多西南联大授课录》，北京：北京出版社，2014。

陈文新主编：《中国文学史经典精读》，北京：高等教育出版社，2014。

陈世骧著，张晖编：《中国文学的抒情传统：陈世骧古典文学论集》，北京：生活·读书·新知三联书店，2015。

彭玉平：《王国维词学与学缘研究》，北京：中华书局，2015。

徐志啸：《日本楚辞研究论纲》，福州：福建人民出版社，2015。

四、(研究性) 论文

吴宓：《新文化运动之反应》，《中华新报》增刊 1922 年 10 月 10 日。

郭斌和：《南京高等师范学校二十周年纪念之意义》，《国风》第 7 卷第 2 期，1935 年 9 月。

胡先骕：《朴学之精神》，《国风》第 8 卷第 1 期，1936 年 10 月。

陈仿舜：《洗净铅华　深秀在骨》，《读书》1984 年第 7 期。

邓国栋：《刘永济词的艺术特色》，《湖南师大社会科学学报》1986 年第 4 期。

刘庆云：《诗人灵府　时代风云——刘永济先生〈云巢诗存〉序》，《武汉大学学报（社会科学版）》1989 年第 5 期。

李怡：《论“学衡派”与五四新文学运动》，《中国社会科学》1998 年第 6 期。

曾庆元：《词人论词——读刘永济的〈词论〉》，《写作》2000 年第 3 期。

陈允锋：《刘永济〈文心雕龙校释〉的学术贡献》，《晋阳学刊》2001 年第 3 期。

张连科：《20 世纪〈文心雕龙〉研究》，《辽宁大学学报（哲学社会科学版）》2001 年第 4 期。

程千帆、巩本栋：《刘永济先生的词学研究》，南京大学古典文献研究所编：《古典文献研究》第 5 辑，南京：江苏古籍出版社，2002。

邓绍基：《文学论争与学人评价》，《中国社会科学院研究生院学报》2002 年第 5 期。

陈水云：《刘永济与中国传统词学的现代化》，《长江学术》第 3 辑，武汉：长江文艺出版社，2002。

吴志达：《两代大师的风范——刘永济、程千帆两先生的学术与人格》，《武汉大学学报（人文科学版）》2003 年第 6 期。

陈水云：《“刘永济与词学国际学术研讨会”召开》，《文学遗产》2003年第6期。

谭桂林：《二十世纪文言白话论争的中西之辨》，《理论与创作》2003年第3期。

李中华：《〈屈赋通笺〉对于楚辞学的继承与开拓》，《中国韵文学刊》2004年第1期。

何念龙：《从〈文心雕龙校释〉看刘永济先生的学术风范》，《长江学术》第6辑，武汉：长江文艺出版社，2004。

刘庆云：《音调危苦 气格沉雄——读刘永济先生〈诵帚庵词〉》，《长江学术》第6辑，武汉：长江文艺出版社，2004。

罗立乾：《钩深致远 历久弥光——论析刘永济对“龙学”发展的贡献》，《长江学术》第6辑，武汉：长江文艺出版社，2004。

熊礼汇：《浅析刘永济先生研究先唐散文的方法——以〈十四朝文学要略〉为例》，《长江学术》第6辑，武汉：长江文艺出版社，2004。

刘绍瑾：《文艺理论教材建设中西融通的最初尝试——重读刘永济〈文学论〉》，《中国韵文学刊》2004年第1期。

陈水云：《刘永济〈词论〉与〈文心雕龙〉之相关性考辨》，《中国韵文学刊》2004年第1期。

赵山林：《刘永济曲论平议》，《中国韵文学刊》2004年第1期。

陈水云：《师承与出新——〈明清散文流派论〉读后》，《武汉大学学报（人文科学版）》2004年第5期。

陈文新：《传记辞章化：从中国叙事传统看唐人传奇的文体特征》，《武汉大学学报（人文科学版）》2005年第2期。

董德福：《学衡派五四观的哲学审视——兼论学衡派现代性诉求的独特禀性》，《江苏大学学报（社会科学版）》2005年第6期。

乐黛云：《世界文化语境中的学衡派》，《中国现代文学研究丛刊》2005年第3期。

陈文新：《再论唐人传奇的文体特征》，《齐鲁学刊》2006年第1期。

陈文新：《论先秦时代的三种叙事类型》，《文学评论》2007年第5期。

郑大华：《论白璧德新人文主义对“学衡派”的影响》，《中国文化研究》2007 年第 2 期。

祖保泉：《现当代〈文心雕龙〉五学人年表·刘永济年表》，《文学前沿》2008 年第 1 期。

李小兰、黄建荣：《刘永济〈屈赋通笺〉研究方法探讨》，《广西社会科学》2010 年第 6 期。

许菊芳：《刘永济唐五代两宋词简析——以选为史、史选结合的词选范本》，《湖南科技大学学报（社会科学版）》2011 年第 6 期。

李建中、李锋：《刘永济与珞珈龙学》，《中国文化研究》2011 年第 4 期。

柴文华、杨辉：《论“学衡派”的理论倾向》，《哲学研究》2011 年第 8 期。

张宝明：《新青年派与学衡派文白之争的逻辑构成及其意义》，《中国社会科学》2011 年第 2 期

何晓明：《学术理路的梳理是学术史研究的核心》，《史学月刊》2011 年第 1 期。

刘庆云：《读夏承焘〈天风阁学词日记〉杂识》，《中国韵文学刊》2012 年第 3 期。

张思齐：《在比较的视域中看刘永济对中国词学之开拓》，《中国韵文学刊》2012 年第 2 期。

王凤英：《刘永济〈文心雕龙校释〉辞采论》，《内蒙古财经学院学报（综合版）》2012 年第 1 期。

巩本栋：《刘永济及其词学研究》，《古典文学知识》2012 年第 1 期。

江俊伟：《“刘永济著述整理与研究学术研讨会”综述》，《中国韵文学刊》2012 年第 2 期。

陈文新：《传记辞章化：一个学术判断的历史维度与阐释效应》，《上海师范大学学报（哲学社会科学版）》2015 年第 3 期。

后　　记

《刘永济评传》历时六年，终于完稿。

本书的第一章、第二章、第五章、第六章、第七章、第八章、第九章、第十章、第十一章、第十二章、结语由陈文新执笔，引言、第三章、第四章、附录由江俊伟执笔。全书由陈文新统一定稿。

《刘永济评传》首次对刘永济一生的活动与成就进行了全面综合的梳理与评判，其撰写既带给我们一种使命感，也带给我们巨大的压力。其一，刘永济的人生轨迹，在晚清、中华民国和中华人民共和国三个历史阶段一路延伸，有这样复杂而丰富经历的人，其实并不太多。知人论世，要厘清传主的人生经历，和不同境遇下的心理状态，在广泛的文献阅读之外，还需要跨越时空距离，努力做到“同情之了解”。我们尽力做了，但不能说已达到预期的目标。其二，刘永济是20世纪著名的词人，词风与吴文英、姜夔较为接近。吴文英的词一向以难读著称，刘永济的词，当然也不属于明白易懂一类。几年来，我们遵循“书读百遍，其义自见”的古训，沉潜于其中，确实大有所获，但我们所受的教育毕竟与传主悬殊，我们的人生境遇毕竟与传主差异太多，是否已算得刘永济词的后世知音，至今仍不敢确信。其三，作为现代学术史上有代表性的古典文学研究专家、国家一级教授，刘永济在屈赋（楚辞）、《文心雕龙》、词学、曲学、文学理论、文学史、唐人绝句和古代小说等领域均有突出贡献。这些领域，虽然我们都有所涉猎，有些领域还涉猎较多，但要写出传主的独特学术造诣，要对传主的学术成就作全面准确的评述，困难依然太多。为了写这部评传，在反复阅读刘永济的学术著作之外，我们还读了许多古人的原著和古今的研究著作，也经历了一次又一次的困惑和焦虑，那种“昨夜西风凋碧树。独上高楼，望尽天涯路”的怅惘、期待，那种“衣带渐宽终不悔，为伊消得人憔悴”的执着、不舍，甘苦自知，就不多说了。

2016 年 5 月，我们以《刘永济评传》申报了国家社科基金后期资助项目，获准立项，而五位匿名专家的评审意见，更让我们有种喜出望外之感。专家的鼓励主要在下述六个方面。

其一，刘永济是 20 世纪著名的词人和学者，其生平思想活动有着丰富复杂的社会政治文化内涵，《刘永济评传》首次对他的生命历程、学术成就作全面准确的叙述、分析与评价，资料翔实，评价客观，视野开阔，观点鲜明，结构完整，引证规范，丰富了现代学术史的内容，对深化中国古代文学史、古代文学批评史以及古代文体研究均具有重要的推动作用。“该成果采用‘评传’的形式客观回顾和展现刘永济复杂而丰富的人生经历、系统梳理其学思历程，并且全面认识和系统总结其学术成就与治学经验，这无论是对推进刘永济研究，还是深化文学史、文学批评史以及古代文体研究均具有特殊的学术意义”。“总而言之，这一成果已经对具有代表性和重要影响的现代学人刘永济的生命历程与学术成就进行了系统的叙述、分析与评价，并且在一定程度上对其学术经验进行了总结；成果学术视野开阔，阐述全面准确，结构系统完整，资料翔实，引证规范严谨；鲜明的观点和评价是在充分的史料分析基础上作出的，具有充分的说服力，这一切对深化中国古代文学史、古代文学批评史以及古代文体研究均具有重要的推动作用”。（专家五）“该成果具有多重的学术意义，因为刘永济系中国现代著名学人（文学家、教育家），其生平思想活动有着丰富复杂的社会政治文化内涵，对其作专题研究并予以立传，有助于引导与促进中国现代思想学术文化史（尤其是文学史、教育史）研究的深入”。（专家三）“当代的古代文学学术研究是从古代，特别是清代以来的学术研究的继承和发展。《刘永济评传》的传主是中国现代著名学者之一，其名字列入巩本栋著《中国现代学术演进》一书中（北京大学出版社 2009 年版）。所以对刘永济的人生经历与其学术成就的系统研究，对推进刘永济的研究，丰富现代学术史的内容具

有充分的学术意义”。（专家四）

其二，《刘永济评传》还原了一个历史人物的本然面貌及其应有的历史地位，对现代学术史上的某些问题提出了自己的新观点，对历史人物的评价有所突破，体现了“知人论世”的原则和对历史负责的客观态度。“书稿的突出成绩表现在首次对刘永济先生一生的活动和成就进行了全面综合的梳理与评判，大体还原了一个历史人物的本然面貌及其应有的历史地位。不矫饰、不溢美，尚属客观公允，体现了对历史负责的客观态度”。（专家二）“从现有成果看，作者对研究对象的把握是全面而深入细致的，全篇资料翔实，评价也客观，所论多令人信服，可谓较好体现了‘知人论世’的原则。如第二章评述刘氏与‘学衡’派的相关问题，不仅对学衡派的相关问题予以认真的辨析，而且还对刘氏作为圈子中人所显示的别具特色的各方面作了切实的揭示”。（专家三）“对现代学术史上的某些问题能提出自己的新观点，对人物评价上有所突破。诚如《成果介绍》活页第 3 页所举例子，第三章认为，20 世纪 40 年代的武汉大学文学院，所谓‘新’‘旧’派之争，确实存在意气纷争和人事纠葛的因素，但其实质还是源于学术观点与理路的分歧；这两派人物在其学术生涯中都取得了引人注目的成就。我本人以前看过《朱东润自传》……今天看评传成果，觉得说得更公允。”“该成果对传主的描述客观而富有说服力。成果第三章第 79 页‘刘永济的雅量’一节，评述刘永济对新旧两派教师的交往，显示出与不同学派都能平等相处、和衷共济，揭示了刘永济的人格魅力”。（专家四）

其三，《刘永济评传》根据传主的实际情况设计体例，摒弃一般传记写作侧重生平的艺术再现，或一般评传的社会人生批评，坚持以学术探讨为中心，前五章侧重叙述传主的人生经历和学术背景，后七章则根据传主的学术专攻，依次集中探讨和评估其《文学论》、《十四朝文学要略》、屈赋系列、《文心雕龙校释》、《唐人绝句精华》、词学系列、说部与曲学系列等七个领域的学术宗旨、研究路径与独特贡献，以传记的形式展开学术研究，建构起一种全新的学者评传的叙述批评模式，具有不同于一般评传的学术价值。“该成果作为‘评传’文体，其体例（谋篇布局—篇章结构）是纵横结合，即全篇前四章作纵向处理，分阶段描述传主一生基本的生活轨迹，而后七章则是对传主几个主要的学术文化领域的活动及其相应的成就予以横向的专题评述。文无定法，如此行文显然是从传主的实际情况出发的，所以也是很合理的”。（专家三）“该成果名为评传，属学术传记。它是通过传记的形式进行学术研究，是传记同学术的结合。成果共十一章，系统展现传主的人生经历和学术成就。前四章侧重叙述传主的人生经历和学术背景，后七章以专题的形式评述传主的学术著作。最后附录了《刘永济年表》，这使传记更完整。成果展示了传主比较丰满的人生历程，而重点放在评论传主的学术成就上。这与评传的体裁完全一致，是一本成功的评传”。（专家四）“著者摒弃一般传记写作侧重生平的艺术再现，或一般评传的社会人生批评，坚持以学术探讨为中心，建构起一种全新的学者评传的叙述批评模式。成果共十一章，前四章侧重对传主的人生轨迹和学术生命进行历时性的考察，从第五章起则根据传主的学术专攻，依次集中探讨和评估其《文学论》、《十四朝文学要略》、屈赋系列、《文心雕龙校释》、《唐人绝句精华》、词学系列、说部与曲学系列等七个领域的学术宗旨、研究路径与独特贡献，这就从宏观上建构起以传主生平为经，以不同研究领域为纬，紧密围绕学理探讨展开的研究框架。这种别具一格的叙述批评模式，自有其不同于一般评传的学术价值”。（专家五）这里需要加一个说明：专家评审意见所说的“前四章”“后七章”，是就申报成果而言的；从结项成果来看，其中写传主人生经历的部分有所增加，评述其学术成就的部分仍为七章。

其四，严格采用历史的、实证的研究方法，致力于考镜源流、辨章学术，在比较中揭示刘永济的学术个性和价值，这种论从史出的研究方法可为其他评传作者借鉴。“该成果的研究方法所提出的特别注重的三方面：史学与社会科学并重；充分尊重刘永济的学术个性；尊重历史，可以为以后写评传者借鉴”。（专家四）“本成果研究方法有可取之处，它重视刘永济学术研究与其他重要古典文学研究专家对比，在深入的比较分析中展示刘永济古典文学研究的特色和成就”。（专家一）“在对传主七个主要研究领域的学术建树的叙述与评价中，作者严格采用的，是历史的、实证的研究方法，坚持论从史出是该成果最为鲜明的特色。如为认定刘永济《文学论》的‘开拓性意义’，著者首先把《文学论》置于学术史的视野加以考察：‘当时出版的同类著作，在刘永济《文学论》之前而又较有影响的，只有1913年宋桂煌翻译的英人Hudsan的《文学研究法》和1921年上海书局出版的伦叙的《文学概论》（*An Introduction to the Study of Literature*）。章炳麟的《国故论衡·文学总略》、姚永朴的《文学概论》虽然出版时间也早，但章著谨守朴学传统，姚著固守桐城“义法”，不能算是现代意义的文学理论著述。20世纪20年代其他较有影响的现代意义的文学理论著述莫不问世于刘著之后，如马宗霍的《文学概论》（1925）、潘梓年《文学概论》（1925）。’接着又从文化视野、文学史视野和文学批评史视野三个方面，分别与胡适、郑振铎、刘大杰、林庚、郭绍虞、朱东润等同时代学人的观点进行比对，揭显《文学论》的现代意义，进而肯定其‘为中国古代学术资源的现代转化提供了可资借鉴的路径’。又如为揭示刘永济《文心雕龙》研究的独特风采和引人注目的成就，成果把《文心雕龙校释》与黄侃《文心雕龙札记》进行深入的比对后发现，虽然都以《文心雕龙》为研究对象，黄侃的宗旨在于阐发骈文理论，是民国初年桐城派与《文选》派纷争的产物，而刘永济则‘立足于把握汉魏六朝文学的流变，并对其代表作家、作品、文体等从文学史视角加以评析’，进而揭示刘永济的学术个性与《文心雕龙校释》的独特学术价值。”“纵览后七章可以发现，为探究刘永济不同领域研究的个性特色与地位影响，被成果作为学术参照的还包括刘熙载、朱熹、况周颐、刘师培、姚鼐、王逸、黄人、梁启超、王国维、阮元、徐师曾、陆侃如、冯沅君、闻一多、梁宗岱、吴宓、茅盾、吴梅、席鲁思、顾颉刚、苏雪林、朱自清、赵景深、龙榆生、钱锺书、游国恩、程千帆等前辈后学，以及海外的费正清、高友工、叶嘉莹、叶庆炳、村上哲见等学人的著作和观点。正是在考镜源流、辨章学术过程中，刘永济学术的个性和价值才得以充分而确证地被揭示出来”。（专家五）

其五，对传主的各类学术著作的专题评述，言之成理、持之有故，很有学术分寸，并能以极简明的词语揭示各自的特点，表现出了可贵的学识和创新能力，其观点对学术同行想来也会有所启迪。“本成果提出了一些独到的见解，诸如对刘永济20世纪20年代的‘学衡派’归属辨析、对40年代武汉大学文学院新旧两派纠葛和刘永济的姿态的论析、对刘永济各个领域古典文学研究的成就的把握、对刘永济偏重中国文化而不排斥西方文化的立场的定位，等等，都体现了本成果作者的学术创新能力”。（专家一）“该成果的显著长处与特色之一，还在于富有学术色彩，即在评述传主的学术活动及其成就时，不仅没有说外行话，而且还很有学术分寸，做到了言之成理、持之有故，这有助于读者认识与理解相关学术问题（主要是中国古代文学史领域）。至于第七章对于传主的‘屈赋研究路径’的‘得与失’的考察分析，更见作者的可贵学识，其观点对学术同行想来也会有所启迪”。（专家三）“对传主的各本各类学术著作的专题评述，能以极简明的词语揭示各自的特点，这是该成果的突出特色。如第五章，《文学论的二重视野》，分别从文化视野、文学史视野、文学批评史视野三个角度肯定其著述方式，指出‘其示范意义至今仍没有过时’”。（专家四）

其六，“在历史资料的搜求整理上亦颇见功力。特别是考虑到传主的独特身份，许多资料或淹没已久，或根本就未曾见诸记载，能够基本勾勒出人物较完整清晰的面目，这种努力就弥足可贵”。（专家二）

在充分肯定《刘永济评传》学术价值的同时，匿名评审专家也提出了细致而中肯的修改意见。如果说专家的鼓励进一步增强了我们写好《刘永济评传》的信心，那么，他们的修改意见则对于《刘永济评传》的修改完善发挥了直接而显著的作用。大体说来，后期的修改包括四种类型。

其一，完全依照专家提出的方案来做，例如结项成果的引言、结语和第一章的第一节“书香门第”，就是根据专家建议而增加的。其中，引言侧重于“介绍学术界已有的刘永济研究成果”，结语侧重于“对刘永济的学术成就作总结和评价”，“书香门第”一节侧重于“对刘永济的家世及其对刘永济的影响做一定论析”（专家一），上述增补使得评传的内容更为完整。

其二，专家虽没有提出具体的修改方案，但指出了努力的方向，一部分修改就是沿着这个方向展开的。例如，申报成果对叙述传主人生经历和学术背景部分的扩展，目的就是为了“使传主的形象更加丰满、立体、可感”（专家一）。结项成果的第一章《刘永济的求学生涯》、第二章《从明德学校教员到东北大学教授》，系在申报成果的第一章《从前清秀才到民国教授》的基础上扩展而成的。第一章从“诗书继世”的刘氏家风，父辈的熏陶直接影响了刘永济的人生态度与学术兴趣，早年的阅读经历和家庭教育奠定了他的儒家信仰，新式教育影响了刘永济立身处世的风格和态度等方面，展示了刘永济的求学生涯与其人生志趣之间的多重关联。第二章聚焦于 1917 年到 1932 年间的刘永济。1917 年 7 月，应长沙私立明德学校校长胡元倓之邀，刘永济成为私立明德学校国文教员，前后将近十年。1927 年初，因清华同窗吴宓的引荐，刘永济赴沈阳任东北大学文学院教授，直到 1932 年 7 月被聘为武汉大学教授为止，历时五年有余。这十五年的岁月，奠定了刘永济以辞章之学安身立命的学术个性，在填词之外，他还完成了《文学论》《十四朝文学要略》等学术著作。他的文化保守主义形象和炽热的民族情怀，因其与《学衡》主将梅光迪、吴宓的密切交往，和身处东北的特殊境遇，表现得尤为充分。这两章的内容，较之《从前清秀才到民国教授》更为充实，有助于立体地呈现刘永济的形象。

其三，匿名评审专家的一部分修改意见是针对整部书稿而言的，如：“从传记写作的角度看，这一评传写出了著作等身、学术个性鲜明的刘永济，同时还可以更充分地写出刘永济何以能著作等身，以及何以形成这样的学术个性。即不仅写出传主为某人，同时也写出其何以成为某人”（专家五）。“从传记的角度看，对传主的内心思想尚可开掘与阐释”（专家四）。结项成果虽然未必完全符合匿名评审专家的期待，但我们的确始终将这一期待悬为鹄的，结项成果中的一些重要章节，如“早年的阅读经历与儒家信仰”“新式教育影响了刘永济的处世风格”“刘永济何以与《学衡》结缘”“如何解读《湘君》诸人的‘自愉’心态”“苏雪林何以对刘永济耿耿于怀”“‘补读人间未见书’”“‘要向青灯共策勋’”等，都是为了写出“何以形成这样的学术个性”“何以成为某人”，或较为恰切地阐释传主的内心思想。说实话，在整个修改过程中，以专家建议来检测修改质量是我们经常做且乐意做的一件事。如果说经由我们的努力，结项成果的水准较之申报成果又有所提升，那么，这里首先要感谢的是五位匿名评审专家的勉励。

其四，除了根据专家意见对申报成果做认真修改外，还有一些修改，是我们自己发现了不足而做出的。例如《刘永济屈赋研究的路径与得失》一章“刘永济的屈赋考据”一节，申报成果原设两个细目：“关于屈赋篇目的鉴别”“关于屈赋审音、训诂、语法等方面的研究”，虽然也包括了刘永济屈赋考据的两个主要方面，但未能显示出刘永济在这两个方面的不同特点。经过修改以后，结项成果的两个细目分别是：“关于屈原作品的鉴别以人文性见长”“关于屈赋的审音、训诂、语法研究等以科学性见长”，并在论述中概括指出：“刘永济的屈赋考据，包括两种类型。第一类偏于人文性的阐发，常常并无铁证，如关于屈赋作品的认定和部分字句的改动，一方面对读者多有启迪，另一方面也不时招致商榷；第二类则以科学性见长，包括屈赋的审音、训诂、语法研究等内容，他的几个主要成果，如《屈赋通笺》各卷的‘正字’‘审音’‘通训’各节，以及《屈赋音注详解》《屈赋释词》两部专书，集中显示了他在考据和语言学方面的深厚造诣。其屈赋研究得到闻一多、游国恩等大家的激赏，主要是在第二个方面。”与申报成果相比，眉目更为清晰。诸如此类的修改，或大或小，计有一百余处。

承蒙诸多学术刊物的帮助，在撰写和修改《刘永济评传》的过程中，部分内容已先后发表问世。兹依时间顺序罗列如下：

1.《刘永济与20世纪三四十年代武汉大学文学学科的“新”“旧”之争》，《武汉大学学报（人文科学版）》2014年第4期。

2.《刘永济与“学衡”的离合及其文化姿态》，《人文论丛》2014年卷，中国社会科学出版社2015年版。

3.《刘永济〈唐人绝句精华〉的学术宗旨与主要贡献》，《武汉大学学报（人文科学版）》2015年第1期。

4.《刘永济〈文学论〉的三重视野》，《文艺研究》2015年第12期。

5.《论刘永济的曲学研究》，《长江学术》2016年第1期。

6.《论刘永济的说部流别研究》，《上海师范大学学报（哲学社会科学版）》2016年第2期。

7.《疑古与分寸——评〈剑桥中国文学史〉的楚辞论述》，《文艺研究》2016年第6期。按，本文的主体是《刘永济评传·刘永济屈赋研究的路径与得失》的第一节。

8.《刘永济论“填词之事”》，《中华诗词研究》第二辑，中国出版集团东方出版中心2016年10月版。

9.《刘永济的吴文英论述与20世纪中国文学史书写》，《暨南学报（哲学社会科学版）》2016年第10期。

10.《刘永济论屈原之“自铸伟词”》，《吉林大学社会科学学报》2016年第6期。

11.《从〈湘君〉与〈学衡〉的离合看刘永济的辞章家风范》，《文艺理论研究》2017年第2期。

12.《论刘永济屈赋考据的人文性与科学性》，《长江学术》2017年第2期。

13.《以意逆志：中国古典诗词的文本细读——以刘永济〈微睇室说词〉解读吴文英词为范式》，《江苏师范大学学报（哲学社会科学版）》2017年第5期。

14.《刘永济：人生归有道，此外更何求》，《光明日报》2018年1月22日第16版“光明学人”整版推出。

15.《论〈十四朝文学要略〉的文学史书写》，《江淮论坛》2018年第2期。

16.《论刘永济〈文心雕龙校释〉的文学史阐释》，《文学遗产》2018年第3期。

17.《现代学术史上的刘永济》，《齐鲁学刊》2018年第4期。

这里不避琐屑地罗列这些篇名和刊物，一方面是为了记下人生的雪泥鸿爪，另一方面也是借以表达对这些刊物以及刊物编辑的感谢。《刘永济评传》初版曾于2020年荣获第十一届湖北省社会科学优秀成果奖，亦一并加以说明。

由于语境的疏离以及学养的不足，尽管我们全力以赴，努力写出一部与刘永济相称的评传，但我们深知，《刘永济评传》仍难免会有这样那样的纰漏或疏失，期待时贤方家不吝赐正。

陈文新于武汉大学

2017年4月25日

2024年7月22日改定